国家主席胡锦涛视察中关村科技园区

市委书记刘淇参观2003年北京国际体育基础设施和场馆技术展览会

北京市人大常委会副主任林文漪关注农业远程教育工作

市政府专家顾问团海外微电子顾问组聘书颁发仪式

2003 年驻华科技外交官新春招待会

第六届中国北京国际科技产业博览会会场

第九届北京科技周开幕

市政府与中国医学科学院全面合作框架协议签字仪式

庆祝北京市科学技术协会成立40周年座谈会

北京自然科学界和社会科学界联席会议首次会议

市科委、市信息化工作办公室与微软（中国）有限公司举行软件产业发展合作备忘录签字仪式

第七届北京技术市场金桥奖颁奖大会

第五届中关村项目推介暨投资洽谈会

中关村技术
产权交易所成立

2003 年北京市高新
技术产业发展财政专项
资金政策落实大会

推进中关村手机
产业发展暨联盟成立
签约仪式

市科委组织北京天坛生物制品股份有限公司、北京四环生物制药有限公司捐赠“非典”防治药品

中关村高新技术企业抗“非典”第三次捐赠仪式

首都科技界向抗击“非典”一线的医务工作者捐款

中关村国家知识产权制度示范园区成立

古巴国务委员会主席卡斯特罗参观中关村园区

罗马尼亚总统扬·伊利埃斯库参观中关村国际企业孵化器

北京市可持续发展实验区(留民营)揭牌仪式

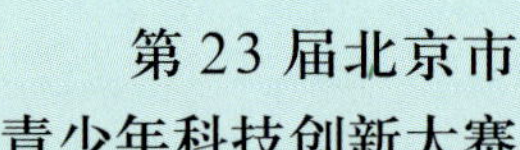

第 23 届北京市青少年科技创新大赛

专利执法人员到通州区进行执法

中国燃料电池公共汽车商业化示范项目启动会

第二十四次科学技术专家季谈会会场

北京大学微电子所承担“硅基MEMS技术及应用研究”项目

市科委“光电转化膜材料及其在太阳能电池中的应用”项目

北京顺义三高农业示范区“委区共建”取得良好进展

“直径200毫米（8英寸）硅单晶抛光片高技术产业化示范工程”项目于2003年12月通过验收，形成了具有自主知识产权、年产硅单晶抛光片6000万平方英寸的生产能力，可满足0.25～0.5微米集成电路制造的要求

市农林科学院畜牧兽医研究所等研制的“鸡马立克氏病CVI988/Rispens冷冻活疫苗”获2003年北京市科学技术奖一等奖

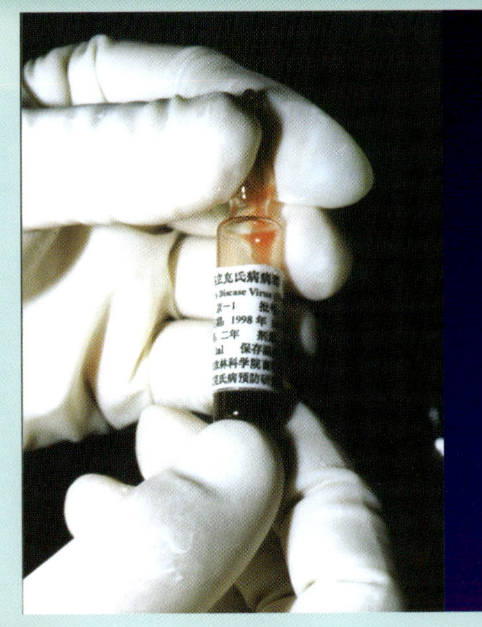

中国科学院空间科学与应用研究中心完成的“风云二号01批空间环境监测器及其探测结果”获2003年北京市科学技术奖一等奖

北京中星微电子有限公司研制的“‘星光’系列数字影像芯片”获2003年北京市科学技术奖一等奖

联想（北京）有限公司完成的“联想深腾1800大规模计算机系统”获2003年北京市科学技术奖一等奖

北京超图地理信息技术有限公司、中国科学院地理科学与资源研究所完成的“新一代大型全组件式GIS软件平台SuperMap”获2003年北京市科学技术奖一等奖

北京化二股份有限公司完成的“悬浮法聚氯乙烯生产装置成套工艺及关键技术” 获2003年北京市科学技术奖一等奖

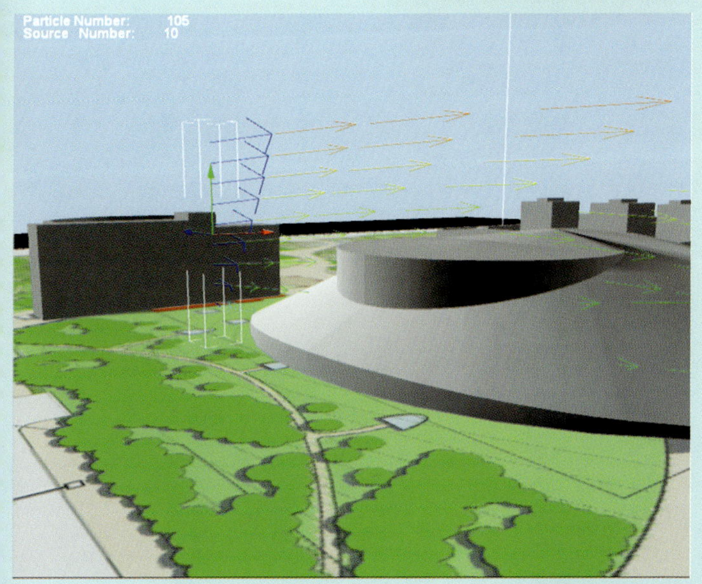

北京市规划委员会、北京市气象局、北京市环保局完成的“北京城市规划建设与气象条件及大气污染关系研究”获2003年北京市科学技术奖一等奖

北京化工大学完成的“镁基片层状及超分子插层结构高抑烟无机纳米阻燃剂的组装”获2003年北京市科学技术奖一等奖

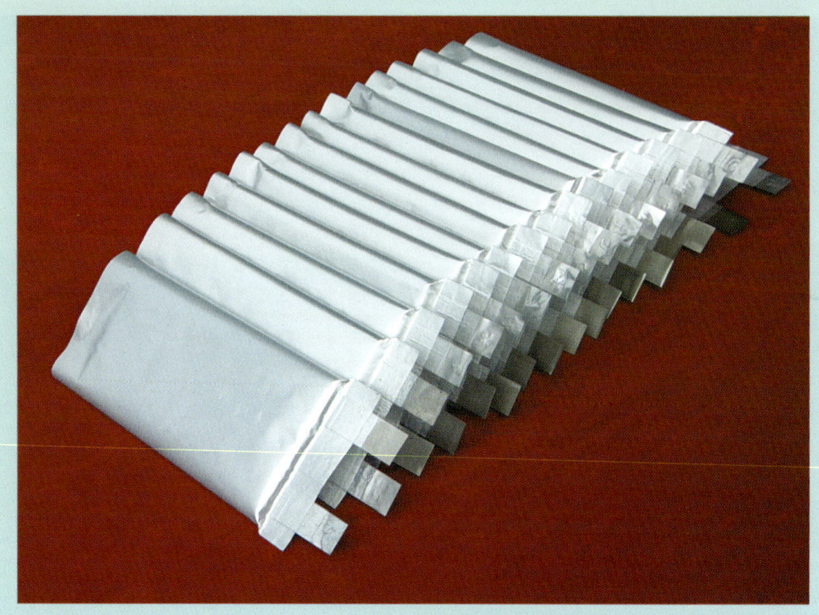

中信国安盟固利电源技术有限公司、北京大学完成的“锂离子二次电池正极材料钴酸锂的合成”获2003年北京市科学技术奖一等奖

中国科学院高能物理研究所完成的“利用北京谱仪在北京正负电子对撞机上完成的2～5GeV能区的R值测量”获2003年北京市科学技术奖一等奖

北京科技年鉴

2004

北京市科学技术委员会　组编

北京科学技术出版社

图书在版编目(CIP)数据

北京科技年鉴 2004/北京市科学技术委员会组编．北京：北京科学技术出版社，2004.12

ISBN 7-5304-3068-8

Ⅰ.北… Ⅱ.北… Ⅲ.科学研究事业-北京市-2004-年鉴
Ⅳ.G322.71-54

中国版本图书馆CIP数据核字(2004)第124029号

北京科技年鉴 2004

作　　者：北京市科学技术委员会
责任编辑：里　功
责任校对：黄立辉
封面设计：樊润琴
图文制作：樊润琴
出 版 人：张敬德
出版发行：北京科学技术出版社
社　　址：北京市西直门南大街 16 号
邮政编码：100035
电话传真：0086-10-66161951 (总编室)
0086-10-66113227　0086-10-66161952 (发行部)
电子信箱：postmaster@bkjpress.com
网　　址：www.bkjpress.com
经　　销：新华书店
印　　刷：北京市飞龙印刷厂
开　　本：787mm×1092mm　1/16
字　　数：639 千
印　　张：24.75
插　　页：8
版　　次：2004 年 12 月第 1 版
印　　次：2004 年 12 月第 1 次印刷
ISBN 7-5304-3068-8/N·111

定　价：88.00 元

编 辑 说 明

一、《北京科技年鉴》是一部反映北京科技事业发展变化的综合性资料工具书和史料文献。在2004年的编纂工作中进行了改革，组建了指导委员会，扩大了收录范围。在北京市科学技术委员会、中关村科技园区管理委员会、北京市科学技术协会、北京市教育委员会、北京市知识产权局共同参与下，由北京市科学技术委员会主持编纂。

二、本年鉴以马列主义、毛泽东思想和邓小平理论为指导，全面贯彻“三个代表”重要思想，遵循中国共产党十一届三中全会以来的路线、方针和政策，坚持四项基本原则，科学地反映客观情况。

三、本年鉴采用文章和条目两种体裁，以条目体为主，用规范的语体、记述体，直陈其事，文字力求言简意赅。

四、本年鉴从1987年开始，逐年编纂。至2003年出版时都是标注当年年度，自2004年起循通行做法改为标注出版时间，即：当年出版的年鉴，记述在上一年度里，北京市科技系统所发生的重大事件和新的情况，为领导决策提供可资参考的依据，为社会各界了解、研究北京科技事业提供最新的信息，为开展科技交流、对外宣传提供基础资料。

五、本年鉴在记述北京市属科技系统各单位的情况为主的前提下，对境域内国家部门所属单位情况也适当记述，使主体突出而又概括全貌。

六、本年鉴所载为本市科技事业的基本情况，采用分类编纂法。根据年鉴的文字内容，设有特载、大事记、科技管理、研究与开发、科技奥运、高新技术及其产业、中关村科技园区、合作与交流、知识产权、科学技术普及、区县科技、政策法规选、重大科技成果、统计资料等14个基本栏目。

七、本年鉴收有北京市科学技术委员会、中关村科技园区管理委员会、北京市科学技术协会、北京市知识产权局的主要负责人的名录，所列均以2003年内任职为限。

八、选入本年鉴的文章和条目，均通过北京市科学技术委员会、中关村科技园区管理委员会、北京市教育委员会、北京市知识产权局确定的专人负责撰写或提供，并经主要负责人审核。统计资料由北京市科技统计部门提供。

九、本年鉴反映2003年1月1日至12月31日期间北京科技事业发展变化情况（部分内容依据实际情况时限略有前后延伸），凡2003年事情，均直书月、日，不再写年份。

目　录

CONTENTS

特　载

2003 年北京市科技工作总结

一、“首都二四八重大创新工程”建设取得重要进展

在市委、市政府的领导下，四年来，有关部门通力合作，充分动员全社会科技力量，深入实施“首都二四八重大创新工程”（以下简称“二四八工程”），取得显著成效。“二四八工程”以“求实性、前瞻性、开放性”三个显著特征，已经成为全市科技创新工作的核心和重心，对促进首都经济社会发展发挥了重要的作用，并且已经成为集成首都科技资源提升首都竞争力的旗帜。

（一）通过“干大事、干实事、大家干”，夯实了依靠科技进步促进首都发展的基础

以中关村科技园区为代表的高新技术产业稳步增长。园区“三年大变样”目标顺利实现。2003 年园区新创办企业 3862 家，高新技术企业累计认定数已达 1.5 万家；实现增加值 608 亿元，同比增长 17%，相当于全市 GDP 总额的 16.7%；实现技工贸总收入 2852.5 亿元，上缴税费 122.2 亿元，分别是 1999 年的 2.7 倍和 3.1 倍。全市高新技术产业稳步发展，呈现出良好的恢复性增长态势。2003 年，全市高新技术产业完成工业增加值 314.1 亿元，同比增长 7.1%，占全市工业增加值的比重为 30.9%，对全市工业增长的贡献率为 27.6%，占全市生产总值的比重为 8.7%；实现高新技术产品出口 34.1 亿美元，同比增长 29.8%。软件产业竞争力持续增强，2003 年实现销售收入约 380 亿元，同比增长约 15%，是 2000 年的 2 倍，占全国同口径的 34%；海关统计的北京软件出口达到 1.38 亿美元，同比增长 48.4%，处于全国领先地位。光机电一体化、生物医药、新材料产业也取得了快速增长，2003 年实现销售收入分别为 165.3 亿元、133.5 亿元和 153.7 亿元，分别是 1999 年的 2.2 倍、6.4 倍和 3.2 倍。

取得一批重大成果和技术突破。曙光 10 万亿次和联想深腾 4 万亿次高性能计算机研制成功，标志着我国在高性能计算机研发和尖端应用领域取得突破性进展。研制成功基于 Linux 的第一代共享桌面操作系统扬帆 1.0 版和 2.0 版，结束了我国无法自主选择操作系统的历史。方舟 1 号、方舟 2 号、龙芯 1 号、万通 1 号、海尔爱国者、火马、众志等一批具有自主知识产权的芯片相继研发成功，使我国在微电子领域呈现出群体突破的态势。星光系列数字多媒体芯片在全球市场销量已突破 1000 万枚，占世界计算机图像输入芯片 40% 的市场份额。高温超导线材的产品核心指标与世界领先水平保持同步，成功实现商业化并打入国际市场，使我国与美国、丹麦成为世界上仅有的三个拥有高温超导线材核心技术和生产能力的国家。2003 年底已完成 20 辆电动公交样车，确定了城区和密云两条线路并已投入试运行，电动汽车研发与应用走在了全国的前面。双环醇（抗肝炎）、盐酸吡格列酮（治糖尿病）等国家一类新药相继投产。双鹤药业的“红霉素衍生物研制”获得生产批文。华世嘉业公司的“抗肿瘤一类新药”、北

大维信的"抗抑郁新药"、万辉药业的"降糖药那格列萘"、康辰公司的止血新药"苏灵"等一批项目取得临床批件。

高新技术产业化基地建设取得重大进展。软件产业基地建设加快。以北航柏彦大厦为标志的对日软件出口基地、信安大厦北京信息安全产业化基地、量子银座"863"软件成果产业化基地等一批专业基地与软件专业孵化器陆续建成。全市累计认定软件企业 1749 家,登记软件产品 4820 个。市版权局、市科委、市工商局和市公安局联合出台《关于加强计算机软件保护工作的意见》,软件产权保护迈出新步伐。公共技术支撑体系的"三库四平台"正式向软件企业提供服务,目前已被科技部指定为向全国"863"软件孵化器辐射公共技术的服务平台。联想、用友、北大方正、中软、神州数码等一批知名软件骨干企业迅速崛起,年销售收入超过 1000 万元的企业有 252 家,超过 1 亿元的企业有 36 家,超过 10 亿元的企业有 3 家。

北方微电子产业基地建设进展顺利。微电子设计企业由 2000 年的 23 家增加至 150 家,产品数量由 58 个增加至 2000 多个,产品规格由平均 0.8 微米加工工艺提高到 0.35 微米乃至 0.18 微米。一批超大规模集成电路生产线和新材料生产线建设项目进展正常,中芯国际投资 12.5 亿美元的 8 英寸和 12 英寸生产线即将投产,首钢日电生产线完成 0.25 微米升级,美国合讯公司投资 2 亿美元建设 6 英寸砷化镓芯片生产线,京东方投资 10 亿元收购韩国现代 TFT—LCD 生产线。

北京生物医药基地建设保持良好的发展势头。中关村生命科学园五大技术支撑体系——标准实验中心、中试基地、实验动物中心、生物信息技术中心和试剂器械保税仓库建设稳步推进。北京生命科学研究所建设全面竣工,有望成为世界一流的研究机构。中关村生命园区涉及生命科学和医药行业的企业已达 386 家,新增中小企业 91 家,增长速度为 31.9%。北京经济技术开发区生物医药企业达 85 家,包括拜尔、GE 航卫、人类基因组研究中心、病毒载体基地、国家抗体生物工程中心、同仁堂片剂生产厂等一批知名企业。

新材料基地建设积极推进。中关村园区西三旗新材料基地北新园、中关村永丰基地新材料园已成为北京新材料产业的重要创新基地。建立一批专业新材料园区,包括以北京有色金属研究院为主体的德胜园区有研科技园、以钢铁研究总院为主体的大慧科技园、以蓝星清洗股份有限公司为主体的空港蓝星新材料园等。新材料园区建设促进了一批创新型材料科技企业的发展,全市新材料领域已有安泰科技、有研硅谷等 8 家上市公司,另有北京化大产业集团、北京百慕航材高科技股份有限公司等 4 家公司正在准备上市。

促进传统农业向现代农业转型。顺义三高农业科技示范区通过建立和推广农村科技经济协作组织,利用科技手段发展地区特色产业,示范区已建立 12 个科技经济协作组织,可带动 3500 户农户致富。扶植了包括三元奶业、卓辰牛肉加工、平谷大桃等一批农业产业化龙头企业。组织实施了转基因作物开发、农业节水、农村信息化、防沙治沙等一批示范工程,其中,农业信息化体系已在京郊建立了覆盖到村的信息化网络,在战胜 SARS、预防禽流感工作中发挥了重要作用。建成 4000 亩无公害蔬菜示范标准化基地,辐射推广基地 30 万亩。建立了绿色食品生产技术规程和质量标准体系,全市经认证的绿色安全蔬菜生产基地达 127 个,产量约占全市商品菜生产总量的 50%。

利用科技创新促进社会全面协调发展。由天然气集团承担的楼宇型天然气热电冷联产示范项目实现了与电网的连接,正式投入运营;创纪录地组织 17 家大医院和科研机构开展"病毒性肝炎"联合攻关,打破了医学研究"个体化"的传统;化学品相关紧急事故处理及决策支持信息系统、公众紧急救助995系统研究为全市防灾体系建设提前进行了准备；两个国家级可持续发展实验区和三个市级可持续发展实验区的工作也取得了积极进展。

大力推进科学技术普及。围绕“科学文明、建设小康”主题，继续打造北京科技周品牌，不断扩大科技周的影响力。科普事业在实现政府性推动、国际间合作、市场化运作等方面，构筑起了一个开放共享、全社会参与的科普活动平台。北京绿色讲演团、中科院老科学家讲演团、北京科普志愿者工作团已成为全市传播科学的重要力量。媒体的固定科技科普栏目的版面用量、播出时间继续增加。针对不同社会对象的科普活动生动活泼，北京移动式编钟、细胞屋、诺亚方舟、古代天文仪器演示、互动式物理大世界展等一批科普项目的开展，丰富了科普展陈方式。

（二）促进、改善、提升了区域创新能力各个方面的建设，首都区域创新体系框架初步形成

科技政策法规体系不断完善。发布了《中关村科技园区条例》、《技术市场条例》等地方法规，《北京市关于进一步促进高新技术产业发展的若干规定》、《北京市关于鼓励在京设立研究开发机构的规定》等政府行政规章，《关于鼓励软件产业和集成电路产业发展的实施意见》等政策规定，全市科技政策环境建设已表现出体系化、规范化和层次化的特点，为高新技术产业发展提供了强有力的政策支撑。

首都创业孵化体系建设成效显著。截至目前，全市孵化器总数已达61家，孵化面积达64万平方米，在孵企业2082家，毕业企业354家，实现销售收入81亿元，建立大学科技园14家。涌现出中星微电子、亚信、启明星辰、美髯公等一批著名留学生企业。孵化器管理水平迅速提高，内部机制不断完善，孵化体系已经成为向社会输送成功企业和项目的重要源泉。

首都经济创新服务体系架构初步建立。全市有科技中介机构近5000家，相关行业协会150余家，各类专业服务中心500余家，从业人员16万余人。以北京生产力促进中心、中科前方为代表的一大批社会中介机构，在帮助中小企业创新与发展、促进科技成果转化与流动、利用科技创新要素服务区域协调发展方面，已经发挥出重要作用。中关村技术产权交易所2003年2月正式挂牌运营，到2003年底，中交所累计挂牌项目702个，挂牌总金额237亿元，高新技术项目成交31个，成交金额29.3亿元。2003年全市技术市场交易额超过265亿元，同比增长20%，居全国第一。

科研院所改革进一步深化。积极支持159个在京中央院所企业化转制，提升了北京的创新能力。市属67家技术开发型科研院所已全部完成企业化转制，初步呈现出良好的发展态势。

（三）凝聚了中央与地方、政府与社会、国内与国外各方积极性，激发了首都发展新活力

中央与地方资源充分融合，合作呈现良好态势。市政府与中国科学院、中国工程院、国防科工委及清华大学、北京大学等十一家中央在京部门和单位签署了全面合作协议。北京－清华工业开发研究院、北京大学首都发展研究院等一批面向北京、服务首都的机构相继成立。市科技计划向中央在京单位全面开放，三年来吸引了200多家中央在京单位承担科研任务，争取到国家主要科技计划11.3亿元的支持。

国际资源、民间资源积极融入首都创新发展。44家跨国公司在京成立49家研发机构，87家外埠大企业在京设立了103家研发机构，在多个关键技术领域开展高端研发活动。中德软件技术联合研究所、IBM中国Linux解决方案中心、摩托罗拉中国研究院等国际性合作研发机构相继成立。一大批留学生回京创业，目前在中关村园区留学生创办的企业已达2000家，比1999年增长了7倍。以用友、新浪为代表的民营科技企业迅速成长。这些资源的融入，为北京的创新和产业化活动增添了新的活力。

（四）科技奥运理念深入人心，科技奥运建设全面展开

进一步完善科技奥运建设的组织体系。加强奥科委工作机制建设，进一步提高了工作效率，编制完成《奥运科技十个重大项目实施方案》，目前十个重大项目已启动分项目167个，包括课题249个，总经费概算31.7亿元。在工程建设、国际合作、奥运宣传等方面开展了多项工作。

集中力量、重点突破奥运建设中的技术难题。“奥运场馆结构选型与优化设计关键技术研究”课题紧密结合奥运场馆工程建设，提出国家主体育场结构的用钢总重可由13.6万吨优化调整到5.3万吨，可节约资金8亿～12亿元，受到投资业主方的高度重视。“奥运气象保障科学技术试验与研究”课题进展顺利，已在六个奥运场馆建成自动气象站，并于2003年7月1日正式开通奥运气象信息网页，使北京奥运会成为提供气象服务最早的一届。

（五）科技抗击SARS取得重要成果

在“立足现有资源，科学合理组织科技力量抗击非典”的工作方针指导下，运用科技手段抗击SARS疫情。及时推出病毒检测方法，“酶联免疫法”、“荧光免疫法”两种检测方法已经国家药监局批准、得到世界公认。及时布置临床病理样本的采集保存，拨专款组织协和、人民、地坛、佑安、中日友好等五家医院保存病理资料，为开展下阶段研究工作打下基础。开展“康复期人血清试验”，提高了非典病人的治愈率。紧急启动一批科研项目，支持“ω－干扰素”、“复方樟柳碱注射液”、“西维来司”、“凯时”、“复方精致胶囊”等一批药物投入临床。

在全面总结“二四八工程”实施四年来的经验和回顾2003年工作的同时，必须清醒地认识到，我们的工作还存在着一些问题和不足：一是企业离真正成为创新主体还有较大差距，企业创新能力不强，产业技术水平尚需提升。二是科技资源推动郊区县发展的作用发挥得还不充分，工业小区产业特色不突出，科技园区、郊区县工业小区与所在地区发展的全面联系、融合及互动不够；依靠科技进步提高农业生产能力作用不突出，还没有建立起依托高新技术发展的、符合市场经济要求的、科技与经济紧密协作的新型农业技术推广服务体系。三是科技在推动城市建设、城市管理、社会发展，尤其是提高全体市民生活质量方面的作用还有待于提升。

二、2004年科技工作的思路和重点任务

进入21世纪，经济全球化和科技进步加快发展的趋势越来越明显，为各国经济社会的发展带来新的机遇。党的十六大提出了全面建设小康社会的奋斗目标，十六届三中全会审议通过了《中共中央关于完善社会主义市场经济体制若干问题的决定》，市九次党代会确定了“在全国率先基本实现现代化”的战略目标和“新北京、新奥运”的战略构想。要实现上述目标，我们必须继续大力促进科技创新，充分发挥广大科技工作者善于思索和勇于实践的创新精神，进一步强化科技与首都发展的结合，形成一切创新活力竞相迸发，一切创新源泉充分涌流的发展局面。

为了完成这一历史性的任务，我们必须要按照十六大精神和“三个代表”重要思想的要求，进一步解决思想，转变观念。

第一，牢固树立科学的发展观。我们必须按照党的十六届三中全会提出的五个统筹的重要思想，树立全面、协调、可持续的发展观。充分发挥科学技术的辐射、渗透和动力作用，把科学理念、科学方法和科技成果引向经济、社会、环境、人文等各个领域及全市的各个区域，力促

区域的整体化发展、城乡的一体化发展、经济社会的协调发展和科技的跨越式发展，使科学技术真正成为推进首都现代化进程的先导力量。

第二，继续探索具有首都特色的科技发展之路。全球化竞争主要表现为区域和产业的竞争，其内涵是区域创新能力的竞争，归根到底是对技术、人才等稀缺科技资源的竞争。区域的发展必须依靠本地区的特色资源，特色资源的合理利用是区域发展的关键，特色资源的溢出是带动区域发展的基础，“长三角”、“珠三角”等地区改革实践和发展的经验充分说明了这一点。而北京地区丰富的科技资源正是北京发展不可多得的战略性资源，更大程度的涵养、凝聚、利用好北京雄厚的科技资源，将科技资源优势转化为首都发展的竞争优势，是我们必须坚持探索的一条具有首都特色的科技发展之路。

第三，必须进一步深化科技体制改革。科技体制改革是变科技资源优势为竞争优势的最重要的动力，是科技进一步转化为生产力的必由之路，中关村近20年的发展历程充分表明了这一点。从市场经济规律和科技发展规律两个规律出发，科技要在新时期发挥出更大的作用，就必须通过进一步深化科技体制改革，力促企业成为创新主体。企业是经济和科技行为的内在的、基本的单元，对经济、科技发展起决定性作用。力促企业成为创新主体，逐步确立企业科技投入主体、科技创新主体和科技成果应用主体的地位，不断激发企业活力，注入企业动力，培育企业创造力，只有这样，许多问题才会迎刃而解，经济、科技发展才会有一个根本性的改观。

基于以上认识，未来一段时期科技工作要着重抓好“一个转变，两个加强”，即实现由院所、高校为中心的技术主导型的科研体制向以企业为中心的市场主导型的科研体制转变；加强科技创新资源向郊区县的辐射、扩散；加强科技对城市发展、城市管理和社会发展方面的支撑。

按照新时期形势和任务的要求，今后一段时期科技工作的总体思路是：全面贯彻十六大精神和“三个代表”重要思想，以率先基本实现现代化和实现“新北京、新奥运”战略构想为目标，以优化首都发展环境，发挥科技资源优势为着力点，遵循市场经济规律和科技发展规律，集全市之力，继续深化实施“二四八工程”，“全面推进、重点突破”，全力打造首都区域创新体系，力促企业成为创新主体，发挥科技在“五个统筹”中的作用，进一步拓宽以科技资源促进首都经济、社会发展的道路。

全面推进各项科技工作。加快中关村科技园区建设，搭建园区创新的制度平台，加大知识产权保护力度，建设好国家知识产权保护示范区，完善风险投资机制，通过优化园区创新环境，切实增强园区创新活力。加强科技创新法制环境建设，完善科技政策法规体系，强化各项政策的落实，为各类企业创新发展提供公平有效的政策支持。大力发展社会化科技中介服务体系，规范科技中介服务市场秩序，加强国际交流与合作，营造有利于科技创新的服务环境。落实人才强国战略，创造“尊重知识，尊重人才”的氛围，加强全市重点领域学科建设，培养、引进、鼓励各类创新人才在京发展，使北京成为研发创新公共设施完善、成果转化孵化迅速、创新创业环境优化的现代化大都市，成为世界研发的重要节点。

在全面推进北京各项科技工作的基础上，重点实施三大行动：一是促进企业成为技术创新主体的“引擎行动”；二是实现市区与郊区县协同发展的“涌泉行动”；三是推进首都全面、协调、持续发展的“科技奥运行动”。

（一）启动“引擎行动”，力促企业成为创新主体

“引擎行动”的核心是，力促企业真正成为技术创新的主体，增强企业核心竞争力，提升产业技术水平，使技术创新成为推动首都经济持续、快速发展的强大动力引擎。

实施“引擎行动”，重点是通过完善科技创新法制环境，促进企业建立知识产权保护体系；建立以企业为主体的技术创新体系，以企业为主体选择重大研发领域和研发项目，以企业为中心完善新型产学研结合机制；按照十六届三中全会的要求，大力发展民营经济和混合所有制经济；加强先进技术的引进、消化、吸收与集成创新，在高新技术产业链的高端形成产业集群，并向传统产业领域渗透，推动北京产业技术水平的整体提升。2004 年重点做好以下几个方面的工作。

第一，重点支持企业做大做强。支持大企业技术研发，鼓励其带动一批中小企业按照产业链和技术分工开展研发活动，促进大中小企业创新能力的整体提升和共同发展。支持大型企业集团形成具有自主知识产权的核心技术体系和技术标准，鼓励支持科技投入多、创新能力强的企业与国外一流研究机构广泛合作，提高北京高新技术产业在国际市场的竞争能力。支持以企业为中心形成新型产学研组织模式，鼓励各类企业与研究所通过多种方式共建研发中心，鼓励跨国公司和外埠各类企业在京设立研发中心，吸引京外企业将总部迁入北京。近期重点支持北京医药集团药物分子设计中心、同仁堂与中国中医研究院合作建立同仁堂研究院、京东方与清华大学合作消化吸收 TFT－LCD 第五代技术以及中德软件开发研究院等工作。

第二，积极开展科技资源招商。以促进科技资源与实业投资、金融资本相结合为纽带，创造新型招商模式，主动、充分地利用好北京优势科技资源，吸引京外资金入京，加快科技体制创新，为首都经济发展培育新的增长点。在生物医药领域，按照“促存量、抓增量、出大药”的工作方针，加快同仁堂与香港长江实业集团的合作、吉林通化东宝胰岛素项目、美国安万特公司、江中制药、江苏恒瑞等医药企业进京的招商工作。

第三，深化科研院所企业化转制。通过项目引导，实现转制院所与大企业集团的实质性结合，形成既有创新能力又有资金基础，能够带动行业发展的新型龙头企业。近期重点抓好农科院畜牧所畜禽疫苗产业化等项目实施。

第四，完善专业孵化器与科技条件平台建设。按照市场经济规律和企业技术创新的需求，大力加强市场化的首都科技条件平台建设，通过创新体制实现科技资源条件全社会共享；充分发挥现有创业孵化体系的资源优势，改造和新建一批专业特色明显的新型孵化器，打造行业特色突出、支持力度显著的企业创新创业平台。

第五，大力促进软件产业的发展。组织实施《2004～2005 年软件产业发展长风计划工作方案》，提高自主知识产权软件的研发能力。支持中软、神州数码、用友等一批重点软件企业，推动北京软件产业实现跨越式发展，使北京成为世界重要的软件离岸研发中心、中国信息化实施中心、中国自主知识产权软件产品开发中心，使软件产业成为首都高新技术产业的主导产业，初步成为首都经济的支柱产业。

第六，积极促进高新技术产业和现代制造业重点行业发展。在微电子领域，支持企业申报和建设国家级研发中心，鼓励京东方建立平板显示工程技术研究中心，积极支持建立半导体材料研发中心、集成电路工艺技术和设备研发中心等，促进具有较强竞争力的北京微电子企业做大做强。在生物医药领域，鼓励企业实施以创新为内涵、以资源整合为手段的品牌战略，尽快推出北京生物医药领域的知名品牌。在新材料领域，加强新材料重点企业创新能力建设，促进北京新材料领域的技术交易、产权交易和成果转化。继续抓好制造业信息化、高清晰度数字电视等项目的示范和产业化工作，加快利用高新技术改造传统产业。

（二）启动“涌泉行动”，完善首都区域创新体系

“涌泉行动”的核心是促进以中关村为核心的城区创新要素和成果向郊区县强力辐射，充分发挥科技资源的“溢出效应”，带动区县经济和社会协调发展。

实施“涌泉行动”，一方面通过不断完善首都区域创新体系，进一步发挥中关村园区的源头创新作用，增强中关村的创新活力；另一方面，促进区县进一步转变观念，提高利用科技创新提升区县竞争能力方面的认识，推动科技创新与区县发展的全面融合，促进首都现代化“起步在城区，实现在郊区”目标的实现。2004年重点开展以下几个方面的工作。

第一，搭建科技资源“溢出”的创新服务平台。加快中关村科技园区国家知识产权保护示范区建设，充分尊重科技人员的创造性劳动，深化知识产权创新体制改革，形成知识产权创新的制度保障，从源头上加大知识产权保护与应用力度。依靠科技资源和高新技术积极发展现代服务业，促进高新技术产业分蘖形成新型现代服务业，促进总部经济发展，丰富首都经济内涵。总结推广“中科前方”等单位的适应市场经济要求的新型科技文化，大力促进科技成果转化为现实生产力。

第二，完善促进区县科技进步的制度建设。进一步贯彻落实《关于依靠科技进步，促进郊区县发展的若干意见》，在国家科技先进市县评比的基础上，设立全市区县科技进步督导评估制度，进一步加强区县科技工作。

第三，提高区县科技管理队伍素质和管理工作水平。加强对区县科技干部培训。会同有关部门，针对需求为区县选聘科技助理。调整充实市政府专家顾问团，对区县发展进行有针对性的指导和咨询。

第四，促进开发区建设与区域经济协调发展。支持区县发展特色产业，发挥科技创新在促进区县经济结构调整中的作用，促进开发区与本地区的全面联系、配套与融合，带动区域经济协调发展。近期重点抓好顺义三高农业科技示范区、延庆国际马铃薯中心（CIP）亚太区域中心、通州光机电一体化工业基地、大兴生物医药产业基地、平谷大桃产业化基地等的建设。

第五，继续推进农村信息化建设。建好农村信息化技术服务体系，为农民提供市场信息、成果信息和专家咨询等多种信息服务。以农村信息化网络的300多个节点为依托，开展实用技术富民、就业上岗技能、星火计划创业等多种形式的农民技术培训，通过建立和推广符合市场经济特点的农村科技经济协作组织，逐步形成新型的农业技术推广体系，提高农民文化科学素养及农业生产技能，依靠科技进步带动农民增收致富。

第六，以科技手段推进郊区城市化进程。结合郊区新城区的建设，在建筑、环保、通讯、治安、城市管理等方面，推广应用新技术，建设若干代表中国水平的、与经济发展相协调的实验示范小区。近期重点抓好昌平卫星城东扩工程、通州运河景观和生态文化产业发展中的社会综合技术应用示范等工作。

（三）推进“科技奥运行动”，用科技手段促进社会全面发展

“科技奥运行动”的核心是，以科技助奥运，以奥运促科技。在科技直接服务奥运建设的同时，从首都市民的根本利益出发，利用科技手段推动首都城市建设、城市管理和社会全面发展，提高人民群众的生活质量。2004年重点开展以下工作。

第一，做好科技奥运建设。围绕奥运场馆、信息、安全、开闭幕式、运动科技等与奥运直接相关的领域，实施一批重点项目，提高奥运工程的科技含量。

第二，以科技手段促进北京城市交通服务体系建设。重点实施北京智能交通系统（ITS）

规划等项目,加强电动汽车和新型清洁燃料汽车的技术攻关和成果应用,解决地铁和轻轨等轨道交通工程中的关键技术,促进北京路网和客运结构调整。

第三,提高北京环境保护工作的科技水平。开展首都圈防沙治沙共性技术研究与示范,开展饮用水源保护、水污染控制与治理、水质改善等重大关键技术的研究与应用,加强工业、医用和生活垃圾等固体废弃物综合治理技术研究及应用,开展清洁高效能源技术及可再生能源技术的研究与应用。

第四,加强医疗卫生领域科技攻关,提高市民健康水平。通过 SARS 防治研究,病毒性肝炎临床诊断及治疗研究,组织工程化人体组织器官再造研究、肿瘤综合治疗模式研究、重大疾病中医药防治技术平台等项目的组织实施,提升北京医疗卫生领域技术水平。

第五,推进首都信息化建设。通过新一代数字通信、信息处理技术的集成创新,建立高速、可靠的数字信息系统。

第六,大力促进科学技术普及。建设科普设施,完善城市社区、农村乡镇科普组织网络,开展群众科普活动,普及科学知识,传播科学思想和科学方法,提高市民的科学文化素养。

当前我们正处于重要的战略机遇期,“率先实现现代化”的战略目标和“新北京、新奥运”的战略构想,为科技工作提供了巨大的舞台和难得的发展机遇。我们要认真实践“三个代表”重要思想,全面贯彻落实十六大和十六届三中全会精神,牢固树立科学的发展观,在市委、市政府的领导下,广泛动员社会各界的力量,充分发挥广大科技工作者的积极性和创造性,进一步转变思想观念,改进工作作风,强化服务意识,完善服务体系,优化创新环境,求真务实,与时俱进,使科技创新成为促进新时期首都发展的强大动力。

2003 年中关村科技园区工作总结

2003 年是中关村科技园区继实现“三年大变样”阶段性目标之后,朝着“五年上台阶”目标前进的重要一年。2003 年初,胡锦涛总书记视察了园区,接见了留学生创业者代表并作了重要讲话。一年来,中关村科技园区按照十六大、十六届三中全会精神和市委市政府制定的“五年上台阶”行动纲要提出的任务,坚持技术创新、制度创新和文化创新,战胜了突如其来的“非典”疫情,发展和改革取得了可喜的新成绩。

(一)中关村技术创新体系进一步完善,技术创新能力增强

2003 年底,中关村科技园区已有国家工程研究中心 40 个、国家重点实验室 42 个、孵化器 34 家。园区提前完成了《五年上台阶行动纲要》中力争 2005 年国家级工程研发中心达到 40 个的目标。园区企业成为技术创新的主体,并与世界著名跨国公司共建技术研发联合体,微软—中星微多媒体技术中心、用友—微软联合开发实验室、联想—英特尔未来技术研究中心、甲骨文—中科红旗 LINUX 开发实验室,成为中关村技术创新体系的重要组成部分。

跨国公司及其研发机构数量不断增加。NTT、IONA、西门子、银联公司、远大空调、扬子江药业等一批跨国公司和国内大型企业落户园区。世界 500 强企业中有 52 家在中关村设立了分支机构,有 30 家设立了研发中心。中关村作为北京市乃至全国高科技企业研发基地的地位愈加明显。

（二）启动实施了专利战略和标准战略，重点领域取得重大技术突破

园区企业不仅申请专利数量大幅攀升，而且还引领相关标准体系的建立，如新一代互联网协议（IPv6）技术标准、网络计算机标准、“生物膜一体化”技术标准、新一代高密度激光视盘系统（EVD）标准、基于信息设备资源共享协同服务（IGRS）的闪联标准等相继诞生。

在拥有核心技术的集成电路芯片设计与软件方面，国产处理器芯片出现了中国芯组群并进入产业化。如星光系列数字多媒体芯片在全球市场的销售量已突破1000万枚，占世界计算机图像输入芯片40%的市场份额，成为第一个打入国际市场的“中国芯”；方舟、龙芯、众志CPU已应用于网络计算机；“万通1号”是我国首枚无线局域网基带信号处理核心芯片，已被索尼公司等采购；海尔爱国者系列芯片填补了我国在数字电视信源解码产业化芯片领域的空白；阜国科技公司完成新一代高密度激光视盘系统核心芯片研发及产业化；凯诚HDV核心解码芯片已应用于高清晰数字电影播放机。曙光10万亿次高性能计算机和联想深腾4万亿次高性能计算机的研制成功，标志着园区在高性能计算机研发与高端应用领域又上了一个新台阶。园区企业生产的高精密度与高可靠性元器件及配套设备、地面控制系统与软件测试系统等有力地保证了“神舟”五号载人飞船的成功飞行。

在生物医药产业，由北大未名集团所属北京科兴生物制品有限公司牵头承担的研制非典灭活疫苗项目取得重大突破，完成了临床前研究工作，率先向国家食品药品监督管理局提出临床研究申请；北京兴大科学系统公司研制的国家一类抗肿瘤新药“双环铂”已进入Ⅰ期临床试验阶段。此外，在先进制造业、新材料、新能源、环境保护、现代农业等领域也都出现一批高新技术成果和产品。

（三）高新技术产业经受住了“非典”的严重冲击，保持快速增长

2003年园区新创办企业4138家，高新技术企业总数已达1.3万家。全年园区实现技工贸总收入2852亿元，同比增长18.6%；实现增加值608亿元，同比增长17.2%，相当于全市GDP总额的16.9%；上缴税费122亿元，同比增长22.7%。

产业链、产业联盟逐步形成。围绕网络计算机产业链建立的3个产业联盟，推动了网络计算机在教育、金融、电子政务、农业、国防等领域顺利实施，网络计算机已销售3.8万台（其中政府采购1.4万台）。建立了5个以手机品牌和标准为龙头的企业间相互合作的手机产业联盟，全年销售手机2655万部，销售额220亿元，由手机产业联盟自主设计方案生产的手机1140万部，从而有力地推动了手机产业的发展。中软出口联盟、方正出口联盟、中关村软件出口联盟等各种软件出口企业联盟逐渐形成。另外，中关村新材料产业联盟、中关村城市污泥无害化产业联盟也相继成立。中关村产业联盟的建立，将分散的技术优势、零部件配套、销售渠道有效地整合起来，企业联合行动，技术和产品形成上下游产品链，推动了核心技术的产业化和市场扩张。

（四）人才结构进一步优化，留学人员创业形成高潮

2003年园区从业人员约46.6万人，比上年增加约6万人。留学人员创业保持旺盛势头。自2000年下半年至2003年底，园区累计接待了来自28个国家和地区的留学人员1.95万人，留学人员累计创办企业近2000家，吸纳留学人员5000余人，在留学人员创办的企业中就业的各类高科技人才有4万多人。目前，留学人员创业企业仍以每天一家的速度入驻园区。留学人员创业企业开发了一批具有自主知识产权的科研项目，带回了先进的管理理念，丰富了中关村的创新文化，成为园区与国际接轨的重要载体。一批留学生创业者分别被国家和北京市授予全国留学回国人员先进个人及北京市有突出贡献的科学技术管理专家称号。

（五）投融资环境得到改善

成立了中关村技术产权交易所，到2003年底，中交所累计挂牌项目702个，挂牌总金额为237亿元，其中园区高新技术项目成交31个，成交总额29.3亿元。

实施了为高成长中小技术企业提供担保贷款服务的“瞪羚计划”。“瞪羚计划”将企业信用评价、信用激励和约束机制同担保贷款业务有机地结合起来，通过政府的引导和推动，构建高效、低成本的担保贷款通道，担保贷款额已超过5亿元。成功组织发行了“中关村科技园区高新技术企业信托融资计划（第一期）”，为园区企业筹资8000万元。中关村科技担保公司2003年为园区540家中小企业贷款提供担保，担保总额为23.3亿元，较上年增长近2倍，占北京市中小高新技术企业获得担保贷款额的60%以上。

园区共有上市公司56家，占全市上市公司总数的一半。其中国内主板41家（3家为当年新上市企业），香港13家，美国纳斯达克2家，另有非上市股份有限公司139家。园区企业在国内主板市场融资15.35亿元，比上年融资额增长1倍；在香港证券市场融资额比上年增长近8倍。

目前，在园区设立网点为企业提供融资服务的金融机构约16家共120多个分支机构。2003年，园区企业获得银行贷款总额约为450亿元。国家开发银行为园区基本建设提供的中长期贷款累计140亿元。

园区企业同担保公司和8家银行共同成立了信用自律组织——中关村企业信用促进会，会员单位已有160家。园区正在市政府和国家发改委的指导下开展国家“小企业信用服务体系建设”试点工作。

（六）加强了知识产权促进和保护

由国家知识产权局和北京市政府共建的中关村国家知识产权制度示范园区正式挂牌。示范园区内设立了知识产权促进局、版权保护中心、知识产权巡回审理庭、专利代办处、计算机软件著作权登记处、商标事务处等，为园区企业开展知识产权全方位服务。市版权局、市科委和中关村科技园区管委会共同制定实施了《北京市鼓励计算机软件著作权登记办法》，规定登记和办理计算机软件的时限为20天，并免收登记费，解决了长期困扰的软件登记难问题。在市版权局、市科委、市公安局、市工商局联合开展的打击软件盗版专项治理行动——北京枫叶行动中，执法人员对中关村的大型电子市场进行了集中清理，查缴并销毁了大量盗版制品，中关村地区市场秩序有了明显改善。在集中打击销售盗版行为同时，市新闻出版局（版权局）开始在中关村的海龙大厦、硅谷电脑城等电子市场进行电子出版物（软件）发行试点工作，积极营建正版软件销售主渠道，进一步规范电子市场的管理。

（七）加快了园区基础设施建设

重点组织制定了南沙河流域及学院路沿线等地区近40平方公里控制性详细规划、中关村海淀园山后地区生态规划及海淀园中心区综合交通规划。专业园和产业基地建设开复工面积达到445万平方米，竣工面积140万平方米，新增绿地100万平方米，基本建设投资100亿元。完成上庄220千伏变电站设备安装和调试，永丰产业基地、生命园、软件园110千伏变电站已经完成设备安装。启动了地铁4号线、10号线拆迁等前期工作。完成了圆清路、首体南路、财经东路等15条约20千米的道路建设；新建公共通信管道80沟千米，累计达300沟千米，园区公共通信管道网络已经形成。各专业园建设已形成品牌，继中关村软件园成为“国家级软件园”之后,永丰产业基地荣获“国家新材料创新研发及产业化基地”,中关村环保科技示范园已成为北京市三大环保产业基地之一,现正力争成为国家级环保产业基地。

(八)“一区七园”各具特色,共同发展

海淀园大力优化发展环境。数字园区工程中,企业门户实现7100家企业上网,网上办公系统集成了17个部门的64项管理服务职能,实现了网络环境下的“一条龙”办公;率先试行外资企业不设立具体经营范围的试点,优化政府投资审批环境;制定出台了《中小型高新技术企业绿色行动计划》,加速园区中小企业快速发展,全年实现技工贸总收入1682亿元,上缴税费74亿元,出口创汇8.5亿元。

丰台园结合自身特点,创新发展理念,加快二期开发建设,打造高科技企业总部基地品牌,“绿色服务”理念和“组团式招商”方式吸引一批大中型企业总部进驻,引领总部经济发展。投资环境的优化推进了技术创新和科技成果的转化,技工贸总收入达300亿元,同比增长50%。

昌平园实施ISO14001环境认证,促进环境建设全面升级。一批项目列入国家及北京市的科技计划,创新能力增强,入园企业质量得以改善。随着产业化项目的不断进入和基地内项目的相继投产,高新技术企业工业产值已突破百亿,基地功能日趋明显。

电子城科技园加速西区开发建设,市政基础设施、数字电子城建设等进展迅速,东区、西区两翼齐飞的发展格局初步形成。当年吸引了摩托罗拉、北方电讯、西门子、日立公司一批大项目落户,初步形成国内最大的手机研发中心,核心创新能力提高。

亦庄科技园围绕现代制造业和高新技术产业基地建设目标,认真实施产业促进、扩区开发、管理创新、环境优化、人才强区五大战略,全力展开二次创业。新批企业投资总额34.5亿元,合同利用外资8.4亿元,新引进世界500强企业投资项目15个,中芯(国际)半导体、京东方TFT－LCD等重大项目进展顺利,为增强园区高新技术产业发展的后劲奠定了基础。

德胜园创新服务体系建设进一步完善,入驻高新技术企业数量迅速增加、质量不断提升。中国工程院落户园内,留学人员创业中心建立并成为欧美同学会首批报国计划实验基地之一。入园高新技术企业总数达105家,总注册资金8.3亿元。

健翔园正式开园以来,以“小政府,大服务”为宗旨,大力优化发展环境,建立了为企业全面服务的体系。入园高新技术企业总数已达122家,总注册资金2.9亿元,成为朝阳区经济发展中的新亮点。

(九)对园区管理体制进行了重大改革

《中关村科技园区管理体制改革方案》经市委市政府批准开始实施。这次体制改革的主要内容包括三个方面:一是完善科学决策和民主管理的机制。成立中关村科技园区企业家咨询委员会,吸收企业家进入园区决策机构参与管理;在专业园和产业基地设立由入驻企业组成的业主委员会。二是实现园区建设和管理的重心下移。按照本市行政审批制度改革和优化发展环境的部署,将部分行政审批事项的市级管理和执行权下放给各园所在地的区级工作部门;中关村管委会将承担的中关村科技园区海淀园企业的党群和工会工作、中关村科技园区服务中心(“一站式”办公大厅)移交给海淀区,将应由海淀区政府协调的海淀园的规划、建设等事项移交给海淀区;将受理投诉工作下放给各园的专门管理机构,进一步发挥区政府及各园专门管理机构的积极性。三是加强对园区改革和发展的研究、指导、协调和推进。充实、扩大了建设中关村科技园区领导小组。建设中关村科技园区领导小组的主要职责是研究和决定园区建设发展、制度创新的重大事项。领导小组办公室与中关村管委会合并,作为市委市政府和领导小组的执行机构，在落实上级决定，组织协调推进园区有关制度创新、空间规划和产业规划、重大产业化项目等方面负有重要责任。

目前，管理体制改革方案已开始实施，领导小组及其办公室成员均已到位；由25名委员和7名特邀委员组成的中关村企业家咨询委员会已经成立并召开了第一次工作会，推选出主任委员和副主任委员共5名，组成了咨询委员会的领导机构。海淀园也将根据管理体制改革工作部署按新体制运行。

（十）具有特色的中关村文化建设取得新进展

大力倡导"科学民主、与时俱进"的中关村理念，弘扬"勇于创新、不惧风险、志在领先"的中关村精神。推进以创新为主题的企业文化，以诚信为主题的商业文化，以刻苦学习、奋发向上、振兴中华为主题的校园文化，以文明、和谐为主题的社区文化。开展了"中关村创新之路"文化宣传系列活动，参加了第六届科博会，举办了第六届中关村电脑节，开展了第二届优秀企业家、优秀创业者评选活动。邓中翰、寿国梁等4名企业家被评为北京市有突出贡献的科学技术管理专家。园区全年共接待古巴国务委员会主席、罗马尼亚总统、俄罗斯总理、匈牙利总理、哈萨克斯坦总理等181批外国政要和友人，并与美国斯坦福大学进行有关中关村与硅谷比较研究的国际学术研讨。各园还建设了一批文化设施。

（十一）团结一心，战胜"非典"

2003年，突如其来的"非典"疫情给中关村科技园区经济、高新技术企业，特别是软件企业、技术服务型企业以及招商引资工作带来较大的冲击。面对"非典"疫情，园区发挥优势，开展了"科技抗击非典"的行动。园区企业克服困难，坚持研发、生产和经营，特别是直接研发生产防治"非典"产品的企业加班加点。北大未名集团所属北京科兴生物技术公司和北京天坛生物公司分别受国家委托参与研制"非典"疫苗；中星微电子公司的可视通信系统和设备、天健公司的医院信息管理系统和远程会诊系统被小汤山医院采用；时代集团为全国防治"非典"提供了数千台手提式红外检测仪，并提供1000台用于本市高考考场；北京松下彩色显像管有限公司在抗击非典的战斗中，不仅挽回了损失，还取得了出口增长近50%的业绩。园区企业以高度社会责任感，为抗击"非典"积极捐款捐物，据不完全统计，总计价值超过1亿元。

2002年李岚清同志听取建设中关村领导小组第六次会议关于园区发展建设情况的汇报后所确定的推动园区发展的政策措施，在国家有关部委的支持下，得到了很好的落实。原外经贸部和科技部联合颁布新的规定，降低了外商风险投资机构的门槛；财政部继续对园区基本建设贷款给予贴息；国家发改委、科技部、信息产业部等对园区企业发展给予了资金支持；证监会对北京市和科技部提出的园区非上市股份有限公司进入"证券公司代办股份转让系统"进行股份交易试点问题进行了会商，已提交国务院审批；国家知识产权局和北京市政府共建中关村国家知识产权制度示范园区工作已见成效。中关村技术产权交易所已正式成立。另外，国家发改委把中关村科技园区作为国家小企业信用服务体系建设的试点单位。

在充分肯定成绩的同时，我们也要清醒地看到，园区在发展和改革中还面临不少困难，存在一些突出问题：一是高新技术企业发展的融资"瓶颈"问题仍未解决，风险投资的有效运转和退出机制不完善；二是有效的知识产权的产生、使用和保护机制尚未形成，信用环境不够理想；三是现有的产业发展空间明显不足，产业结构单一，信息产业相对较大，而其他高科技产业仍很弱小，园区经济抗风险的能力较弱；四是产权激励制度落实还有很多工作要做；五是一些政策不够落实。同时一些企业反映政府对于园区企业产品的采购力度不够。

2004年,是中关村科技园区实施《五年上台阶行动纲要》的关键一年。面对新的形势,我们要把加快制度创新平台建设、加快高新技术产业发展作为2004年园区工作的主线。围绕"两个加快"这条主线,园区工作的总体要求是:深入贯彻党的十六大和十六届三中全会精神,牢固树立科学发展观,以建设产业、社会、文化、生态环境全面、协调、可持续发展的一流园区为发展的奋斗目标,坚持以创新为园区发展的根本动力,以统筹发展、建设和改革为园区发展的工作原则,以中关村的优势和品牌整合各类资源为发展的重要手段,按照园区五年上台阶行动纲要提出的任务和中央经济工作会议及市委市政府的部署,深入进行以投融资体系建设、知识产权促进和保护等为重点的机制体制创新,大力推进专利战略和标准战略,促进技术创新和高新技术产业发展,使中关村率先从"中国制造"向"中国创造"迈进,继续加快基础设施建设,不断推进园区文化创新工作,为到"十五"末实现五年上台阶的目标打下坚实基础。2004年园区经济发展的主要预期目标是:力争实现技工贸总收入3365亿元,同比增长18%;实现增加值700亿元,同比增长15%;上缴税费146亿元,同比增长20%。

2003年北京市科学技术协会工作总结

2003年,北京市科协及所属团体在市委、市政府的领导下,努力实践"三个代表"重要思想,深入贯彻党的十六大精神,按照市科协六届二次全委会的要求和部署,团结动员首都广大科技工作者,扎实开展工作,不仅在优化环境促进发展中发挥了重要作用,并且在依靠科学战胜非典的战斗中作出突出贡献。

一、认真学习贯彻"三个代表"重要思想,推动科协系统迅速形成学习和贯彻的新高潮

党的十六大提出,坚持用马克思列宁主义、毛泽东思想和邓小平理论武装全党,在全党兴起一个学习贯彻"三个代表"重要思想的新高潮,这是关系党的事业继往开来、与时俱进的战略任务。中共中央印发了《"三个代表"重要思想学习纲要》和《关于在全党兴起学习贯彻"三个代表"重要思想新高潮的通知》,7月1日胡锦涛总书记在学习贯彻"三个代表"重要思想理论研讨会上又发表了重要讲话。

按照中央和市委的部署,市科协常委会向市属学会和基层科协发出了《关于在市科协系统兴起学习贯彻"三个代表"重要思想新高潮的意见》,要求深刻掌握"三个代表"重要思想的理论体系和精神实质,统一思想、凝集力量,以"三个代表"重要思想统领科协各项工作。市科协机关举办了处级领导干部"三个代表"重要思想学习班,市属学会和基层科协采取多种形式进行学习贯彻。

市科协始终坚持把学习贯彻"三个代表"重要思想同一手抓防治"非典"、一手抓经济建设紧密结合起来;同新北京、新奥运和首都率先基本实现现代化的奋斗目标结合起来;同最广泛最充分地调动科技工作者的积极性结合起来,用"三个代表"重要思想分析和把握新世纪新阶段科协工作面临的客观形势和发展趋势,指导科协工作实践,为全面完成2003年各项工作任

务，奠定了思想理论基础。

二、围绕市委、市政府中心工作，在优化首都发展环境的大局中发挥了重要作用

市委、市政府把改善和优化发展环境作为贯彻党的十六大精神、落实执政兴国第一要务的重大措施来抓。市科协认真履行人民团体的桥梁纽带职责，围绕中心、服务大局，从优化科学决策环境、优化科学素质环境、优化学术交流环境、优化人才发展环境、优化国际交流环境、优化社会稳定环境等六个方面，充分发挥了自身的社会功能和作用。

（一）积极建言献策、参政议政，不断优化科学决策环境，为市委、市政府宏观决策提供智力支持

坚持举办奥运系列科学技术专家季谈会。以大气环境污染治理对策为主题，组织了第24次专家季谈会，来自美国、德国和国内的知名专家，就提高北京地区大气环境质量问题，提出了一系列治理意见和建议，国外科学家首次参与季谈会成为新亮点。以奥运食品安全为主题，组织了第25次专家季谈会，建议政府部门尽快启动奥运食品工程，保障奥运会需要，促进北京经济发展。

积极履行政协科协界参政议政的民主权利。在委员个人提案的基础上，更加重视作为政协一个界别的团体提案，提交了“关于加强科技人员知识更新工作的建议”和“关于运用科普手段提升弱势群体劳动能力”等4项团体提案，得到市政府有关部门的重视。其中，开展“科普扶弱社会工程”的意见已被纳入“北京市再就业工程”。

科技工作者建议的征集、报送工作得到加强。围绕全市重大战略问题和经济社会发展的热点、难点问题，反映科技问题的建议被政府及有关部门采用387项，有20多项得到王岐山等市领导的重视和批示，其中，北京测绘学会报送的“关于开展地下管线普查工作”等8条建议被市委、市政府评为优秀信息。

（二）广泛推动社会化科普工作，优化科学素质环境，提升首都公众科学文化素养水平

贯彻落实《科普法》，积极开展多种科普活动。一年来，共举办科普讲座3239次，科技展览1065次，科普宣传1019场，青少年科技竞赛35个，科技下乡439次，参与单位和受益公众明显多于往年。成功举办了第九届北京科技周、第23届北京青少年科技创新大赛、第五届北京科普之春、科普之夏等传统品牌活动。策划举办了纪念《科普法》颁布一周年“6.29科普行动日”系列科普活动和庆祝神五发射成功“飞向太空”系列科普活动。第9届北京科技周举办标志性活动6项、重点活动20多项、基层活动4000多项，市、区（县）两级参与科技周的直属单位和学会达到600多个，1.4万名科技专业人员参加。第23届青少年科技创新大赛组织有序、规模宏大，18个区县24.8万名青少年参与，并首次设立了“市长奖”，大赛举办经费三分之二来自社会，为公益性大型科普活动多渠道筹措资金积累了经验。

城乡科普示范基地对基层科普工作的引导性、示范性明显增强。联合市农委对市农林科学院农村科技教育传播基地、通州区台湖生态科普示范基地、延庆县里炮农技协组织示范基地、平谷区农村科普信息化示范基地给予了重点投入，对于区域农村经济结构调整和农民科技素质提高，发挥了示范作用。着力打造崇文区金鱼池数字化科普示范社区的品牌，引导企业投资300多万元，建立了社区科普智能岛、电子科普画廊、科学俱乐部等，探索了政府、企业、高

校、社会共同参与社区科普的有效途径。

科普基础设施建设取得新进展。采取“政府支持、社会参与、市场运作”的机制，以海淀科技馆为试点，积极推进科普场馆“三三一”工程，丰富了展教设施内容，提高了展品设计制作水平。运用现代技术手段，组织研发了火箭模拟发射智能化展教模块，以“流动科技馆”的新颖形式举办了航天科技展，在市委、市政府机关大院、城市社区、农村乡镇、兄弟省市巡回展出。全面完成《首都科技网》、《北京科普之窗》的改版工作，发挥网络科普功能，配合重点科普、学术活动，加强了专题宣传，建立了中医药网上数字博物馆。

科普出版创作工程成效显著。组织了第一届北京市优秀科普作品奖评选活动，资助出版的《鸟兽物语》等五部作品获最佳奖，有三部作品在全国优秀科普作品评选中分获二、三等奖。把握神舟5号发射成功的契机，及时资助出版发行《放飞神舟》，成为北京书店畅销书之一，并首次实现科普作品以盲文和维吾尔文、哈萨克文、克尔克孜文、蒙文等四种少数民族语言文字出版。

（三）多层次、多形式开展学术交流活动，优化学术交流环境，为科技创新营造良好氛围

积极开展各种学术交流活动，努力构建“学术月”的学术交流平台。全年举办国际国内及港澳台地区学术会议1319场次，交流论文1万多篇。市科协坚持学术为先、择优支持的原则，对23个重大学术活动项目给予资助。第六届学术月以“科技创新、建设小康”为主题，在规模、层次、水平上都有新的发展和提高，共组织学术交流活动335项，其中具有影响力的重点学术活动54项，有近百个北京学会和20多个全国学会参与。

积极组织高层次、多领域的科学研讨论证活动。与“奥运”、“入世”及首都现代化建设的热点、难点问题紧密联系，举办了“北京地区大气污染控制与管理”、“北京农业发展与奥运食品安全”等国际研讨会。针对“非典”疫情的重大影响，及时组织了“突发性事件深层次思考”研讨会，从经济学、管理学、社会学、心理学等多个角度，对现代化大都市的公共危机处理提出了建议和意见。

北京自然科学界与社会科学界之间的交流取得新突破。贯彻落实党的十六大精神和市委书记会议精神，积极组织自然科学工作者和社会科学工作者共同参与科学普及和学术交流活动。确立了自然科学界和社会科学界联席会议工作制度，并召开首次会议，通过了《关于进一步加强自然科学界和社会科学界交流合作的倡议书》，成立了两界联席会议专家顾问委员会，组织了以“科学应对突发事件”为主题的北京自然科学界和社会科学界首次高峰论坛。

（四）增强为科技工作者服务的意识，优化科技人才成长环境，努力建设科技工作者之家

及时了解和反映科技工作者队伍的变化。市科协六届五次常委会通过了《关于进一步加强调查研究工作的意见》。开展了“科技工作者状况”问卷调查，全面了解北京科技工作者群体的基本情况、主要特点、发展变化规律、权益保障等情况，为有关部门制定相关政策提供理论依据和基础材料。开展了“充分发挥北京地区老科技工作者作用”、“北京科技场馆现状与对策”等调研，提出相应的对策和建议。

努力为科技工作者交流成果、展示才华创造条件。积极开展各类青年科技工作者交流活动，不仅促进了科技人才成长和提高，也为科技人才搭建了“有所为”的舞台。举办了第七届北京青年优秀论文评选活动，73个学会参与，征集青年科技论文1511篇。举办了第四届青年学术演讲比赛和北京优秀青年工程师评选等活动。

大力表彰宣传优秀科技工作者。把握科学防治“非典”、市科协成立40周年、“神舟5号”载人航天成功等重大事件的契机，大张旗鼓地宣传科技工作者的优秀代表。策划制作了弘扬科学精神的公益宣传片，周光召、王选、白春礼等著名科学家积极参与，充分展示了一代科技英才的风采；积极开展“科技人物宣传工程”，加大了媒体宣传报道力度。

加强科技人员继续教育和培训工作。全年举办各类培训班1903个，培训13万多人次，其中科技人员继续教育3.3万人次。区县基层科协以农村党员干部和农村适用技术培训为重点，举办培训班1140个，培训人员7.9万人次。

（五）发挥民间团体优势，优化对外科技交流与合作环境，提高现代化大都市的国际化水平

继续巩固和拓展对外科技交流渠道。市科协把握承办“驻华科技外交官新春招待会”的机会，进一步主动加强联系沟通，组织了部分驻华科技外交官对平谷大华山科普示范基地和崇文金鱼池科普示范社区进行考察。市科协系统共派出科技交流团组50个370人次，接待了国际和港澳台地区民间科技交流团组126个749人次。市科协与日本科技振兴财团、韩国科学文化财团、莫斯科科工联、乌克兰科工联等7个国（境）外科技组织签署了长期合作协议。

结合重大科技活动，多角度、多层次开展外事工作。科技周主会场吸引了美国安捷伦公司、加拿大“疯狂科学”、日本未来馆的科普展项；举办了首届北京国际科技创新传播与发展研讨会，国外同行带来了全新的科普传播理念和方式。学术月期间，组织了20余项国际学术研讨会，与英国文化委员会共同举办了纪念DNA发现50周年英国生物专家学术报告会；青少年科技创新大赛期间，日本科学技术振兴财团、新西兰皇家学会、韩国科学文化财团等3支代表队参加了展示活动。

（六）坚持科学精神，反对和抵制伪科学，优化首都社会稳定环境

继续开展“反对邪教、崇尚科学”的宣传教育活动。面向区县基层，积极开展了赠送挂图、书籍、光盘和举办科普表演、科普报告会的“五个一”活动，开展了关于“在青少年中加强科学无神论教育”、“新时期反邪教科普宣传特点及规律性”的调研；与市610办公室和中科院心理所联合编辑出版了帮助邪教痴迷者摆脱控制的图书，举办了10余场教育转化专家系列讲座。

市科协在优化首都发展环境的同时，积极推进科技咨询、科技兴农等科技与经济相结合的各项工作，完成“金桥工程”立项568项，比上一年度增长15%，申报奖励388项；完成咨询项目1614项，技术合同实现金额1.1亿元，其中技术交易额8916万元；继续实施“彩虹工程”，推动首都高校与京郊乡镇企业签署了26对协作协议；引导北京声学会等8个学会与燕山石化等企业签订了厂会合作协议；围绕农业和农村经济结构调整，有针对性地组织开展实用技术咨询、培训活动。

三、发挥优势，迎难而上，依靠科学，战胜非典

在抗击“非典”的斗争中，市科协充分发挥自身特点和优势，及时把工作重心调整到防治非典的科学普及和学术交流上来，在科学防治非典的主战场中发挥了重要作用。

发挥专家优势，及时呈报抗击非典专家建议40余条，得到市委、市政府的重视。制冷学会《关于成立北京市防治“非典”时期制冷空调系统专家小组并立即开展相应工作的建议》，得到王岐山代市长和张茅、范伯元副市长的高度重视和批示，所拟定的《北京建筑通风系统预防“非典”确保安全使用应急管理措施的实施细则》，以政府文件的形式印发全市执行，以专家建议的形式通过媒体向社会公布，为预防通过空调渠道交叉感染非典发挥了重要作用。

市科协及时支持了20余项防治“非典”学术交流项目。医学系统各学会团结协作，有效地开展临床技术经验交流和研讨，提出了《北京地区非典型肺炎临床工作指南》、《北京地区中医药治疗非典临床方案》、《非典病区护理人员排班原则》、《检验科SARS标本检测安全管理指南》等一系列工作规范，为提高医疗救治水平和预防应对能力，降低医护人员感染率、提高救治率做了富有成效的工作。

加大了防治“非典”知识的科普宣传力度，组织了两次专家访谈电视节目、开通了3条防治“非典”知识电话咨询热线，北京心理卫生学会开通的全国第一条“预防恐惧综合症”心理援助专家热线，增强了社会公众健康安全防范意识。面向基层，及时制作、发送了普及防治“非典”知识的录音磁带、手册、挂图、展板等。

随时调研反映一线医务工作者的意见和需求，为抗“非典”一线的医务工作者提供技术支撑和服务，开通了治疗技术咨询热线；积极开展慰问、捐赠和服务活动，联合中国科协向首都抗“非典”一线受感染医护工作者捐款40万元。

四、全面加强科协组织建设，推动事业发展

2003年7月29日是市科协成立40周年纪念日，市科协了纪念座谈会和回顾图片展览活动。贾庆林、刘淇、周光召、路甬祥、王选、王岐山、于均波、强卫、林文漪等国家、北京市领导人发来贺信，20多位在京院士参加了回顾与展望座谈会，深刻总结40年来特别是改革开放以来的工作经验，探索科协工作规律。

一年来，市科协组织建设又有新的突破。有9个基层科协和18个市属学会相继召开了换届代表大会，选举产生了新的领导机构。北京市农林科学院、北京邮电大学、北京市乡镇企业局、北京国华电力有限公司相继成立科协，引导北京中科大洋科技发展有限责任公司、北京奥宇模板有限公司等9家非国有企业成立了科协组织。

2003年北京市知识产权局工作总结

党的十六大明确提出了要完善知识产权保护制度的任务。2003年北京市知识产权局深入学习贯彻邓小平理论和“三个代表”重要思想和十六大、十六届三中全会精神，紧紧围绕北京市经济建设这个中心，以进一步优化首都发展环境和奥运知识产权保护为契机，进一步完善建制，扩展职能，整合资源，加强指导，并建立了中关村知识产权制度示范园区，充分发挥专利制度在提高北京市的核心竞争力和扩大对外开放中的作用，各项工作取得了新的进展。

一、与时俱进，开拓创新，大力推进北京知识产权宣传工作

（一）知识产权新闻宣传继续保持较高频率

2003年，北京的知识产权新闻宣传继续保持较高频率，截止到11月底，全年共通过电视、广播、报刊发布知识产权新闻宣传稿件近150篇次。通过大力加强政务信息工作，建立覆盖面

广的知识产权政务信息网络，截止到2003年10月31日，北京知识产权系统共提供知识产权政务信息稿件359篇，印发了四期共2500余册《北京知识产权》，对北京市知识产权工作的全面开展起到了积极的促进作用。

宣传范围进一步扩展，组织编写承载知识产权法律知识、优惠政策、典型事例、工作动态及服务信息的八版知识产权宣传特刊，随《北京晚报》发送到近百万读者手中。

（二）抗击“非典”，知识产权宣传工作不断线

在抗击“非典”期间，通过在北京电视台播出知识产权专题片、公益广告片、宣传字幕等形式，继续加强知识产权宣传工作；抓住社会热点，策划并组织了北京八龄童抗非典游戏棋免费申请专利新闻宣传活动；在媒体刊发“北京专利全力阻击非典”等宣传稿件，使北京知识产权普法宣传持续不断，有声有色。

（三）组织开展知识产权普法宣传进社区、进企业活动

组织制作大批量的介绍专利、商标、著作权等知识产权法律知识和国际规则的知识产权普法宣传展板、宣传挂图，发放到全市18个区县的社区、乡镇以及17个行业协会的主要企业和研发机构，使知识产权普法宣传更加深入基层。

（四）围绕“4.26”世界知识产权日，展开北京知识产权环境宣传工作

通过在北京电视台开播知识产权法律咨询专题宣传片，在王府井步行街举办大型宣传咨询活动；公开审理涉外专利侵权案件；在网上举办了知识产权竞赛，使“4.26”北京知识产权普法宣传实现了系列化。

（五）向院士宣传成为我们的主攻方向之一

根据“发展要有新思路，改革要有新突破，开放要有新局面，各项工作要有新举措”的总体要求，针对中国科学院、中国工程院两院在京院士，开展了加强知识产权保护，防止科学研究成果流失的宣传，力争将知识产权普法宣传工作深入到从事国家高端、前沿技术研究的最高层科研人员中间。

（六）把面向青少年的知识产权宣传教育作为知识产权工作的长远战略

通过面向北京二中、北师大实验中学、人大附中等重点中学、广渠门中学宏志班和西城区青少年科技馆赠送知识产权宣传读物等多种普法宣传活动，鼓励和引导青少年开展发明创造。

大力推进中小学知识产权普及教育，是我市自主创新和知识产权人才培养的一项基础性工作和长远战略，经联合检查和严格推选，在东城区认定北京市第二中学、第五中学、东直门中学、第一六六中学、第二十二中学、五中分校、国子监中学和第六十五中学等八所中学为首批知识产权示范校，大力提升首都在校中小学生尊重和保护知识产权的法律意识。

二、建立中关村国家知识产权制度示范园区，提升北京核心竞争力

中关村国家知识产权制度示范园区的构建是国家知识产权局、北京市人民政府审时度势，根据国务院《听取中关村科技园区建设情况汇报的会议纪要》精神和首都高新科技产业发展战略的实际需要做出的重要决策。推动建立中关村国家知识产权制度示范园区工作是我局承办的2003年市政府折子工程。

2003年9月，市编办正式批准成立了园区管理机构——中关村知识产权促进局。通过面向全国公开招聘，择优录取，确保了促进局高素质、合理的人才结构。中关村知识产权促进局

内设立了专利信息服务中心、专利技术转移中心和法律服务中心，为园区提供国内外知识产权信息服务、专利技术转移服务、知识产权法律服务等三大服务。

通过协调，北京中关村知识产权保护协会，国家知识产权局北京专利代办处、知识产权巡回审理庭、北京市工商局驻园区商标事务处、北京市版权局软件登记中心和版权服务中心等6家机构已进驻中关村国家知识产权制度示范园区，合署办公，共同开展全方位的知识产权服务。

三、建构专利政策法规体系，加大知识产权保护力度

（一）建构专利政策法规体系，严格依法行政，推动“诚信北京”的建设

(1) 为加快推动《北京市专利条例》的立法工作，从法规层面上营造有利于科技创新、自主知识产权形成和经济发展的良好环境，我局联合市人大教科文卫委、法委、市政府法制办开展了分层次、分领域的专利立法调研，广泛征求社会各界意见，加紧完成《北京市专利条例》的起草工作，推动《北京市专利条例》的立项。

(2) 修订和制定了《北京市无冒充专利商场管理办法》、《北京市专利申请资助奖励办法》和《关于促进专利权质押和专利项目贷款的暂行办法》等一系列政策性文件，进一步规范专利行政执法行为，维护专利技术市场秩序。

(3) 发挥全国专利管理信息平台的作用，提高专利行政执法的信息化水平；将我局行政执法处理决定与公开审理案件的相关信息公示，通过在网站上公布处理专利纠纷，打击和查处冒充专利行为的办案程序，公开接受社会监督。

(4) 发挥行政执法在专利保护工作中快捷、简便，见效快的特点，重新严格规范各类案件的办案时间。我局还在中关村“一站式”办公窗口受理当事人提出的专利纠纷案件，接受举报。

(5) 随着展会经济的升温，研究建立展会知识产权保护的快速反应机制。

(6) 完善和规范专利广告、专利和同等审核、备案事项的工作流程，加强对专利技术市场的指导和管理。

（二）加强专利行政执法，加大奥运知识产权保护力度，优化知识产权保护环境

截止到2003年11月底，我局共受理专利纠纷案件23件，其中，涉外专利纠纷案件3件。审理结案29件。查处冒充专利行为案件，立案3件，撤案1件，行政罚款2件。无一例行政诉讼案。

(1) 针对加入WTO后，北京市涉外专利纠纷案件呈上升趋势的特点，今年“4.26”期间，我局开庭公开审理了北京先行新机电技术有限公司与欣博通石油化工设备有限公司就“一种高压电力变换方法及其变换装置”专利侵权纠纷案。北京电视台等新闻媒体对此进行了报道，提高了广大市民的维权意识，营造尊重知识产权、保护知识产权的社会氛围。

(2) 继续加大专利行政执法力度，与工商、版权、技术监督局等单位联合，组织全市范围内的查处冒充专利行为的活动，重点加大对商品流通领域、专利技术交易、专利广告宣传等方面的检查力度。动员组织各区、县专利行政执法人员在各自区域内开展专利执法检查，合力打击知识产权侵权行为，在全市范围内掀起尊重知识产权，优化发展环境的高潮。

(3) 为净化首都专利商品市场，杜绝假冒、冒充专利商品进入流通领域，2003年分四批认定了北京翠微大厦等51家大中型商业企业为北京市“无冒充专利商场”，使冒充专利商品从源头得到了控制。根据每年对北京地区流通领域标有专利标记商品的抽检统计，流通领域冒充

专利行为的比例已从1997年的25%下降到2003年初的5.29%。

(4) 发挥我局在奥林匹克知识产权保护中的调查研究、统筹规划和综合协调职能。继续加强对奥林匹克知识产权的保护工作,积极服务于"新北京,新奥运"的战略构想。

四、积极实施专利战略,促进企业技术创新

(一) 全面启动企业专利战略推进工程

2003年我局确定了燕京啤酒公司、大唐电信公司、亚都科技公司等100家企业作为专利试点企业,并鼓励有条件的区县确定了区试点企业。对100家试点企业的一把手(或主管副总、副厂长)进行了培训。同时制定了对试点企业的专利申请费进行全额资助的优惠政策,并购置了七国两组织的数据库,为试点企业订做行业数据库,倡导并支持企业加强专利申请工作,开展专利战略研究。

专利战略推进工程的启动,对推动企业自主知识产权的形成,促进企业专利技术实施和产业化,培育北京市具有自主知识产权核心竞争力强的企业、总公司起着巨大的推动作用。

(二) 拓宽融资渠道,开展专利权质押工作

为解决中小企业贷款难的问题,引导金融机构对拥有自主知识产权的专利新技术加大信贷扶持力度,通过加强与北京市金融机构和投资担保机构合作,开辟出加快专利技术产业化,开拓专利权贷款的新途径。2003年共接受31家企业的专利权质押担保贷款申请,帮助北京科净源公司等3家企业成功获得商业银行贷款共计650万元,涉及7项专利技术,其中,涉及发明专利技术3项,实用新型专利技术4项。

(三) 专利实施资金的申请和验收工作

2003年,市专利局共收到专利实施资金资助申请74份;完成了实施资金使用单位的验收工作,到期验收的15个企业2002年的销售额达1.41亿元,利润达568万元,上缴税金840万元。在这次抗"非典"战役中被广泛使用的两个产品——北京市光电子技术应用研究所生产的"红外热像仪"和北京拓普分析仪器有限公司生产的"酶板洗板机",均为专利实施资金资助的专利项目。一大批专利支持项目正在北京市的经济发展中起到越来越重要的作用。

(四) 技术合同登记工作

共受理专利实施许可合同117份,登记合同成交额1.6亿元,实现合同68份,合同实现金额同比增长102%。

五、发展知识产权中介服务机构,规范管理,提高社会化服务水平

2003年,设立了由专利管理人员和代理人协会资深人士共同组成的北京市专利代理人惩戒委员会,及时处理代理活动中的各种违法行为,切实加强对代理机构行为规范化、服务标准化的监管。11月接受群众举报,发现隆安律师事务所涉嫌违法经营、雷门公司违法经营专利代理业务,随即召开会议,做出处理决定,维护了代理市场的正常秩序。

2003年,完成了98家代理机构的年检工作,对86个代理机构共1264个执业证和资格证进行了更换。审核设立专利代理机构23家,目前,北京市专利代理机构总数已达123家。

启动了北京市知识产权服务中心,并积极拓展其综合服务功能和业务范围。通过设立知

识产权维权热线，接受社会公众对侵犯知识产权以及假冒、冒充知识产权行为的举报投诉；建立案件登记、移送、信息反馈等程序，努力为企业创造公平、公正、公开的市场竞争环境。

六、克服非典影响，采取措施，促进专利申请量快速增长

2003年，加大对北京市企业及个人的发明创造奖励力度，全面启动了对国外申请发明专利的单位和个人的奖励工作。克服非典带来的不利影响，相继出台了对专利试点单位专利申请量进行全额资助和对部分单位国外授权专利资助的措施。2003年共发放专利申请资助金526万元，对7226件专利申请进行了资助，大大促进了广大发明人的积极性。1～12月份，北京市专利申请量累计达到17003件，与2002年相比，增长了22.84%，其中发明专利7833件，同比增长了35.40%，实用新型专利6665件，外观设计专利2505件，同比增长了12.58%和17.22%。

七、加强局机关自身建设，营造团结奋进、开拓创新的良好氛围

我局全体党员、干部和工作人员中深入开展“实践‘三个代表’，优化发展环境”主题教育活动，制定了进一步优化发展环境的具体措施和考核标准；完成公务员上岗工作，举行了隆重的挂牌上岗仪式；加强局机关廉政建设，在广大干部中深入开展“立党为公，执政为民”学习教育活动；认真完成“政协”提案和人民来信的办复；通过完善《北京市知识产权局经费管理和使用规定》、《北京市知识产权局印信管理制度》等管理制度，从根本上杜绝腐败现象的滋生。2003年未出现一起群众投诉，大大提高了群众满意率。努力扩大北京市知识产权的国际交流与合作的规模。加强队伍建设和人才培养工作，不断提高全体人员的政治素质和业务工作能力，努力开拓知识产权工作的新局面。

在北京自然科学界和社会科学界联席会议首次会议上的讲话（摘要）

中共北京市委副书记　强　卫

2003年9月29日

今天我们在这里召开北京市自然科学和社会科学两界联席会议的第一次会议，会议开得很成功，很有意义。这次会议的召开，我觉得是我们开始了一件具有开拓性、创造性的工作。在此，我首先代表北京市委、市政府，向与会的专家学者表示亲切的问候，向本次大会的胜利召开表示热烈的祝贺！

邓小平同志指出，科学技术是第一生产力，科学技术的发展就是解放和发展生产力，科学

技术的发展包括自然科学和社会科学的全面发展。江泽民同志在北戴河会见部分国防科技专家和社会科学专家时也强调,哲学社会科学和自然科学同样重要,要求在发展自然科学的同时,要加快发展社会科学。党的十六大报告也明确地提出,“必须发挥科学技术作为第一生产力的重要作用”,“坚持社会科学和自然科学并重”。这些重要的思想和论断,应该说是我们北京两界联席会议制度的根本思想和基本的工作指针。对于推动我市自然科学和社会科学的全面发展,推动三个文明的建设,加快首都的发展进程,为北京在全国率先基本实现现代化有着十分重要的指导意义。

正像刚才专家们发言所谈到的,自然科学和人文社会科学同为人类科学知识体系中不可或缺的重要组成部分,就像车之两轮,鸟之两翼。自工业革命以来,世界自然科学突飞猛进,极大解放和发展了生产力,世界物质财富也得到了极大的丰富,人们的生活也得到了极大的改善。但是,当前在生产力迅猛发展的同时,也出现了诸如人类生存环境的破坏、资源的枯竭、生态的失衡、贫富两极分化、犯罪增加等一系列社会问题。这种失衡的危机在一定程度上也源于自然科学和人文社会科学发展的失衡,源于人、自然和社会三者发展的失衡,实际上也是一种人文精神的危机。

北京自然科学界和社会科学界联席会议制度的建立,为全面发展自然科学和人文社会科学,促进这二者的有机结合,铺设了一个新的平台,创造了一个新的途径,我觉得这确实是一个非常了不起的创造。

为此,我想对这个新的组织形式提三点希望。

第一,必须坚持以学习贯彻“三个代表”重要思想为指导。胡锦涛同志发表“七一”重要讲话以后,现在全国兴起了学习“三个代表”重要思想新高潮。“三个代表”重要思想是对马列主义、毛泽东思想和邓小平理论的继承和发展,是我们党的立党之本,执政之基,力量之源。对于我国各项事业的发展都具有重大而深远的指导意义。

在新的世纪、新的阶段,我们首都科技事业的发展,也同样离不开“三个代表”重要思想的指导。学习贯彻好“三个代表”重要思想,无论是代表中国先进生产力的发展要求,代表中国先进文化的前进方向,还是代表中国最广大人民的根本利益,都和我们科学界密切联系,息息相关。没有科学技术的发展,就不能促进生产力的发展,就不能创造出先进文化,也就不能代表维护实现好最广大人民的根本利益。因此无论是自然科学还是人文社会科学的发展,都必须坚持从学习贯彻“三个代表”重要思想的新高度,用“三个代表”重要思想来武装我们的头脑。在具体的工作实践当中,把“三个代表”重要思想学习好、贯彻好、运用好、落实好。一切从“三个代表”重要思想出发,一切以“三个代表”重要思想为根本指导,全面推动我们首都科技事业的发展和进步。

第二,必须坚持紧紧围绕首都中心工作,为首都率先基本实现现代化做贡献。党的十六大提出了全面建设小康社会的宏伟目标,同时要求在有条件的地方,可以发展得更快一些,要率先基本实现现代化。北京是我国的首都,是全国的政治中心、文化中心和国际交往中心,北京的工作可以说举世瞩目,北京的影响也受国际关注。所以,为了响应党中央的号召,去年北京市第九次党代会上提出,2008 年北京要在全国率先基本实现现代化。今年年初中共中央总书记胡锦涛同志到北京视察工作的时候,要求北京在各项工作上要走在全国的前列。今后的几年,首都北京将迎来一个重要的战略发展机遇期,我们首都科技界的广大专家学者,要按照总书记讲话精神的要求,紧紧围绕首都率先基本实现现代化,牢固树立大局意识、首善意识,切实增强创新精神，要以创一流为目标，创造出一流的工作水平、工作经验和工作成绩，为首都率先基本实现现代化做出我们应有的贡献。这既是我们科技工作者的责任，也是首都特殊地位的要求。

如何在2008年实现北京人均国内生产总值达到6000美元，如何在全面建设小康社会的基础上率先基本实现现代化，如何使北京的各项工作能够走在全国的前列，摆在我们面前的任务十分艰巨。圆满完成这些任务，首都科技界责无旁贷。因此，我希望两界联席会议，能够紧紧地围绕北京首都具有的全局性、战略性、前瞻性的一些问题和重点、难点、热点问题进行研讨，并且发表真知灼见。

我相信通过两界联席会议这种形式，有效推动首都自然科学和社会科学两界之间开展实质性的交流合作，必然会为北京经济社会持续快速健康的发展，为首都北京在全国率先基本实现现代化做出积极的贡献。

第三，必须坚持相互配合，发挥优势，形成合力，联合攻关。首都北京是全国的政治文化中心，确实人才济济，群英荟萃。市科协、市社科联作为北京地区自然科学工作者的群众团体和北京地区社会科学工作者的群众团体，理应团结和带领自然科学和社会科学工作者积极开展工作，走在全国前列，代表全国科技发展最高水平和理论创新的最前沿，起到这个代表作用。市科协、市社科联两个群众团体，各自依靠的群众基础不同，可能研究的对象不同，长期以来确实形成各自的特点，各有各的长项和优势。两个团体这次组成联席会议，是强强结合，工作开展起来以后，应该能够取得$1+1>2$的效果，所以我希望我们两个团体，相互理解，密切配合，充分发挥出各自的优势，形成合力，走出一条双赢的共同发展道路，为首都建设发挥更大的作用。

今天联席会议是第一次，我希望在下一次联席会议上，我们能够看到首都自然科学界和社会科学界共同合作的初步成果。市科协和市社科联一定要充分依靠首都广大自然科学和人文社会科学工作者，全心全意地为广大专家学者办实事，努力地为他们服好务。市科协和市社科联也要积极地争取市委、市政府以及有关部门支持、帮助和关心，也要争取社会各界对我们工作的支持和帮助关心。比如说，活动经费问题，刚才宣布了两家各出五万，作为每年的活动经费，有些专家马上就提出意见，认为这个活动经费太少，我非常赞成这个意见。我跟蔡赴朝部长谈，我们俩也很赞成这个意见，确实很少。但是我想，这可能是注册经费，真正的活动经费应该比这个多得多，哪怕多出十倍二十倍都不为多。科学技术是第一生产力，投入和最后的产出应该是一种核裂变的效果，所以从最后会产生的巨大效益来看，投入多少都是不为过的。今后在我们的工作开展以后，作为市委市政府，应该对这项工作给予关心、支持，要给课题，同时应该给投入，给经费，这样为我们专家学者来开展研讨，开展研究，开展活动提供更好的条件。

总之，通过我们的努力，要在全社会营造出一种较为宽松的学术氛围，搭建自然科学和人文社会科学相互交融的舞台，激励广大专家学者以争创一流为目标，瞄准学术前沿，勇攀科学高峰，共同创造首都科技事业美好未来。

北京市贯彻执行《中华人民共和国科学技术进步法》的情况

10 月 3 日在接待全国人大常委会执法检查组会议上的讲话

北京市副市长　范伯元

我就北京市贯彻执行《中华人民共和国科学技术进步法》的情况向检查组作汇报。

一、认真学习贯彻落实科技进步法，全面推动首都区域创新体系建设

1993 年 7 月第八届全国人大常委会二次会议通过的《中华人民共和科学技术进步法》，是我国科技领域第一部具有促进法性质的基本法律。科技进步法第一次将“科学技术是第一生产力”的思想以国家法律形式加以固化，为实施党中央、国务院制定的科教兴国战略和可持续发展战略提供了明确的法律依据和有力的法律保障。科技进步法的颁布实施，为我国建立包括知识产权保护、促进科技成果转化、科学研究开发等科技法律体系和规范，制定鼓励技术创新，发展高科技，实现产业化的发展战略和相关政策奠定了法律基础。

科技进步法充分体现了我们党一贯坚持的“三个代表”重要思想的精神。我们深刻认识到，促进科技进步，是我们党始终代表先进生产力的必然要求。我们党的历史，就是一部为中国社会生产力的解放和发展不断奋斗的历史。无论是新民主主义革命还是社会主义建设，党的一切奋斗，归根到底都是为了促进生产力特别是先进生产力的发展。因此，贯彻科技进步法，把促进科技进步作为我们工作的出发点，是实现党的“三个代表”重要思想的必然要求，是开创科技工作新局面的根本体现。

科技进步法颁布实施的十年，是我国科技事业突飞猛进的十年，是综合国力日益提高的十年。在贯彻落实科技进步法的实践中，市政府始终坚持从首都发展的实际出发，统一认识，转变观念，在工作安排上紧紧围绕“三个结合”，不断提高贯彻执行科技进步法的自觉性和紧迫感。具体地说，就是要围绕科技进步法的贯彻，重点做好以下三个方面的工作。

一是把不断完善地方科技法规政策体系与贯彻科技进步法紧密结合起来。贯彻落实科技进步法，必须从首都的实际情况出发，建立一整套与科技进步法相配套的，具有首都地方特色的科技法规政策体系，才能保证科技进步法的贯彻和落实。

二是把建设首都区域创新体系与贯彻科技进步法紧密结合起来。市政府实施的“首都二四八重大创新工程”，是北京市贯彻科技进步法的重要体现，是新形势下全面推动首都科技进步的一项重大举措。

三是把转变政府职能，大力优化首都发展环境与贯彻科技进步法紧密结合起来，进一步发挥政府在促进全社会科技进步中的政策引导与服务功能，以适应我国加入 WTO 后新形势的

需要。在这些方面,北京市做了大量工作,取得了可喜成果。

(一) 制定地方配套政策,完善首都科技进步的法制环境

为贯彻落实科技进步法,全面推动科技进步,我市先继制定颁布了一系列地方配套法规政策,如《中共北京市委关于加强技术创新,发展高科技,实现产业化的意见》、《北京市技术市场条例》、《中关村科技园区条例》、《北京市实验动物管理条例》、《北京市科学技术普及条例》、《北京市科学技术奖励办法》、《北京市关于进一步促进高技术产业发展的若干规定》、《北京市关于加快科技企业孵化器发展的若干规定(试行)》、《北京市鼓励在京设立科技研究开发机构的规定》等 20 多项。政府相关部门也相应地出台了数十项配套办法,内容涉及高新技术企业、科技研究开发机构、风险投资机构、科技中介机构的人才激励、知识产权保护、科技成果转化及产业化。这些法规、政策基本构架了我市与国际接轨的有利于科技进步的政策法规体系。

1. 重视科学研究与人才培养,夯实科技进步的基础

科学研究是科技进步的源泉,为充分调动北京地区基础研究资源,全面促进科技进步,使科学技术持续地为首都经济和社会发展服务,市政府采取一系列措施加大对科学技术研究的投入,并通过市人大立法,确保财政对科技的投入以每年 20%以上比例增长,高于每年财政经常性收入的增长幅度。1994~2002 年北京市及区县两级财政用于科技投入达 60 亿元。2002 年北京地区投入 R&D 经费 200 亿元,占 GDP 的 7%以上,远远高于全国的平均水平。同时,出台了《北京市自然科学基金项目资助管理办法》,建立了自然科学基金,重点支持科技人员开展科学研究、出版专著、对外科技合作与交流。十年来,自然科学基金共受理评审了 8000 多个项目,其中有 1300 多项获得了资助,资助金额达 1 亿元;共发表各类论文 8000 多篇。实践证明,自然科学基金在推动基础科学研究、发现和培养高层次的科技人才,尤其是青年科技人才方面发挥了巨大的作用,经资助产生的一大批成果达到了国际先进水平。

基础研究设施是研究工作得以开展的依托和支撑条件,设施主要包括国家重点实验室、国家重大科学工程、野外科学观测台站和国家重点学科。十年来,北京市努力将科技进步法关于支持建设重点实验室、建立基础研究和应用基础研究基地的精神落到实处。目前,北京共建设了 48 个国家重点实验室,占全国总数的 29.3%。国家重点实验室覆盖了 92 门学科中的 42 门,积聚了大量高精尖人才,同时形成了比较合理的学科梯队,对科学技术发展起到支撑作用。

培养科技人才是推动科技进步的关键。早在 1993 年,我市就启动了科技新星培养计划,并制定了《北京市科技新星计划管理办法》。近三年来,科技新星计划的经费投入每年以 20%的幅度递增,截至 2002 年底,新星计划共有 10 批 381 名青年科技人员入选,其中具有博士学位的人数达 249 人,占入选人数的 66.1%;每届入选人员平均年龄为 32 岁,现已有 5 批 83 名入选人员完成了计划。科技新星计划通过资助青年科技工作者独立开展科研工作、参与国际合作与竞争,使其成为能够担负科技研究重任的带头人。青年科技人员认为,科技新星计划在他们成长过程中特别是在他们的科研工作刚刚起步的时候,起到了重要的“催化”作用。

2. 加大科学技术奖励力度,激发科技进步积极性

政府对科学技术奖励的政策是一项重要的对科技创新及其创新人才的激励政策。为全面推进首都科技进步,1988 年市政府颁布了《北京市科技进步奖励办法》,十几年来共奖励科技成果 4500 多项,极大地调动了科学技术工作者的创新热情。为了加大奖励力度,2002 年市政府重新制定并以规章形式颁布了《北京市科学技术奖励办法》,设立了“北京市科学技术奖”。新颁布的奖励办法大幅度拓宽了奖励范围、获奖人数及资金额度,一等奖由过去的 2 万元增加

为5万元,二等奖由1万元增加到3万元,三等奖由3000元增加到1万元。2002年,北京市科学技术奖共受理推荐项目625项。其中,自选和横向委托项目241项,专利项目283项。一批拥有自主知识产权的优秀成果和为解决首都经济建设、社会发展中的热点难点问题以及经济效益十分显著的科技成果获得了奖励。科学技术奖励在激发和保护广大科技人员从事科学研究和技术开发的积极性方面发挥了极大作用。

与此同时,市政府还出台了有关软件企业高级管理人员和高级技术人员的奖励政策,并从2001年起财政累计安排专项奖励资金1.4亿元,用于对上述人员的奖励。

3. 开放技术市场,促进科学技术进步

为贯彻落实科技进步法关于建立和发展技术市场,推动经济建设和社会发展的相关规定,1994年10月市人大颁布了《北京市技术市场管理条例》。国家及本市对技术交易给予减免税收和对从事技术开发、转让、咨询、服务的科技人员给予奖励等优惠政策,调动了科研院所、高等院校、高新技术企业和广大科技人员创新、创业的积极性,加速了科技成果转化。为进一步放开搞活技术市场,使技术交易行为更加市场化、国际化、规范化,2002年市人大在《管理条例》的基础上重新制定颁布了《北京市技术市场条例》,标志着北京技术市场进入了全面发展的崭新阶段。实践证明,技术市场政策是推动全社会科技进步行之有效的措施。《北京市技术市场条例》的实施,保障了技术市场各项税收优惠政策的落实,仅2000～2002年,通过各级科技行政部门与税务机关的通力合作,市税务机关对16855项技术交易审批免税额6.39亿元,落实科技人员奖酬金37.42亿元,有力地促进了北京技术市场的繁荣和发展。技术交易总金额近年来每年以两位数的速度增长,大量成熟的科技成果辐射到全国各地,一大批先进适用技术得到了转化和产业化,有效地促进了北京乃至全国的科技进步。

4. 促进科技成果转化,实现科学技术进步

科技成果转化是解决科技与经济脱节的关键,也是科技进步法调整的核心内容之一,为引导和促进科技成果的转化,1999年市政府制定颁布了《关于促进科技成果转化若干规定的实施办法》,2001年又制定颁布了《北京市关于进一步促进高新技术企业发展若干规定》等政策,明确规定北京地区企业经认定的高新技术成果和重大高新技术成果转化项目,可获得本市财政资金支持。迄今为止,共认定高新技术成果转化项目398项,安排财政资助资金达1亿多元。这些高新技术成果转化项目科技含量高、技术成熟、产业化能力强、市场化前景好,项目实施化后在一定程度上推动了本市经济发展和产业结构调整。其中列入国家各类计划的有31项;取得国家发明专利授权的15项;取得软件著作权登记的61项。398个项目中,信息领域130项,占33%;生物工程与新医药领域77项,占19%;光机电一体化领域87项,占22%;新材料领域59项,占15%;环保及资源综合利用项目41项,占11%。

5. 开展科普活动,提高公众的科学素养

为加强科学技术普及工作,1998年我市制定并颁布了《北京市科学技术普及条例》,市财政设立了科普活动专项经费,由1996年的500万元增加到2002年的1620万元,并开展了一系列卓有成效的科普工作。

一是加强科普场馆建设。完成了自然博物馆、天文馆的改扩建工程,恢复现有12座区、县科技馆(活动中心),建设3个大型科普主题公园,命名500座科普教育基地。投入2400万元扩建自然博物馆,使其新增建面积5500平方米,投入2.44亿改扩建天文馆。

二是提高公众科学文化素质。实施重点对象科学文化素质提高工程,建立科普干部科技

教育培训制度，稳定2000人的专业科普队伍，建立千支科普志愿工作小组，培训万名专兼职科普工作者。举办每年一度的"北京科技周"，以及"生物多样性保护宣传周"等全市大型科普活动，注重从青少年抓起，提高公众的科学素养。

（二）实施"首都二四八重大创新工程"，促进首都技术进步

为贯彻《中共中央、国务院关于加强技术创新，发展高科技，实现产业化的决定》的精神，1999年1 2月市委八届四次全会提出了《中共北京市委关于加强技术创新，发展高科技，实现产业化的意见》。《意见》指出："从首都经济社会发展急需和关键问题出发，确定一批技术先进、有较大市场潜力的科技攻关与产业化示范项目，重点是实施'首都二四八重大创新工程'。"

实施"二四八工程"，是北京市委、市政府面对世纪之初新经济的挑战，借鉴国内外发展高科技的成功经验，为全面推进首都科技进步，结合北京的城市特点和比较优势而采取的重大举措。"二四八工程"包括建立首都创业孵化体系和创新服务体系两大体系；建设北京软件产业基地、北京北方微电子基地、北京生物医药基地和北京新材料基地四个基地；实施数字北京工程、高清晰度数字电视产业化工程、大直径半导体硅晶片及大规模集成电路产业化工程、能源结构调整及清洁燃烧技术产业化工程、现代生物技术产品产业化工程、绿色食品及良种工程、水资源可持续利用工程和北京保护臭氧层工程等八大示范工程。

"二四八工程"自身是一个有机的整体，其中建立两个体系有利于逐步形成市场化、社会化的创新机制和环境；建设四个基地旨在建立基础设施良好、资源人才密集的创新平台；实施八大工程则为创新成果的产业化提供了示范模式和有效途径。

经过几年来的大力推进，首都创业孵化体系框架已初步形成。已建孵化器包括综合性孵化器、专业性孵化器、海外留学生创业园、国企孵化器、国际企业孵化器等，共54家，在孵企业1150余家，毕业企业210多家，实现销售收入25亿元，孵化面积达55万平方米。除提供物业服务外，孵化器还可提供投融资、专业技术指导、市场开拓、国际合作等多方位、多层次的服务。目前，孵化器已经成为向社会输送成功企业和项目的重要源泉。截止到目前，全市累积投入孵化器建设资金15亿元，其中政府投入0.6亿元，吸引社会各类资金投入14.4亿元。市政府于2000年又制定颁布了《北京市关于加快科技企业孵化器发展的若干规定（试行）》，并由市财政累计安排创新创业资金1.7亿元，用于对科技企业的支持。2002年各类孵化基地新入孵的企业数为856家，入孵的项目为570项，毕业的企业数为124家；孵化基地解决就业人数17416人，其中吸引留学人员613人。

创新服务体系建设三年来，北京地区已拥有创新服务机构近5000家，主营业务收入348亿元，行业组织150家，各类专业服务中心500余家，涉及信息、咨询、人才、融资和知识产权等20多个服务领域。2001年，北京地区科技中介机构的营业收入达348.5 3亿元，比1996年增长了2.52倍，五年内平均增长速度为28.6 3%；创造服务增加值75.81亿元，比2000年增长23.93%，占全市GDP的2.66%，年增长率37%。这个数字不仅高于全市GDP的增长速度，也高于全市第三产业增加值的增长速度。

经过一系列努力，创新服务体系的基本框架已经形成，中介机构的服务能力和水平有所提高，为建立首都区域创新体系奠定了坚实的基础。

（三）加快中关村科技园区建设，打造首都科技进步旗舰

中关村是北京科技、智力高度密集的地区，具有技术创新和发展高新技术产业得天独厚的条件。加快建设中关村科技园区，通过科技成果和创新知识的产业化，把丰富的智力资源转化为强大的生产力，对调整产业结构，加快经济和社会的发展具有重大意义；对实施科教兴国战略，增强我国创新能力具有重要作用，也是增强综合国力的重大措施。长期以来，党中央、国务院十分重视中关村科技园区的建设和发展，投入了大量的科研和教育经费。1999年江泽民同志在北京考察工作时强调指出："北京市具有人才、科技、知识优势，高科技产业的发展有一定的基础，要加快发展。中关村地区就有这样的条件。要注意借鉴国外创建科学城的有益经验，成功地创建有我们自己特色的科技园区，为全国高新技术产业的发展发挥示范作用。"国务院领导同志也多次听取北京市政府和科技部关于加快中关村科技园区建设的汇报，并作过具体指示。

按照党中央国务院提出的目标，我市制定并实施了中关村科技园区基础设施和政策环境建设方案，园区工作者紧紧跟踪世界高科技的发展趋势，广泛吸取国内外建设科技园区的先进经验，积极推进各项制度改革，包括产权制度、分配制度以及管理体制的改革，使技术创新、制度创新和机制创新贯穿于中关村科技园区建设的始终；园区立法取得重要成果，《中关村科技园区条例》及其主要配套规章正式颁布，为园区的法制化建设和规范化发展提供有力保证。

同时，市政府设立了中关村科技园区建设和发展专项资金，支持园区建设。从2000年开始，市财政连续三年，每年给予15亿元的资金支持，2003年增加到18亿元。经过三年的努力，中关村科技园区已成为北京高新技术产业发展的龙头。到2002年，区内拥有高新技术企业1万多家，实现技工贸总收入2420亿元，上缴税费110亿元，出口创汇31亿美元。目前，园区建设正在加紧进行，力争用5～10年的时间，把中关村科技园区建设成为推动实施科教兴国战略、实现两个根本性转变的综合改革试验区；成为国家科技创新示范基地、科技成果孵化和辐射基地、高素质创新人才的培养基地；成为基础设施完善、环境清新优美、文化氛围浓郁、社会秩序良好的现代化科技园区。

二、充分融合国内外科技资源，为首都科技进步增添活力

十年来，北京通过贯彻科技进步法，加快了首都多种资源的融合，为首都科技进步增添了活力。

（一）企业逐步成为技术创新主体，科技进步水平明显提高

1．技术创新主体多元化发展

在科技进步法的推动下，北京的科研体系已由单一的国家投资转变为国有、民营、外资的多元投入格局；由单一的科研院所、高等院校的科研活动转移到研发中心、工程中心、科技企业、外资企业、跨国公司设立的研发机构等具有中国特色和首都特点的发展模式。

在技术创新主体的发展中，国有企业通过建立研发机构提高了企业创新发展的内能；民营科技企业的研发机构提升了技术开发转移与国际接轨的起点；跨国公司设立的研发机构的研发活动，为北京带来了国际前沿的技术信息。一个多元的、立体的、充满活力的技术创新主体已在北京形成。

企业成为研发投入的主体。在2000年北京地区R&D资源清查中，从事研发活动的2000多家机构中，以独立企业法人形式设立的研发机构占总数的71%，是增长最快、占比重最大的研发群体，其投入的科技经费占总经费的56%。从经费投入所占比例来看，研发机构科技经费总额中政府投入资金占11%，企业投入资金占83%，社会其他方面投入占6%，企业成为研

发投入主体的地位明显凸现出来；中关村科技园区高技术企业的R&D投入年平均增长速度高达62%，研发投入达到了技工贸总收入的5%以上。

建立企业技术中心是提高企业技术开发与创新能力、增强企业竞争力的重要手段，是促使企业成为技术创新主体的重要途径。近几年来，我市共建企业技术中心86家，国家级企业技术中心23家。其中67家企业技术中心2001年开发项目总数为2313项，其中新技术804项，新产品1266项。自主研发543项；联合开发174项；消化吸收87项；共获批准专利364项；发明专利86项。

2. 产学研联合创新，促进科技与经济的紧密结合

政府引导，市场化运作，融合国内外创新资源，使我市的产学研联合创新取得明显成效。1998年市政府与清华大学联合组建了北京清华工业开发研究院；1999年与北京大学共同创立了北京大学首都发展研究院，进而与中科院、国防科工委建立了全面合作关系；2002年又与新组建的中国电子科技集团签订了全面合作协议。这些合作关系的建立，为我市产学研联合工作的顺利开展创造了良好的环境，吸引了一批著名高校和院所兴办科技产业园。十余所高校在密云建立了大学产业园；北京工业大学与北京经济技术开发区开发建设公司联合投资，在开发区共建北工大科技园；有色金属研究总院在林河工业开发区建立硅材料产业基地；中科院在永丰科技园区建立京区高新技术产业化基地等等。

跨国公司研发机构与高校的密切合作，已成为我市产学研联合的突出特点。台湾鸿海集团出资3亿元在清华建立纳米研究中心；威盛公司每年出资75万美元与清华大学共同进行微电子技术研究及专门人才培养；中国科学院与美国新思科技公司在北京建立先进系统芯片设计联合实验室，从事0.13微米、0.15微米集成电路产品设计开发和教学培训服务，建立了我国第一个具有世界先进水平的0.13微米设计技术研究与教育平台，对北方微电子产业基地的发展具有重大的意义。

3. 科研院所转制，从整体上提升了企业创新能力

科技体制改革中，科研院所转制为科技企业，使科研院所直接进入了技术创新主体行列。目前，北京地区414家独立科研院所已有123家完成了转制，占北京地区的29.7%，有13家直接转为大型科技企业。院所转制后，市场化的融资体制使院所用于科研的投入不但没有减少，反而有了增加。如北京科仪中心在2000年底转制后第一年即实现创利1079万元，比上年收入增长近17倍；北京光电所2002年用于研发投入占所收入的10%以上。科研院所转制，从整体上提高了企业创新主体的能力和竞争力。

4. 民营企业成为首都区域创新的生力军

2002年北京民营科技企业超过12000家，技工贸总收入2500亿元，成为首都经济和区域创新体系的重要组成部分。近年来，民营科技企业积极引进国际先进技术，消化吸收后再把产品返销国际市场；或在境外进行布点，直接参与国际竞争，提升了首都经济的影响力，成为首都经济辐射的重要载体。与此同时，民营科技企业以先进的技术和经营模式，积极参与西部大开发战略和“振兴东北”老工业基地的实践。民营科技的发展带动了传统产业的改造、改组和提升，促进了科技进步和经济、社会的协调发展。

民营科技企业中一大批海外留学人员回国创业，创办了一大批技术领先、成长性好、管理先进的新型企业，成为技术创新、制度创新、机制创新的排头兵，是企业创新主体中的重要力量。

5.跨国公司研发机构为首都的科技进步增添了活力

随着全球经济一体化和首都发展环境的日益改善,国际跨国公司纷纷落户京城,成立技术研发机构,其数量和投资额呈快速增长的趋势。到2002年,北京地区拥有跨国公司建立的技术研发机构达到80多家。他们不仅成为跨国公司全球竞争战略的重要组成部分,同时把在中国的研究纳入全球开发网络,他们与首都科研院所、高等院校、高新技术企业进行的多种合作与交流,促进了技术的跨越式发展。2000～2002年,跨国公司研发机构技术交易额已达60亿元,这表明在京外资研发机构的融入,不仅给北京带来了巨大的资金投入和具有世界先进水平的技术,也增强了首都科技进步的活力。

6.高新技术企业成为最大的技术卖方群体

1994年进入技术市场的卖方单位只有174家,到2002年,技术卖方机构发展到4359家,成为全国最大技术卖方群体。其中,企业是技术卖方的主角,技术交易额占总金额的63.82%,在技术卖方群体中独占鳌头。

北京地区技术交易总金额每年都以两位数以上的速度增长,从1994年的37.18亿元,猛增到2002年的221.07亿元,占全国技术交易总量的1/4。特别是以中关村科技园区高新技术企业为主体的技术卖方,2000年技术交易额首次超过科研院所、高等院校,成为北京技术市场新兴的最大卖方群体。2002年园区高新技术企业技术交易额达到108.38亿元,占北京技术交易总金额的50%,超过了科研院所和高等院校技术交易额的总和。

(二)依靠科技进步,调整产业结构,大力发展高新技术产业

近年来,我市一直把调整产业结构,促进高新技术产业发展放在优先的战略地位,集中力量大力推进。首都经济建设初步形成了以中关村科技园区为龙头,以高新技术产业为主导,以服务业为主体,以科技创新为动力的发展格局。

1.首都高新技术产业总量快速增长,产业发展充满生机

2002年,全市高新技术产业实现增加值251.6亿元,占全市工业增加值的比重由1995年的15.7%增加到2002年的29.9%,占全市国内生产总值的比重由1995年的5.7%提高到2002年的7.8%。1995年到2002年,北京高新技术产业增加值年均增长率达到了20%以上,产业竞争力明显增强。2002年高新技术产品出口总额31.4亿美元,占全市出口总额的24.9%。

产业结构重点突出,多种所有制形式共同发展。目前已形成电子信息、生物工程和新医药、光机电一体化、新材料、环保和资源综合利用等五大高新技术产业。北京软件产业规模不断扩大,综合实力继续增强。2002年,北京软件产业实现销售收入约333.9亿元,比上年增长28.1%;软件出口9300多万美元,占全国海关软件出口的35%。去年约有占全国70%的自主软件产品在北京完成研究与开发,北京成为中国软件产业最重要的技术创新源头。联想集团、清华同方、北大方正、中软总公司、中科软公司等一批知名软件骨干企业迅速崛起,年营业收入超过10亿元的企业有3家,超过1亿元的企业有36家。

光机电一体化以微电子产业基地建设为契机取得了重大进展,2002年的光机电一体化产业销售收入226.7亿元,是1999年的3倍。生物医药产业是增长最快的领域,已进入通过产业资源重组进行完善环境的新阶段,2002年的销售收入67.8亿元,比1999年增长2.3倍。新材料产业作为国民经济的先导产业和基础,2002年的销售收入为98.2亿元,比1999年增长了2倍。

在与传统产业渗透、融合的过程中,新的产业不断衍生,高新技术产业的规模不断扩大,逐步形成了以国有、集体、中外合资合作、股份制、私营等多种经济形式共同发展的态势。按增加值划分,2002 年三资经济占 46.4%,国有经济占 23.8%,港澳台经济占 6.9%,股份制及其他经济占 20.8%。

进入 2003 年以来,首都高新技术产业继续保持旺盛活力,产业结构进一步优化。据最新统计,上半年北京高新技术产业实现工业增加值 124.7 亿元,同比增长 35.3%,远远高于 GDP 的增速。高新技术产业工业增加值占整个工业增加值的比重为 31.3%,对全市工业增长的贡献率达到 60%以上。高新技术产业对全市经济增长的拉动作用愈加显著,已经成为推动全市经济结构调整,产业结构优化升级,促进经济增长方式实现根本性转变的重要力量。

2. 技术改造推动了传统产业的升级,促进了关键生产技术水平的提高

通过技术改造,促进了一批传统产业的升级,使重点企业竞争力不断增强。首钢总公司依托高校和科研机构开发新技术、新工艺、新产品,使传统产品结构调整取得突破性进展,2000 年非钢产业收入首次超过钢铁业;燕山石化 66 万吨乙烯改扩建工程,不仅提高了产业规模,同时通过消化吸收、创新,形成了一批核心技术;北大方正集团每年都有技术改造项目,通过技术升级使其电子出版系统的市场占有率由 1994 年的 60%上升到 2000 年的 90%以上。目前,全市重点国有工业企业生产技术和装备已达到或接近 20 世纪 80 年代末 90 年代初的国际水平。

三、存在的问题和今后工作的设想

首都科技进步工作虽然取得了一定的成绩,但是同首都的地位以及丰富的科技成果资源和雄厚的科技人才资源相比,还是初步的,同发展首都经济和建设国际化现代大都市对科技进步的要求相比,也有很大差距,影响科技进步的一些重要问题不容忽视,并需要各方面共同努力逐步解决。

(一) 存在的问题

1. 科技进步尚未成为企业发展的根本动力

在市场经济体制下,企业是市场的主体。依靠科技进步关键在企业。企业在生产经营管理中是否注重研制或采用新产品、新工艺、新材料、新装备,这里有观念的问题,但更主要的是机制的问题。部分企业依靠科技进步振兴企业的紧迫感不强,到科研院所、高等学校“探宝”、“求宝”的热情不高,有的强调院所、高校成果“不成熟”“不能拿来就用,风险大”“要价高,买不起”等,不愿对转化环节投资。这方面北京与外省市相比问题更为突出。另一方面,国家的法律政策还缺少对企业经营者依靠科技进步的激励机制,也缺少对企业必须采用先进技术的法律约束。

2. 有关促进科技进步的优惠政策有待调整和完善

国家在制订促进科技进步的优惠政策上,还滞后于改革发展的新形势。如企业已成为研发主体,但在鼓励研究开发的税收优惠、对进口科研仪器设备免关税等政策,仍停留在只对科研院所、高等院校,而把企业排除在外,应当进行及时的调整和完善。

3. 中介服务组织发展滞后

目前,本市市场经济中最活跃的中介服务体系还不完善,专业化、规模化、规范化、市场化、社会化程度还不高,远远不能适应经济发展的需要。中介机构的服务水平和从业人员的素质

良莠不齐,难以满足社会的需求。政府对中介机构的培植和管理缺少完善的政策和法律制度。在政策的扶持上,重硬件、轻软件,重开发、转让,轻咨询、服务。

4. 科技成果产业化缺少资金来源

从国际经验看,研究开发、成果转化和产业化三阶段的投入比例约为1:10:100。2002年,北京地区的R&D经费近200亿元,按上述比例,转化资金应达2000亿元,产业化资金需20000亿元,而实际上远远达不到这个数字,高新技术企业融资缺少渠道,严重阻碍了科技进步水平。与北京地区具有丰富的高科技成果这一特点相适应所需的风险投资十分薄弱。资金总额小,投资机构少,加上与风险投资相关的回报机制和退出渠道在政策上尚未放开,也影响了风险投资的建立与发展。

5. 知识产权意识亟须加强

知识产权的发展和保护已成为国际交往中普遍受关注的问题,专利战略成为科技工作的重要组成部分。国外企业"跑马圈地"式地申请专利,不断挤占着国内企业的发展空间,给国内企业造成了巨大压力。但仍有很多企业、科研院所、高等院校的领导及科技人员对专利工作不够重视,有重"知识"轻"产权"的倾向;专利工作者队伍不稳定,专利工作机构不能满足社会需求。

(二)今后工作措施

1. 要进一步做好科技进步法及相关政策法规的宣传培训工作

要在全市进一步深入开展科技进步法及相关配套科技政策法规的制定和宣传,近几年要加紧《北京市技术创新条例》的调研和《北京市实验动物管理条例》、《北京市科学技术普及条例》的修订工作。要组织各级政府机关、科研机构、高等院校和企业再学习、再落实,把握其精神要义,使科技进步法的精神原则深入人心。要了解、掌握、用好、用足法规政策,扩大法规政策的影响力和受惠面,使科技进步真正成为首都经济建设和社会协调发展的重要支撑。

2. 进一步完善首都区域创新体系,为科技进步营造良好的环境

要深入研究并建立市场经济体制下的科技开发体系,进一步完善创新孵化和创业服务体系,探索依靠科技进步提升经济发展质量的新途径。充分利用现有各类孵化器、大学科技园以及科技中介机构的资源优势,为院所、大学科研人员的项目孵化提供全程服务,并通过引入风险投资、参股、控股、产权交易等多种方式实现孵化项目与企业的结合,促进实验室成果尽快转化为生产力。

要加强科技中介服务体系建设,为推进各行各业的科技进步搭建服务平台。培育一批服务专业化、发展规模化、运行规范化的科技中介服务机构,造就一支具有较高专业素质的科技中介服务队伍。

3. 进一步引导、促进企业成为最富活力的科技创新主体

企业、高等院校、研究开发机构处在科技创新的最前沿,特别是高新技术企业是推动科技进步的重要力量,要通过制订各种鼓励性政策,积极引导、促进其成为技术创新的主体,带动全社会的科技进步。通过实施科技人才战略,形成尊重科技人才、尊重知识的良好氛围。通过实施专利战略和技术标准战略,建立知识产权保护体系,支持大型企业集团设立研究开发中心,加强先进技术的引进、消化、吸收与集成创新,在高新技术产业链的高端形成具有自主知识产权的核心技术和技术标准,提高北京高新技术企业在国际市场的竞争能力。鼓励科学技术工作者以各种形式开展创新创业活动。建立以市场为导向、以企业为主体的技术创新体系,产学

研结合的技术创新机制,激活科技资源,增强企业持续创新能力。

4. 进一步转变政府职能,调动社会力量促进科技进步

政府职能转变是建设首都区域创新体系的重要保证。随着工业化社会向知识型社会全面转型,政府的职能从直接干预经济转向宏观调控,其管理方式也从“命令服从式向平等服务式”转变。从总体上加强对于科学技术知识的生产扩散及其应用的规划和指导,把主要精力放在建立促进科技进步的有效机制和制度上,放在搭建技术创新平台和优化政策法制环境上,调动研发机构、高等院校、企业、科技中介机构和行业协会等各类主体的积极性,使其成为推动社会科技进步的重要力量。

中关村科技园区管理体制改革方案

2003 年 11 月 14 日,经北京市人民政府批准,市政府办公厅印发《中关村科技园区管理体制改革方案》,主要内容如下:

为深入贯彻落实党的十六大和十六届三中全会精神,适应深化改革、建立完善的社会主义市场经济体制的需要,进一步加快中关村科技园区发展,深化管理体制改革,根据市委、市政府的部署,特制定本改革方案。

一、中关村科技园区发展面临的新形势

中关村科技园区是在市场机制主导下,依靠科学技术转化为现实生产力而发展起来的第一个国家级高新技术产业园区。特别是 1999 年国务院做出加快建设中关村科技园区的重要批复后,中关村科技园区又一次快速发展,实现了“三年大变样”的阶段性目标,形成了“一区多园”的发展格局,知识经济在中关村科技园区初见端倪,“中关村”成为首都知识经济的“龙头”和中国高新技术产业的品牌,引起了世界关注。

当前,中关村科技园区进入了创建世界一流科技园区的新的发展阶段。为适应我国社会主义市场经济发展的新形势,中关村科技园区作为我国最大的高新技术产业园区和进行综合改革的试验区,在继续加快基础设施等硬环境建设的同时,必须进一步深化管理体制改革,着力在整合各类创新资源、营造有利于高新技术产业快速发展的政策法制环境、培育和建立为科技企业服务的投融资体系和市场、加强知识产权促进和保护、进一步开辟企业家参与园区建设发展的重大决策和民主管理的渠道、实现管理重心下移等方面进行制度创新的探索,从而为推动首都知识经济以及高新技术产业发展、实现中关村科技园区“五年上台阶”和“十年创一流”的战略目标,注入强大的动力。

二、改革的基本思路和主要内容

(一) 改革的指导思想

以邓小平理论和“三个代表”重要思想为指导，贯彻落实党的十六大和十六届三中全会精神，解放思想、实事求是、与时俱进，按照发展社会主义市场经济要求，以市场为主导、企业为主体，政府维护和优化发展环境，充分调动各方面的积极性，把中关村科技园区建设成为法规、政策、制度和科技创新的平台，切实促进和保护知识产权，使园区管理体制具有“决策民主科学、执行统一高效、监督全面有力”的鲜明特色和创新活力，推动高新技术产业迅速发展。

(二) 改革的主要原则

坚持权责明确、管理重心下移、提高行政效率的原则；按照“决策、执行、监督相协调”的要求，改进相应的工作方式与机制；适应中关村科技园区“一区多园”和开放式管理与发展的格局。

(三) 改革的主要内容

(1) 完善科学决策和民主管理机制。发挥高新技术企业在园区建设和发展中的主体作用，成立中关村科技园区企业家咨询委员会，作为建设中关村科技园区领导小组及其办公室的参谋和决策支持机构。在专业园和产业基地设立由入驻企业组成的业主委员会。中关村科技园区的决策和管理要充分听取各类协会组织的意见和建议。

(2) 实现中关村科技园区建设和管理的重心下移。中关村科技园区包括中关村科技园区海淀园、中关村科技园区丰台园、中关村科技园区昌平园、中关村科技园区电子城、中关村科技园区亦庄园、中关村科技园区德胜园、中关村科技园区健翔园。中关村科技园区各园要设立专门的管理机构，在所在地的区政府或其上级单位的领导下，对本园实行集中、高效的管理；同时接受中关村科技园区管理委员会(以下简称中关村管委会)的工作指导。明确市政府职能部门、各园所在地的区政府或其上级单位在园区发展建设方面的职责。

进一步发挥区政府及各园专门管理机构的积极性。按照本市行政审批制度改革和优化发展环境的部署，将部分规划、建设、计划等行政审批事项的市级管理和执行权下放给各园所在地的区级工作部门；中关村管委会将现承担的中关村技园区海淀园企业的党群和工会工作、中关村科技园区服务中心(“一站式”办公大厅)移交给海淀区，将应由海淀区政府管理或协调的中关村科技园区海淀园的规划、建设等事项移交给海淀区，将受理投诉工作下放给各园的专门管理机构。

精简机构，理顺关系。撤销现有的由市政府有关部门组成的中关村科技园区建设项目前期工作、规划建设、重大工程和产业化推进等四个协调小组；建设中关村科技园区领导小组办公室与中关村管委会合并；中关村管委会是市政府派出机构，其党的工作由市委管理。要把中关村科技园区作为全市协会组织和中介机构改革的试点。在进一步做好规范工作的同时，逐步将有关部门和单位承担的社会服务性事务交给协会组织、社会中介机构承担。

市政府有关部门要各司其职，提高行政效率，共同推进中关村科技园区的快速发展。各园所在地的区级领导机关及各园专门管理机构要认真做好本园的建设管理工作，包括硬环境建设和软环境建设。建立对决策和执行的评估和监督机制，重点是对各园的空间规划、产业规划、政策法规的落实及专项建设资金的使用情况进行监督。

(3) 加强对中关村科技园区改革和发展的研究、指导、协调和推进工作。根据园区发展建设和制度创新的需要，充实、扩大建设中关村科技园区领导小组，增加国家发展改革委、财政部、建设部、商务部、国家知识产权局、国家版权局和中国证监会、中国工程院等单位领导同志进入领导小组。改革后，建设中关村科技园区领导小组办公室、中关村管委会主要通过调研、规划、协调、督办、服务等方式，实现对中关村科技园区的宏观管理，市政府有关部门各司其职，各园所在地的区政府或其上级单位及各园专门管理机构负责本园建设和管理的具体工作。

三、关于中关村科技园区企业家咨询委员会

中关村科技园区企业家咨询委员会由若干咨询委员组成。咨询委员主体为园区内高新技术企业的企业家，其人选不少于咨询委员总数的三分之二；其他咨询委员包括园区中介机构、风险投资机构等其他企业的代表，约占咨询委员总数的三分之一。咨询委员主要由协会根据中关村科技园区不同企业规模、不同行业和不同区域分布进行民主推选，中关村管委会也可以根据情况特邀企业家咨询委员。咨询委员任期两年，可连选连任。咨询委员会主任委员、执行副主任委员和副主任委员由当选的咨询委员选举产生。具体的产生办法和工作规则等由中关村管委会商园区各协会制订并组织实施。

企业家咨询委员会主要负责参与园区规划、建设、改革和发展等重大事项的决策研究，向市委、市政府和建设中关村科技园区领导小组及其办公室提出加快园区改革和发展的意见、建议与报告，监督有关园区发展改革的各项决定、政策和法律、法规的贯彻实施。

咨询委员会的主任委员和执行副主任委员作为企业家代表进入建设中关村科技园区领导小组，参与园区重大事项决策。

四、中关村科技园区领导和管理机构的设置与主要职责

(一) 建设中关村科技园区领导小组

建设中关村科技园区领导小组由北京市市长、科技部部长、教育部部长、有关副市长，科技部、教育部、国家发展改革委、财政部、建设部、商务部、国家知识产权局、国家版权局、中国证监会、中国科学院、中国工程院、国家自然科学基金委、北京大学、清华大学等单位领导同志，企业家咨询委员会的主任委员和执行副主任委员组成。

建设中关村科技园区领导小组的主要职责：研究和决定园区建设发展、制度创新的重大事项。

(二) 建设中关村科技园区领导小组办公室与中关村管委会合并

建设中关村科技园区领导小组办公室由主管副市长，国家有关部委相关司局的领导，以及市科委、市教委、市发展改革委、市规划委、市建委、市政管委、市交通委、市国土房管局、市财政局、市地税局、市工商局、市统计局、市人事局、市商务局、市工业促进局、市知识产权局、市版权局、市信息办、市政府金融办、北京证管办、中关村管委会、各园所在地的区政府或上级单位的主管负责人组成。领导小组办公室主要负责贯彻落实市委、市政府和建设中关村科技园区领导小组决定的重大事项；听取和讨论企业家咨询委员会的意见、建议和报告；组织、协调推进园区有关制度创新、空间规划和产业规划、重大产业化项目等工作。领导小组办公室采取联席会

议和专题会议的方式开展工作。

中关村管委会的主要职责:研究提出园区发展的战略和规划;参与研究起草园区相关改革方案和政策、法规草案;参与组织编制园区有关空间规划和产业规划;协调、整合各类创新资源,开展高新技术研发及其成果产业化、投融资、人才资源、中介服务、知识产权促进和保护、数字园区建设等方面的促进和服务工作;负责园区宣传、联络和留学人员创业服务工作;负责管理市财政拨付的园区发展专项资金,并协助有关部门监督专项资金的使用;指导各园的工作,承担领导小组及其办公室的日常行政工作和联系企业家咨询委员会及园区内各类协会组织的具体工作。

(三)各园所在地的区政府或其上级单位及各园专门管理机构

中关村科技园区各园要设立专门的管理机构,在所在地的区政府或其上级单位的领导下,对本园实行集中、高效的管理,并接受相关决策机构和管理机构的监督。设立中关村科技园区海淀园专门管理机构,由海淀区政府领导。海淀园企业的党群和工会工作按照有关规定实行属地管理。中关村科技园区丰台园、中关村科技园区昌平园、中关村科技园区电子城、中关村科技园区亦庄园、中关村科技园区德胜园、中关村科技园区健翔园的现行领导和管理体制不变。

各园专门管理机构在园区建设和发展方面的主要职责:负责贯彻落实建设中关村科技园区领导小组及其办公室决定的有关事项;负责按照中关村科技园区总体规划、控制性详细规划组织实施本园的基本建设;负责本园的产业化、招商引资、社会服务体系建设、知识产权促进和保护、市场监管、一站式办公等管理工作;按照市政府工作部门的授权,负责本园高新技术企业的设立登记、认定、复核、统计等管理工作;受理投诉;按规定使用市财政拨付的专项建设资金;负责与专业园、产业基地的业主委员会的日常联系。

(四)市政府有关职能部门的主要职责

在中关村科技园区建设和发展方面,市发展改革、科技、教育、规划、建设、国土资源和房屋管理、商务、工商、财政、税务、统计、信息化、知识产权、版权、市政、交通、人事、工业促进、金融、证管等部门,要按照各自职能提高行政效率,指导并监督各园所在地的区级机构和各园专门管理机构的执行情况。

(五)监督机构的主要职责

市纪检监察的派驻机构负责对中关村管委会工作进行监督;市、区两级财政、审计、规划、建设等有关部门根据各自职责,负责对园区重大事项、大额资金使用、重大工程建设等情况进行监督;建设中关村科技园区领导小组办公室及中关村管委会按照职责,负责对各园空间规划、产业规划和法律、法规、政策的落实及专项建设资金的使用等情况进行监督。

五、有关领导任职的调整

建设中关村科技园区领导小组组长由北京市市长、科技部部长、教育部部长兼任。主管副市长兼任领导小组办公室主任和中关村管委会主任。

中关村管委会与海淀区的领导之间不再交叉任职;中关村管委会不再设兼职第一副主任、兼职副主任和兼职委员。

六、关于组织实施

有关部门要切实加强领导和思想政治工作，周密安排布置，认真做好中关村科技园区企业家咨询委员会的组建、中关村科技园区领导和管理机构设置与职责的调整，以及海淀园专门管理机构的组建等工作。要积极稳妥地推进体制改革，保证工作衔接、连续和协调。

中关村科技园区管理体制改革工作由主管副市长牵头组织实施，于2003年年底前基本完成。专业园和产业基地成立业主委员会的工作由所在地的区政府或其上级单位及各园专门管理机构负责组织入驻企业实施。

中关村科技园区五年上台阶行动纲要

2003年3月22日，中共北京市委、北京市人民政府发布《中关村科技园区五年上台阶行动纲要》，主要内容如下：

一、总体战略

（一）指导思想

以邓小平理论和“三个代表”重要思想为指导，全面贯彻十六大精神，遵循社会主义市场规律，实施科教兴国战略和可持续发展战略，依据《中关村科技园区条例》，抓住我国全面建设小康社会、加入世贸组织和北京举办2008年奥运会的战略机遇，充分发挥高等院校、科研院所和高科技企业的整体优势，大力推动技术创新、制度创新和文化创新，加快高新技术产业发展，为北京率先基本实现现代化作出贡献，努力使中关村科技园区各项工作走在全市乃至全国前列，为创建世界一流科技园区努力奋斗。

（二）战略定位

中关村科技园区的战略定位是：实施科教兴国战略、实现两个根本转变的综合改革试验区，国家创新体系的重要组成部分，具有国际竞争力的技术创新和知识经济示范基地、技术孵化辐射和产业化基地、高素质创新人才培养基地。

（三）发展方针

（1）把园区发展与国家重大战略技术发展结合起来。着眼于国家重大战略需求，积极承接国家“863”、“973”项目和知识创新工程任务，大力实施“首都二四八重大创新工程”，集中科技智力资源优势合作攻关，填补国家战略领域中的技术空白。

（2）把园区发展与国家重大制度创新的试点工作结合起来。按照综合改革试验区的战略定位，坚持市场化和国际化的方向，率先进行完善社会主义市场经济体制和与国际惯例接轨的重大制度创新试点工作。

（3）把园区发展与奥运经济结合起来。根据2008年北京奥运会的需要，整合园区资源，着力开发和生产一批拥有自主知识产权的高新技术产品，为科技奥运做贡献。

(4) 把园区发展与北京现代制造业发展结合起来。走新型工业化道路，以信息化带动工业化，利用园区人才优势、技术优势和制造业基础，大力发展以高科技为特征和主要内容的现代制造业。

(5) 把园区发展与北京现代化国际大都市建设结合起来。坚持“引进来”和“走出去”相结合，将现代科技与东方文化有机结合，使中关村科技园区成为首都展示科技、教育成果和历史文化名城风貌的重要功能区，丰富北京现代化国际大都市的内涵。

(四) 空间布局

实施“一区多园”的战略布局。海淀园是园区的主体，主要进行科研开发和人才培养；丰台园、昌平园、电子城科技园、亦庄科技园等和专业园作为高新技术的产业化基地。

(五) 奋斗目标

总体目标：大力进行技术创新、制度创新和文化创新，加快高新技术产业发展，到“十五”末期，使中关村科技园区的综合竞争力和企业的核心竞争力迈上新台阶。

具体目标：

(1) 大幅度增强技术创新和人才培养能力。建设并完善一批国家级实验室和工程研发中心，开发一批具有自主知识产权和核心竞争力的新技术、新产品，发展、吸引一批有影响的企业，培养一批高素质科研开发和管理人才。

(2) 基本形成五大创新机制，建立以高等院校、科研院所为依托，高新技术企业为主体的技术集成和资源整和机制；创业资本进入和退出机制；人才培养、吸引和激励机制；促进中小企业发育和成长机制；知识产权产生、使用和保护机制。

(3) 基本完成重点专业园和重点基础设施项目的建设。全面改善园区基础设施状况，实施“数字中关村”工程。初步形成富有文化内涵，继承、吸收国内外先进文化思想，发展中关村文化品牌。

(4) 形成以人为本、特色鲜明的中关村文化。发扬中关村勇于创新的文化传统，继承、吸收国内外先进文化思想，发展中关村文化品牌。

(5) 主要经济指标实现翻番。高新技术产业保持20%以上的年均增长速度，到2005年底，力争主要经济指标比2001年翻一番。技工贸总收入突破4000亿元。

二、技术创新

技术创新是中关村科技园区综合竞争力的核心和实现跨越式发展的基础。坚持产学研一体化，强化企业的技术创新主体地位，进一步调动各类创新主体的积极性，整合创新资源，推进技术创新和系统集成，在关键领域和若干科技发展前沿，产生一批具有知识产权和核心竞争力的新技术和新产品。

(一) 技术创新的机构和体系

以高等院校和科研院所为依托，以高新技术企业为主体，坚持以市场为导向，引导企业把建立技术创新机制作为深化企业改革的重要内容，把提高技术创新能力作为企业发展的关键措施，加强技术研究开发和科研成果的转化和应用。构建并强化中关村科技园区技术创新体系。这一体系包括：国家级重点实验室、国家级工程研发中心、技术孵化器、公共技术平台和跨国公司研发机构等。到2005年，力争园区国家级重点实验室达到50个，国家级工程研发中心达到40个，各类孵化器达到50个。依托高等院校建设12个大学科技园；依托中国科学院，建设中国科学院科技园，重新整合技术创新和研发机构；在软件园、生命科学园和集成电路设计园等专业园建立服务于企业技术创新的公共技术平台；配合国家有关部门建立环保科技示范园等国家级科技示范基地；充分利用世贸组织鼓励和支持产业研究、技术开发的相关规则，大力吸引跨国公司、国内大型企业集团和科研院所到园区设立研发中心。

（二）技术创新的投入

加大国家、市、区三级科技经费对园区的投入；推动园区内以企业为主体的各类机构创新投入的持续增加，其中，高新技术企业研究与发展投入占销售额的比重达到5%；进一步落实关于跨国公司在京设立研发机构的优惠政策，吸引外商的技术创新投入。

（三）重点领域的重大技术突破

全面吸引国家“863”、“973”项目落户园区，在引进数量上继续保持全国领先地位。同时，按照是否关系国家重大利益，能否形成新的市场、是否有转化主体和自主知识产权等原则，选择有一定基础和优势的重点领域，进行原始性创新或引进技术二次开发，取得技术突破。在电子信息及软件和集成电路设计领域，重点开发以微处理器（CPU）为代表的集成电路设计与新型数字影像芯片设计生产技术、新一代手机芯片设计技术、第三代移动通讯接入技术、安全网络操作系统和信息安全技术、嵌入式软件技术、数字电视中间件设计开发技术；在光机电一体化领域，重点开发超精密加工技术、CAD/CAM系统软件先进制造技术、传感器技术；在生物医药领域，重点开发多功能干细胞与组织工程技术、生物芯片技术；在新材料领域，重点开发液晶显示材料技术、微电子材料技术、生物医用纳米材料技术、高温超导技术；在环保领域，重点开发绿色能源技术、等离子有毒有害废物转化技术。

（四）实施专利战略和技术标准战略

面对全新的国际化竞争环境，将专利战略和技术标准战略作为中关村科技园区技术创新的新起跑线。

（1）大力实施专利战略。增强企业的专利意识，通过制定相应政策，鼓励高新技术企业申请发明专利，特别是申请国外发明专利，使园区的专利申请数量在全国53个高新区中继续保持绝对领先地位。鼓励研究机构和高新技术企业进行上游产品的原始技术创新和申请发明专利，并通过梯次开发，加强对下游产品以及制造方法和用途专利的申请，形成密集的专利网。引导高新技术企业在国外专利的基础上实施面向新方法、新结构和新用途的二次开发，申请依存专利。配合国家知识产权局建设国家级知识产权示范园和专利孵化器，并大力支持专利试点企业的发展。

（2）积极实施标准战略。将标准作为园区产业发展的制高点，促进园区科研机构、高新技术企业开展技术壁垒的研究和战略分析，推动建立地方性标准体系。设立重大技术标准专项支持资金，鼓励新兴、优势产业和产品及时形成国家、行业、企业标准，增强其参与国际标准制定的能力，引导企业按照国际标准进行研发、生产制造。支持拥有国际、国内标准的企业迅速实现专利技术和产品的产业化。争取在第三代互联网接入技术、第三代移动通讯技术和高密度数字激光技术（EVD）等方面的国际标准制定上取得先机。

三、高新技术产业发展

高新技术产业是首都经济的支柱，也是中关村科技园区发展的首要任务。园区发展要走新型工业化道路，优先发展信息产业，坚持自主发展与战略性引进相结合的方针，积极推进对经济增长有突破性重大带动作用的产业化项目，促进高新技术企业的集群联动和跨国互动，实现园区经济总量的倍增目标。

（一）发展重点产业

（1）大力发展软件和集成电路设计产业。保持该产业在国内的领先地位，并积极参与国际竞争，重点抓好上地信息产业基地、中关村软件园、电子城软件和集成电路设计中心、亦庄北工大软件园、北京集成电路设计园、用友软件园、北航软件出口基地、国家“863”软件孵化器的建设。力争到2005年底，园区软件产业的销售收入达到640亿元。

（2）大力发展具有高科技特征的现代制造业。主要包括：微电子及通讯产品制造业、光机电一体化产品制造业、生物工程与医药产品制造业、纳米材料和绿色能源产品制造业。海淀园作为园区主体，着重于人才培养、科技创新、成果孵化和发展高科技商务商贸，在中关村大街沿线已取得较大发展的基础上，启动学院路研发产业带的建设。丰台园、昌平园、电子城科技园、亦庄科技园承接海淀园研发成果，按照北京发展现代化制造业的战略，大力发展微电子产业，光机电一体化产业、生物工程和新医药产业，并不断扩大出口。此外，德胜科技园作为专业园，着力于吸引上市公司和知名科技企业入园设立地区总部和研发机构。到2005年底，园区形成一批现代制造集群，力争实现增加值900亿元。

（3）积极拓展高效生态农业和知识型服务业等新兴产业。以高新技术产业带动农村经济和现代服务业快速发展。

（二）发展产业链

通过组织协调技术集成、政府采购和有效的工作机制，积极整合园区资源，加大对具有核心技术和广阔市场前景的产业化项目的扶持，促进企业技术联盟和产业联盟的建立，形成产业上下游的协作与互补关系。近期重点围绕网络计算机、手机、数字影像、生物芯片等产品发展产业链。

（1）网络计算机产业链。以具有自主知识产权的CPU芯片设计技术为龙头，带动网络计算机、液晶显示材料、基于Linux的应用软件产业的发展。

（2）手机产业链。以手机芯片设计制造为核心，带动手机连接器和天线、电池模组、按键模组、喷膜、印刷电路板等产业的发展。

（3）数字影像产业链。以具有自主知识产权的专用芯片设计为龙头，带动芯片封装、数码相机、手机和PDA数码影像产业的发展。

（4）生物芯片产业链。以系列生物芯片研制生产为先导，促进微电子、生化试剂、药物检测以及相关设备与材料产业的发展。

（三）实施科技奥运“牵手”工程

全面实施《北京2008奥运行动规划》。从奥运需求出发，整和园区技术创新资源和产业力量，在信息通讯、场馆建设、兴奋剂检测、清洁能源和运动科技等方面，加强科研攻关、技术集成和引进技术的消化吸收，并积极争取参与科技奥运重要技术标准的制定，推进3S技术（遥感、地理信息系统、全球定位系统)、生物芯片、纳米材料等高新技术项目的实施。以科技奥运为契机,大力推进专业园和产业基地建设,促进园区高新技术产业发展,借助奥运会发展国际品牌,把民族科技产业推向世界。

(四) 扶持大集团、培育"小巨人"

充分发挥各产业领域内大集团的领衔作用;通过一系列重大产业化项目,帮助中小企业突破资金瓶颈,培育一批具有核心竞争力的"小巨人"。力争到2005年,园区技工贸总收入超百亿元的企业达5家;超10亿元的企业达30家;超亿元的企业达400家。

(五) 加快高新技术产业的空间布局和产业结构的调整

坚持一区多园的发展战略,扩大中关村科技园区的政策覆盖面。争取国家有关部门的支持,将环保示范园、农林科技园、新医药以及符合标准、发展势头较好的市级科技型产业基地纳入园区范围。同时,促进各园所在区域的产业结构调整,拉动经济增长,增加财力、扩大就业。推动园区科技成果向郊区扩散和转移,在实现科技成果产业化的同时,加快小城镇建设和农业现代化的进程。

(六) 营造产业国际化平台

(1) 建立国际网络化制造中心。面向国外建立制造业委托加工的接单分包中心,面向高技术设计等领域建立专业化的国际合作服务平台。

(2) 构建先进的国际化高科技产品交易平台。设立国际商务服务中心及海关公共保税库,逐步实现电子商务跨国网络支付,建立和完善各类国际贸易专业服务机构。

(3) 搭建国际招商和对外投资促进平台。制定以吸引世界500强为重点的跨国公司在园区设立地区总部、研发中心、采购中心和分销中心或进行产业投资的招商战略,再吸引5~10家世界500强公司入驻园区。实施走出去战略,积极支持企业到境外设立分支机构、研发中心和生产基地,建立帮助企业进入国际市场的服务平台,将开拓发展中国家的科技产品市场作为突破口参与国际竞争。

四、专业园、基础设施和信息化建设

加快硬环境建设,为技术创新、产业发展提供有效的空间和良好的条件,是中关村科技园区"五年上台阶"的一项十分紧迫而繁重的任务。要坚持高标准规划园区、高质量建设园区、高效能管理园区和高水平经营园区的方针,努力完成各重点项目的建设,使园区基础设施得到全面改善,"数字中关村"工程取得实质性进展。预计今后3年园区重点项目建设总投资达460亿元,开复工总面积达500万平方米。

(一) 规划的编制和管理

依据《中关村科技园区条例》及有关规定,由政府统一组织编制控制性详规,各建设项目采取公开招标的方式进行修建性详规的编制和建筑方案设计,按期完成园区内各项规划的编制。开展土地、房屋资源和发展需求调研,加快园区现状地形图更新速度,建立土地房屋资源动态管理系统,制定并实施园区生态与人居环境标准。

(二) 土地的开发利用与管理

依据《中关村科技园区条例》和有关规定,由政府组织开展园区规划范围内土地的整理、征收、储备和一级开发等工作;落实土地征用、异地复垦等相关政策,规范经营性土地的出让行为;确定土地的整理深度和市场投放量;组织实施土地一级开发的招标及二级建设项目的招标拍卖。

(三) 专业园和产业基地建设

专业园和产业基地建设是园区硬环境建设的重点。中关村西区、软件园、生命科学园、永丰产业基地一期、丰台园二期、昌平园二期、德胜科技园、北大科技园、清华科技园等项目的建设要基本完成;中科院科技园、环保科技示范园、农林科技园、新医药科技园、电子城科技园西区、医疗城、国际商城等项目要完成土地一级开发和部分二级项目的建设。全面启动学院路沿线研发产业带的建设。争取再经过3年的建设,园区高新技术产业形成“一环、一横两纵”的布局,即一区多园环高新技术产业带、沿北清路东西横向展开的专业园组群、沿中关村大街和学院路两条纵向南北大街发展的研发产业群。

(四) 市政基础设施建设

(1) 道路交通。重点建设贯穿中关村科技园区核心区的地铁4号、9号和10号线路,完成圆明园西路二期等20余条路的建设;改善中关村大街重点路口,如知春路、四通桥路口的通行能力;在海淀区综合交通规划设计的基础上,与北京市智能交通管理相结合,率先建成园区智能化交通管理系统;合理调整公交车线路,加快动物园枢纽站等公交场站和换乘枢纽的建设。

(2) 电力设施。完成上庄220千伏变电站的建设,完成中关村西区、软件园、生命科学园、永丰基地、西二旗居住区、相关小城镇等处110千伏变电站的建设,加快园区电网建设。

(3) 污水处理厂。建成永丰和温泉污水厂并投入使用;积极建设中水处理设施和中水回用管网。以污水处理设施建设为基础,加强排污管制。

(五) 生活配套设施建设

结合危改工程和科学城居民搬迁安置,基本建成西二旗居住区一期、百旺家苑等居住社区。完成中关村国际商城一期建设,在永丰产业基地建设一定规模的地区商业中心,规划设计北清路西端的商业设施。在生命科学园北侧规划建设医疗城,完成1～2家医院的一期建设。在南沙河地区建设国际水平的教育基地,再建设若干所软件学院和国际双语学校。启动中关村文化旅游度假区的规划设计和建设,在专业园及其他集中建设区内建设具有一定规模、配置完善的体育设施。

(六) 环境整治和绿化美化

继续加强高等院校、科研院所、重点大街和地区的环境整治和绿化美化工作,加快建成区的拆违治乱工作;完成绿化隔离带等绿化工程的建设,实现新增绿地400万平方米,新建3个1万平方米以上集中绿地;对海淀山后地区环境进行控制性保护,特别要恢复和保护好湿地;丰台园、昌平园、电子城科技园、亦庄科技园及德胜科技园的市政基础设施建设和环境整治要按计划加快进行。

(七) “数字中关村”工程建设

“数字中关村”工程是园区各项工作上台阶的新的信息技术平台和迈向世界一流园区的基础性建设工作,也是“数字北京”和“数字奥运”的示范工程。实现高新技术企业上网率、无线接入网覆盖率、专业园和新建社区宽带网接入率均达到100%。

(1) 电子政务领域。结合全市信息化规划,以中关村为试点建设智能交通系统、信用信息系统、税控信息系统等具有典型示范作用的电子政务系统。

(2) 数字化的公共服务与管理领域。建设中关村数字图书馆群、中关村地理信息系统、中关村导航系统、超级计算中心、首都信息大厦、中关村远程继续教育系统等先进的园区数字化设施;研究制定并实施专业园数字化建设标准,实现专业园智能化。

(3) 企业信息化领域。大力实施电子商务工程,建成促进园区中小企业信息化的服务平台,在企业中推广使用电子结算手段,重点抓好"数字电子城"试点。

(4) 在信息基础设施建设领域。促进园区内高速宽带网络的互联互通、无线接入、新一代互联网技术的示范应用;协调园区内各个电信运营商间的关系,充分整合和利用现有宽带资源,初步建成科技园区的数字化基础设施。

五、机制和体制创新

机制和体制创新是推动中关村科技园区技术创新和产业发展的强大动力。依据《中关村科技园区条例》,以市场配置资源和与国际接轨为原则,紧紧抓住当前制约园区发展的若干重要问题,切实推进制度建设和创新,努力为园区建设和发展提供强有力的制度保证。

(一) 以高等院校、科研院所为依托,高新技术企业为主体的技术集成和各类创新资源整和机制

坚持企业作为技术创新的主体,推进产学研一体化,鼓励企业与高等院校、科研院所共建研发机构,形成成本分担、利益共享的机制;推动区内高等院校和科研院所科教管理体制改革,加快技术开发型科研机构的企业化转制和社会公益型科研机构的分类改革,鼓励院所转制企业进一步实施产权激励制度改革;开放有关技术创新计划(如"863"计划、"火炬"计划、创新基金等)和技术改造计划。健全高效转化科研成果的技术推广体系,建立渠道宽阔、载体多样、流动快捷的创新信息流通渠道;加强技术资源的整和与优化配置,形成区域创新网络。改革科技评价制度,建立对投资主体商业利益的有效保护机制,改革成果转让的收益分配制度,进一步调动创新人才的积极性。

(二) 创业资本进入和退出机制

要在解决企业融资瓶颈方面取得突破。鼓励多元资本参与创业投资,大力吸引境内外的投资机构和民间投资者在园区开展创业投资;充分发挥园区创业投资引导资金的作用,扩大合作伙伴,提高跟进投资的比例和额度。积极培育有利于高新技术产业发展的资本市场,形成促进科技创新和创业的资本运营机制。建立中关村技术产权交易所,为企业提供技术产权交易和创业投资退出的平台;积极争取园区非上市股份有限公司进入"证券公司代办股份转让系统"挂牌交易;推动企业在海内外上市、资产重组,争取使园区上市公司达到 80 家,初步形成"中关村板块"。加快知春路和海淀南路金融走廊的建设。

(三) 人才培养、吸引和激励机制

(1) 不断加大对教育的投入。积极争取国家、市、区三级对园区人才培养的支持;推动教育创新工程的实施,支持国家"211"工程在园区高校的顺利实施,并争取相关配套资金的支持,大力吸引社会力量和境外高等教育和成人教育资源来园区以多种形式办学;加快若干个软件学院和企业博士后科研工作站建设。

(2) 实施"中关村英才计划"。进一步吸引留学人员到园区创业或以各种形式为园区服务,力争园区企业留学回国人员超过 5000 人。积极吸引外国专家到园区工作。加大"留学人员创业扶持资金"的推动和扶持作用。大力培养高级软件工程师、技术经纪人、高科技企业管

理和产品营销人才、金融投资管理人才、熟悉 WTO 的涉外法律人才。完善和落实劳动、资本、技术和管理等生产要素按贡献参与分配的制度和机制。建立人力资源动态检测系统,为园区招商引资和政府决策提供信息支持。切实解决各类人才工作和生活中遇到的困难和问题,扩大园区企业社会保险的覆盖率,建立"住房合作社",开办双语学校。

(四)促进中小企业发育和成长机制

(1)加快孵化器建设,培育技术经纪人和专业中介机构,充分发挥协会、商会作用。率先在中关村科技园区进行协会和各类科技中介组织的改革试点。把大力发展科技中介机构作为加强科技创新的重要举措,鼓励科技中介机构以专业知识、专门技能为基础,与各类创新主体和要素市场建立紧密联系,为科技创新活动提供重要的支撑性服务。进一步拓展孵化器扶植资金筹集渠道,联合各类专业服务机构完善孵化器配套服务功能,力争园区孵化器达 50 家,在孵企业超过 1200 家,"种子资金"总额超过 5 亿元。推动园区生产力促进中心的发展,建立非营利性的中小企业服务中心,采取政府资助的方式,促进中小企业同技术经纪人及专业中介机构的合作。大力培育和规范各类协会,在改革协会运行机制和提高协会整体服务水平的基础上,按照"小政府、大社会、大服务"的理念把政府承担的知识性、专业性的服务职能转移给行业协会。进一步鼓励建立适应园区发展需要的协会商会,如律师协会、文化协会等,条件成熟时成立中关村商会。

(2)发挥银行和担保机构的作用,深化园区信用制度改革试点。大力推进"北京市中小企业金融支持工程";充分发挥担保机构的作用,增加担保品种、扩大业务覆盖面,使担保总额有较大幅度增加;推动创业投资机构、担保机构和银行间的业务合作,开展"投、保、贷"组合型业务;争取发行园区企业债券;率先探索创新的金融手段。加快信用制度改革试点,重点推行企业信用报告制度,将企业法定代表人的有关信息纳入信用信息系统,支持协会建立会员个人职业信用档案,条件成熟时建立中关村企业信用联盟。

(五)知识产权产生、使用和保护机制

同国家知识产权局合作建设国家级知识产权示范园;依据《中关村科技园区条例》,建立园区知识产权工作机构,对重大技术项目申请国外专利和版权给予政府资助;严格执行 WTO 有关知识产权保护的规定,支持企业把知识产权战略与企业经营战略相结合,建立专利信息检索制度、商业秘密保护条款及工作机制,吸引专利事务所等知识产权中介服务机构进驻园区;加大执法力度,严厉查处和打击制售盗版软件和盗版光盘等侵犯知识产权的违法行为,加强与商业软件联盟等民间维权组织的合作,建立涉及专利、商标、版权、海关、法院联合执法工作机制,设立园区专利案件的巡回审理庭和知识产权博物馆。

(六)政府职能转变

(1)加强政策法规的制定与落实,加强中关村战略研究。加快《中关村科技园区条例》有关配套实施细则的制定;针对制约园区高新技术产业发展和园区建设的突出问题制定法规、规章和有关政策,主要包括:《中关村科技园区鼓励创业投资发展办法》、《中关村科技园区人才引进指标评价办法》、《中关村科技园区知识产权保护办法》、《中关村科技园区土地开发利用与整理办法》等;积极争取中央和本市有关重大改革措施率先在园区试点;健全法规、规章和政策的公布制度,设立政策咨询窗口,不断强化落实。采取政府、企业和学者相结合的办法,加强对中关村科技园区发展规律、思路、模式、目标等问题的前瞻性、战略性、实用性研究,为中关村科技园区发展提供咨询和指导,为领导决策提供参考。

(2) 进一步改革和理顺中关村科技园区管理体制。树立政府创新的理念,以全面服务企业为中心,实现行政管理的决策、执行和监督职能的相对分离,努力建立决策民主科学、执行统一高效、监督全面有力的充满活力的创新型行政管理体制。近期改革的重点是:提高行政决策的科学化和民主化水平,吸收科技企业家在建设中关村科技园区领导小组、中关村管委会和专业园三个层次上直接参加中关村建设发展的决策、管理和监督;提高行政执行效率和水平,在海淀园的建设中进一步下放部分市级管理权限和责任;理顺中关村科技园区管委会与海淀区的党政工作关系,按照"具体管理性事务实行属地管理"的原则,将海淀园企业党群工作和园区"一站式"服务中心等工作交海淀区管理。

(3) 强化服务和市场监管职能。全面贯彻《我国加入世界贸易组织过渡期北京行动计划纲要》,进一步树立"服务的政府、诚信的政府、法制的政府"新形象,营造符合世贸组织规则和国际惯例的经济发展环境。在服务方面,加强对园区内高等院校、科研院所、高新技术企业的全方位、网络式服务,对重点项目采取全程式支持;迅速提高"一站式"办公的服务水平,完善为高新技术企业服务的"绿色通道";积极推进行政审批制度改革,进一步提高行政审批的透明度和效率;建设高素质的公务员队伍,提高思想政治素质和业务素质,形成"创新、务实、高效"的工作作风,营造良好的政府管理和服务环境。在市场监管方面,联合有关职能部门,积极推进综合监管;加强对园区市场经济秩序的整顿和规范,依法加强对偷逃税款、生产假冒伪劣产品等违法行为的监管和打击,严厉打击制售假证件、假文凭、假发票行为;健全园区投诉机制,加快对投诉举报事宜的交办、转移和处理速度。

(七) 各类金融机构和各级财政的资金支持

(1) 加强与各商业银行和投资机构的合作。扩大对园区重点建设项目和产业发展的资金支持,积极运用BOT、买方信贷和卖方信贷等融资方式。

(2) 争取中央各部委的资金支持。组织园区企业申请科技型中小企业创新基金,并设立配套资金支持;争取重大产业化示范工程专项资金、重大项目技术改造贴息资金、支持中小企业开拓国际市场专项资金、创新项目专项支持资金、高新区基建贷款贴息资金等国务院有关部委的资金用于园区发展。

(3) 加大市、区两级对园区的支持。继续设立中关村科技园区发展专项资金,并增加资金额度。加大本市有关科技研发、产业发展和基本建设等方面的专项资金在园区的投入。各园所在区的政府要继续加大对园区建设的资金投入。

六、中关村文化建设

建设中关村文化,要以人为本,牢牢把握先进文化的前进方向,按照建设社会主义市场经济体制和社会主义精神文明的要求,动员和凝聚园区各方力量,通过历史与现代、传统与改革、东方与西方文化的有机结合,大力进行文化创新,把中关村科技园区建设成为学习开放的中关村、创新创业的中关村、法制诚信的中关村、宽松和谐的中关村,从而形成新世纪的中关村文化品牌。

(一) 文化思想道德体系建设

(1) 树立中关村理念:即"科学民主、与时俱进"。这一理念是当代中关村人价值观念的集中体现。

(2) 弘扬中关村精神:即"勇于创新、不惧风险、志在领先"。这一精神是中关村创新事业的精神动力。

(3) 营造中关村风气:即"学习明礼、诚信守法、团结友善、敬业奉献、鼓励创业、容忍失败"。这一风气使人们在平等、自主的氛围中交流与合作,在宽松、开放的环境中学习和创业,在法制诚信的市场中交易,在文明、和谐的社区中生活。

(4) 塑造中关村形象:中关村形象是中关村理念、中关村精神和中关村风气的外在表现,是中关村文化、中关村人、中关村社区在社会公众心目中的反映。其主要内容包括:中关村口号、中关村标识、中关村优秀创业者和企业家及中关村人的文化道德素质。

(二) 文化创新活动

大力推进以创新为主题的企业文化,以诚信为主题的商业文化,以刻苦学习、奋发向上、振兴中华为主题的校园文化,以文明、和谐为主题的社区文化。深入贯彻《公民道德建设实施纲要》,广泛开展法制宣传教育,提高中关村人遵纪守法和依法维权的法律意识,不断提高人民群众的思想道德素质。在园区机关、企事业单位和社区广泛开展市民讲外语活动,在园区主要街区和重点区域设立双语导向标识。开展志愿服务活动,组织广大中关村人加入参与中关村建设和为奥运会服务的志愿者队伍。评选中关村"优秀企业家和优秀创业者"。进一步提高园区建设和发展的社会参与度,认真接受各方面的监督,欢迎社会各界提出意见和建议,实行政务公开、决策听证,不断加强园区的民主与法制建设。

(三) 科技、教育、文化领域的国际交流与合作

加强与国内外科教、文化机构及新闻媒体的联系与合作,逐步把中关村建成国际知名的学术会议中心、最新科技成果展示中心、科教文化传播中心。办好中关村电脑节,使其成为全国以电子信息业为主的高新技术产业的盛大节日,经过不懈努力,逐步争取成为世界级的电子信息科技会展活动;办好中关村文化节,让科学技术与文化艺术在中关村交映生辉;办好国际科技园区协会2004年年会,加强中关村科技园区与世界著名园区的联系与合作;办好中关村报刊,编辑出版中关村文化丛书,制作宣传中关村文化的电视片、电视剧,逐步使中关村文化建设向产业化方向发展。

(四) 文化设施和文化环境建设

集中力量规划、建设一批文化设施。主要有:国际会展中心、大型图书连锁店、文化活动中心和文化广场、若干风情各异的中关村文化街,以及多种商业和服务设施。在中心区和发展区要把知春路、海淀南路建设成金融走廊,把北清路建设成中关村景观大道,把中关村大街建设成百花大街。同时,要把颐和园、圆明园、香山地区建设成皇家园林休闲、旅游区。

大 事 记

2003年北京科学技术大事记

一 月

1日

《中关村科技园区住宅定向优惠销售实施办法》正式开始实施。该《办法》将首先在中关村海淀园试行。

2日

市知识产权局出台《北京市专利申请资助奖励办法》,并于1月6日起执行。

2日～4日

中关村科技园区管委会召开了第一次驻海外联络处工作会议。

6日

市委书记刘淇会见了摩托罗拉总裁兼首席运营官(COO)麦克·札菲罗夫斯基。麦克·札菲罗夫斯基表示,摩托罗拉今年一季度将投资1亿美元在中关村建立研发中心。

是日

中关村科技园区服务中心护照受理点正式开始办理护照申请手续。

是日

2003年全国科技工作会议在北京召开。会议指出,加速国家创新体系建设,进一步优化科技结构布局,大力营造良好的科学环境,为全面建设小康社会做出新贡献,是科技界2003年的工作重点。

8日

中关村园区管委会、市科委、市经委、中科院产业局共同主办了第五届中关村科技项目推介暨投资洽谈会,其主题为"把握奥运商机,吸引内外资金,促进成果转化"。

是日

中关村科技园区正式成立"奥运中关村经济协调委员会"。

是日

由市经委、市科委、中关村管委会主办的"北京IC同唱一首歌"活动在翠宫饭店举行。本次活动为集成电路产业与信息产业沟通、交流架起了一座桥梁,将促进北京地区产业链上下游之间的互动和结合。

是日

市科协六届二次全体委员会会议在北京科技活动中心召开。会议审议通过了《2002年工作总结和2003年工作要点》、《市科协第六届委员会委员更换及增补办法》。会议还表彰了荣获全国和北京市级奖励的集体和个人,颁发了2002年度金桥工程奖。市委副书记强卫、中国科协副主席韦钰出席会议并讲话。市科协主席陈佳洱主持会议。

9日

北京市人民政府与中国医学科学院全面合作协议签字仪式举行。副市长林文漪和刘德培院长分别代表北京市政府和中国医学科学院在合作框架协议上签字。

10日

中关村航空科技园在北京青云国际研发中心正式开园。

13 日

市长刘淇在北京市第十二届人民代表大会第一次会议所做的北京市人民政府工作报告中指出，中关村科技园区“三年大变样”的目标已经全面实现，2002 年增加值、上缴税金和出口创汇分别完成 537 亿元、110 亿元和 31 亿美元，分别是 3 年前的 1.4 倍、1.7 倍和 2.2 倍。全市高新技术产业增加值占工业增加值的比重达到 28.9%。

19 日

北京市十二届人大一次会议闭幕。中关村科技园区管委会常务副主任陆昊当选为北京市副市长，在新一届政府工作中主管工业经济工作。新当选的范伯元副市长分管教育、科技与中关村管委会的工作。原北京市副市长、中关村管委会主任刘志华再次当选为副市长，主管城市管理、政府法制和治安、民政方面的工作。

22～24 日

市科协、北京城市规划学会与长城国际展览有限责任公司共同举办了“2003 年北京国际体育基础设施和场馆技术展览会”。市委书记刘淇、副市长刘敬民参观了展览。

23 日

由市科委和市政府外事办公室联合主办了“2003 年驻华科技外交官新春招待会”，市科委主任马林主持，市科协副主席田小平致欢迎辞，副市长范伯元代表市政府致辞。

24 日

中共中央总书记胡锦涛在北京市委书记刘淇、中央办公厅主任王刚、北京市市长孟学农、科技部副部长邓楠等陪同下，视察了中关村科技园区国际孵化器公司、北大未名生物城、中关村软件园、神州数码控股有限公司。

是日

“支持有自主知识产权企业合作协议”新闻发布会在北京饭店召开。市政协副主席朱相远，国家知识产权局副局长邢胜才，市知识产权局局长刘东威等参加。

26 日

中国科学院学部联合办公室、中国工程院学部工作部等联合主办，宋健、路甬祥、徐匡迪等 568 位中国科学院院士和中国工程院院士投票评选出了 2002 年中国十大科技进展。中关村科技园区有大唐电信、龙芯、联想三家企业的项目入选，分别是第三代移动通信系统、CPU 关键设计制造技术、万亿次超级计算机。

30 日

市科委在日本东京举办首次北京软件专场推介会，目的是向日本大力宣传北京的软件产业。

二　月

1 日

中国医科大学实施的国际首例超长度气管切除肺组织瓣替代手术获得成功。

14～17 日

北京生命科学研究所所长遴选工作全面展开，学术委员会提出三个候选方案报理事会。3 月 20 日北京生命科学研究所第二次理事会上同意选用第一方案，由王晓东、邓兴旺共同担任所长，所长任期为 5 年，其他人员的任期为 3～5 年。

19～21 日

科技部组织召开了“首都圈防沙治沙项目暨‘十五’防沙治沙项目示范区”工作总结汇报会。专家组对 14 个示范区项目进行了考评。北京国森科技发展有限责任公司承担的“京津近郊(大兴地区)防沙治沙技术示范区项目”得到肯定。

20 日

市科协学术交流工作委员会召开会议，对 28 项重大学术活动项目进行审议，通过了“2003 北京国际粘接技术研讨会”等 23 项活动的立项申请。

24 日

市科委、市信息办与 IBM 中国公司宣布“中国——IBM Linux 解决方案合作中心”正式挂牌，标志着中国的 Linux 在研发、应用和市场等方面已经迈上了一个新的台阶。

26 日

以“科技、致富、小康”为主题的第五届北京“科普之春”启动仪式在延庆举行。中国科协书记处书记徐善衍，市科协党组书记田小平等出席并讲话。

是日

市科协召开“2002 年市科协系统信息工作总结会”，发布了《北京市科协系统信息工作条例》和《北京市科协系统信息工作考核计分办法》。

27 日

市委书记刘淇会见了美国微软公司董事长比尔·盖茨。刘淇希望今后与微软公司有更多的合作，共同推动软件业的发展。比尔·盖茨表示今后 3 年内在中关村国家软件产业基地培训 600 名软件架构师和 600 名大型软件工程项目管理经理，以满足北京市软件产业对多层次软件人才的需求。副市长范伯元、中关村管委会常务副主任戴卫参加了会见。

是日

市科委、市信息办与微软(中国)有限公司签署合作备忘录，双方今后将在电子政务、软件外包、人才培训等方面进行更广泛的合作。微软同时宣布，将在北京投资建设“电脑技术创新实验室”。

28 日

古巴国务委员会主席兼部长会议主席菲德尔·卡斯特罗·鲁斯一行 40 余人访问了中关村科技园区。

是月

中关村科技园区创业融资网络服务平台正式运营。

三 月

1 日

中关村技术产权交易所正式挂牌开业，主要开展信息发布、交易、托管、拍卖、咨询、鉴证和代办六大类别的服务，并积极开拓其他投资银行业务。市委书记刘淇、市长孟学农在开业仪式前视察了中交所，副市长范伯元在开业仪式上致辞。

是日

由清华大学核能技术设计研究院设计、建造的 10 兆瓦高温气冷实验堆，成功实现 72 小时连续满功率运行，成为世界首座投入运行的模块式球床高温气冷实验堆。

12 日

2003 年北京市知识产权办公会议全体会议召开，副市长范伯元主持，各成员单位领导人和联络员等 33 人出席。

13 日

群团工作会在北京科技活动中心召开，市委副书记强卫对群团工作提出要求。

14 日

市知识产权局联合工商、版权、技术监督局等单位在甘家口大厦前举办了以“鼓励科技创新，保护知识产权”为主题的宣传日活动。

是日

市知识产权局专利执法人员到通州区进行执法检查。

17 日

市科委和大兴区政府在大兴区留民营生态农场举行了授予该农场为可持续发展实验区的授牌仪式。

20 日

北京 2003 年软件产业工作会议召开。国务院信息化工作办公室、科技部、信息产业部和市政府的有关领导及 500 余名代表参加了大会。

21日

市科协组织的第24次科学技术专家季谈会召开，主题是“北京地区大气污染与治理对策”。副市长刘志华、范伯元到会。

是日

军事医学科学院微生物流行病研究专家从非典型性肺炎组织标本中成功地分离出了冠状病毒，并建立了动物模型。

24日

由科技部国际合作司、高新技术司，市科委和加拿大国家研究理事会共同举办的“中加信息通信技术研讨会”在北京举行。两国从事无线通信技术、软件技术等领域的代表出席。

25日

北京市2003年知识产权工作会议召开，各有关单位一百余人参加。

是日

北京大学地球与空间研究学院学者发明了球状和丝状细菌的化石，这些化石存在于14.3亿年前的“海底黑烟囱”（堆积在海底火山附近的硫化物）中。此次发现的古细菌遗迹在中国已发现的同类细菌中是最古老的，它不但动摇了“万物生长靠太阳”的传统理论，而且为“地球早期生命起源于‘海底里烟囱’”的推论提供了地质证据。

27日

“中国燃料电池公共汽车商业化示范项目启动会”召开。这标志着由中国政府、全球环境基金（GEF）、联合国开发计划署（UNDP）共同支持，科技部和北京市、上海市共同组织实施的项目进入实施阶段。

28～30日

第23届北京市青少年科技创新大赛举行。中国科协书记处书记徐善衍，市委副书记强卫出席开幕式。闭幕式上副市长范伯元向首次荣获“市长奖”的5位同学颁发荣誉证书。

28日

市长孟学农接见荣获首届“北京市青少年科技创新市长奖”的5位获奖同学和教师代表。

是月

北京地区大型仪器协作共用资金管委会将北京地区大型仪器协作共用网由原来的76台增至100台，除继续重点支持国家基础研究和高科技的研究攻关活动外，还向北京地区中小企业开放。

是月

“十五”国家奶业重大科技专项计划开始启动。该项目通过公开招投标，北京三元集团有限责任公司成为主持单位，大兴区为参加单位，中国农业大学为技术依托单位。

四　月

1日

“中—欧数字奥运研讨会”召开，研讨内容涵盖了信息安全技术、通讯、多媒体和智能交通等多个领域。

是日

市知识产权局利用《北京晚报》八个整版的版面，宣传知识产权法律法规、鼓励政策、典型事例和基本知识等，随96万份《北京晚报》发送到了千家万户。

4日

市科协、市社科联两界联席会议第一次工作会召开，讨论通过了“市科协、市社科联两界联席会议工作规划”。

是日

北京市委、市政府正式以文件形式下发《中关村科技园区五年上台阶行动纲要》。

5日

全国人大副委员长、中科院院长路甬祥一行到中关村科技园区发展区，对中科院新技术研发基地和中科院科教园的选址用地进行了实地考察。副市长陆昊、中科院副院长白春礼等陪同考察。

6～10日

第七届中国东西部合作与投资贸易洽谈会在西安召开。北京市代表团与西部省、市、自治区共签订合同、协议102个，总金额达65亿元，其中高新技术项目金额占总数的87%。

8日

由市委宣传部、市科协、市新闻出版局、市科委、市广播电视局主办的第一届北京市优秀科普作品奖评出最佳作品奖13部，优秀奖29部(篇)。

10日

由市人大常委会副主任田麦久率领的市人大教科文卫体委员和部分市人大代表到中关村科技园区视察。代表们分别参观了中关村西区、方舟科技有限公司、北京集成电路设计园、中关村技术产权交易所、中关村软件园和神州数码(中国)有限公司，并与园区管委会领导座谈，对园区的建设发展提出具体建议和指导。北京市副市长范伯元等陪同视察。

11日

市科协举办的“科普互动大课堂”在海淀科技馆首次开课，“三三一工程”正式活动。

12日

由国家科学技术部、中国人民银行、信息产业部和北京市政府共同主办的中关村科技园区第九次银科企联谊活动在北京世纪金源饭店召开。本次联谊活动的主题是“促进网络计算机产业化”。联想集团、北大众志、京东方、神州天脉、凯思昊鹏5家企业在会上发布了各自全新的从芯片到整机产品再到应用软件全部国产化、具有完全自主知识产权的网络计算机产品。

是日

北京航空航天大学与中关村科技园区管委会举行共建北航留学人员创业园签字暨开园仪式。

13日

市科委为协和医院、地坛医院、佑安医院、朝阳医院购置非典型性肺炎病人急需的－86℃超低温保存箱，帮助他们建立病例标本库。

16日

北京望京留学人员创业园揭牌仪式在望京科技园二期广场举行，有关人员200余人出席。

18日

市知识产权与市商委共同制定了北京市无冒充专利商场管理办法，下发至各区县知识产权办公室及各区县商委，并开始对无冒充专利商场重新审核。

19日

中科院北京基因研究所与军事医学科学院微生物流行病研究所合作研制出诊断非典型性肺炎的酶联免疫吸附检测试剂，整个检测过程只需1小时左右。

20日

市科协党组召开工作会，传达中央、国务院办公厅关于非典型性肺炎防治工作会议精神和刘淇同志在北京防治非典型性肺炎联合工作小组第一次会议上的讲话精神，提出了科协系统防范“非典”传播的6项要求。

21日

市科协网络中心在科协网站开通“防治非典”专题科普网页。

22日

北京863软件孵化器建设的“北京信息安全软件产业化基地”建成投入运营。

23日

“防治非典”专题栏目进入“数字北京信息亭”和“社区科普岛”。

24日

北京科技周组委会办公室发出通知，今年北京科技周活动因“非典”疫情延期举办。

25日

市科协召开市属医口学会专家研讨会，

研讨在防治“非典”工作中如何发挥科协系统自身优势，为市政府谏言献策，为医护工作者提供服务。

是日

北京心理卫生协会率先在本市开通预防“非典”心理援助专家热线。

28 日

市科协党组成员带队分赴西城、海淀、朝阳、石景山、大兴区科协慰问抗击“非典”基层科协干部。

30 日

北京中西医结合学会召开“中医药临床治疗‘非典’研讨会”，研究制订了《北京地区中医药治疗非典型性肺炎临床方案》，市科协党组书记田小平、市卫生局局长金大鹏出席并讲话。

是日

市知识产权局“关于促进专利权质押和专利项目贷款的暂行办法”开始实行。

是日

北京医学会召开“‘非典’临床工作研讨会”，完成修订《北京地区非典型性肺炎临床工作指南》。

是月

市知识产权局、市政府法制办、市人大教科文卫体委员会、法制工作委员会的领导及有关负责同志赴丰台园、昌平园、电子城科技园、亦庄科技园和顺义区进行专利地方立法调研。

是月

市知识产权局组织开展知识产权普法宣传进科普画廊、进社区和进街道活动。将 19 套知识产权宣传展板及 4000 份知识产权宣传特刊和 150 余套宣传挂图发送给全市 18 个区县的知识产权管理机构。

是月

北京生物工程与医药产业基地全面启动，由科研开发区、企业孵化区、生产加工区、商务配套区和生活服务区组成。

五　月

2 日

北京市代市长、北京防治非典型性肺炎联合工作小组副组长王岐山同志一行到中关村科技园区丰台园检查指导“非典”防治工作。王岐山同志视察了丰台园入驻企业航丰园的施工现场，对职工餐厅和施工人员宿舍等处进行了专项检查，详细询问了“非典”的防治情况，并与施工单位负责人和员工进行了亲切交谈。

5 日

北京医学会与北京中西医结合学会召开中西医治疗“非典”专家座谈会，形成了《北京地区非典型性肺炎中医药治疗方案》。

6 日

市科委和市民政局组织北京天坛生物制品股份有限公司、北京四环生物制药有限公司向北京无偿赠送 2 万支人免疫球蛋白、2 万支注射用重组人白细胞介素－2（“德路生”），共价值人民币 255 万元。

是日

北京医学会检验专业委员会召开会议，讨论、制订了《检验科 SARS 标本检测安全管理指南》。

7 日

市委书记刘淇、副市长范伯元分别到中关村科技园区检查园区企业预防“非典”相关措施的落实情况，了解“非典”时期园区高新技术企业生产运行情况，慰问坚守工作岗位的高新技术企业工作人员。他们先后视察了联想集团、诺维信、三菱四通、时代集团、用友软件等高科技公司。

是日

首支由民间力量自发组织的“爱国者抗击‘非典’青年志愿者突击队”宣告成立，来自中关村高科技企业的首批 40 名青年志愿者正式上岗，加入到抗击“非典”的工作中。

12 日

副市长范伯元到中关村科技园区电子城科技园检查园区企业预防“非典”相关措施的落实情况，并慰问园区坚守工作的高新技术企业工作人员。

13 日

由市农林科学院组织有关专家，紧急策划编印关于农村防治“非典”的宣传手册，向10个远郊区(县)和3个近郊区的广大农民免费发放，户均一册。

是日

市农科院农业科技信息研究所开通了“北京农村防治‘非典’语音科技在线”(010-51503367、368、369、370)，向用户提供电话收听防治“非典”信息的服务。

14 日

北京软件产业促进中心代表软件产业界，向北京市10所知名的中小学校捐赠了价值200万元人民币的网络多媒体课件制作系统，用以帮助学校和老师更加方便、高效地制作课件产品。

14～15 日

市科协向北京煤炭总医院、小汤山医院、胸科医院和地坛医院捐赠医疗器械。

14 日至 6 月底

北京科技报社出版《依靠科学战胜非典》专刊，每周三期。

15 日

副市长范伯元到中关村西区建设工程现场进行工作视察，了解“非典”时期重点工程建设进展情况，检查施工企业预防“非典”相关措施的落实情况，并慰问坚守工作的相关建设公司和施工单位人员。

16 日

北京市知识产权服务中心正式开业。市知识产权局局长刘东威等出席开业仪式。

是日

中国科协、市科协、市卫生局等联合举办“向战斗在抗击‘非典’一线受感染的医务工作者慰问活动”，捐赠40万元慰问金。中国科协书记处书记冯长根、市科协党组书记田小平、市卫生局副局长邓小虹等出席捐赠仪式。

20 日

军事医学科学院无偿将救护车负压技术转交给北京市。市科委与军事医学科学院全力配合，由北汽福田汽车公司改装了20辆专用救护车，以最快的速度用于抗“非典”一线。

21 日

北京中医药学会召开老中医防治SARS座谈会。提出了中医药参与防治救治SARS的建议。

23 日

受张茅副市长委托，市政府副秘书长闫仲秋在市科协召开专家座谈会。讨论制冷专家小组提出的《北京建筑空调通风系统预防“非典”，确保安全使用应急管理措施的实施细则》。

是日

市科委主任马林会见了法国电力公司中国首席执行官戴伟霖一行。会见中，法国电力公司提交了北京公交车示范线的咨询报告，提出与北京理工大学、北京公交公司共同合作开展应用示范项目。

是日

市科协在北京科技活动中心举办“依靠科技，战胜非典”——科普宣传资料发放仪式。仪式后，市科协副主席田小平、辛俊兴等带队分赴财富中心建筑工地、顺义和石景山区科协、市委机关大院分发防治“非典”宣传品。

27 日

北京医学会儿科专业委员会召开“儿童肺炎与SARS鉴别”工作研讨会，制订了《儿童SARS临床工作指南》。

28 日

市政府召开专题会，听取了中关村管委会常务副主任戴卫关于中关村科技园区管理体制改革的汇报。王岐山代市长指示,要深入贯彻十六大的精神,与时俱进,大力创新,进一步研究深化中关村科技园区的管理体制改革问题。

是月

市科委机关党委号召全体工作人员向抗击“非典”一线医务人员自愿捐款。市科委机关及直属单位400多名工作人员共捐款64700元。

是月

北京市有95个项目被列入2003年度国家重点新产品计划。

六 月

2日

在《中国知识产权报》上刊载了市知识产权局致在京两院院士的一封信,开始了面向在京两院院士的知识产权普法宣传工作。

3日

市委书记刘淇到中关村科技园区企业调研,参观了上地信息产业基地三菱四通公司芯片生产线,了解了公司防“非典”的措施和生产情况。在永丰高新技术产业基地,北京钢研高纳有限公司的生产线,参观了高新技术企业防“非典”项目和产品展览,并与企业家进行座谈。朱善璐、孙政才以及戴卫等陪同调研。

4日

副市长范伯元就北京市科技中介机构的发展问题进行专题调研,走访了市生产力促进服务中心、长城企业战略研究所、硅普芯片设计孵化器等单位,并参加了由市科委组织召开的“创新服务机构发展座谈会”。

6日

市科协与市科技情报研究所联合召开“突发事件深层思考”专家研讨会,市委副书记强卫、市政协副主席叶文虎出席。与会专家围绕应对社会危机和突发事件提出了建设性意见和建议。

10日

市知识产权局组织召开了主题为“加强非典型性肺炎科研成果知识产权工作”的综合协调会。来自市科委、市教委、市卫生局、市地税局、市财政局的同志参加了会议。

15日

代市长王歧山参加了中关村企业界座谈会,听取了联想集团、神州数码、大恒集团、中关村科技、时代集团、亚信公司、中星微电子公司等园区高新技术企业负责人对中关村发展所提的意见和建议。

是日

由市科协、团市委等单位主办的“健康生活从读书开始”的主题读书活动在王府井新华书店举行。

19日

中关村(丰台)总部基地奠基开工典礼在丰台园举行。副市长范伯元、市政协副主席黄承祥、丰台区委书记王子生、中关村管委会常务副主任戴卫等出席开工典礼。

24日

市知识产权局执法人员分别对海淀图书城新华书店、甘家口新华书店,西四新华书店和新华书店市店进行了专利执法检查。

25日

市委副书记、市人大主任于均波到望京新兴产业区视察,并参观了望京科技创业园科技成果展览。

27日

市科协召开《科普法》颁布实施一周年座谈会。市人大常委会副主任林文漪、中国科协书记处书记程东红、市科协党组书记田小平等出席。

28日

由中国科协和市科协共同主办的“6·29全国科普行动日启动仪式”在崇文区金鱼池社区隆重举行。

29日

中关村科技园区管委会与北京科技大学共建“北京科大留学人员创业园”协议签字暨开园仪式在北京科技大学举行。副市长范伯元和中国科学院院士柯俊共同为创业园揭牌。

30日

中关村企业信用促进会会员大会召开，100家第一批会员单位代表参加了会议。会议讨论通过了《北京中关村企业信用促进会章程》，选举产生了第一届理事会和监事会。

是月

由北京工业设计促进会、北京晨报等联合主办的“力量、生命、科学”——2003全球人类抗击SARS招贴设计网上公益大赛专家评选圆满完成。职业组11件作品和学生组10件作品获最佳设计奖；职业组39件作品和学生组43件作品获优秀设计奖。

七 月

4日

中关村科技园区管委会主办的“推动中关村手机产业发展暨联盟成立签约仪式”在翠宫饭店举行。

7日

经专家初步鉴定，中科院研究人员在北京周口店遗址附近的田园洞发掘出的古人类化石，铀系年代为距今2.5万年左右，约与周口店山顶洞人同期，是北京地区山顶洞人时期目前仅存的人类化石实证。

8日

中关村科技园区健翔科技园开园仪式在朝阳区举行。这是国内首家以科技商务为特色的科技园。副市长范伯元、中关村管委会常务副主任戴卫等出席开园仪式。

是日

市科委组织召开了“北京科技条件平台建设工作研讨会”，旨在推进北京市科技条件大平台的建设，实现委内直属单位仪器装备资源及信息共享。同时，会议对开展北京地区大型仪器装备调查工作做出了具体部署。

11日

市科协六届五次常委会议召开。会议审议了《2003年上半年工作总结及下半年工作要点》、《关于在市科协系统兴起学习贯彻“三个代表”重要思想新高潮的意见》、《关于进一步加强调查研究工作的意见》和《纪念北京市科协成立40周年活动安排意见》。

12日

“瞪羚计划”（中关村园区“高成长企业担保贷款绿色通道”）启动实施。首批获得“瞪羚计划”支持的三家企业——中星微、和利时和港湾网络与中关村担保公司、北京市商业银行签署了合同额达8000万元的担保贷款合同。北京市副市长范伯元出席并讲话。

14日

北京邮电大学科协成立。中国科协书记处书记徐善衍、市科协党组书记田小平等领导出席成立大会并讲话。

15日

国家知识产权局与市政府联合下发了《关于中关村国家知识产权制度示范园区工作实施方案》通知，决定在中关村成立中关村国家知识产权产业化促进局及作为市知识产权局分支机构的专利代办处。

是日

第五届北京“科普之夏”启动仪式在宣武区椿树园社区举行。

17日

科技部副部长马颂德到清华科技园留学人员创业园，参加留学人员沙龙，并向近100名归国留学人员介绍了国家创新体系中吸引留学人员归国创业的优惠政策，听取并解答了留学生归国创业的意见和建议。

18日

在北京市十二届人大常委会第五次会议上，市人大常委会组成人员听取了北京市副市长范伯元所做的关于中关村科技园区发展情况的报告。

19 日

北京理工大学与中关村管委会合作共建的北京理工留学人员创业园开园。副市长范伯元、国防科工委副主任张华祝为留学人员创业园揭牌。

20 日

北京国际企业孵化器与北京均大高科医药研究院举行共建“中关村丰台园生命科学孵化中心”合作签字仪式举行。

是日

中美科学家在北京正负电子对撞机上首次发现一个新粒子,这个新的短寿命粒子可能是多夸克态粒子。

22 日

市科协召开“实施奥运食品工程”专家研讨会。与会专家就北京实施奥运食品工程,建设北京食品安全供给保障体系提出了建议。

是日

市知识产权局和市商委在北京当代商城召开大会,向经过重新审核认定、获得北京市无冒充专利商场称号的 51 家大中型商业企业颁发证书和牌匾。

22～23 日

市科委举办科技项目管理系列培训班。近 1500 名市科技项目(课题)负责人和财务负责人参加了培训。

23 日

中国人民大学文化科技园、首都师范大学科技园获北京市批准,成为北京市级大学科技园。

是日

市科委批准北京康华伟业孵化器有限责任公司、中关村兴业(北京)高科技孵化器股份有限公司、汇龙森国际企业孵化(北京)有限公司、北京华商置业有限公司(北京留学人员大兴创业园)、北京北方车辆新技术孵化器有限公司等 5 家单位为高新技术产业孵化基地。

29 日

纪念北京市科协成立 40 周年“回顾与展望”座谈会隆重召开。市委、市政府领导以及在京的 10 余位院士发来贺信、贺辞。全国政协、中国科协的领导及在京的 21 名院士出席。

30 日

中关村管委会与北京市知识产权局召开知识产权座谈会。市知识产权局局长刘东威向到会的园区骨干企业传达了《关于中关村国家知识产权制度示范园区工作实施方案》,并回答了企业提问。

31 日

经市知识产权局推荐和北京首创投资担保有限责任公司担保,北京市商业银行官园支行正式向本市企业——北京科净源环宇科技发展有限公司发放了 100 万元专利质押贷款。

八　月

4～8 日

市科委组织“北京市区县科委主任暨市农业系统科教处长培训班”举行。北京市部分区县主管科技的区县长、区县科委主任和市农业系统科教处处长等 60 余人参加了培训。

5 日

国内首家科技园区版权保护示范机构——中关村科技园区版权保护中心挂牌成立。国家版权局副局长沈仁干、副市长范伯元、市政府副秘书长张建东、北京市新闻出版局(版权局)局长孙向东、中关村管委会常务副主任戴卫等出席挂牌仪式。

6 日

为期 3 个月的“中关村创新之路文化宣传活动”正式启动。

7日

上海市科委主任李逸平一行对北京市科委进行工作访问。京沪两地科委就科技管理工作的成功经验、工作重点以及下一阶段的工作打算进行了充分的交流。

是日

市知识产权局与通州区知识产权局、通州区商委联合在通州区华联商厦举办“通州区无冒充专利商场颁牌仪式”。向北京市通州人民商场、北京市通百商场、北京银地大厦和北京中商西友大厦有限公司颁发证书和牌匾。

8日

2003年北京科技周学习展在中国人民革命军事博物馆举行开幕仪式。副市长范伯元、市政协副主席叶文虎、市科协党组书记田小平等有关单位领导出席。

是日

奥运科技委员会和“奥运科技(2008)行动计划”领导小组联合召开会议,宣布启动“奥运科技十个重大项目”及一批重点项目,这标志着科技奥运建设进入更加务实和大规模建设阶段。

9日

市科委与英国IQE公司的总裁及CEO和中科院物理所所长一行就中英两国全固态照明工程的国际合作举行会谈。市科委马林主任和郑吉春委员出席。

10日

日本内阁官房长官福田康夫及夫人一行10人参观了中关村科技园区。

11日

北京市农林科学院召开科协成立大会。副市长范伯元,中国科协书记处书记冯长根,市科协党组书记田小平、副主席王力军等出席。

12日

市知识产权局召开专利代理惩戒委员会首次会议。

是日

副市长范伯元主持召开建设中关村科技园区领导小组成员单位联络员会议,讨论《中关村科技园区管理体制改革方案(送审稿)》。

13日

中关村优秀企业家高峰论坛会“技术创造财富——中关村创新之路”在新世纪饭店举行。副市长范伯元,中关村管委会常务副主任戴卫等出席。

19日

“中关村新材料产业联盟”正式成立。该联盟是由中关村科技园区高新技术企业协会和北京新材料发展中心共同发起并联合园区内广大新材料企业共同组建的行业协会。

是日

由市人大常委会副主任范远谋带领的市人大代表20余人视察了中关村科技园区服务中心。代表们听取了服务中心“一站式”办公的运行情况和今后发展的设想的介绍,对服务中心落实“三个代表”的重要思想,牢牢把握经济发展这一要务,立足改革发展环境,为企业和群众服务表示满意。

20日

罗马尼亚总统扬·伊利埃斯库一行70余人访问了中关村科技园区。

29日

匈牙利总理迈杰希率政府代表团一行50余人参观中关村科技园区。

是月

市知识产权局确定北京燕京啤酒集团公司等100家单位为北京市第二批企(事)业专利试点单位。

是月

国家“863”集成电路制造装备重大专项“100纳米大倾角离子注入机与高密度等离子刻蚀机”项目正式启动。市科委与项目承担单位签订科技项目合同书。

是月

市科委以党支部为单位,组织全体机关干部和直属事业单位处级干部,开展了一场优化发展环境,进一步做好“首都二四八重大创新工程”各项工作的大讨论,形成了百余条书面意见上交党组。

九 月

6日

中关村第六届电脑节在海淀公园开幕。“中关村创新成果展览会”同时在海淀展览馆开展。

8日

为期两周的“第三期科技型中小企业技术创新国际研讨班”开幕式在北京IBI举行。来自南非、古巴、津巴布韦、土耳其、印尼、蒙古、埃及、越南、俄罗斯等9国的18名学员参加。

9日

市委书记刘淇率市四套班子部分领导参观了中关村电脑节暨中关村创新成果展览会。中关村管委会常务副主任戴卫陪同参观。

10日

“第五届全国优秀科普作品颁奖大会”在人民大会堂举行。北京推荐的优秀科普作品《解读生命丛书》、《鸟兽物语》获得最佳奖。市科协获“优秀组织奖”。

是日

北京工业大学软件园开园。美国应用材料公司以及中国数码信息有限公司、北京日立北工大信息系统有限公司、北京公达电子有限责任公司等7家企业进驻。

10～11日

第六届京台科技论坛暨京台科技合作研讨洽谈会在北京国际饭店召开。

11～12日

由北京市生产力促进中心牵头并组织的全国生产力促进中心经验交流会在北京圆满结束。全国各地共有58个生产力促进中心的主要负责人参加了大会,其中有国家重点试点中心6个。

12日

市委书记刘淇对中关村科技园区手机产业的发展做出了“进展很好,鼓舞人心,望继续努力,做出更大成绩”的重要批示。

12～14日

市科委和美中医药开发协会、美中生物技术和医药协会共同主办了第七届北京生物医药产业发展论坛。副市长范伯元做“优化环境,以科技资源促进医药产业快速发展”的主题报告。

12～15日

第六届“中国北京国际科技产业博览会”在中国国际展览中心举行,主题是“科技创新、奥运经济、社会发展”。共有7000多中外客商参加洽谈,北京市签约项目74项,协议总金额23亿美元。举办了22场专项论坛及活动,演讲人518位,听众达到12695人次。

13日

全国政协主席贾庆林,全国人大常委会副委员长蒋正华,全国人大常委会副委员长、全国妇联主席顾秀莲,全国政协副主席、中央统战部部长刘延东,市委书记刘淇,代市长王岐山,科技部部长徐冠华,商务部副部长魏建国,市政协主席程世峨,市委副书记强卫,副市长陆昊等到第六届科博会参观了以具有自主知识产权核心技术为基础的“中关村的中国芯”、“中关村的网络计算机产业链”等展区。

14日

北京生物医药技术交易服务中心成立。这是国内惟一的专业化技术交易服务中心。

15日

市知识产权局召开第二次专利代理惩戒委员会会议。

16日

由市科委、延庆县政府主办的“中国北京马铃薯产业高科技研讨会”召开。来自美国、法国等10余个国家的专家和企业代表,就马铃薯脱毒、良种繁育、深加工技术等方面问题进行深入探讨和交流。

18日

微软－中星微多媒体技术中心成立,该

中心由北京软件产业促进中心、微软（中国）有限公司和中星微电子有限公司三方共同组建，将致力于建设成为一个国家级数字多媒体技术演示及研究创新中心。副市长范伯元出席签字仪式并发表讲话。

19～20日

全国高新技术产业化工作会议暨“火炬计划”15周年总结表彰大会在北京召开。北京市有6个单位获火炬计划先进管理单位；19项成果获优秀火炬计划项目；6家企业获火炬计划优秀高新技术企业；1家获火炬计划优秀创业投资机构；15人获火炬计划先进个人。

22日

北京市知识产权局组织召开了“首都企业专利战略推进工程启动暨百家企业专利试点工作动员大会”。范伯元副市长、国家知识产权局张勤副局长以及市科委、市经委、市教委、市财政局等有关领导出席会议。

是日

北京市科学技术研究院现代制造技术产业园在中关村科技园区永丰高新技术产业基地隆重奠基。该园是进驻永丰的首家市属科研产业园，预计2005年基本建成。

23日

以“科学文明、建设小康”为主题的第九届北京科技周开幕。中国科协、科技部、市人大、市政协、市科协以及中国科学院、中国工程院等单位领导、专家，以及联合国教科文组织、欧盟和10余个国家驻华使馆科技文化官员出席。期间组织了6项标志性活动、20多项市级重点活动和4000多项基层活动，受益群众达300万人次。

是日

市科协常务副主席田小平会见越南河内联合科学技术协会访问团，并与协会主席阮能安签订了《北京市科学技术协会与河内联合科学技术协会建立长期科技交流与合作意向书》。

24日

哈萨克斯坦总理达尼亚尔·艾哈迈托夫率政府代表团一行25人访问了中关村科技园区。

24～25日

首届北京科技传播创新与发展国际研讨会召开。

25日

俄罗斯总理米哈伊尔·卡西亚诺夫在俄罗斯驻华大使罗高寿、中国驻俄罗斯大使张德广陪同下，访问中关村科技园区。

是日

北京市乡镇企业局召开科协成立大会。市政协秘书长李建华、市科协党组书记田小平、市农委主任李进山、市乡镇企业局局长雷占泉等出席。

27日

市政协经济科技委员会举办科技奥运情况通报会。市科委副主任杨伟光就对科技奥运的初步理解等四个方面向市政协委员会通报情况。市政协经济科技界的政协委员40余人参加了会议。

29日

“北京自然科学界和社会科学界联席会议”成立并召开首次会议。会议由陈佳洱、田小平主持。会议通过了《关于加强自然科学界和社会科学界交流合作的倡议书》。两界著名专家学者龚育之等先后发言。强卫、蔡赴朝分别向顾问颁发了聘书。

十 月

1日

2003年北京科技周在人民大会堂落下帷幕。全国人大常委会副委员长路甬祥、中国科协党组书记张玉台、市委副书记强卫、副市长范伯元以及各委办局领导出席闭幕式。

4～5日

由全国人大常委会副委员长路甬祥率领

的全国人大检查团视察中关村科技园区,检查《中华人民共和国科学技术进步法》执行情况。检查团先后视察了中关村软件园、中关村技术产权交易所和清华技术转移中心等单位,并召开了座谈会,对园区发展给予充分肯定。

8日

代市长王岐山主持召开市长专题会,研究了中关村科技园区管理体制改革方案、北京商务中心区交通等问题。中关村管委会常务副主任戴卫汇报了园区管理体制改革方案。会议原则同意改革方案,并要求做进一步修改后,提交市委常委会审定。

9日

2003年北京科技交流学术月在北京科技活动中心开幕。中国科协书记处书记宋南平,副市长范伯元,北京市社科联主席陶西平等出席。市科协主席陈佳洱主持开幕式。

10日

北京信息安全产业基地在石景山区开园。副市长范伯元等领导和专家出席开园仪式。

16日

科技部、教育部公布第二批认定的14家国家大学科技园名单。北京航空航天大学国家大学科技园、北京理工大学国家大学科技园、北京邮电大学国家大学科技园、北师大—北中医国家大学科技园等榜上有名。

17日

北京奥运会科技委员会召开"科技奥运项目中期检查工作启动会议",布置了项目检查工作,听取了"绿色建筑技术标准及应用示范"项目进展情况的汇报。北京奥科委办公室主任马林主持会议。

是日

市科协与北京工业大学联合举办我国首次载人航天飞行成功庆典暨"飞向太空"大型流动科普展览启动仪式。

18日

"拥抱未来——中关村广场之夜暨第二届优秀企业家、优秀创业者评选颁奖文艺晚会"在中关村广场举行。获奖的优秀企业家、优秀创业者、特邀嘉宾、新闻媒体及相关企业代表等社会各界人士2000多人出席了文艺晚会。国家自然科学基金委主任陈佳洱、市委常委朱善璐、副市长范伯元等为获奖的20位优秀企业家、优秀创业者颁奖。

20日

市政协副主席黄以云,市政协经济科技委员会主任张嘉兴,副主任刘培温、武秉陶等到市科协考察指导工作。与市科协常务副主席田小平,副主席贺慧玲、王力军等进行工作交流。

20日

市科协副主席许达哲到市委党校作我国首次载人飞船专题报告。

22日

市委常委会召开了第75次会议,研究了《中关村科技园区管理体制改革方案》(讨论稿)。中关村管委会常务副主任戴卫汇报了园区管理体制改革方案。会议原则同意园区管理体制改革方案。

22～23日

由全国政协副主席王选带领全国政协委员70余人视察了中关村科技园区。委员们先后视察了奥瑞金种子科技开发有限公司等5家由留学归国人员创办的企业,与海归学子们进行了面对面的交流,对望京留学人员创业园、中关村国际孵化园等四家为留学归国人员提供的创业基地进行了实地考察。

27日

中关村国家知识产权制度示范园区正式挂牌。承担实施园区知识产权战略步骤的中关村知识产权促进局也宣告成立。北京市副市长范伯元和国家知识产权局副局长张勤出席了揭牌仪式。

28日

市政协经济科技委员会与市科协在北京科技活动中心联合举办"科技奥运论坛"。

28～30 日

市知识产权局对百家专利试点企业的领导和知识产权管理干部进行了第一期知识产权业务培训。百家试点企业中的 60 家企业的主管领导和分管知识产权工作的负责人 110 多人参加了第一批培训。

29 日

市科协委员考察首都航空机械公司。参观了首都航空机械公司运载火箭总装车间和中华航空博物馆。

是日

市知识产权局对专利代理机构进行年检，至 10 月底共 95 家机构参加年检，其中 84 家年检合格。

31 日

中关村科技园区管委会留学人员服务总部与北京软件协会举办第五届金融 IT 沙龙留学人员创业政策与金融支持暨担保贷款绿色通道专场推介会。

十 一 月

3 日

国内首家航天农业科技产业孵化器——泰谷航天农业科技产业孵化器在北京成立。

5～7 日

市知识产权局对全市百家专利试点企业的领导和知识产权管理干部进行第二期知识产权培训。

11 日

代市长王岐山主持召开第十六次市政府常务会，研究了《中关村科技园区管理体制改革方案》，会议批准实施《中关村科技园区管理体制改革方案》。

12 日

市委书记刘淇对北京自然科学界和社会科学界联席会议工作作出批示。

13 日

市科协举行《放飞神舟》简体中文版、盲文版、维吾尔文版、哈萨克文版首发式。

14 日

“2003 年高新技术产业发展专项资金发放仪式”在北京科技会展中心举行。共有 530 家高新技术基地的企业得到了总额 9736.5 万元的北京市财政专项资金。

是日

经市政府批准，北京市人民政府办公厅向各区、县人民政府，市政府各委、办、局，各市属机构印发中关村科技园区管理体制改革方案。

19～20 日

在科技部举办的“2003 年度全国科技统计工作会议”上，市科委被评为“全国科技统计评比第二名”。

20 日

中关村科技园区企业家咨询委员会成立。首届企业家咨询委员会由 25 名咨询委员、7 名特邀委员组成，联想控股有限公司总裁柳传志当选为咨询委员会主任委员、北京中星微电子有限公司董事长邓中翰当选为执行副主任委员。

是日

北京自然科学界和社会科学界联席会议举办首届专家高峰论坛，主题为“科学应对突发事件”。市科协主席陈佳洱及市科协、市社科联党组主要成员参加。

24 日

市科协组织的第 25 次科学技术专家季谈会召开，主题为“启动食品奥运工程”。副市长范伯元，国际奥委会委员、北京奥组委顾问何振梁，食品营养专家于若木，市政府副秘书长张建东及市委、市政府有关部委办局领导出席。

26 日

市科委举行了第七届北京技术市场金桥奖颁奖大会。本届金桥奖共评出集体奖 44 个；项目奖 34 项；个人奖 68 名。

26～28 日

市知识产权局在怀柔召开了 2003 年度

专利行政执法工作会议，18 个区、县知识产权办公室的专利行政执法人员参加了此次会议。

十二月

2 日

市委副书记龙新民到市知识产权局视察工作，并与刘东威局长等就知识产权工作面临的新形势和新问题进行了座谈。

3 日

《北京志·北京科学技术志》编纂委员会正式成立，标志着新一轮修志工作正式开始。编委会由市科委主任马林任主任，科技部、国防科工委、中科院、国家自然科学基金会、国家科技奖励办公室、市教委、市科协、中关村科技园区管委会的负责人任副主任。

是日

“中药复方药物开发国家工程研究中心”在京成立。该中心是国家发展与改革委员会在中药领域首批批准建设的四个国家工程研究中心之一。

4 日

副市长范伯元主持召开建设中关村科技园区领导小组办公室会议，中关村管委会常务副主任戴卫通报了中关村科技园区管理体制改革及建设中关村科技园区领导小组办公室调整情况，会议研究了建设中关村科技园区领导小组办公室工作规则(试行)，准备提交建设中关村科技园区领导小组协调、决策的问题等事项。建设中关村科技园区领导小组办公室成员出席了会议。

5 日

市委副书记、代市长、建设中关村科技园区领导小组组长王岐山主持召开了领导小组第七次会议。中关村管委会常务副主任戴卫通报了建设中关村科技园区领导小组调整情况，国家发改委、财政部、建设部等 8 个部门新增为领导小组成员单位。副市长、领导小组办公室主任范伯元汇报了园区发展和改革的有关情况。教育部部长、领导小组组长周济和代市长王岐山分别作重要讲话。国家自然科学基金委主任陈佳洱，国家知识产权局副局长张勤，企业家代表柳传志、邓中翰等领导小组成员也围绕中关村科技园区发展和改革有关问题发了言。国务院有关部门的负责同志、建设中关村科技园区领导小组办公室成员 70 余人列席了会议。

是日

中关村科技园管委会与园内高校共同建设的第 6 家留学生创业园“北邮留学人员创业园”开园。副市长范伯元出席开园仪式并为创业园揭牌。

9 日

北京市人大部分代表在市人大常委会副主任田麦久的带领下，到中关村科技园区海淀园和丰台园，就《北京市技术市场条例》实施情况进行执法检查。

是日

由联想计算机公司研制的深腾 6800 超级计算机，峰值运算速度达每秒 5.324 万亿次，居世界第 14 位。

11 日

北京市首批知识产权示范校颁牌仪式在二十二中举行，八所中学被市知识产权局认定为首批知识产权示范校。

18 日

北京自然科学和社会科学两界联席会议主办京台城市防灾减灾学术研讨会，主题为“科学应对突发事件”。副市长刘志华及市台办、市科协、市社科联等单位领导出席。

18～19 日

市知识产权局召开了全市专利实施工作会。布置对去年专利实施资金资助项目验收及今年专利实施资金的发放工作。参会的有区、县知识产权办公室(局)负责人及中关村科技园区有关负责人。

22 日

市知识产权局执法人员联合工商局、版

权局对北京市场进行突击检查,在京温服装市场服装摊位查处了一定数量的商标侵权和盗版“蓝猫”产品。

是日

市科协六届六次常委会议召开。会议审议了“市科协 2003 年工作总结和 2004 年工作要点”、“市科协六届委员会增补和变更委员、常委情况”、“市科协所属学会组织管理办法”、“市科协所属学会(代表)大会及理事会换届工作办法”以及“关于进一步加强科协宣传工作的意见”等文件。

23 日

国家知识产权局和北京市知识产权局联合对联想(北京)有限公司进行了试点工作的验收。

24 日

“北京软件行业协会软件进出口工作委员会”成立大会举行。该委员会是为了加快北京软件产业国际化进程而成立的专业机构。

29 日

北京科技周组委会召开 2003 年科技周活动总结表彰会。科技周组委会副主任田小平就举办 2004 年北京科技周设想发表讲话。

科技管理

管　理

为海外留学生回国创业采取八方面的重要举措

2月12日，副市长范伯元在视察北京生命科学研究所时说，北京市非常重视吸引海外留学生回国创业，采取了8个方面的重要举措：①制定了以《中关村科技园区条例》为首的一系列规定和政策，明确了留学人员回国创业所能享受的权益和政策优惠，例如留学人员来京创办企业最低注册资本金只要3万元人民币，注册时公司经营范围可以没有限制。②利用各种渠道做好宣传工作，如中关村管委会相继在美国硅谷、日本东京、荷兰阿姆斯特丹、加拿大多伦多等地建立了4个海外联络站，负责宣传北京，宣传中关村，介绍国内政策等。③为留学人员回国创业提供高效、便捷、全方位的服务，大大简化手续，设立一站式的服务中心，留学人员注册企业平均只需要9天时间。同时，北京市可以通过风险投资，融资担保等各种形式提供留学人员回国创业的注册资金支持，也包括适宜的科技经费的支持。④北京市推出了"中关村英才计划"，为留学人员回国创业建立完善的配套服务，包括落户北京、子女入学、购车购房、出入境等等一系列优惠政策。⑤为解决留学人员企业比较小，自身研发能力弱的问题，北京市积极促成这些企业与清华、北大等高校和研发机构的合作。⑥为解决留学人员企业创业阶段融资难的问题，北京市除了市级财政和课题经费的支持以外，还为归国留学人员创业提供小额贷款担保，目前已有5家担保机构，并与多家金融机构建立了高达36亿元的贷款额度。⑦北京市正在建立产权交易所，以解决包括留学人员企业在内的中小型企业融资需求。⑧北京市设立"北京市留学人员创业奖"，对于有突出贡献的留学人员授予荣誉称号并颁发一次性奖金。

（北京生物技术和新医药产业促进中心）

编制《重点领域指南》

2月，市科委正式启动领域预调研工作。调研工作坚持有利于经济发展、有利于社会进步、有利于提高持续创新能力为基本导向，从首都经济社会发展急需和关键问题出发，紧密结合市政府核心工作，选择重点领域。通过重点领域的技术攻关，提高产业技术水平，提高城市建设和管理水平，提高人们生活品质，将北京科技资源优势转化为竞争优势，推动北京地区的全面发展。为确保该项工作取得实效，成立了由科委各业务处室、专业中心、中介机构和专家组成的联合工作小组，共走访了十几个委办局、十八个区县，形成调研报告。在此基础上，分别组织召开了十几次企业和科技管理部门专家参加的调研分析讨论会，并在10月份，利用北京科技奖励评审的机会征求了与会专家的意见，形成了领域预研初稿。11月初，领域预研初稿经征求清华大学专家的意见后，形成修改意见，最后由市科委形成了《北京市科技发展重点领域指南(2005～2008)》。《重点领域指南》在信息、生物医药、新材料、先进制造、农业、城市管理和社会发展、医疗卫生七大领域中，确定了30个分领域作为2005～2008年北京市科委重点支持领域。

(市科委发展计划处)

95个项目被列入国家重点新产品计划

5月，科技部国科发计字[2003]98号文件通知，北京市有95个项目被列入2003年度国家重点新产品计划。这是自1988年国家重点新产品计划实施以来，北京市列入国家重点新产品计划项目最多的一年，也是自2001年北京市列为科技部新产品项目申报备案试点省市以来，入选项目最多的一年。

(市科委发展计划处)

市科委举办科技项目管理系列培训班

7月22日～23日，市科委条件财务处、人事教育处主办了“北京市科委2003年度科技项目管理培训班”，近1500名市科技项目(课题)负责人和财务负责人参加了培训。自1999年起开办的科技项目管理的系列培训教育制度，旨在加强对科技经费的使用和管理。培训内容包括：市科技项目计划和管理、市科技项目(课题)经费管理办法、科技项目审计、科技条件平台建设和科技保密及档案管理等。培训班上，许焕岗书记讲话，指出，财政科技投入在全民经济中所占比重逐年增加，科技经费管理的重要性也日益突出，希望大家认真学习管理知识，掌握管理方法，提高管理水平。

(市科委条件财务处)

中关村科技园区实施“瞪羚计划”

7月，中关村科技园区开始试行“瞪羚计划”，其目的是为中关村科技园区的“瞪羚企业”提供融资解决方案，帮助他们跳的更高，跑的更快。“瞪羚计划”的设计原理是：将信用评价、信用激励和约束机制同担保贷款业务进行有机结合，通过政府的引导和推动，凝聚金融资源，构建高效、低成本的担保贷款通道。“瞪羚计划”每年可帮助园区“瞪羚企业”解决超过50亿元的流动资金贷款。申请入围“瞪羚计划”的企业应该具备如下基本条件：①在中关村科技园区注册的、具有独立法人资格的企业；②近年实现的年技工贸总收入不少于1000万元，且收入或利润在近年都有一定比率的增长；③取得中关村管委会“高成长企业”认定资格；④取得中关村企业信用促进会认定的入会会员资格；⑤拥有健全有效的组织机构和管理制度；⑥财务及会计管理制度规范，各项财务指标均在可接受的范围内；⑦应提供担保公司可接受的、有效的反担保措施。入围企业可享受以下优惠政策：企业一经取得高成长企业的资格和中关村企业信用促进会会员资格，担保公司可免初审程序，并在企业提交完整的申报材料后10个工作日内完成评审，担保公司按基准费率收取担保费；协作银行对入围企业简化担保贷款审批程序，并执行基准贷款利率；首次入围企业可获得中关村管委会20%的利息补贴，信用星级均为一星；入围企业如能按期履行还款义务，经中关村企业信用促进会认定达到信用增级标准(管委会通常所指的“五星级”)，再次申请“瞪羚计划”担保贷款时，中关村管委会可在首次贴息比例基础上再给予5个百分点的优惠贴息奖励，“五星级企业”贴息率为40%；协作银行对上述企业下浮贷款利率为每次利率下浮2.5%，最高下浮10%。首批获得“瞪羚计划”支持的三家企业——中星微、和利时和港湾网络与中关村担保公司、北京市商业银行签署了达8000万元的担保贷款合同。

(中关村科技园区管委会)

北京市单位获科技部“火炬计划”奖励

9月19日，科技部在北京组织召开全国高新技术产业化工作会议暨火炬计划十五周年总结表彰大会。会上117个“火炬计划先进管理单位”、446个“优秀火炬计划项目”、252个“优秀高新技术企业”、20个“优秀创业投资机构”、461名“火炬计划先进个人”获得表彰。其中北京市有6家获火炬计划先进管理单位：北京市科委、中关村科技园区、中关村科技园区丰台园科技创业服务中心、中关村科技园区海淀园创业服务中心、北京高技术创业服务中心、北京软件产业基地；19项获优秀火炬计划项目：清华同方威视技术股份有限公司的移动式大型集装箱检测系统等；6家获火炬计划优秀高新技术企业：联想控股有限公司、北京汉王科技有限公司、北京用友软件股份有限公司、北京中科大洋科技发展股份有限公司、北京北大方正集团公司、清华同方股份有限公司；1家获火炬计划优秀创业投资机构：北京科技风险投资股份有限公司；15人获火炬计划先进个人。

（市科委高新技术产业处）

确定2004年度市教委科研计划项目

9月，市教委根据科技发展计划项目管理办法、人文社会科学研究计划项目管理办法，完成了2004年市教委科研计划项目审批。来自22所市属市管高校申报科研项目452个。其中，“科技发展计划”重点项目41个、面上项目192个；“人文社科研究计划”重点项目33个、面上项目186个。批准资助项目352个。其中，“科技发展计划”资助重点项目17个、面上项目170个；“人文社科研究计划”资助重点项目16个、面上项目149个。批准项目资助经费总额2400万元，其中“科技发展计划”项目经费1872万元，“人文社科研究计划”项目经费528万元。

（市教委　车庆珍）

配合全国人大进行执法检查

10月，市科委联合有关部门圆满完成了接待全国人大对本市《中华人民共和国科技进步法》贯彻实施情况的检查。全国人大执法检查组听取了副市长范伯元关于北京市实施科技进步法的情况汇报，走访了大唐企业集团等9个部门和单位，召开了3个专题座谈会，听取了11个企业及科技中介机构的汇报，召开了7个小型座谈会，并对9个重点企业和科研机构进行了实地考察和调研，了解了北京在贯彻科技进步法中的实际情况，并对进一步实施好科技进步法提出了意见和建议。

（市科委政策法规与体制改革处）

第七届北京技术市场金桥奖颁奖大会召开

11月26日，第七届北京技术市场金桥奖颁奖大会召开。此次金桥奖重点奖励技术中介机构、技术经纪人和技术合同项目。共评出集体奖44个，包括一等奖7个，二等奖20个，三等奖17个；项目奖34项，包括一等奖6项，二等奖10项，三等奖18项；个人奖68名，包括一等奖7名，二等奖25名，三等奖36名。其中获得集体一等奖的北京中科前方生物技术研究所组织开发和服务的产业化项目——凤祥肉鸡副产品深度综合开发，带动了山东凤祥集团相关企业的发展，使鲁西、豫东欠发达地区近万家肉鸡养殖户走上了脱贫致富之路，并吸纳农村剩余劳动力1000多人就业，被国家计委列为“农副产品深加工食品工业国家示范工程”项目；获得优秀项目一等奖的钢铁研究总院研制的热镀锌生产线实现了产业化，两年间，先后向国内十几家大型钢铁企业转让或开发了年产10～20万吨热镀锌钢带生产线、光亮退火线或彩涂板生产线共20多条，并向南联盟转让了年产15万吨热镀锌钢带生产线，仅减少生产设备及镀锌板进口一项，就节省外汇25亿美元。市科委主任马林对进一步作好技术市场工作发表讲话。他说，要深入开展《北京市技术市场条例》普法宣传，这是北京技术市场工作的首要任务。要使《条例》真正成为保护技术交易当事人合法权益、规范交易行为、促进技术市场发展的有力法律武器；要下大力量进一步优化技术市场的发展环境，建立健全"统一、开放、竞争、有序"的技术市场体系，加强引导，培育技术市场主体，特别是加大培育技术中介服务机构的力度，加快中介服务体系向着组织网络化、手段现代化、功能综合化、服务社会化的方向发展；要根据技术市场发展的需要，鼓励建立技术市场行业组织。技术市场行业组织要采取行业与市场需求同政府推动相结合的方式，以促进技术市场行业的规范、健康发展为宗旨，以会员制为主要形式，按照自愿、平等、自律的原则进行自我建设、自我发展，充分发挥其服务、协调、代表等作用，使之成为政府、技术中介机构、企业、科研单位联系的重要渠道和桥梁。

（市科委高新技术产业处）

市人大对《北京市技术市场条例》进行执法检查

12月9日，北京市人大部分代表、常委会委员在市人大常委会副主任田麦久的带领下，来到中关村科技园区海淀园和丰台园，就《北京市技术市场条例》实施一年来的情况进行了执法检查。在海淀园，市科委主任马林作了关于市科委贯彻执行《条例》情况汇报。《条例》实施一年来，全市共组织召开各种形式的研讨会15次，报告会、宣讲会70余场，参加会议人数达到15000人次以上。印刷并发放新《条例》单行本以及相关配套管理办法等资料2万余册，在北京技术市场及相关领域普法面达到90%以上。为保证《条例》的贯彻实施，市科委先后出台了《北京市技术合同认定登记机构管理办法》、《北京市技术合同认定登记管理办法》、《北京市技术市场行政执法实施办法》、《北京市技术经纪人管理暂行办法》、《北京技术经纪业执业规范》等。为尽快实施《北京市技术市场行政执法实施办法》，组建了以市科委政策法规与体制改革处、北京技术市场管理办公室和各区县科委为主的有72名执法人员的北京技术市场执法队伍，重点开展了对提供虚假技术或技术信息、不按规定进行技术合同认定登记等的执法检查。在加强技术中介服务体系建设方面，狠抓了技术经纪人培训，有1700多人经培训考核取得从业资格，其中有890人取得由市科委和市工商局联合颁发的北京技术经纪人资格证书。市财政局副局长吴素芳、市地税局副局长苏文权、市国税局所得税处副处长温国华分别就各自系统贯彻执行《条例》情况进行了汇报。丰台园，丰台区科委、丰台园北京国际企业孵化中心（北京IBI）也分别汇报了贯彻《条例》的工作情况。

（市技术市场管理办公室）

北京市被确定为国家"重要技术标准研究"专项地方试点单位

12月，北京市被确定为国家"重要技术标准研究"专项第二批地方试点单位。该项工作由国家科技部和国家质检总局共同部署，目标是推动技术标准战略的整体实施，提高全社会技术标准意识，全面提升地方和企业技术标准工作的整体水平。试点工作要求实行政府组织、企业投入、中介参与的组织形式，期限定为2003～2005年。

（市科委软科学处）

集中力量
组织实施重大项目

2003年,市科委共组织实施84个重大科技项目(包括38个新上项目),465个分课题,经费总额达4.3亿元。这些项目主要分布在首都区域创新体系建设和信息技术、生物医药、新材料、光机电、现代农业等技术领域。通过组织重大项目,大大促进了中央和地方科技资源的充分融合,凝聚了各方积极性,形成了各类创新资源汇聚北京、积极参与首都建设的生动局面。其中,基于Linux的共享桌面操作系统结束了我国没有操作系统的历史;高温超导线材进入国际市场,使我国成为世界上第三个拥有高温超导线材核心技术和生产能力的国家;组织17家大医院和科研机构开展"病毒性肝炎"联合攻关;农业信息化体系经过两期建设已经在京郊建立了覆盖到村的信息化网络。

(市科委发展计划处)

深化转制科研院所产权
制度改革

2003年,市科委组织67家市属转制院所学习国务院《关于深化转制科研机构产权制度改革的若干意见》;为拟进行改制的院所请有能力的中介机构,如律师事务所、资产评估公司、咨询公司等进行股份制改造的专业咨询服务;针对转制过程中的问题,与科委相关处联手,将业务发展与深化改革结合;采取典型引路的做法,对重点转制机构给予多种方式扶持,引导转制院所与大企业集团结合;鼓励通过产权制度改革,与大中型企业、上市公司、民营科技企业等通过购并、参股、入股等方式进行资产重组,扩大科技产业规模;扶持转制机构用多年积累的优良科技资产(包括技术成果、知识产权等)招商引资,通过较大比例的社会资本的投入,建设大的产业项目,实现科技资源与产业化资源的配套等。

(市科委政策法规与体制改革处)

推进社会公益类科研
机构进行分类改革

2003年,市科委按照建立首都区域创新体现的要求,对主要从事社会公益性科学研究、确需政府支持的科研机构实行非营利科研机构管理体制和运行机制;对主要业务已经能够创造市场价值、获得市场回报的科研机构,以及多年来很少承担国家计划任务,进入市场寻找新发展途径的科研机构,向企业转制;履行其他职能的机构,采取转为中介机构、进入企业、进入高校、转制为一般事业单位、撤并、重组等方式,进行结构调整和体制改革。市属社会公益类科研机构主管部门已经做出所属机构的改革总体方案:26个所申请转为非营利科研机构(其中9个所进入医院)、3个所撤并、3个所转为一般性事业单位、2个所转为中介机构、1个所转为企业、1个所进入高校、4个所随所属的公安、国家安全系统进行改革。

(市科委政策法规与体制改革处)

做好2004年预算编制工作

2003年,市科委在2004年科技经费预算编制中对重大项目和专项工作继续推行"零基预算"方式。集中有限资金支持重大项目,通过一批重大项目的组织实施,继续推进"首都二四八重大创新工程",以实现促进首都经济快速持续健康发展,推动首都城市发展和社会进步,提升区域科技经济持续创新能力的目标。2004年科技经费预算突出了对大企业的支持,安排了包括首钢集团"汽车用钢材料的开发与产业化"、北京同仁堂"名优方药二次开发"、京东方"第五代TFT－LCD关键技术研究"等12个项目,支持经费达到去年的5.5倍;加大了对区县的科技投入,安排了顺义三高农业示范工程、农产品深加工关键技术研究与示范工程、北京郊区信息化等一批项目,支持经费是2003年的2.2倍;实施重大科技资源招商,安排了通化东宝集团投资的"重组人胰岛素及类似物工业化生产"、"医院内部中药制剂再开发"等项目。同时还安排了专项经费,重点开展北京科技装备资源基础数据库建设等工作。

(市科委发展计划处)

全面推进依法行政工作

2003年,市科委抓住《中华人民共和国行政许可法》颁布的有利契机,制定了《市科委关于贯彻实施行政许可事项清理工作方案》和《市科委关于贯彻中华人民共和国行政许可法的学习宣传与培训方案》。邀请市政府法制办主任向科委理论学习中心组讲解许可法的原则和精神;对现有的21项审批、审核、核准类审批事项,进一步规范审批程序,加强了对科委行政审批事项的监督;对涉及企业年检事项进行了全面的清理,共保留了驻京研发机构等4项年检,对于保留的年检事项,严格按照市政府"一门、一网、一表、一次"的要求进行规范,并在网上公布。

(市科委政策法规与体制改革处)

继续推进教育科研立项改革

2003年,北京市教育科研工作在上年执行"北京市教育委员会科技发展计划"和"北京市教育委员会人文社会科学研究计划"的基础上,继续推进科研立项改革。一是部分重点项目,向中央院校开放,鼓励支持中央院校与市属市管高校联合承担重点项目,提高科研立项水平;二是支持以北京市全面建设小康社会和率先基本实现现代化为目标的应用性科研立项,加强同政府有关部门的合作;三是支持高校学术带头人和中青年骨干开展自由选题研究,支持一批应用性、基础性的研究项目。

(市教委科研处)

计划实施

软科学计划顺利实施

2003年,市科委软科学研究坚持围绕科技工作的中心、围绕决策科学化和管理现代化以及北京经济社会发展的热点、难点和重点问题展开。研究的主要领域包括:"首都二四八重大创新工程"建设及科技发展相关问题的研究;区域合作与发展问题的研究;北京产业结构调整与优化发展研究;政府执政能力建设的研究;北京技术标准战略与发展研究;北京人才发展相关问题研究等。共安排软科学研究项目95项,投入科技经费1659万元,有7项由市科委立项的研究成果获2003年北京市科学技术奖,其中二等奖1项、三等奖6项。

(市科委软科学处)

科技中介机构初成规模

2003年,北京地区的科技中介机构有5000家左右,其中相关行业协会有150余家,各类专业服务中心500余家,从业人员有16万余人,涉及技术、信息、咨询、人才、融资、法律、会计和知识产权等20多个科技中介服务领域。为了提升创新服务能力,搭建科技中介机构的领域性服务平台。以北京生产力中心为依托,搭建了以人力资源、技术、融资、信息、咨询等科技中介服务为重点的首都经济创新服务体系的领域性服务平台;通过有效整合北京软件产业促进中心、北京生物技术和新医药产业促进中心、北京新材料发展中心、北京技术交易促进中心等科委下属中心的部分创新服务资源,以人力资源、技术、融资、信息、咨询以及专业化服务等为重点,形成市科委系统内部的资源共享机制和领域性服务平台。建立了企业和科技中介服务机构之间的供给与需求信息服务平台,解决供需双方信息渠道不畅问题。建立科技中介服务机构的信誉联盟,对信誉好、有较强的核心服务能力的科技中介服务机构在服务体系对接平台上推荐,为企业选择适合的科技中介服务机构提供方便,降低双方的交易成本和风险成本,使之成为成本洼地。搭建科技中介机构的区域性服务平台,建立了以中关村科技园区、区县工业园区和农业发展为重点的区域性服务平台。

(市科委高新技术产业处)

“星火”技术密集区取得进展

2003 年,北京市星火密集区建设以“绿色食品及良种工程”、“水资源可持续利用工程”、“数字北京工程”等三大主要工程为重点,培育区域优势产业,运用现代科技、信息、生物技术,改造传统产业,加快农村科技进步,合理配置地方资金、人才、技术、信息等生产要素,促进地区经济、社会实现可持续发展。2003 年共落实北京市星火技术密集区 11 个,其中新列 1 个,延续 10 个,涉及 9 个区县。“绿色食品及良种工程”在平谷区峪口镇星火技术密集区内分别建成优质高标准大桃生产示范区 8600 亩和优良小麦繁育基地 800 亩。目前,高标准大桃生产示范区建设坚持规划、标准、栽植、定苗、地面管理等五统一,栽植品种包括铁桃、红不软、重阳红、陆王鲜、天王等目前一批名优品种;推广应用 IPM 生态桃生产技术、早期丰产栽培技术、果树营养诊断和测土配方施肥技术、树下覆草技术、疏忽疏果技术、套袋技术、生物农药防治病虫害技术、以管灌为主的节水技术和高效强力有机肥应用等多项技术。优良小麦籽种繁育基地主要品种为中优 9507、京 9428、超优 66、超优 69、超 49 等 5 个小麦品种。同时还大力推广精量播种技术、病虫害防治技术、秸秆还田技术等,广泛应用低毒、低残留农药,施用有机肥和生物肥料等。“水资源可持续利用工程”在通州区马驹桥镇星火技术密集区内国家环保产业园现已入住相关企业 25 家,投资总额 21.5 亿元。“数字北京工程”在丰台区花乡城郊型星火技术密集区信息化建设已经达到了较高的水平。丰台区花乡政府办公楼完成了局域网建设,政府、党委各职能科室局配置了办公微机,近 40 台微机实现联网;完成了“花乡政府办公服务系统”、“信息管理系统”、“公文管理系统”、“财务远程申报系统”、“统计远程申报系统”等多个软件的开发。为保证局域网的良好运行,还组建了乡域信息员队伍,调整了乡信息化领导工作小组,并将局域网的管理归口到乡政府办公室。用信息化促进花卉产业的发展,是花乡信息化建设的重要内容之一。在“盛芳园”花卉生产中心安装了 11 套温室内外信息采集及智能控制系统,3 套视频监测系统,可对温室内外空气温度、湿度、光照度、风向、风速、二氧化碳浓度、营养液的 ECZ 值和 pH 值、叶面湿度等多个数据进行监测,并自动分析任意环境,任意时间段的最高、最低、平均值。视频系统更是实现了对温室的远距离监控。

(市科委农村发展中心)

科技致富工程拉动山区经济发展

2003 年,北京市共制定“科技致富工程”项目 31 项,其中:新列项目 9 项,重点支持生态农业旅游开发基地建设、优质绿色果品基地建设、山区种养业示范基地建设、山区农业服务组织建设、京郊边远山区农业服务组织建设研究；延续项目22项，主要是家畜新品种引进及品种改良、果品产业化综合开发、旅游观光农业建设、精品农业（果品、制种、中药材）基地建设、新技术示范推广应用和养殖业产业化开发等。共实现产值4.20亿元，利税9508.6万元，开发新产品新技术103项，引进高级人才35人、中级120人、初级73人，累计培训69943人次。

（市科委农村发展中心）

制定农业科研发展计划

2003年，市科委制定了《北京市二〇〇三年农业科研发展计划》。共安排120项，其中，绿色食品及良种工程项目64项，现代农业项目24项，2002年延续的重大项目9项，2003年重大项目6项、一般项目17项。计划涉及动植物新品种选育、绿色食品安全生产、农业植保技术研究、农业生物技术研究、农业信息技术应用、农业生态环境建设、农业科技园区建设和农业资源高效利用等八个方面的工作内容。

（市科委农村科技发展处）

"科技新星计划"顺利实施

2003年，北京市科技新星计划共有342人申报，其中A类110人，B类232人。最终有100名青年科技人员入选新星计划，其中A类入选64人，入选率为58.1%；B类入选36人，入选率为15.5%。在入选人员中，博士76人，硕士21人，学士3人，研究生以上学历的人员占97%，中级以上职称的人员占99%。与2002年入选人员相比，博士的数量上升了13.4%，高级职称的人数上升了11.8%。入选人员平均年龄为28岁，30岁以下的人员占14%。入选人员中22人是留学归国人员。2003年的科技新星计划实施有以下特点，一是入选人员中院所、大学仍占较大比例。在100名入选人员中，来自中央单位29人，中央与北京共建共管单位20人，北京市属单位48人，部队3人。按单位性质看，75%的入选人员来自科研院所和高等院校，来自企业的有11人，仅占11%。其次，依托项目的领域广。涉及电子信息、光机电一体化、现代农业、医疗卫生、生物医药、新材料及有关社会发展等各个领域，其中新材料、医疗卫生、现代农业所占比例较大，成效明显。入选人员共有27人次获得了2003年度国家科技进步一、二等奖和北京市科学技术奖二等奖，其中获国家科技进步一等奖2人；获国家科技进步二等奖10人，3人排名第一、第二；获北京市科学技术奖二等奖15人，7人排名第一、第二。

（市科委人事处　曾立坚）

"科技新星计划"10年培养481名青年人才

2003年，市科委实施科技新星计划10周年。10年来，共有11批481名青年科技人员入选科技新星计划，平均年龄32岁，已有5批入选人员完成了计划。据统计，10年来入选人员作为项目负责人，先后承接了367项国家级项目，其中国家"863"项目56项，国家自然基金项目102项；另外还承担了608项部市级项目，88项国际合作项目。共获得国家科技进步奖16项，其中二等奖10项；部、市级科技进步奖101项，其中二等奖以上的52项；获专利115项，其中发明专利71项。入选人员作为主要成员编写专著206部，作为第一、二作者在学术刊物上发表论文共3371篇，其中在国内外核心期刊上发表的论文有2580篇，有947篇论文被SCI、EI收录。北京市公安局刑事科学研究所的冯才刚、北京市农科院蔬菜中心的刘凡等四人获得了全国"五一"劳动奖章；北京农业信息研究中心的赵春江、李本海被评为全国劳动模范；赵洪斌、张向阳、齐晓辉三人被评为北京市劳动模范；赵久然、虞国跃、聂祚仁等11人获北京市“五四”奖章；史红民、方炎、阮祥燕等18人获市优秀青年知识分子称号；赵昌平、孙家柱等13人被评为北京市跨世纪科技人才。另外，一些新星入选人员还走上了领导岗位。

（市科委人事处　曾立坚）

“星火计划”结硕果

2003年，北京市以推进农村城镇化、农业产业化和依靠高新技术改造郊区传统产业三大主题为重点，重点支持星火密集区建设、农产品深加工产业化和发展科技先导型星火企业，加快实施山区科技富民工程，推动农村经济发展。共实施国家级星火计划项目29项；市级103项，其中新列37项，延续66项。全市星火新列项目投资总额达11.65亿元，其中承担单位自筹资金7.46亿元，向商业银行贷款1.72亿元，实现产值123965万元，利税22664万元，创汇683万美元。开发新产品72项。引进高级职称人才96人，中级293人，初级475人。培训人员12376人次，43497课时。延续项目投资总额达75250万元，其中承担单位自筹资金39743万元，向商业银行贷款27929万元，实现产值156194万元，利税27434万元，创汇125万美元。开发新产品23项。引进高级职称人才116人，中级320人，初级104人。培训人员9621人次，61436课时。

（市科委农村发展处　李国光）

北京市科研院获十项重大科技成果

2003年，北京市科学技术研究院在研课题393项（新开课题201项），其中国家级40项，省部级117项，经费投入总额1.8亿元，发表论文、专著140余篇，完成107项，有十项重大课题，即北京市劳动保护研究所的“城市噪声控制技术与产品开发”、科力测试公司的“SP3160Ⅲ大规模集成电路综合测试系统”、北京市科学技术情报研究所金奥博公司的“基于对称密码体制的SRZ06身份认证系统”、北京市营养源研究所真菌工程实验室的“错位双链核糖核酸抗柯萨奇病毒研究”、北京射线应用中心的“防辐射多功能材料”、北京市辐射中心的“SOI材料产业化工艺开发研究”、北京市太阳能研究所的“太阳能电动游船”、北京市电加工研究所的“小型专业化模具企业制造技术系统集成”、北京自动化测试技术研究所的“BC3192 VXI数/模混合集成电路测试系统”、北京自然博物馆的“《生命的历程》古生物展览设计”。

（市科技研究院）

实施“金桥工程”

2003年，北京市“金桥工程”实施立项568项，申报奖励388项，增加经济效益8.49亿元。有145项获奖，其中一等奖10项，二等奖15项，三等奖50项，鼓励奖70项，并评出组织一等奖10名，二等奖15名，三等奖40名。

（市科协　苏国民）

高校科技活动活跃

2003年，北京地区高校共有理工农医类科技活动人员62267人，人文社科类科研人员24246人，科技投入50.03亿元。理工农医类北京地区高校出版科技专著811部，大专院校教科书722部。发表学术论文31546篇，其中在国外学术刊物发表6433篇，全国性学术刊物发表22387篇，地方性学术刊物发表2726篇。三大检索收录论文SCI（科学引文索引)4995 篇,EI(工程索引)3896 篇,ISTP(科技会议索引)2265 篇。获奖成果(省部级以上)382 项,其中国家级奖励 41 项(国家自然科学奖 4 项,国家发明奖 4 项,国家科技进步奖 33 项),国务院各部门科技奖 157 项,省市自治区科技奖 184 项。市属市管高校出版科技专著 171 部,大专院校教科书 230 部。发表学术论文 6353 篇,其中国外学术刊物发表 332 篇,全国性学术刊物发表 4862 篇,地方性学术刊物发表 1159 篇。三大检索收录论文 SCI(科学引文索引)201 篇,EI(工程索引)143 篇,ISTP(科技会议索引)97 篇。获奖成果(省部级以上)64 项,其中国家级 4 项,省部级 60 项。人文社科类北京地区新交出版著作 4049 部;古籍整理 11 部;译著 465 部;发表译文 451 篇;发表学术论文 18915 篇,其中国外刊物发表 659 篇,国内学术刊物发表 18256 篇;获奖成果 130 项,其中国家级奖 6 项,省部级奖 107 项,地市级奖 17 项;鉴定成果 493 项。市属市管高校出版著作 931 部;译著 58 部;发表译文 37 篇;发表学术论文 3689 篇,其中国外刊物发表 23 篇,国内学术刊物发表 3666 篇;获奖成果 29 项,其中国家级奖 2 项,省部级奖 20 项,地市级奖 7 项;鉴定成果 171 项。

(市教委　姚林修)

可持续发展实验区建设取得长足发展

2003 年,北京市共有 5 个可持续发展实验区,其中西城、怀柔为国家级可持续发展实验区,丰台区榆树庄、王佐镇,大兴区留民营村为市乡可持续发展实验区。这些实验区分别代表大城市中心区、城市郊区、城乡结合部、小城镇、生态村等进行不同类型可持续发展的探索与实验,并取得了初步成效。如西城区社会事业的全面进步、怀柔生态环境的改善和水资源的保护、榆树庄产业结构调整、王佐镇小城镇机制改革、留民营生态村的建设与发展。同时,各个实验区启动了一大批科技示范工程,在资源利用、环境保护、生态建设、全民保健、扶贫、防灾减灾、高新技术产业发展等方面产生了良好的科技引导和示范效果,在节水与污水处理、太阳能利用、沼气利用、垃圾处理、区域的生态恢复和治理等方面展示了一批实用的、有推广潜力的新型技术。北京市可持续发展科技促进中心还通过制定和落实可持续发展规划,开展专家指导、能力建设、科技引导、机制创新、检查评估等方式,加强对实验区的指导和管理,促进实验区的经济、社会和环境的协调发展。

(市可持续发展中心)

完成"火炬计划"项目的推荐、评审、验收工作

2003 年,本市共有 186 个项目列入 2003 年度北京市"火炬计划",其中国家级项目 95 项、市级项目 91 项。另经科技部"火炬"中心评审,认定 2003 年重点国家级"火炬计划"项目 4 项、重点高新技术企业 4 家。其中"北京软件产业基地公共技术支撑体系软件评测平台研发与建设"等六个项目获得科技部"火炬"中心资金支持 900 万元。全部项目需新增投资 30.3 亿元,其中银行贷款 11.7 亿元。同时,组织了 27 项国家级"火炬计划"项目验收,其中 25 项经科技部"火炬"中心审核通过验收;配合科技部"火炬"中心对 1996～2000 年国家"火炬"重点高新技术企业进行复核,北大方正等九家"火炬计划"重点企业通过复审。

(市科委高新技术产业处)

完成科技兴贸行动计划项目申报

2003 年,北京市有九个项目列入国家科

技兴贸行动计划，其中"软件人才国际化培训体系建设"等六个项目获得科技部"火炬"中心资金支持155万元。另外，与北京市外经委共同组织完成2004年《中国高新技术产品出口目录》的申报工作。

（市科委高新技术产业处）

技术市场成交金额达265余亿元

2003年，北京技术市场成交技术合同32173项，比上年增长18.99%，成交总金额265.36亿元，比上年增长20.03%，占全国成交金额的比重为24.46%。其中技术交易额226.62亿元，增长25.23%。在成交的技术合同中，专利技术264项，成交额2.74亿元，比上年增长44.97%。其中，发明专利技术合同成交额1.74亿元，增长11.81%；生物工程与新医药领域1989项，成交额11.48亿元，比上年增长53.68%；1000万元以上的大额合同296项，占合同总数的0.8%，成交额94.74亿元，比上年增长19.26%，占成交总金额的35.70%。其中，22项为技术出口合同；274项为涉及国家重大工程的技术项目，合同额达到84.07亿元，增长65.49%，平均每份合同成交额达3068万元；中关村科技园区12544项，成交额128.83亿元，比上年增长3.25%，占全市成交额比重48.55%。北京地区高校共签订技术转让合同1677项，总金额82438万元，平均49万元/项，实际收入60304万元。当年申请专利1661项，得到授权816项。市属市管高校签订技术转让合同86项，总金额10025万元，平均116万元/项，实际收入7456万元。

（市技术市场办公室 林 耕）

辅助决策

中国可持续发展战略报告(年度系列报告)

由中国科学院科技政策与管理科学研究所、中国科学院生态环境研究中心的牛文元、赵景柱、杨多贵等完成"中国可持续发展战略报告(年度系列报告)"。该报告以客观性、权威性、前瞻性、文献性为基本特征，是中国科学院可持续发展战略领域近百名专家多年来对"自然—经济—社会"系统进行理论研究和实证分析的成果结晶。该报告在国际上独创了可持续发展"系统学"研究方向，以综合协同的观点，探索可持续发展的本源和演化规律，以"发展度、协调度、持续度三者的逻辑自洽"为中心，有序地演绎了可持续发展的时空耦合与互相制约关系，建立了人与自然、人与人关系协调统一的解释基础和评判规则，设计了具有中国特色的指标体系，在国际上首次提出衡量发展质量的"可持续发展能力资产负债表"等。该报告比较充分地发挥了国家可持续发展战略思想库的重要作用，对国家和地区的发展做出了积极的贡献。该报告属于软科学研究范畴，目前已出版5部系列报告，获2003年北京市科技进步二等奖。

（市科委软科学处）

中国装备制造业发展研究

"中国装备制造业发展研究"由机械科学研究院、国家发展计划委员会、中国工程院机械与运载学部的屈贤明、刘铁男、李仁涵等完成。该研究报告分总体研究、地方篇、产业篇三部分，具有以下特点：规模宏大，有248名科技人员参加了研究，共计180万字；层次高，参与研究工作的有10位两院院士、一批著名的经济学家和高层管理专家;具有时代感、前瞻性、创新性和现实意义,并具有一定的可操作性;收集、处理了大量的数据,用数据说话,并采用了投入产出——系统动力学模型、主成分分析法等定量方法,具有科学性;研究成果已取得了广泛应用,产生了很大的影响和社会效益。具体表现在:用大量数据和有说服力的论据阐明了发展我国装备制造业迫在眉睫,对引起中央和省市决策部门及全社会的重视起了重要作用;报告关于振兴装备制造的对策,对中央决策产生了影响;为中央和各省市制造计划提供了依据和基础,对企业调整发展战略和发展规划起了指导作用。该研究属于软科学研究范畴,获2003年北京市科技进步二等奖。

(市科委软科学处)

新时期中国食物安全发展战略研究

"新时期中国食物安全发展战略研究"由中国农业科学院科技文献信息中心、国家食物与营养咨询委员会办公室、中国农业科学院农业经济研究所、中国疾病预防控制中心营养与食品安全所的许世卫、李志强、王济民等完成。该课题系统研究了我国食物发展历程,界定了食物安全的内涵,提出了食物安全评价体系与方法,分析了食物安全与经济发展、食物生产、营养摄入、资源环境、区域发展,以及与国际贸易的相互关系等。具有以下创新点:对食物发展历程,特别是近50年来我国食物发展的主要特点、动因与特点的分析;食物安全概念的全面论述与讨论,以及符合中国国情的食物安全概念的提出;食物安全评价的系统指标体系及主要食物安全性分析与评价;新时期食物发展的阶段划分,及基本小康社会、全面小康社会和向富裕阶段过渡时期的食物安全目标与安全警戒线。项目在食物发展阶段分析、食物安全指标与评价,以及全面建设小康社会的食物与营养安全目标分析上达到国际水平。该研究属于软科学研究范畴,获2003年北京市科技进步二等奖。

(市科委软科学处)

中国粮食总量平衡与区域布局调整研究

"中国粮食总量平衡与区域布局调整研究"由中国农业科学院农业自然资源和农业区划研究所的王道龙、屈宝香、周旭英等完成。该项目深入分析了近期中国粮食生产及其品种产需情况,提出适时调整我国粮食总量平衡目标与粮食生产临界线的观点;计算了1994～1998年全国31个省(市、区)水稻、小麦、玉米三大粮食作物的总产、单产、经济效益、商品量4个单项优势指数及其综合优势指数,提出了水稻、小麦、玉米三大品种生产的"四单一综"比较优势区;提出了近中期我国东、中、西部地区粮食总量平衡目标、粮食生产临界线与这些地区粮食结构调整重点、对策建议,提出了粮食生产"一体两翼"的区域布局构想,而且对黄淮地区以粮食为主体的种植业结构调整问题做了案例研究。该成果为政府部门确保我国粮食安全,指导粮食生产、加工、流通、内外贸易政策制定与相关研究,以及地区粮食结构调整和农业发展等方面提供了重要的决策依据与理论基础。该研究属于软科学研究范畴,获2003年北京市科技进步二等奖。

(市科委软科学处)

北京现代化进程评价研究

"北京现代化进程评价研究"课题由北京北方经济技术咨询公司张纪斯等承担,现已完成了"北京现代化进程评价研究"的第一项成果——《北京现代化报告2003》,由学苑出版社正式出版。研究报告对北京现代化进程进行了全面深入的定量评价与定性分析，同时也对北京现代化的大背景——世界各国、中国各地区和城市的现代化状况进行了定量的比较研究；对世界与中国的现代化实践与理论发展历程进行了全面的回顾与考察；对现代化理论与实践中的一些热点和难点问题进行了有一定深度的研讨；对现代化评价工作中的两个重要环节——现代化评价指标体系和定量方法进行了专题阐述。从现代化评价的客观需要出发，课题组对现代化理论与实践的一些重大问题进行了开拓性的探索；①对国内外的现代化评价体系做了广泛的比较分析，在继承和借鉴的基础上加以创新和创造性的应用；②对现代化的基本涵义、什么是中等发达国家、实现现代化和基本实现现代化的标准等现代化评价的基本理论与实践问题进行了重点攻关，为北京现代化进程评价体系的建立打下了坚实的理论基础；③对现代化的动态性进行了深刻的剖析，为北京现代化进程评价的基本思路与技术路线确定了与时俱进的理论坐标；④对国家、地区、城市与区县等各种不同范围和层次的现代化的特点及其评价体系进行了全方位、多视角和有针对性地研究，形成了一套相互联系，内在统一，各具特色，普遍性与特殊性有机结合的现代化评价体系。通过对北京现代化的综合评价与分析，课题组认为经济发展水平、产业结构、城市化水平、信息化水平、城市交通设施水平、生态环境质量和市民居住水平七个方面的因素将制约北京现代化水平的提高。同时提出了加快北京现代化进程的 8 个对策：全力加速北京的发展以扩大北京经济总量、大力推进首都产业结构升级、积极而又稳妥地推进郊区城市化进程、进一步加大市区交通设施建设的力度、高标准地搞好生态环境保护、实行倾斜政策来提高住房不宽裕家庭的住房水平、强化信息化建设的基础工作、实施区县现代化梯度发展战略。

（市科委软科学处）

昌平文化定位对区域经济发展及卫星城建设的影响研究

“昌平文化定位对区域经济发展及卫星城建设的影响”课题由昌平区科委与人民大学区域经济与城市管理研究所于泓等共同完成。该课题探索郊区科技工作从单一的农业科技扩展到区域科技创新新形势下，从资源优势、区域优势扩展到文化优势发展经济的可能性和必要性，取得了重要的研究成果。首先，建议最大限度地发挥“燕平文化”的深厚内涵，在增加旅游设施建设投资的基础上，在昌平重辟“燕平八景”，形成“边关文化游”、“陵寝文化游”和“休闲度假游”三大旅游品牌，提高吸引力。其次，课题研究提升了科技管理工作的地位。软科学研究能充分发挥科技管理工作跨部门、跨地区、跨行业、跨学科领域的整体优势，在联系、交流、协作的基础上，不断提高科技管理部门协同解决各种疑难复杂问题的能力，可以有效提升昌平科技管理工作的综合管理地位。软科学研究工作也使行政领导与专家学者之间形成了互动，理论与实践得到了结合。再次，研究成果将有力推动昌平卫星城新区建设。通过本课题研究，将科技管理工作与区域发展重大问题结合起来，发挥科技与智力对经济和社会发展的推动作用，为昌平卫星城建设解决复杂问题提出可供选择的方案、措施和对策，为决策部门提供咨询服务。为此，昌平卫星城新区建设改变了直接按规划设计的传统建设程序，建立起在软科学研究和科技示范的基础上进行规划和设计的建设新理念。

（市科委软科学处）

市政府顾问为北京经济社会发展提供咨询

2003 年，市政府专家顾问团的顾问们为解决北京经济社会发展的重点、难点、热点问题提供了大量的咨询意见，产生了非常良好的社分反响。软件产业组顾问参与“计算机软件政府采购研究”，提出我国政府应提倡以采购本国软件和服务为主，支持中国软件产业的发展；防灾减灾组顾问参加了北京市建立突发事件应急指挥体系问题的研讨，就建立应急指挥中心、开展突发事件风险评估、应急对策预案、应急管理法规建设和开展全民安全减灾教育等问题，提出了建议；新材料顾问组围绕“首都二四八重大创新工程”提出的任务，对新材料领域9个重大项目方向、共计254个课题进行了评议，协助发布了“新材料领域重点科技攻关项目指南”，并就北京建设纳米工程研究院的可行性进行了探讨；科普顾问组的顾问积极参加“移动式生命科学实验室”的筹备建立，并参与了平谷区科技馆改造的论证，对区县科技馆的功能定位、建设标准及运营模式等进行了研讨和论证；环卫组顾问参与了对北京地区5大水系近20余条河流进行的6次集中取样和5次重点取样，涉及水样采集点100余处，共采集水样130个，对所有样品进行了常规化学指标测定，对其中55个样品进行了环境激素测定，为环境激素污染治理提供了依据；城市供水节水顾问组参与了联合国开发计划署(UNDP)“中国城市供水水质督察体系”技援项目中的北京试点工作，试点方案已通过建设部组织的评审，并完成了对各供水企业实验室的摸底调查，开始指导各区县供水企业对实验室进行改造；城市雕塑顾问组参与了北京国际雕塑公园西扩的作品遴选，经过充分酝酿，评审入选28件雕塑，对烘托公园气氛，起到画龙点睛的作用；综合交通顾问组参与了地铁10号线、回龙观车辆段三期工程等的招标评标活动，并参与对地铁5号线2－8段实施，以及地铁4号线、地铁10号线车站结构等的设计审查。

（市科委软科学处　马　斌）

市政府顾问积极参与标准化工作

2003年，市政府顾问团畜牧顾问组的专家针对北京市畜牧业地方标准体系不完善的现状，开展“畜产品标准管理体系研究”。中国社科院农村发展研究所刘玉满研究员和课题组成员一起，认真研究了发达国家和地区，如美国、日本及欧盟等的畜产品标准管理体系，并与我国畜产品标准进行了比较，提出了以龙头企业为主体，以适应市场需求为原则，以国内外市场变化为参照，建立与北京市农业企业标准体系相呼应的企业技术和管理标准体系的研究思路。金国钧教授参与了国家广电总局行业标准“HFC有线电视网络接入系统”的起草工作。供水节水顾问组参与了北京市水质标准、供水标准的制定。城市建设组顾问参与了地方建筑节能标准的制定。

（市科委软科学处　马　斌）

市政府顾问提出北京工业产业格局的新思路

2003年，市政府顾问团主动地在战略层次上开展咨询活动。市经委行业管理办公室及其联系的三个顾问组，即都市工业顾问组、电子信息顾问组和传统工业顾问组，对北京工业的发展问题进行了研究。顾问认为，目前在北京工业进行调整的过程中，存在着两个重要现象：一是大批工业企业“退二进三”（退出第二产业，进入第三产业）；二是生产企业向郊区县迁移。这两种现象如果不加以规范，就会出现发达国家城市进行调整时出现过的类似弊端，即城市工业“空心化”，城市经济过分依赖于第三产业以及持续增长乏力。他们认为，解决这一问题的方法是大力发展包括服装工业、食品工业、印刷产业、包装产业、工艺美术产业等在内的都市工业，确立轻型化的发展目标，并提出了北京工业发展应逐步形成“以高新技术产业为先导，振兴现代制造业和大力发展都市工业”的新型工业产业格局的思路。

（市科委软科学处 马 斌）

市政府顾问提出绿色奥运城市垃圾控制的评价体系

2003年，市政府顾问团环卫组的顾问与北京市环境卫生研究所的专家共同进行了“北京市绿色奥运城市垃圾污染控制战略研究”。该项研究从生活垃圾的定义、来源和组成出发，与其他举办奥运会城市生活垃圾控制模式进行比较，通过对各项目标和指标的逐项细化，提出了奥运垃圾控制的评价体系与评价标准。在这一理论框架之下，课题对北京市城市生活垃圾管理体制及收集、运输、处理、处置的现状进行了分析，对垃圾总量及结构变动进行了预测，对垃圾处理技术、垃圾资源回收综合利用技术及政策进行了研究分析，从而对奥运垃圾处理提出了相应的对策和规划。

（市科委软科学处 马 斌）

市政府顾问建议要强化地铁新线建设的管理

2003年，综合交通顾问组顾问崔玖江在其所写“关于北京地铁新线建设的几点建议”中说：“在2008年奥运会召开之前的2007年北京要建成地铁4号线、5号线及10号线（包括奥运支线），并达到通车目标，以缓解交通拥堵，保证奥运会顺利进行。”在短短4年多的时间里，在一个城市同时兴建三条地铁线路，总长度达86.26千米、车站总数达68座，其规模之大、难度之艰、工期之短、投资之多在国内外是空前的、罕见的，工程安全和工期等也存在一定风险。因此，政府有关部门和参加地铁工程建设的单位绝不可掉以轻心。要强化工程建设管理，优化设计和施工方案，采取有力措施，才能确保工程按期完成。为此崔顾问提出了几条建议：一是优化地铁车站设计和修建方法，减少暗挖地铁车站数量；二是为保证地铁建设顺利进行，尽快制定《北京地铁工程建设法》；三是北京地铁线网规划应予稳定应根据线网规划，对建地铁工程沿线用地予以严格控制，从而保证所建地铁工程实施顺利和降低工程建设投资；四是强化工程施工管理，确保新线建设工程安全、优质、按期和造价合理。这些建议引起市领导的密切关注，代市长王岐山批示：“请志华同志约此人谈谈，认真听取其意见和建议。”建议已批复有关部门予以参考。

（市科委软科学处 马 斌）

市政府顾问提出统筹城乡协调发展的建议

2003年，市政府顾问团农业经济顾问组的顾问认真讨论了统筹城乡经济、社会协调发展的问题，指出，统筹城乡协调发展的重要途径是整合城乡资源，进一步解放和发展生产力，并要做好三项工作：一是城市产业要向郊区有序转移，这样一方面可为产业拓展更大的发展空间，另一方面可以构建梯次型的产业链，最终形成城乡统一的产业布局；二是政府控制的资源在分配时要有计划地向郊区倾斜，以便提高郊区的发展能力，解决城乡发展不平衡的问题，应加大对郊区基础设施建设的投入力度，推进城乡管网的对接；三是运用市场机制吸引人才、资本、技术等进入郊区，为郊区的高速发展提供可能。

（市科委软科学处 马 斌）

市政府顾问研究北京“三农”问题

2003年，市政府顾问团开展了针对“三

农”问题的研究工作。粮经顾问组确立了“北京地区春季裸露农田起尘对环境污染的影响”研究课题，对延庆、昌平两个沙尘监测点进行了6个月的监控，通过数据分析得出重要结论，认为本地扬尘在北京地区沙尘天气中的影响率占到71%，应通过种植人工草地等措施，控制本地沙尘源，改善生态环境，提高农村种植效益和农民收入。与此同时，开展了“北京市粮经作物主要农产品比较优势研究”，课题组选择了小麦、玉米、甘薯、花生、饲草、药材、红小豆等7种主要作物，与周边及全国优势地区进行比较。目前已选好专家，完成了课题目标和内容设计，拟订了阶段调研任务和撰写提纲。课题完成以后，将使北京的主要作物种植科学地建立在区域比较优势的基础之上，为提高北京市农作物的市场竞争力提供可能。乡镇企业顾问组特别关注区县工业小区建设和乡镇企业发展问题。他们通过调查研究指出，乡镇企业发展和区县工业园区建设，为郊区带来翻天覆地的变化，增加了农民就业，促进了农民增收，使企业相对集中发展，节约了土地，减少了污染，推进了农村城市化进程。专家顾问们肯定了怀柔大中富乐“集体土地、村民自建、筑巢引凤、资立运营”的管理模式和平谷东鹿角东发科技工业园区“一区带四村”的发展模式。对于乡镇企业，专家顾问们通过调研指出，应该以贯彻“中小企业促进法”为契机，加快京郊乡镇企业发展，并就重点分析和宣传乡镇企业在北京财政收入、GDP增长、就业、出口和发展制造业等方面的重要作用；比较中小企业政策和乡镇企业政策，重点分析乡镇企业政策落实情况，建立和完善适合乡镇企业发展的政策环境；建立梯次式的发展格局，逐步解决城乡发展不平衡的问题；围绕贯彻中小企业促进法，如何合理配置资源、建立市场机制、改革管理体制以及建设政策体系和服务体系等方面提出了政策建议。

（市科委软科学处　马　斌）

市政府顾问团着力提高辅助决策能力

2003年，市政府专家顾问团为提高辅助决策能力和影响力，创立了多种形式的、灵活的管理和组织模式。市经委行业管理办公室创立了三结合、三同步的管理模式。三结合是：顾问工作与行业管理工作紧密结合，“点”上的活动与“面”上的活动相合，处（室）专人牵头与专家顾问重点参与相结合；三同步是：同步计划，同步组织，同步推进。人力资源管理组将“入世后首都人事人才对策研究”、“北京实施人才战略、调整人才结构情况的调查研究”和“北京市转变政府职能，实现体制创新的研究”等三个重点研究课题的研究报告汇编成集，出版了《人才发展蓝皮书》。该书本着追求高质量、高品位的宗旨，经过精心策划，细致编排，突出了“实施人才战略，建设人才之都”的主题，分规划纲要篇、理论探索篇、调查研究篇、政策法规篇，全书共40万字。出版后在社会引起一定反响，受到业界好评。利用专家顾问的已有研究成果和知识积淀来提高顾问团的研究和咨询水平。市政府研究室在承接市领导研究课题“北京历史文化保护区保护问题研究”和“北京住宅发展计划研究”后，专门去拜访了董光器顾问和周一星顾问。董光器顾问把他所撰写的“关于北京城市空间发展战略之我见”、“对2020年北京市人口规模预测的探讨”，周一星顾问把他所撰写的“新世纪中国国际城市展望”等论文，提供给课题组，使研究课题得以顺利进行，并显示出较高的研究水平。

（市科委软科学处　马　斌）

市科协组织专家季谈会

2003年，市科协共组织两次科技专家季谈会。3月21日，以大气环境污染治理对策为主题，组织了第 24 次专家季谈会。来自美国、德国和国内的知名专家，就提高北京地区大气环境质量问题，提出了一系列治理意见和建议。刘志华副市长到会听取专家们的意见，并发表讲话。他说，今年市政府已把大气污染的治理列为为市民办 60 件实事的第一项。为此，需要做很大的努力。第一，要加强对环境保护的宣传和教育。要让大家知道，环境保护关系到千百万人的切身利益。要从娃娃做起，让他们建立环保的意识，促进全民环保意识的提高。第二，要突出重点，努力消减本地污染物的排放总量。把煤烟型的污染、机动车的污染、扬尘的污染、工业的污染以及郊区环境保护作为治理重点，并加大清洁能源的使用比重。第三，要充分发挥首都人才和智力资源的优势，依靠科研院所和高等院校的科技资源，依靠国内外的专家，进一步开展有关加强污染源监控、大气污染防治、水资源合理利用、生态恢复以及环境、经济、政策等方面的科学研究。11 月 24 日，以奥运食品安全为主题，组织了第 25 次专家季谈会。何振梁、于若木等专家建议政府部门尽快启动奥运食品工程，保障奥运会需要，促进北京经济发展。副市长刘志华、范伯元出席会议并讲话。

（市科协　石　军）

向市人大和市政协提交团体提案

2003 年，市科协在调研的基础上，分别向市人大十二届一次会议和市政协十届一次会议提交了“关于运用科普手段提升弱势劳动群体能力的建议”、“关于对新时期北京市科技人员知识更新工作的建议”、“关于进一步发挥北京地区老科技工作者作用的建议”、“关于进一步重视发挥科技团体作用的建议”和“关于全市科普画廊采取市场化运作的建议”等 5 个团体提案，其中，两个建议被纳入北京市重点工程；“关于运用科普手段提升弱势劳动群体能力的建议”被评为 2003 年市政协优秀提案。

（市科协　陈　腾）

报送科技工作者建议 160 条

2003 年，市科协共向市委、市政府及中国科协报送科技工作者建议（信息）160 条。其中，市委、市政府信息处采用 45 条，市领导批示 11 条，中国科协采用 17 条。有 9 条信息被市委、市政府办公厅评为优秀信息，即“建议我市开展地下管线普查工作”、“中学实验室化学废弃物污染现状调查和对策研究”、“关于北京市农业信息化与网络化发展对策建议”、“关于迁移京密引水渠一级保护区内居民点和抵抗拆除违章商业建筑的建议”、“建议防止出现非典传播‘第二次高峰’”、“抓住奥运契机，加快北京食品工业发展”、“彻底改善郊区水环境”、“关于废旧电脑的防污及对策的建议”、“中外专家对进一步强化北京地区大气污染综合防治提出建议”。

（市科协　郭　健）

科技条件

发布《北京市贯彻〈实验动物许可证管理办法（试行）〉的实施办法》

2 月 8 日，市科委以京科政发［2003］69 号文发布《北京市贯彻〈实验动物许可证管理办法（试行）〉的实施办法》（以下简称《办法》）。该《办法》是为贯彻国家《实验动物许可证管理办法（试行）》（国科发财字［2001］545 号）和《北京市实验动物管理条例》，加强北京市行政区域内实验动物许可证的管理而制定的。市科委是本市实验动物许可证发放和管理的主管机关;北京市实验动物管理办公室具体负责实验动物许可证的日常管理。实验动物许可证包括《实验动物生产许可证》和《实验动物使用许可证》,具有法律效力。《办法》就申领《实验动物生产许可证》、《实验动物使用许可证》的组织应具备的条件、应提交的材料及申报程序做了详细的说明。《办法》共设有 25 条,2003 年 3 月 1 日起实施。1997 年 7 月 7 日发布的《北京市实验动物许可证管理办法(试行)》同时废止。

(市实验动物管理办公室)

召开北京科技条件平台建设座谈会

4 月 3 日,北京科技条件平台建设座谈会召开。本次会议是市科委为进行北京科技条件平台的调研与规划而召开的。到会的有国家科技部、市科委、北京生产力促进中心、长城企业战略研究所、北京科学仪器装备协作服务中心等有关单位的领导和专家。科技部条财司条件处领导就国家科技基础备件平台建设背景及规划做了整体上的介绍。国家科技条件平台主要包括五块内容:大型科技设施和基地、自然科技资源、科技文献信息、网络科技环境和技术转移平台。北京科技条件平台是首都创新服务体系建设中的重要一部分,是"首都二四八重大创新工程"的一个重点。在北京科技条件平台建设中,信息平台的建设非常重要,应以先进的信息技术手段对各类资源信息进行整合,构建各领域科技资源的信息平台,使科技条件资源的各类使用者能够充分获知资源的相关信息。同时,应该在科技资源拥有机构及科研人员当中积极宣传资源共享的社会价值,倡导形成资源共享的精神风气,并在相关政策法规方面对科技资源共享做出相应的规定,某些社会公共性的科技资源必须用法规强制实现共用,如科技进步法规定国家投入资源有向社会开放的义务。北京市也应出台相应的地方政策法规,包括招标、政府采购、共用资金做匹配等各种手段来促进各类机构所管理的科技公用资源对外开放。应建立与市场经济相适应的项目管理机制,建立北京地区各类资源库,科技项目形成的资源也应形成备案库,以便在今后的科技项目立项时,对所要购置的新资源进行审核。北京科技条件平台建设应该与国家科技平台的建设有机地结合起来。国家科技条件平台建设规划侧重于科研基础条件资源的整合建设,而北京在配合国家进行研发基础平台建设的同时,要花大力气进行技术转移平台,如生产力促进体系、创业服务体系的建设。

(市科委条件财务处)

530 家高新技术企业获财政专项资金近亿元

11 月 14 日,"2003 年高新技术产业发展专项资金发放仪式"在北京科技会展中心举行。2002 年认定的。209 家企业的 248 个项目、25 家孵化基地及 289 家在孵企业、2 家科技中介机构和 5 家风险投资机构拿到了总额为 9736.5 万元的北京市财政专项资金。

(市科委高新技术产业处)

公共技术支撑体系(三库四平台)助推北京软件产业发展

2003 年,北京软件产业已形成近 380 亿元的产值规模。新认定的软件企业 514 家,同比增长 17.1%,累计认定软件企业 1749 家,占全国认定软件企业总数的 20.4%。登记软件产品 1213 个,同比增长 2%,累计登记软件产品 4820 个,占全国登记软件产品总数的 26.8%。为推动北京软件产业的持续发展,特别是扶植中小型企业的成长壮大,北京市着力加强软件产业的基础设施建设，努力建设由软件园体系、软件孵化器体系和公共技术支撑体系构成的北京软件产业基地，其中，公共技术支撑体系建设项目成为北京软件产业的大型公益性基础设施工程，以国家“863”计划计算机软硬件主题支持的科技成果为主，并结合软件重大专项部分成果，形成了以“三库四平台”为特征的北京软件产业公共技术与科技服务平台。市科委组织建设以“三库四平台”为代表的公共技术支撑体系，并支持探索市场化的运作方式，目的是使中小企业有机会充分利用政府的公共资源，提升开发和科研能力，改善管理水平，降低创业风险，能以较轻的负担在较高的基础上发展。公共技术支撑体系从 2002 年 7 月份开始为企业提供服务，到目前为止，已经先后为 300 多家企业提供了软件测试，新技术培训，资源下载，设备、场地和软件租赁，网络接入等服务，帮助企业解决了困难，节省了资金，提高了项目开发效率，保证了软件产品的质量。

（北京软件产品质量检测检验中心）

进一步深化财政预算改革

2003 年，市科委根据市政府的要求进一步深化财政预算改革。首先，加强专项资金管理，规范项目申报项目审批、预算执行，加大监督检查力度，建立财政资金绩效考评机制。其次，开展国库集中支付试点，选择科委机关和两个二级预算单位试点。第三，进一步完善了预算编制过程和有关文件。在编制 2004 年预算时，对所有新上项目，均向财政局提交了项目建议书，专家论证意见；对工作性专项填报了《市级部门项目申报文本》，同时对专项预算细化，保障了预算编制的规范化和过程的完整性。预算经科委党组确定后，完成了预算汇总报表的编制及《2003 年经费使用及管理情况报告》、《2004 年经费预算编制过程报告》、《2004 年科委系统预算编制说明报告》、《科研院所改革情况报告》、《2004 年科技部门预算文本》等编写。

（市科委条件财务处）

加强科技经费的管理与审计

2003 年，市科委计划审计科技项目 591 项，1～11 月共完成科技项目审计 394 项（结题审计 347 项，中期审计 47 项）。为加强科技项目的审计监督，确保科技项目经费审计的质量，加大了对审计工作的组织管理力度，委托两个中介机构——北京科技园项目评价公司和北京科环科技发展中心承担科技项目审计的组织工作，并确定将管理规范和制度的建立作为审计工作的重点。同时，在经费分类管理方面进行了有益的尝试，20 万元以下的项目（课题）采用了财务检查的方式。为了解重大项目实施过程中经费的预算、拨付、执行和会计核算等情况，开展了对重大项目中期审计工作。从 2002 年立项的 43 个重大项目的 210 个课题中抽选出 52 个课题进行中期审计，其中信息处 15 项、农村处 10 项、社会发展处 9 项、生物医药与新材料处 18 项。经中期审计对 5 个项目承担单位在经费使用、自筹资金到位、发生试验外协费及合作费时未签订相应合同等较突出的问题下了整改通知。

（市科委条件财务处）

加强实验动物行政执法力度

2003 年，为加强对实验动物的管理，市科委在宣传《实验动物管理条例》，实验动物国家标准的基础上，加大了行政执法力度。将北京地区实验动物质量监督员由原来的 11 名调整为 21 名，实验动物行政执法人员由 3 名扩增到 5 名。在实验动物许可证发放过程中，实行依法办事。在检查验收时，坚持重大问题不整改,不能通过专家验收;一般问题不纠正,不发许可证。遇到因客观原因暂时无法解决的问题,发放一年有效期的许可证。2003年全年验收实验动物设施17个,其中专家提出整改的2个,均为个体养殖户。发放实验动物生产许可证4个,使用许可证13个。同时,加强对实验动物从业人员培训工作,截至11月份,北京市经培训考核,领取岗位证书的实验动物从业人员达到10099人。

(市实验动物管理办公室)

大型科学仪器共享服务体系逐步完善

2003年,北京地区大型仪器协作共用资金管委会(科技部、教育部、中科院、国家自然科学基金会、市科委)更新了原76台入网仪器,改为现在的100台,增加了工程类仪器和设备,主要在仪器价值、启用时间、仪器状况和测试人员水平等方面重新规定了入网仪器的资质。网内涵盖了18个部门37个单位的仪器信息,仪器总价值合人民币3.43亿元,除继续重点支持国家基础研究和高科技的研究攻关活动外,还向北京地区中小企业开放。重新修订了《大型仪器设备协作公用基金管理办法》,编辑了《2003科学仪器装备协作共用入网仪器服务手册》,向全社会发放。同时,在做好五部委网服务的基础上,提出条件工作中的仪器协作共用工作要不断创新,提供多元化的服务。为此,市科委委托北京科学仪器装备协作服务中心和北京市理化分析测试中心,建立了北京科技条件市场,其功能是为中小企业提供世界最先进的便携式分析测试仪器展示咨询、培训和仪器采购、改造实验室设计等服务。其中,利用一些成熟技术,对现有在用仪器设备进行改造升级,解决科学仪器设备老化现状是服务的重要内容之一。为此,市科委以政府资金与单位自筹匹配的方式,委托北京科学仪器装备协作服务中心,对近150多个院所及在孵企业的200余台套仪器设备进行了改造升级。经过改造升级的仪器设备技术性能达到了20世纪90年代的水平,使用率得到了较大的提高。同时,还开展了启动京津冀科研条件协作网,针对广大中小企业科技人员和管理人员开展多层次培训和交流活动,推动中央在京单位与地方进行合作,充分发挥中央在京资源优势,开展资源调查,为资源整合提供科学依据等工作,使科学仪器共享服务体系逐步完善。

(市科委条件财务处)

北京地区高校科研经费达50亿元

2003年,北京地区高校承担的科研经费总量由2002年的40亿元增加到50亿元,增长25%,其中市属市管高校科技经费由4亿元增加到4.5亿元,增长12.5%,人文社科研究经费由0.45亿元增加到0.61亿元,增长35.6%。

(市教委科研处)

五年获中小企业创新基金资助5亿元

截止到2003年底,北京地区共向科技部中小企业创新基金申请2226项,申请基金241347.66万元;批准立项677项,获支持金额50059万元(见表)。

在历年的创新基金运行中,除2000年北京的申请立项数位于江苏之后排第二位,其他各年度北京都处于第一的位置。

2003年,北京地区申请创新基金548项,立项180项,其中无偿资助169项,贷款贴息11项。

1999～2003年北京地区获中小企业创新基金一览表

单位:万元

年度	申请数	申请金额	立项数	支持金额
1999	346	49789	151	11921
2000	491	57143	97	8870
2001	356	35992	135	10894
2002	485	46897.06	114	7799
2003	548	51526.6	180	10575
合计	2226	241347.66	677	50059

(科技部中小企业创新基金办公室　郭俊峰)

推荐中小企业创新基金项目

2003年,市科委受理创新基金项目申报300项,经审核实际推荐项目253项,占北京市推荐项目的46%。在253个项目中,自有技术的项目221项,占推荐总数的87.3%。253个推荐项目按所属领域分类:电子信息类126项,占49.8%;光机电一体化类48项,占18.9%;资源与环境类20项,占7.9%;生物医药类20项,占7.9%;新材料类27项,占10.8%;新能源类12项,占4.7%。按申请资助方式分类:无偿资助243项,占总数的96%;贷款贴息10项,占总数的4%。按项目所处阶段分类:研发阶段108项,占总数的42.7%;中试阶段130项,占总数的51.4%;批量生产15项,占总数的5.9%。

(市科委高新技术产业处)

建设市属市管高校校园网及教育管理信息系统

2003年,北京地区所有市属市管高校基本建成功能较为完善、设备比较先进的校园网,其信息点数55169个,联网计算机台数43490台。校园网工程采取项目管理模式,加强规划论证,招标产生施工单位,并实行工程监理制度,做到管理规范、技术规范、市场规范,从而保证了投资效益和工程质量。11月,市教委科研处对市属市管高校校园网的22个建设项目进行了验收,同时,组织建立了市属市管高校信息编码标准,在市属市管高校内推广使用北京大学教育管理信息系统(EMIS),有15所高校安装使用了该系统,以保证信息化建设中的资源共享。

(市教委科研处)

财政专项资金支持高新技术成果转化

2003年,本市认定了149项高新技术成果转化项目。北京市高新技术产业发展财政专项资金支持总额为9736.5万元。其中2002年认定的成果转化项目248项,共209家企业,资金数额为6771.0107万元;25家孵化基地及289家在孵企业,资金数额为2596.629万元;2家科技中介机构资金数额为44.28万元;5家风险投资机构资金数额为324.5667万元。专项资金已全部拨付到各有关企业与单位。

(市科委高新技术产业处)

研究与开发

基础性研究

确立新的工作目标

2003年初，市自然科学基金委员会三届十次全体委员会议确立了全年市基金工作的要点：围绕首都全面建设小康社会、率先基本实现现代化的奋斗目标和“新北京，新奥运”的构想，按照全市科技工作的总体部署，紧密结合首都经济发展、建设现代化国际大都市及办好2008年奥运会的需求，进一步加强基础性研究。积极采取措施，以人为本，进一步调动科技人员的积极性，发挥首都区域基础研究的优势，营造有利于科技人才成长和增强科技持续创新能力的环境和氛围，加强引导，加强创新，加强联合，加强集成，努力为首都的建设和发展做出应有的贡献，并促进市基金事业取得新的进展。要求以《北京市自然科学基金发展规划》为指导，围绕首都经济、社会发展和科技自身发展，按照“目标引导”的方针，鼓励围绕2008年奥运会和加入WTO等开展基础性研究；提高对青年科技人才的资助比例，为青年科技人员创造学术研究条件；鼓励创新，支持非共识项目和交叉学科项目；巩固与市教委科技发展计划的合作，加强市基金计划与有关科技计划的衔接。在经费使用上，继续适当向重大项目、重点项目倾斜，向创新性强的高新技术的技术基础项目倾斜，向有望形成自主知识产权的项目倾斜，向中央在京单位与市属单位优势互补的合作项目倾斜。

（市自然基金会办公室）

基础性研究投入增加

2003年，市自然基金事业继续得到市科委、市财政局强有力的支持，基金规模在2002年增加30%基础上，又增加15%，达到3000万元。此举对动员和稳定基础研究队伍，增强首都科技的凝聚力和吸引力，推动基金事业稳定发展至关重要。它充分体现了对基础研究的重视，是对市政府“要在国家基础研究的整体框架下，加快我市的基础研究，提高原始创新能力，实现技术跨越，形成更多的自主知识产权”的具体落实，不仅使首都基础研究领域的科学家感到鼓舞，也赢得兄弟省市自然科学基金或基础研究管理部门的关注与尊重。

（市自然基金会办公室）

自然基金会资助项目达233项

2003年，市自然基金会共受理2004年度基金项目申请1748项，比上年度增长了42%。参与项目申请的科研人员达到12800人。经严格评审确定资助项目233项，比上年度增长了47%。其中有重大项目1项，重点项目20项，面上项目191项，预探索项目21项。为妥善应对社会对基础研究日益增长的关注，做到既保护科研人员积极性又量力而行，“有所为，有所不为”地配合首都整体科技部署，市基金以《北京市自然科学基金发展规划》为指导，围绕其确立的资助项目、青年人才和资金规模等目标展开工作，继续采取选题引导加政策倾斜的策略，以此鼓励项目承担单位,特别是中央单位服务于首都经济和社会发展。

(市自然基金会办公室)

基金项目向青年科技人员倾斜

2003年,市自然基金会为了更多培养青年科技人才,继续在项目评审中执行"四个同等优先",特别是对青年科技人员为主承担的项目实行同等优先,取得明显效果。从项目申报来看,由35岁以下的青年科技人员申请的项目有556项,占申报项目总数的32%,比上一年增加近5个百分点。在233个资助项目中,由45岁以下科技人员主持的项目达到163项,占70%,突破了规划制定的"到2005年45岁以下青年科技人才领衔的资助项目要占资助项目总数的60%以上"的目标。

(市自然基金会办公室)

调整资助结构

2003年,市自然基金会根据首都的科技发展要求,进一步加强资助结构的战略调整,明确了在基础性研究的层次上服务首都的定位和资助重点,发布了《2004年度优先资助重大、重点项目选题》16项。同时,支持市属单位优势突出的理论研究,加强优势学科建设。根据基金管理委员会提出的"要关注理论研究,制止纯基础研究项目比例下降趋势"的要求,从组织申报阶段就采取积极措施,使2004年度资助项目中纯基础研究项目比例提高到15%。

(市自然基金会办公室)

市属单位的项目增加

2003年,市自然基金会在受理2004年项目申报中,共有191个单位申报项目,其中,市属单位申请653项,比2002年增加了35%,占申请项目总数的37%;中央在京单位申请889项,占申请项目总数的51%;军事单位申请206项,占12%。市属单位与中央在京单位、军事单位申请的比例与上年基本持平。在坚持科学基金制和"公开"、"公平"、"公正"的原则下,妥善处理各种关系,对发挥、发展基金十分重要。在233个获得资助项目中,市属单位占46%、中央单位占45%、军事单位占9%。中央与地方、高校与研究院所的资助比例也更加合理。从获资助的重点项目分布看,市属单位领衔的明显增加,有11项,占总数的55%,首次超过中央单位。特别是这些项目均为地方的特色、优势研究领域,与承担单位的学科建设技术发展结合紧密。

(市自然基金会办公室)

启动抗击"非典"专项

2003年,在"非典"的高发期,市自然基金会动用两年会氏基金启动SARS专项,开通基金紧急申请的"绿色通道"。同时坚持按照基金章程办事,做到"五个坚持",即:坚持"快速反应"、坚持首都特色、坚持符合基础性研究特点、坚持量力而行、坚持按基金评审制度科学决策。组织京区免疫学、病毒学、流行病学、中医学及呼吸科、病理科等领域的专家成立了评审组,一个月内完成了项目评审全过程,确认资助北京大学第三医院"SARS临床免疫学、病原学特点和发病机制的研究"、"SARS相关抗体在SARS病毒感染中的免疫致病机理"、"传染性非典型性肺炎临床研究信息收集和分析平台建立"、"北京市人群中SARS病毒抗体血清流行病学监测研究"等4个项目,并及时拨款到位。同时,不失时机地收集、保存了标本、原始数据,为北京集聚、储备了一笔科学研究的财富。

(市自然基金会办公室)

21个市属市管高校北京市重点实验室通过中期检查

2003年，市教委、市科委组织专家组对市属市管高校北京市重点实验室进行了中期检查。北京工业大学工程抗震与结构诊治实验室、首都师范大学资源环境与地理信息系统实验室、首都医科大学神经再生修复研究实验室、北京信息工程学院传感器实验室、北京工商大学植物资源研究开发与评价实验室、首都师范大学纳米光电子学实验室、北京服装学院服装材料研究开发与评价实验室、北京工业大学水质科学与水环境恢复工程实验室等8个北京市重点实验室被评为优秀等级。北京工业大学交通工程实验室，北京农学院农业应用新技术实验室，北京工业大学传热与能源利用实验室，北京工业大学先进制造技术实验室，首都师范大学学习与认知实验室，北京工业大学多媒体与智能软件技术实验室，北方工业大学现场总线技术及自动化实验室，北京联合大学生物活性物质与功能食品实验室，北京物资学院物流系统与技术实验室，首都医科大学肝脏保护与再生实验室，北京机械工业学院机电系统测控实验室，北京体育大学和首都体育学院运动机能评定与技术分析实验室，北京建筑工程学院供热、供燃气、通风及空调工程实验室等13个北京市重点实验室被评为合格等级。

（市教委　张年武）

加强北京市属市管高校重点实验室建设

2003年，市教委制订了北京市属市管高校北京市重点实验室建设规划，并按照立项建设的方式，有计划进行重点投入。到位经费达5800万元，比上年增加800万元；新增仪器设备总值2200万元，10万元以上仪器设备新增86台件；发表论文358篇，获得省部级以上科技成果奖8项，专利15项；科技成果转让金额1200万元，比上年增加40万元。

（市教委科研处）

资助开展学术交流

2003年，市基金资助了十个专题学术交流："中美强对流天气临近预报技术国际研讨会"；"第一届全国纳米测量技术会议"；"第七届北京生物医药产业发展论坛：融合与发展"；"'非点源污染和流域管理'中德双边研讨会"；"第二届智能化农业信息技术国际学术会议"；"北京地区大气污染控制与管理国际研讨会"；"第三次日本临床中医药学会学术大会"；"中日艾滋病疫苗及药物开发学术研讨会"；"北京农业发展与奥运食品安全国际研讨会"；"中日建筑钢结构技术论坛"。涉及农业、生物、医药、气象、城市建设与环境、测量等学科领域。共计有1000多名国内外科学家参加交流活动（其中约有150余名国外专家），交流论文250多篇，出版专刊8集。

（市自然基金会办公室）

小麦杂种优势群构建及其遗传基础研究

由中国农业大学孙其信教授主持与北京市农林科学院合作研究完成的"小麦杂种优势群构建及其遗传基础研究"，通过对110个小麦品种间杂交种多年杂种优势鉴定，明确了不同来源和类型亲本间杂交种杂种优势的差异。特别是通过轮回选择育成一批新的杂种优势群的亲本，初步构建了2个北方冬麦区小麦品种间杂种优势群。育成3338/京冬6、3159/1582、1742/1585等3个杂种优势在15%以上的强优势杂交种；对300多个普通小麦与斯卑尔脱小麦和密穗小麦之间种间杂种优势分析鉴定,明确了种间杂种优势表现显著,比品种间杂种优势提高8%。研究结果表明可以利用种间杂交的模式拓展小麦的遗传基础,构建小麦种间杂种优势群;利用SSR、ISSR分子标记对80个(次)杂交小麦亲本间遗传差异分析,结合田间杂种优势表现,证明利用分子标记可以进行小麦杂种优势群构建;利用DDRT—PCR方法对杂交种和亲本间的基因表达分析,首次发现不同差异表达模式与农艺性状杂种优势相关,说明基因差异表达是产生杂种优势的重要分子基础,并克隆了一批有意义的基因片段。本研究进一步拓宽了小麦杂种优势潜力研究利用的途径,为培育优质高产小麦杂交种提供了很好的技术平台。三年来课题组共发表论文10篇,参加国际学术会议并作大会特邀报告3次、国内学术会议大会特邀报告3次,培养博士生3名,硕士生2名,3名课题组成员晋升副教授。项目的研究成果已作为"十五"计划、"863"计划及"973"项目——《主要农作物杂种优势及其利用的分子生物学基础》(孙其信教授为首席科学家)的重要研究工作基础,相关研究内容已列入"863"计划和"973"计划。

(市自然基金会办公室)

北京地区专用优质小麦新品种选育及其技术体系研究

由中国农业大学刘广田教授主持与北京市农林科学院合作研究完成的重大项目"北京地区专用优质小麦新品种选育及其技术体系研究",从国内外收集到1148份小麦资源,并对1000多份常用亲本进行了品质鉴定。课题组利用花药培养及染色体加倍技术,在国内首次建立"个体—蛋白质—DNA"三个水平的优质面包小麦和面条小麦的综合标记辅助育种体系,并利用该体系,开展了小麦品质表现的基因型和环境互作、品质形状的遗传规律研究。课题组把簇毛麦HMW-GS基因定位在IV染色体上,克隆出两个簇毛麦特异高分子量谷蛋白亚基;并利用小麦HMW-GS基因的兼并性引物,对偃麦草E组及St组染色体编码的9个高分子量谷蛋白质基因进行了分子克隆与测序,发现都是与小麦不同的新型亚基类型。通过田间杂交实验表明:人工合成六倍体小麦与普通小麦杂交结实正常,杂交后代育性正常,可以通过连续回交并结合SDS-PAGE鉴定,将人工合成六倍体小麦的优质HMW-GS转育到普通小麦中。新培育并初步繁殖50个优质面包品系,新培育的糯麦,经加工试验证明可以代替价格高的糯米,口感良好。京冬11(京农97-86)已通过北京市品种审定委员会审定,京冬13(京农99-1)、京冬12(京农97-96)已分别上报北京市和全国品种审定委员会审定。部分品系参加北京、河北及天津的区试,其中,京农98-270进入国家优质小麦示范区。三年来研究组共在核心刊物发表论文22篇,在国际学术会议上作大会特邀报告一次,培养博士生5名,硕士生2名。

(市自然基金会办公室)

齿科用陶瓷材料及其重要基础问题研究

清华大学田杰谟教授与他的课题组就齿科用陶瓷材料及其重要基础问题进行了研究。课题组在透明Al_2O_3托槽的透明度、齿科用可切削玻璃陶瓷基体配方及强化增韧理论、可切削玻璃陶瓷的玻璃渗透理论的研究及添加纳米Z_rO_2强化增韧等研究上,获得了力学性能抗弯强度$\sigma_f \geqslant 400MPa$及韧性$K_{IC} \geqslant 4MPa \cdot m^{1/2}$,在为可切削玻璃陶瓷提供玻璃渗透理论等方面,取得了如下一些创新性的成果:在Al_2O_3中加入0.25wt%MgO可以提高托槽透明度;纳米Z_rO_2加入可切削玻璃陶瓷中,可以提高其强度与韧性;成功地用加入子晶的 Gel-casting 制备可切削玻璃陶瓷。课题组提出了玻璃渗透的模型,为其制备可切削玻璃陶瓷提供理论指导。创新性研制出四种色调的渗透玻璃,已达到临床陶瓷的要求。研究出的可切削玻璃陶瓷现已用于临床。课题组已培养博士生 3 名,博士后 1 名,发表学术论文 15 篇,其中收录 SCI 8 篇,EI 4 篇。

(市自然基金会办公室)

"四逆汤"强心作用分子机理及活性分子群的研究

由北京大学天然药物及仿药物实验室林文翰教授主持与北京新技术应用研究所合作完成的"四逆汤强心作用分子机理及活性分子群的研究",选择东汉名医张仲景的"伤寒论"名方"四逆汤"为研究对象,以强心升压药理药效作用为药理模型,以传统方法炮制,从分子和基因水平阐明复方的君臣等关系的内涵。通过测定血清中的药物分子群的成分及其结构,和血清活性成分与基因芯片的作用及其作用靶点,阐明复方直接作用在靶体的药物分子及其协同作用的药理机制,进一步阐明作用在靶体的真实分子群和复方中分子群的区别,探讨在人体内新产生的药物分子的转化途径。

课题组针对复方的四逆汤能强心升压,具有治疗休克的药用功效,选择复制失血性休克大鼠模型,研究了"四逆汤"保护失血性休克大鼠的作用机制。结果表明,古方记载的三味药同煎的工艺具有科学性和合理性。

为了对比药方、煎煮剂和血清中活性分子群的化学成分及其各成分的加减和变化,课题组研究建立了"四逆汤"水煎液和给药动物血清的 HPLC 指纹图谱。并运用现代波谱技术对血清中的化学成分进行了较系统的分离和纯化,从中获得 24 种化合物,有 4 种为新化合物,其中尿嘧啶确定为强心的主要活性成分之一。

血清的基因组学研究结果表明,"四逆汤"的血清活性化合物通过下调 CIDE-A 基因的表达以抑制心肌细胞的凋亡;通过对 CT 和 GST-mu 基因的明显上调产生抑制自由基损伤作用;其血清活性化合物还具有明显抑制缺血心肌 ET 升高的作用。

课题组从煎液和血清活性的分子药理学、基因组学、血清化学等方面,初步阐明了复方的煎液和体内代谢过程中药物成分的改变,血清活性分子群对靶基因的作用和煎液的药效活性及其作用靶受体,为中药复方的研究提供了系统的研究复方复杂体系的新方法。

(市自然基金会办公室)

Y-连锁遗传性耳聋的确立及其基因定位

由解放军总医院耳鼻咽喉科研究所杨伟炎教授主持研究完成的"Y-连锁遗传性耳聋的确立及其基因定位"项目,发现了一个七代相传的耳聋大家系。该家系的一个显著的特征是直系男性的耳聋外显率高达 91%,而女性的后代男性无耳聋出现。

研究结果证实:

(1) 家系图谱分析提示的是一种男性垂直遗传方式;

(2) 染色体核型分析显示的是男性患者为 46XY,未发现细胞遗传学异常;

(3) 符合分离分析结果显示有一个主效基因与这个家系的耳聋表型共分离($P=0.014$),但是这种共分离不符合常染色体显性遗传特征($P=0.001$),说明这个家系的耳聋遗传特征不能用常规的常染色体显性遗传方式来解释;

(4) 常染色体全基因组扫描的连锁分析的目的是应用这种先进准确的手段来阐明该家系的耳聋表型与常染色体不存在连锁关系。两点连锁分析结果未发现存在有大于 3

的 LOD 值，仅发现一个大于 1 的 LOD 位点，进一步的多点连锁分析证明这个位点不是有意义的位点，说明该家系的耳聋表型与常染色体不存在连锁关系。

课题组提出在遗传性耳聋中存在一种新的遗传方式即 Y- 连锁遗传，这是一项创新，将丰富和发展遗传性耳聋的理论基础，同时也必将在遗传性耳聋中创立 Y- 连锁遗传，即“限雄遗传”的新概念。

（市自然基金会办公室）

应用单核苷酸多态性研究典型儿童失神癫痫的基因

由北京大学第一医院吴希如教授主持完成的“应用单核苷酸多态性研究典型儿童失神癫痫的基因”课题，根据典型 CAE 严格的临床和脑电图标准，共收集 CAE 核心家系 300 个。课题组依据 CAE 发病机制及国际失神癫痫研究进展选择 GABA、GABA 受体亚单位和 T 型钙通道基因（CACNA1H、CACNA1G、CACNA1I）作为 CAE 的候选基因，采用定位候选策略和候选基因策略在 CAE 核心家系和正常对照中进行了病例－对照研究和传递不平衡检验（TDT）进行关联分析。

主要研究成果如下：

在 CAE 患儿中，发现有两个 CAE 患儿在 GABA 型受体亚单位基因 GABBR1 的外显子 3，均找到一个错义突变 424G＞A（ARG＞GLN），96 名对照中未发现该突变。进一步研究发现该氨基酸残激高度保守，功能预测结果表明该突变较重要。

GABA 受体亚单位基因 GABBR2 共找到 17 个 SNP，选择最小等位基因频率大于 10％的 4 个 SNP 作为遗传标记，进行的病例－对照研究结果发现单体型频率在病例组和对照组的频率差异具有显著性（$P>0.001$）。

最重要的成果是在 118 名北方人群的 CAE 患儿中，共发现有 T 型钙通道基因 CACNA1H68 个核苷酸多态，同 96 个正常人比较，发现有 29 个突变只在患有 CAE 病人中出现，还同时发现在这 29 个突变变位点中包含 12 个不同的错义突变位点，出现于 14 个 CAE 患儿，其中 F161L、E282K、C456S、V831M、G848S 和 D1463N 突变位于重要功能保守区。

研究结果提示：T 型钙通道基因 CACNA1H 及 GABA 受体亚单位基因 GABBR1 很有可能是中国北方汉族人群 CAE 易感基因。

课题组在较大数量，表型一致、临床常见的儿童失神癫痫病例中，发现 T 型钙通道基因 CACNA1H 在部分患儿有错义突变，这在国内外均为首次发现。

该研究结果已在国际神经领域权威杂志《神经科学年鉴》（Annals of Neurology，影响因子 8.603）上发表。另在 Neuroscience letters（影响因子 2.0）发表论著 3 篇；American Journal of Medical Genetics（影响因子 2.4）发表论著 1 篇；Brain & Development 发表摘要 1 篇；在国内核心期刊发表论著 4 篇，《中华医学》杂志英文版接受待发表论著 1 篇；申请国际发明专利 1 项。

研究结果证明儿童失神癫痫及其他类型原发性癫痫的发病机理，并为其他神经系统遗传疾病致病基因提供新的思路，也为开发治疗儿童失神癫痫及其他类型原发性癫痫的新药和临床用药提供理论依据。

（市自然基金会办公室）

岩石剪切红外成像及首都圈地震短临遥感预报的基础研究

由中国矿业大学北京校区吴立新教授主持与中国科学院遥感应用研究所合作完成的“岩石剪切红外成像及首都圈地震短临遥感预报的基础研究”，以首都圈地震多发并有增强趋势为背景，针对构造地震孕育的岩石剪切破裂和断层黏滑失稳机制，进行完整岩石压剪、同种及异种岩块组合双剪摩擦滑移的热红外成像实验，研究地震孕育过程的热红外遥感成像特征，探索卫星热异常与地应力、地变形和地电磁波的关系。课题组对首都圈进行了一年的卫星遥感地震监测和预报尝试，进行了大量的野外地震地质调查工作。课题组利用热红外成像仪进行一系列热红外遥感监测基础实验并利用与声发射、干涉云纹、数值模拟分析等手段进行对比研究和分析，发现了若干重要的物理力学现象。课题组提出了地震的红外遥感短临前兆时空模型、关键参数，指出构造地震活动区卫星遥感AIRT的上升趋势可作为地震中期预警参考，热红外图像局部正异常条带预示未来可能的震源位置，AIRT下降与热红外图像局部正异常条带的减弱（平静）一起可作为构造地震的短临前兆。课题组对台北、张北、伽师等地震进行了地震短临卫星热红外遥感异常的时空过程分析。震例分析显示了震中区白天和晚上卫星遥感影像的热红外时序短临的异常特征，这些异常特征对地震短临预报具有价值。课题组累计发表学术论文21篇，其中在国际学术会议上报告3篇，国际学术刊物论文2篇，国内核心期刊论文15篇，被SCI收录3篇，EI收录4篇。

（市自然基金会办公室）

社会发展科技

“北京城市北环水系水环境质量改善技术研究与示范”开题

6月，北京市水利科学研究所、北京城市排水集团有限责任公司、北京工业大学、北京师范大学、北京市城市河湖管理处等承担的“北京城市北环水系水环境质量改善技术研究与示范”课题开题。其主要研究内容包括：特大型城市中心区湖泊水体生态修复技术、满足城市景观用水的城市污水深度处理与回用技术、城市河湖水体水质改善技术、城市河湖面源污染控制技术、水质水量联合调度技术等。该课题将于2005年12月完成。

（市科委社会发展处）

五环路转体斜拉桥转体就位成功

8月6日，由北京市首都公路发展有限责任公司承建的石景山南站高架桥仅用了68分钟就转体就位成功合龙。该桥采用曲线桥梁支架现浇—水平转动—对接合拢的建桥工艺，是北京市第一座采用转体法施工的斜拉桥，也是中国转体吨位最重、斜拉索索力最大的桥梁。其单铰转体重量达14000吨，每一锚固处两束斜拉索集中力合计2500吨。工程解决了两大技术难题：其一是曲线转动体系的重心控制，采用切除主梁端部曲线内侧的结构和主梁箱梁外侧腹板厚度加厚等措施，以达到调整转动体系结构重心的目的；其二是斜拉索锚固点的局部应力处理，采用计算机仿真技术和7—7Φ5低回缩量钢绞线群锚预应力体系，提出了新的斜拉索锚固点构造设计，以解决局部应力处理问题。

（市科委社会发展处）

“北京地铁DT—1型计算机联锁系统研制”获奖

2003年，由北京地铁运营有限责任公司通信信号公司、北京全路通信信号研究设计院的牛英明、崔新民、王昆等完成的“北京地铁DT—1型计算机联锁系统研制”项目获北京市科技进步二等奖。该项目集计算机、网络通信、数字信号处理技术于一体，首次在国内城市快速轨道交通系统中将计算机区域联锁功能和列车超速防护编发码功能结合在一套系统中。系统由操作控制层、安全处理层和控制执行层组成三层分布式结构体系；联锁主机采用三取二冗余结构；并采用 CAN 总线实现各种控制信息的安全传输；采用双 CPU 和“安全与”技术实现“故障—安全”的 ATP 编发码；ATP 编发码设备采用双 CPU 实现对低频信息命令的三取二表决，对低频信号的产生、检测及检测结果进行动态表决；系统中应用的网络全部为双冗余网络，RCM、ICM、OCM、TCU 全部为双机同步热备方式。系统适用于城市快速轨道交通固定闭塞方式行车指挥自动化和列车运行自动化的信号系统，通过计算机的逻辑运算实现列车进路选路、进路闭锁与解锁、信号机的开放与关闭、道岔转换、引导信号的开放与关闭、设置扣车、紧急关闭等功能。该项目具有自主知识产权，并已在北京地铁现场应用，其功能完善、性能稳定、工作可靠，满足了行车组织和安全运营的需要，提高了城市快速轨道交通国产信号设备的技术水平。

（市科委社会发展处）

“北京市空气质量达标战略研究”立项

2003 年，“北京市空气质量达标战略研究”立项。该研究由北京市环境保护监测中心、北京大学环境科学系、北京工业大学大气污染控制研究中心、北京市环境保护科学研究院、清华大学环境工程与科学系等承担。其主要研究内容包括：北京市大气环境污染现状和污染源研究、北京市大气环境二次污染控制研究、影响北京市大气质量的重要因素以及大气容量研究、北京市大气环境 PM_{10} 和 O_3 污染控制技术应用研究、北京市大气 PM_{10} 和 O_3 污染的控制策略和措施研究等。该课题将于 2005 年完成。

（市科委社会发展处）

农村科技

防沙治沙技术示范区项目通过科技部专家组考评

2 月 19～21 日，国家科技部组织召开了“首都圈防沙治沙项目‘十五’防沙治沙项目示范区”工作总结汇报会。会上，科技部专家组对 14 个示范区项目进行了考评。北京国森科技发展有限责任公司承担的“京津近郊（大兴地区）防沙治沙技术示范区项目”，经过企业、科研单位和当地政府的共同努力，出色地完成了各项工作，得到了专家组和科技部领导的一致肯定，认为项目本着“科技引导、政府搭台、企业唱戏、农民受益”的原则，结合当地资源优势，以桑产业带动治沙产业，树立桑文化品牌，延伸产业链条，在解决当前防沙治沙、农民致富问题的同时，为当地治沙工作和治沙产业的可持续发展奠定了坚实的基础。

（市科委农村科技发展处）

24 单位获科技工作先进单位和科技工作进步单位表彰

3 月 16 日，市科委对有关区县科委、农业局（总公司）科技处科技工作进行全面考核，有 24 个单位科技工作成绩突出，予以表彰和鼓励。科技工作先进单位有：朝阳区科委、顺义县科委、昌平区科委、海淀区科委、通州区科委、平谷区科委、房山区科委、怀柔区科委、农科院科研处、农业局科技处、三元集团总公司科技处;科技工作进步单位有:大兴区科委、密云县科委、门头沟区科委、石景山区科委、丰台区科委、延庆县科委、林业局科技处、乡镇企业局科技处、水利局科技处、北京农学院科研处、华都集团科技处、气象局科技处、水产总公司科技处。

(市科委农村科技发展处)

大兴区留民营生态农场被批准为北京市可持续发展实验区

3月17日,市科委和大兴区政府在大兴区留民营生态农场举行了授予该农场为可持续发展实验区的授牌仪式。大兴区留民营生态农场按照北京市可持续发展实验区的工作要求,坚持以可持续发展思想指导经济建设,在生态农业、农村能源利用等方面开展了富有成效的工作,取得了可喜的成绩,获得了联合国环境规划署授予"全球环保500佳"的称号,成为国内外知名的生态农业示范村。市科委与可持续发展科技促进中心以建立北京市生态农业可持续发展实验区来响应十六大号召,希望通过实验区的探索,不断地产生出更新、更多有益的经验,推动北京市郊区农村小康社会的建设。

(市可持续发展实验区
领导小组办公室)

"十五"奶业重大科技专项开始启动

3月,"十五"奶业重大科技专项公开招投标。市科委、市农委根据科技部项目招标的公告,组织北京三元集团有限责任公司、大兴区、中国农业大学三家联合竞标。通过科技部专家评审委员会的综合评分,北京三元集团有限责任公司成为该项目的主持单位,大兴区为参加单位,中国农业大学为技术依托单位。项目重点研究北京地区高产核心牛群选育与快速扩繁技术;优质高产饲草和饲料作物产业化生产、加工与贮存技术;全混合日粮饲养技术;奶牛场生产自动化与智能管理技术;北京规模化奶牛场疫病防治技术规程;生产过程在线安全监测技术以及奶牛场粪污无害化处理与利用技术。项目的攻关目标是:示范区优质荷斯坦奶牛存栏数达到3万头以上,成母牛单产达到9000千克;参加DHI测定的奶牛数达到1.8万头,培育核心高产奶牛1万头,单产达到9500千克;每年为示范区外提供良种奶牛3000~5000头、优质精液300万剂、优质胚胎10000枚;示范区奶牛全部实现机械化挤奶,25个规模化奶牛场15000头奶牛实现TMR饲养,35个规模化奶牛场实现计算机网络化管理。引进、筛选、推广适应华北地区种植的优质苜蓿品种2~3个、小黑麦品种2~3个,培育、推广优质专用青贮玉米品种京垦系列。在京郊建立苜蓿生产基地2万公顷,干草产量达到每亩1.05吨。推广饲用玉米和小黑麦两茬轮作种植模式,建立生产基地1.5万公顷,亩产青饲5.5吨。建立高产奶牛主要疫病综合防治和监控体系,形成奶牛场防疫和环境控制技术规范。示范区主要疾病年发病率低于8%,死亡率控制在2%以下,无国家规定的一、二类疫病发生;规模化奶牛场实现粪污无害化处理,达到北京市环保标准。建立与国际标准接轨的原料奶质量监控体系和乳品生产的HACCP质量安全控制体系,形成以液态奶生产为主的牛奶加工体系,开发液态奶和高档奶酪等新产品5~8种。通过与其他奶业共性技术的对接,构建北京奶业科技创新体系与产业化模式,增强北京奶业整体实力和国际竞争力。

(市科委农村科技发展处)

启动“农业科技年”活动

6月6日,市农业局正式启动了北京“农业科技年”活动。为加强对本市实施农业科技年活动的领导,市农业局成立了以局党组书记、局长任组长的农业科技年活动领导小组,并分别成立了种植业、养殖业、农机、信息、环能及法规科技活动小组。为确保农业科技年活动顺利实施,建立了农业科技年联席会议制度,联席会议由市农业局主管科教工作的副局长,有关科研院、校和局的有关处室、直属单位科技负责人组成,负责市农业科技年活动的组织、协调、指导和检查。同时,在市农业局科技教育处设立了北京市农业科技年工作办公室,市农业局组织市农科院、北京农学院和有关推广部门共同制订了《北京市实施农业科技年活动实施方案》,确定了农业科技年活动的七项主要工作内容和八项主要活动。七项主要工作内容是:实施优势农产品竞争力提升科技行动;大力推广先进实用技术,促进成果转化;全面实施“无公害食品科技行动计划”;应用高新技术,推进农业技术产业发展;应用现代手段,促进农民科技素质的全面提高;发展生态农业,提高京郊农业可持续发展能力;加大农业技术执法力度,促进和保护科技创新。八项主要活动包括:举行北京农业科技年新闻发布会;组织实施“双百千科技下乡活动”;开通流动科技致富宣传车;开通科技致富咨询服务网;开展科技致富远程教育;建设农民科技书屋;组织开展农业转基因生物安全管理执法检查;召开农业科技年工作表彰大会。市农业局将通过科技年活动的开展,进一步发动广大农业科技工作者深入农业和农村生产第一线,为促进京郊农业结构战略性调整和农业增效、农民增收提供有力的科技支撑。

(市农业局科教处)

15个项目被批准为科技部农业科技成果转化资金项目

2003年,北京市共有“高品质马铃薯颗粒全粉生产关键技术与装备中试”等15个项目通过科技部农业科技成果转化项目审批,支持金额达1000万元。15个项目分别涉及种养殖新品种繁育、农业生物防治、农产品加工、农业信息技术、现代农业装备等领域。

(市科委农村发展中心)

北京农业110语音信息咨询服务系统正式开通

2003年,市农林科学院农业科技信息研究所研制开发的北京农业语音信息咨询服务系统(简称“京农110”)开通。该系统以北京农业信息网为信息源依托,利用先进的语音合成技术,采用自动语音服务和人工咨询员服务两种方式面向广大农民朋友和农业生产企业提供各种农业实用技术及市场信息。该系统的开通意味着北京农业信息服务体系中又增添了一个新的亮点——农业110呼叫中心。农民朋友只需拨打普通电话(010)51503939就可以获取在线网上信息和发布信息。该系统与北京农业信息网互动,用户通过电话语音即可把信息及时发布到北京农业信息网上,从而为没有上网条件的农民提供了一个向互联网发布供求信息、拓展客户的通道。同时,用户还可以利用这个系统通过手机发送需求信息至13501209900来定制和获取信息。此外,该系统既可提供人工服务,也可提供传真、快捷代码信息速查和E-MAIL信息回复等多种服务。目前,北京农业语音110系统提供的信息主要有京郊主要农副产品批发市场当日的市场价格、市场供求与预测信息,蔬菜、果树等种植技术信息,病虫害预测预报与防治信息,畜禽养殖及疾病防治信息，水产养殖信息，新品种、新良种信息，以及民俗旅游信息，农村生活常识信息等。

（市农林科学院　张峻峰）

启动“安全猪肉生产技术研究与应用”项目

2003年，市科委正式启动了“安全猪肉生产技术研究与应用”项目。该项目着力解决生猪生产当中的疫病问题，将通过科学的免疫，应用新型饲料添加剂，提高生猪健康水平，从而使生产的猪肉达到“北京市安全猪肉标准”，保证首都市民食肉安全。同时，为有效地解决外埠进京生猪的质量安全问题，该项目还将这一技术在山东、河北、辽宁、河南、吉林等五个省的生猪生产基地推广实施，为北京周边地区养猪生产发展及首都市场供应提供保障。

（市科委农村科技发展处　马金旺）

“食品安全关键技术应用的综合示范”课题启动

2003年，“食品安全关键技术应用的综合示范”课题正式启动。该课题是国家“十五”重大科技专项“食品安全关键技术”课题之一，由市科委牵头，市农业局、市工商局等单位承担实施，主要对蔬菜和肉品两类大宗产品进行示范研究。科技部对北京地区课题的实施提出了四点建设性意见：第一，北京要在食品安全管理的科学决策、安全食品的科学生产、科学的流通和科学消费方面做示范，既要有研究也要出成果；第二，在项目实施过程中，要总结出一套科技部门与管理部门在科研与生产应用密切配合的示范模式；第三，要及时总结宣传推广成功经验和阶段性技术成果，发挥北京示范作用；第四，课题的实施要坚持“以市场为中心”、“以政府服务监管”和“企业、基地自我约束”的原则。

（市科委农村科技发展处　马金旺）

观光农业示范基地（区）建设发展加快

2003年，北京市科技致富工程新列观光农业示范基地（区）建设项目有门头沟优质樱桃高产技术示范与推广、平谷黄松峪乡农业生态旅游示范基地、昌平绿色优质草莓规范化生产3项，累计培训7000人次，共投入1051万元。门头沟樱桃沟村仅此一项人均收入可达5000元，昌平兴寿镇草莓种植户人均增收3000元，平谷黄松峪乡休闲示范户户均增收1万元。

（市科委农村科技发展处）

郊区特色养殖业建设初见成效

2003年，北京市科技致富工程新列郊区特色养殖业建设项目2项：房山绒山羊舍饲技术示范和延庆饲养柴鸡产业化建设。其中，房山区蒲洼乡科联山羊育种场完成了育种场基础设施建设和改造工作，并投资83.2万元对26户农户舍饲进行了重点扶持，年底统计该项目2个示范基地山羊存栏11000只，产绒3600千克，收入422.6万元，利税299.6万元，带动农户160户，户均增收3700元。延庆共投资657万元扶持柴鸡养殖业的发展，全年共培训1600人次，新发展柴鸡48万只，年总产值1810万元，户均收入7000元。

（市科委农村科技发展处）

郊区农村服务组织建设取得效果

2003年，北京市科技致富工程新列郊区农村服务组织建设2项：密云东邵渠果品服务体系建设和怀柔区主导产业服务组织建设。其中，密云东邵渠果品服务体系建设项目全年引进李子新品种6个8000株，定植145亩，还建立了50亩李子品种园，举办培训班4期，培训320人次；15个重点村的果品协会分会和4个远程教育分会场正在建设，并完成电脑配置和网络连接工作。怀柔区主导产业服务组织建设项目分别在3个乡镇开展，汤河口镇西洋参产业协会引导当地农户发展种植西洋参，全年培训5期285人次，扶持5户特困户，带动周边15户农民种植西洋参；九渡河镇板栗产业协会举办培训12期1251人次，板栗种植面积增加1500亩，总面积达8.95万亩，总产量260万千克，实现利税400万元，纯收入300万元，人均增收470元；琉璃庙镇绿岸有机禽蛋食品产业协会举办讲座4期培训300人次，支持10户贫困重点户，带动周边20户农民开展柴鸡、河鸭养殖，年底全镇柴鸡存栏1.6万只，优种蛋鸭6000只，实现产值300万元，利税120万元，纯收入100万元，全镇人均增收125元。

（市科委农村科技发展处）

市农业标准化技术委员会成立

2003年，北京市质量技术监督局和北京市农委联合召开了北京市农业标准化技术委员会成立大会。会上通过了《北京市农业标准化技术委员会章程》。该委员会下设4个分会，种植业、养殖业、农机业三个分会挂靠在北京市农业局，林业分会挂靠在北京市林业局。该委员会的成立标志着我市农业标准化工作迈上了一个新的台阶。

（市农业局　江真启）

农业信息化建设成绩斐然

2003年，市科委在推动农村信息化建设中，把重点定位在建立信息化平台上，京郊已建成光缆6000多千米，逐步由区县延伸乡镇及较大的行政村，基本覆盖了整个郊区。同时已经形成了集卫星网、互联网、电话网、无线寻呼网和广播电视网等多种形式的农村信息服务体系，一批重要的信息平台亦建成并投入使用。创建于1997年的北京农业信息网，是面向北京农业农村的一个综合性网站，坚持以市场需求为导向，以服务农业农村、增加农民收入为主线，信息来源权威，信息资源丰富，收集整理的各类农业科技信息达10万余条，设有北京农业科技纵览、决策参考、种植参谋、养殖顾问、市场动态、供求天地等21个一级栏目，32个二级栏目，内容涉及农业生产及农民生活的方方面面。登录该网用户已近300万人次，平均日上网人次5000左右。农业数字信息资源中心已成为具有一定规模、且具北京特色的综合性农业数字信息资源共享中心。它借助国家骨干通讯网，在区县各分中心的周围搭建起了一个联网系统，使各中心之间实现了信息的高速共享，现拥有各具特色的农业信息数据库15个。专家系统备受农户欢迎，目前正在使用的蔬菜、果树、畜禽、水产管理、农业生产管理等19个专家系统，被农民称为“农村不走的高级专家”。远程卫星网的建立，让地处边远山区、架设地面网困难的用户也能享受便捷的信息服务。到目前全市已建远程教育接收站300余个，覆盖了京郊的所有乡镇，并向进村入户推进，同时还正向全国辐射，已在福建、西藏等地建点50多个，接收点每周可接收到农业实用课件5项，农业专家讲座3至4次，每年有50多万人次受益。

（市科委农村科技发展处　李国光）

农业科技创新体系初步形成

2003年，市科委充分发挥首都科技优势，整合区域农业科技资源，不断加强技术创新与体制创新，面向国民经济主战场，推进企业成为创新主体。基本建立了以中央在京农业科研院所、国家工程技术研究中心、市级农业高新技术创新基地为基础的农业科技研发体系;促进建立了以新型农业技术推广部门、高效农业示范园区、农业产业化龙头企业为基础的农业技术推广与产业化体系和以农村经济合作组织、农村远程科技培训网络为基础的农业科技服务体系;支持建立了包括蔬菜育种、淡水鱼良种、农村信息化和肉类加工在内的四个国家级工程技术研究中心及包括蔬菜种质资源、果树种质资源和杂交小麦种质资源在内的10个农业高新技术创新基地;支持了小汤山现代农业(国家级)、锦绣大地、顺义三高和延庆马铃薯等农业高科技园区的发展,扶植了三元奶业、卓辰牛肉加工、平谷大桃等一批农业产业化龙头企业;支持了具有代表性的农村科技经济合作组织发展,建立了覆盖全市所有乡镇及部分农业示范园区、农业龙头企业的农村远程科技培训与农业技术信息化服务体系。农业科技创新体系的建立与发展为推动首都农业现代化发展和农业产业结构调整提供了有力的技术支持。

(市科委农村科技发展处)

农业关键技术攻关取得新的突破

2003年,市科委积极支持农业关键技术攻关,特别是加强了生物技术、信息技术在农业科研与生产中的应用,为实施重大项目提供技术支持。在蔬菜种质资源创新与新品种选育方面,收集和评价蔬菜种质资源5000余份,获得了抗病、抗逆种质材料230余份,育成并推广蔬菜新品种27个;建立了北京特色果树种质资源数据库,选育了包括大粒无核葡萄、优质草莓、设施桃等一批果树新品种,推广了核桃嫩芽嫁接及高产栽培、板栗梳雄等新技术;利用生物技术在国内率先培育出高淀粉(74%)和抗虫(玉米螟)玉米新杂交种,并已通过新品种审定和推广,同时利用生物技术成功获得优质转基因面包小麦新品系并进入田间试验阶段,超高产杂交小麦新品种已进入产业化阶段,小孢子培养技术及雄性不育分子标记技术研究取得重要进展,已获得大白菜雄性不育材料和橘红与黄心的转育材料;奶牛、肉牛胚胎性别鉴定,冷冻切割及移植技术研究达到国际先进水平并已大规模应用于生产,其中奶牛胚胎与冷冻精液占全国市场的50%以上;设施农业技术、农业信息技术与精准农业技术研究开发居国内领先水平,农业专家系统、3S技术已在农业生产中获得应用;国家防沙治沙科技行动(北京示范区)顺利通过国家验收并位居全国各示范区之首,在北京得到推广应用。

(市科委农村科技发展处)

农业重大项目实施取得显著成效

2003年,北京市科委共组织新上农业重大科技项目6项:农村信息化示范工程(二期)、北京奶业示范工程、顺义三高农业园区示范工程(一期)、安全蔬菜产业化行动、北京再生水灌溉利用示范研究及北京绿化美化科技工程。到2003年底以五大工程为重点的重大项目实施已取得显著成效。农村信息化示范工程已开发了基于网络的农业计算机专家系统15个并推广到全国16个省市,开发了设施生产条件下的信息采集与控制系统并应用于生产;建立了集市场信息、成果信息、专家咨询等多种服务功能为一体的农村信息化技术服务体系,该体系年上网人次已达到近400万;全面完成了三年规划中确立的建立覆盖全市所有乡镇和部分农业科技园区、农业产业化龙头企业的300个基于网络和卫星传播的农村远程培训站点建设,年培训农民30万以上;支持建立了平谷、怀柔、通州、丰台四个农村信息化示范区。安全蔬菜产业化已建立安全蔬菜达标基地40.4万亩,约占全市蔬菜面积的50%;建立了为安全食品配套的新型农药与新型肥料研发中心，选育并推广了一批蔬菜新品种，实施了蔬菜良种产业化工程，使本市蔬菜良种覆盖率达到95%以上；2003年启动并广泛宣传了奥运蔬菜科技工程；通过安全蔬菜工程的实施，使北京食品安全工作进一步得到了国家有关部门的支持，先后被农业部和科技部（重大专项）确立为全国安全食品行动首批示范城市。顺义三高农业园区示范工程已投入资金1900万元，新引进高科技项目7个，总投资3250万元，同比增长36.8%；成立了顺义区农村经济技术合作组织服务中心，探讨农村经济技术合作组织发展的有效模式，支持了优质蔬菜销售合作社、生猪生产合作社及养鸭合作社等一批农村经济技术合作组织的发展；完成了三高区数字化平台建设，开发完成了园区网络系统、种羊场饲养管理专家系统开发、园区农村经济合作组织信息化体系等工作。草食性家畜良种胚胎产业化工程全面启动，完成了北京市胚胎（奶牛、肉牛、肉羊）产业化的整体布局，建立了依托锦绣大地农业股份公司（肉牛）、北京奶牛中心（奶牛）和顺义三高农业园区（肉羊）的三大重点草食性家畜良种繁育体系及胚胎产业化研究开发体系，率先在全国将胚胎技术大规模应用于生产，年生产优质奶牛胚胎5000枚，肉牛胚胎近万枚，其中奶牛胚胎及冷冻精液生产量占全国市场的50%以上。北京奶业示范工程全面实施，建立了高产核心奶牛群，开展了奶牛高产综合技术攻关，大幅度提高了奶牛生产及奶产品加工技术水平，使北京市奶牛年产奶量高居全国之首，同时该项目被列入科技部奶业重大科技专项，已建立了大兴国家级奶业示范区。

（市科委农村科技发展处）

加强与相关部门的合作互动

2003年，市科委加强与市农委、市发改委、团市委等市政府相关部门的协调与合作，提高科技工作在农村的影响力，共同推动农村经济发展。先后与市农委合作开展了农村综合教育规划研究、延庆国家马铃薯园区发展建设及举办北京现代农业发展论坛等项工作。支持团市委、市妇联开展农村青年星火带头人示范工程、北京青年现代农业与绿色技术网上博览会和北京郊区双学双比等项工作。同时，加强与科技部相关部门的沟通，积极争取科技部对北京农村科技工作的大力支持。共争取科技部项目经费4000余万元，其中国家科技成果转化资金1000万元，国家攻关项目支持1550万元，国家星火计划、小城镇发展专项及国家农业园区发展资金1500万元。

（市科委农村科技发展处）

农村远程教育取得突破性进展

2003年，京郊已建立农村远程教育317个站点，覆盖全市所有乡镇、部分农业科技园区、种养殖大户、农业企业。全年培训农民20万次。同时辐射全国十余个省市，在京外建立50余个站点，累计培训农民超过50万人次。北京农村远程教育及信息服务工程是2002年北京市政府为市民办60件实事工程之一。该工程是在北京市政府、市科委和市农委的大力支持下，于2001年推出，并由北京市农林科学院农业科技信息研究所具体实施。工程通过卫星宽带网络与地面INTER—NET网、有线电视网、局域网延伸等相结合的综合网络，把农业科研成果、先进的农业科学技术以及实用的农业信息资源下传给基层农民。现北京市农村远程信息服务工程中心已建立起了较为完善的农业信息服务体系，农业信息资源建设已初具规模。

（市科委农村科技发展处　李国光）

抗击"非典"

市科委启动防治非典型性肺炎工作

4～5月间，市科委针对北京出现的SARS，与各有关临床医院的医疗科研人员积极探讨在非典型性肺炎的预防、治疗和控制上最紧迫的科研问题。同时，还决定结合临床防病、治病需求需要，综合北京地区的科研优势，联合北京地区各科研、医疗力量，从近期、中期、长期三个角度开展非典型性肺炎的科技攻关工作。如：4月13日，为疫病病人比较集中的协和医院、地坛医院、佑安医院、朝阳医院购置急需的－86℃超低温保存箱，帮助他们建立病例标本库，使一线临床搜集和积累到的疫病检测样本得以有效保存，为深入开展疫病科研提供条件保证。4月14日，先行拨款150万元，支持一线重点医院开展工作，同时，还慰问了部分临床医护人员，表达了科技坚决为临床服务的思想。同时，市科委还结合各医院在诊治非典型性肺炎临床工作的特点，组织中、西医临床专家研讨，从中医、西医和中、西医结合三个不同角度重点选择具有初步疗效的医院临床处方和有效的诊治方案进行筛选、分析、归纳、总结，为非典型性肺炎的预防和治疗寻找有效的检测方法和治疗措施。

（市科委办公室）

中关村科技园区高新技术企业向抗击"非典"一线捐赠

4月25日和28日，中关村科技园区高新技术企业向抗击"非典"一线捐赠仪式在中关村管委会举行。联想控股有限公司及所属联想集团有限公司、神州数码控股有限公司为奋斗在"非典"一线的广大医务工作者无偿捐助1000万元。时代集团公司、中关村生命科学园、北京柯瑞生物工程有限公司、北京泰科先锋科技有限公司等4家企业捐款捐物价值总额达160万元人民币。副市长范伯元代表北京市政府向上述公司表示衷心感谢。

（中关村科技园区管委会）

天坛生物公司和四环生物公司捐赠"非典"防治药品

5月6日，由市科委和市民政局组织，举行北京天坛生物制品股份有限公司、北京四环生物制药有限公司捐赠"非典"防治药品仪式。北京天坛生物制品股份有限公司董事长倪道明、北京四环生物制药有限公司总经理程度胜分别向北京无偿赠送2万支人免疫球蛋白（300mg/支规格），价值人民币45.8万元；2万支注射用重组人白细胞介素－2（"德路生"）（10万IU/支规格和20万IU/支规格各1万支），价值人民币205万元。总计25000人份，总价值250．8万元，用于流调队、市科教系统等一线工作者的"非典"防治工作。

（市科委生物医药与新材料处）

召开防治蝇虫传播"非典"专家研讨会

5月9日，市科协组织召开了"防治蝇虫传播'非典'专家研讨会"。来自北京预防医学会、昆虫学会、微生物学会、农药学会的有关专家就苍蝇蚊虫等对"非典"传播的影响进行研讨。专家们认为，"非典"主要传播途径是近距离呼吸道飞沫，而苍蝇等昆虫是否传播"非典"尚无可靠论据。但研究发现SARS病毒在垃圾中能存活24小时，在这种情况下不能排除苍蝇、蟑螂等媒介生物传播SARS病毒的可能性。因此，对苍蝇的危害要有足够认识,应展开除蝇灭蚊活动,切断一切“非典”可能的传播途径。专家建议:将“非典”与夏季消化道传染病一起防治,不要出现“非典”传播期未过而夏季传染病又袭来,以免顾此失彼。

(市科协　牛雅秋)

中关村高新技术企业第三次向抗击“非典”一线捐赠

5月15日,中关村高新技术企业第三次向北京抗击“非典”一线捐赠仪式在中关村西区举行。中星微电子有限公司、中关村国际环保产业促进中心、北京中科凯澜科技发展有限公司、北京同方洁净技术有限公司、北京悟能科技有限公司、北京柯瑞生物工程公司、北京海纳维盛公司、北大科技园、北京赛特瑞科技发展有限公司、北京理工中兴科技股份有限公司、东联软件基地、益华软件学院、中关村管委会等13家单位捐赠价值折合人民币1100多万元。副市长范伯元出席捐赠仪式并讲话。

(中关村科技园区管委会)

救护车负压技术用于抗击“非典”一线

5月20日,军事医学科学院无偿将救护车负压技术转交给北京市。市科委与军事医学科学院全力配合,由北汽福田汽车公司改装了20辆专用救护车,以最快的速度将科研成果推向抗击“非典”的第一线。救护车负压技术能确保救护车的病员舱维持负压,负压值为负50Pa至负80Pa,氧浓度大于19%,二氧化碳浓度小于1%,能有效的防止病员舱内被污染的空气向外界泄漏。

(市科委办公室)

海淀园举行携手防控“非典”暨研发成果和产品发布会

5月27日,中关村科技园区海淀园举行了高新技术企业携手防控“非典”暨研发成果、相关产品发布会。本次参加发布会的企业共59家,计102项产品及项目,其中参加展示的企业有39家,计78项产品及项目。副市长范伯元出席了发布会并讲话。会上,12家高新技术企业向海淀区防控“非典”指挥部捐赠了价值人民币355440元的现金和设备。

(海淀园管委会)

开发抗击“非典”的药物

5月31日,市科委针对“非典”适时设立“抗SARS治疗药物、疫苗、早期诊断试剂”研发项目并公开向社会征集。在征集到的94个项目中,15个项目通过专家论证并给予立项支持。其中北京科兴的灭活疫苗项目已经取得临床批件,这也是全球首个取得临床批件的SARS灭活疫苗项目;天坛生物的灭活疫苗项目已进入临床受理阶段;中国医学科学院基础医学研究所承担的“基因工程预防SARS疫苗的研究”进展顺利,基本完成预定指标。

(市科委生物医药与新材料处)

推出“KJJ1101等离子空气净化器”等防治“非典”产品

5月,中关村国际环保产业促进中心积极协调园区资源,组织有关科技企业联合攻关,推出具有持续杀灭病原菌及病毒的新设备——KJJ1101等离子(杀菌型)空气净化器及紫外光催化杀菌消毒型空气净化器,用于室内的空气净化,如家庭、公共办公区等,特别是室内环境污染较重的医院以及人员流动量大的公共场所，为防治“非典”作贡献。

（中关村科技园区管委会）

召开加强“非典”科研成果工作协调会

6月10日，市知识产权局召开了主题为“加强非典型性肺炎科研成果知识产权工作”的综合协调会。来自市科委、市教委、市卫生局、市地税局、市财政局的同志参加了会议。参会人员指出，面对日趋激烈的全球“非典专利”之争，北京市应当充分利用其资源、技术和人才优势，合理及时地将我市防治“非典”的科研成果申请国内和国际专利，打好SARS的专利攻坚战。市政府各有关部门要密切合作、加强协调、及时沟通，为“非典”知识产权工作保驾护航。

（市知识产权局　龚　飒）

中关村科技抗击“非典”新技术、新成果展示举行

6月13日，由中关村科技园区管委会主办的中关村科技抗击“非典”新技术、新成果展示及信息发布会在北大生物城举行。北大未名、北京科兴生物制品有限公司、北京天坛生物制品股份有限公司、三元基因公司、北京金赛狮公司、四环生物公司、北京中星微电子公司等一批高新技术企业集中展示了他们抗击“非典”的新技术、新成果。

（中关村科技园区管委会）

神州数码等单位向中国疾控中心捐赠“呼叫中心”系统

6月20日，神州数码与罗克韦尔公司联合向中国疾病控制中心捐赠“呼叫中心”系统。“呼叫中心”系统基于罗克韦尔 FirstPoint Contact 公司“FirstPoint 商业版”构架，是一套集成了 ACD(自动呼叫分配器)、CTI(计算机电话集成技术)等多种先进技术的开放式交互系统，同时支持语音、电子邮件、网络、无线以及 VOIP 等多种接入渠道，系统简单，功能全面，可快捷方便地为用户提供智能化服务。

（中关村科技园区管委会）

举办2003全球人类抗击SARS招贴设计网上公益大赛

6月，由北京工业设计促进会、北京晨报、中央美术学院设计学院、设计在线等联合主办的“力量、生命、科学”——2003全球人类抗击SARS招贴设计网上公益大赛专家评选圆满完成。这是首次全程基于网络的国际招贴设计大赛。8位来自不同国家的世界著名设计家成功进行了网上投票评选。来自世界各地的近500件职业设计作品和800件学生设计作品参赛。职业组“全球人类抗击SARS”等11件作品和学生组“众志成城，战胜非典”等10件作品获最佳设计奖。同时还评出了职业组39件作品和学生组43件作品获优秀设计奖。

（市科委）

举行防治非典型性肺炎国际科技研讨会

7月10日～11日，由科技部、教育部、卫生部、市政府、中科院、中国工程院、国家自然基金委员会等部门主办的“防治非典型性肺炎国际科技研讨会”在京举行。此次研讨会是为借鉴国际先进经验，提高非典型性肺炎领域的科研水平，促进全球SARS科技攻关而召开的。来自中国、美国、英国、俄罗斯等15个国家和地区的300余名专家和世界卫生组织的代表参加了此次会议。研讨会围绕

非典型性肺炎的诊断技术、疫苗和药物研制、临床治疗方案、流行病学研究四个专题进行交流和讨论。国务委员陈至立在讲话中希望与的国内外专家加强合作与交流，共同研讨防治非典型性肺炎的科技与对策，为人类最终战胜共同敌人做出新贡献。科技部部长徐冠华对我国防治非典型性肺炎科技攻关工作进展和下阶段工作部署做了介绍。范伯元副市长指出，加强国际范围内的科技交流，共享防治"非典"的知识、信息和经验，开展跨国与跨地区的科技合作与攻关，对于人类早日彻底战胜"非典"至关重要。

（市科委国际合作处）

开展抗"非典"知识产权系列宣传活动

"非典"时期，市知识产权局先后通过在北京电视台(BTV－1)18:30新闻节目后打出"保护知识产权，优化发展环境"宣传字幕；连续播出8集知识产权电视宣传片——《知识产权在北京》；在北京电视台BTV－1、2、3频道滚动播出4部知识产权公益广告片；网上进行"4.26"知识产权百题竞赛；北京八龄童抗"非典"游戏棋免费申请专利新闻宣传；组织撰写"北京专利全力阻击'非典'"、"中科捐款20万元为抗击'非典'助力"、"医学防护与技术成果保护两手都要硬"等宣传稿件，展开了一系列知识产权宣传活动。

（市知识产权局　张伯友）

市政府顾问团为抗击"非典"作出贡献

2003年，市政府专家顾问团面对突如其来的非典型性肺炎疫情，调动京区资源，协调各界科技力量，在科学防治"非典"方面开展积极有效的工作。生物医药组顾问、军事医学科学院院长赵达生将军明确表示，军事医科院的全部成果均无条件提供北京，全力以赴支持北京打赢"首都保卫战"。军事医学科学院调配力量，组织攻关，第一个从非典型性肺炎组织标本中分离出冠状病毒，从而确定了冠状病毒是导致此次疫情的致病微生物，为抗击"非典"找到了突破口。此后，又成功试验出酶联免疫和免疫荧光检测方法，并研发出抗"非典"的w干扰素。生物医药组顾问、协和医院刘谦副院长积极组织相关院所开展防治"非典"药品的研制工作，成功开发出治疗"非典"引起的急性肺损伤的"西维来司纳"，成为国家启动快速审批通道后批准的第一个进行临床试验研究的"非典"治疗新药。同时还通过顾问网站组织了大规模的咨询活动，专家顾问踊跃建言，从流行病学、防治医学、药理学、心理干预、社会组织控制、科学生活方式等多个学科和角度，提出了大量的有价值的建议和措施，并上报有关部门，对"非典"的防治产生了积极的作用。一些顾问还参与了北京市建立突发事件应急指挥体系的工作。

（市科委软科学处　马　斌）

市科协组织科技专家以多种形式抗击"非典"

2003年，在抗"非典"的斗争中，市科协及时呈报抗击"非典"专家建议40余条，其中，制冷学会《关于成立北京市防治"非典"时期制冷空调系统专家小组并立即开展相应工作的建议》，得到代市长王岐山，副市长张茅、范伯元的高度重视和批示。所拟定的《北京建筑通风系统预防"非典"确保安全使用应急管理措施的实施细则》，以市政府文件的形式印发全市执行，并通过媒体向社会公布，为预防通过空调渠道交叉感染"非典"发挥了重要作用。同时，市科协积极支持了20余项防治"非典"学术交流项目。所属各医口学会提出了《北京地区非典型性肺炎临床工作指南》、

《北京地区中医药治疗“非典”临床方案》、《“非典”病区护理人员排班原则》、《检验科SARS标本检测安全管理指南》等一系列工作规范，为提高医疗救治水平和预防应对能力，降低医护人员感染率、提高救治率做了富有成效的工作。并开通了治疗技术咨询热线；联合中国科协向首都抗“非典”一线受感染医护工作者捐款40万元；组织了两次专家访谈电视节目；开通了3条防治“非典”知识电话咨询热线，包括北京心理卫生学会开通的全国第一条“预防恐惧综合症”心理援助专家热线；与北京广播电台北京新闻台合作开办了“万众一心、防治非典”专题节目；面向基层，及时制作、发送了普及防治“非典”知识的录音磁带、手册、挂图、展板等。

（市科协　牟相军）

科技奥运

奥运中关村经济协调委员会成立

1月8日，中关村科技园区正式成立“奥运中关村经济协调委员会”。其主要的职能是负责搭建奥运信息平台，传递奥运相关信息；结合奥运的需求建立和完善企业产品、技术项目数据库，特别是深度挖掘有自主知识产权及有发展前景的一批重点项目和技术；协助企业开拓市场，提供已经参与奥运规划制定或奥运项目的企业或单位名单，推荐企业与之建立联系等等。

（中关村科技园区管委会）

举办北京国际体育基础设施和场馆技术展览会

1月22～24日，市科协、北京城市规划学会等单位组织的“2003年北京国际体育基础设施和场馆技术展览会暨2003年奥运科技前景论坛”在国际贸易中心举行，来自国内和英、美、法、德、日等15个国家和地区的71家厂商参展，19位国内外权威人士围绕“2000年悉尼奥运会宝贵经验”、“绿色奥运的生态学内涵、行为和示范作用”、“北京交通设施规划”、“城区的通讯与信息”等内容作了专题演讲。市委书记刘淇、副市长刘敬民等参观了展览。

（市科协　石　军）

中美奥运科技合作电视会议召开

7月16～18日，市可持续发展科技中心组织召开了中美奥运科技合作天然气技术联合工作组，奥林匹克公园能源、资源规划联合工作组电视会议。会议主要围绕天然气的合理利用、发展分布式电源存在的障碍、绿色奥运资源规划等议题展开。美国国际可持续发展中心、美国能源部、美国热电联产委员会、国际能源资源公司、美国全国管理利用委员会、康明斯公司、美国英格索兰公司的政府官员和相关专家与奥组委、奥科委、市科委、市规委、清华大学、中科院工程热物理研究所等单位的有关领导参加。双方主要讨论了天然气的合理利用、分布式电源发展等议题。中方首先介绍了北京市发展天然气热电冷联供项目存在的机会和障碍，提出了合理利用天然气的几种方案，指出应该有条件的发展天然气热电冷联供，另外还就北京市目前天然气热电冷联供项目并网存在的技术和管理障碍提出了问题。美方专家介绍了已经取得的经验和对北京市发展天然气热电冷联供的看法，提议在 www.solarcity.org 上开设论坛作为双方交流的平台。会议还围绕奥运村能源规划展开讨论。奥组委技术部介绍了北京奥林匹克运动会工程项目进展情况，市规委市政处介绍了奥运园区的整体规划方案及进展，美方表示愿意在技术和示范方面提供支持，此外双方还就共同关心的奥林匹克公园能源规划、水环境规划、固体废弃物处理、城市交通规划等问题交换了意见。

（科技奥运办公室）

“奥运科技(2008)行动计划”领导小组暨奥科委全体会议召开

8月8日,“奥运科技(2008)行动计划”领导小组暨奥科委全体会议召开。奥科委主席、北京市人大常委会副主任林文漪,科技部副部长邓楠,北京奥组委副主席王伟,以及各成员单位的共12位副部级领导出席了会议。会议由奥科委副主席、北京市副市长范伯元主持。会议听取了关于科技奥运建设近一年来主要进展情况及下一阶段重点工作的建议的汇报;关于科技奥运项目进展情况的汇报;关于近期组委会科技奥运工作及下一步科技奥运需求的汇报。林文漪、邓楠对会议进行了总结。

会议决定:①对科技奥运工作要提高政治责任感和紧迫感,要以饱满的热情和务实的工作精神,积极主动地参与到科技奥运建设当中。②进一步完善奥科委工作机制。实践证明,现有的工作机制是有效的。今后要进一步完善奥科委的工作机制,加强各部门信息沟通和工作协调,提高工作效率,做好科技奥运工作。③做好已启动科技奥运项目以及后期立项工作。重点实施“科技奥运十个重大项目”和一批重点项目,并要抓实、抓细,做好项目中期检查工作。随着奥运筹备工作的进一步深入,要不断挖掘奥运科技需求,并和奥运建设结合起来,陆续启动一批有创造性的亮点项目,在立项时要考虑到它的可靠性和经济性,争取在最佳时间得到最佳效果,使项目成果能直接用到2008年奥运会上。④奥科委的工作要更密切地与奥组委相结合。奥组委要充分利用奥科委各成员单位的力量为奥运建设服务。⑤进一步加强科技奥运国际合作。要继续加强与国外政府机构、企业的合作开发,将更先进可靠的技术成果应用到奥运中来。要开好今年在欧盟举行的“中—欧数字奥运工作小组”会议,派人到雅典学习奥运会筹备的经验,抓好与法、德等国家已建立起来的合作框架下的推进工作,已开展的合作项目要抓紧实施。⑥做好科技奥运宣传和信息沟通。加快奥科委网站建设工作,做好《奥运科技工作简报》的编辑工作,通过网站和简报的信息传播作用,促进各成员单位之间信息交流和工作协调。

(科技奥运办公室)

开展科技奥运重点项目中期检查工作

8月,奥运行动计划和奥科委全体会议决定,启动科技奥运重点项目实施情况中期检查工作,通过检查主要达到以下三个方面的目的,其一,是通过检查发现并解决项目实施中的问题,确保项目能够按质、按量、按时完成,服务、应用于奥运建设;其二,是使组委会相关部门、项目组织单位和承担单位及时、有效沟通,便于在工作中进一步开展合作;其三,针对奥运建设不断出现的新需求,不断调整和补充科技奥运项目的目标和内容,实现科技奥运项目组织与奥运建设更紧密地结合。10月17日,北京奥科委在北京新技术创业服务中心组织召开了“科技奥运项目中期检查工作启动会议。”会议听取了有关科技奥运重点项目总体进展情况汇报及从奥运角度对科技项目的建议。奥科委林文漪主席总结了科技奥运建设工作进展情况,并对今后工作提出了明确要求:抓紧做好十个重大项目以及其他科技奥运项目的实施工作;与国外政府间进行合作与交流,借鉴国外经验;建立有权威的专家咨询系统,很好地评价我们的成果;必须要做好各项准备工作,搞好项目中期检查工作。科技奥运项目中期检查范围包括“科技奥运十个重大项目”、“国家科技攻关计划奥运科技专项”、“科技奥运重点项目”在内的近三年启动实施的科技奥运项目,由科技部相关司、北京市相关部门、组委会相关部门、奥科委各相关部门组成联合检查小组，采取集中汇报结合实地考察的方式及填表检查方式进行检查。拟用 3～4 个月左右的时间，于 2004 年 3 月结束，并形成“项目中期检查报告”。

（科技奥运办公室）

召开国防科技工业参与奥运科技行动计划项目推介会

9 月 2 日，国防科工委科技与质量司、市科委在北京联合召开国防科技工业参与奥运科技行动计划项目推介会。会议由国防科技工业科技成果推广转化研究中心和北京技术交易促进中心承办。北京奥组委、奥科委、科技部、国家体育总局、北京市有关单位领导应邀出席了会议。隶属于国防科技工业系统十大军工集团公司和中国工程物理研究院及其高校的国防科技工业企事业拥有一大批从事军民品科研开发的研究机构、国家级重点实验室，每年都研制开发出大批量高新技术成果。此次推介会以奥运对科技的需求为出发点，甄选十几个国防科工具有优势的技术成果，涉及大气、固体废弃物、水污染防治、奥运场馆建设、奥运安全、通讯技术、智能交通、新型车辆、新能源、运动器材等诸多领域。如中国原子能科学研究院的核技术在奥运安检装备中的关键技术研究；上海太阳能科技有限公司的太阳能光电应用；航天科工集团公司采用当前最新的无线网络技术，开发出的可以对显示屏进行实时控制的多屏显示系统。

（北京技术交易促进中心）

举办系统仿真与科技奥运国际研讨会

10 月 24 日，国家体育总局科研所主办的“系统仿真与科技奥运”国际研讨会在京举办。此次会议是为进一步推动系统仿真技术在体育领域中的研究与应用而召开的。会议邀请了国内外知名专家讲授系统仿真技术在奥运会组织管理、人体生物科学、运动训练学等领域的应用、最新动态和最前沿的虚拟现实技术。在虚拟环境与医学应用领域做出过杰出贡献的美国亨利·福克思教授、韩国科技大学虚拟现实中心主任元光渊教授和瑞士国家联邦研究中心的马汀·瑞河作了专题发言。我国也派出了在虚拟现实领域做出突出成绩的王东木教授、潘志庚研究员和陈小武教授作了代表我国最前沿技术水平的报告。

（科技奥运办公室）

中国自动指纹识别技术达世界先进水平

11 月 11 日，从中国科学院自动化研究所获悉，由该所一批年轻科学家创建的北京数字指通软件技术有限公司最新研发的“DSP 嵌入式指纹识别模块”，在国际模式识别协会组织的指纹识别认证中居国际科研单位第一，各项指标均达到世界领先水平。应用于“DSP 嵌入式指纹识别模块”基于混合匹配的自动指纹识别算法，是在中科院自动化所十多年模式识别经验与成果基础上，研发的具有完全自主知识产权并能代表目前全球指纹识别技术领域先进水平的指纹识别算法。该技术在拒真率、认假率以及指纹拒登率等主要指标上达到国际先进水平，并解决了指纹生长变形、指纹缺损、指纹干扰等问题，既可保证在联机状态下进行指纹处理的效果，也可高速高效地在嵌入式系统中进行指纹处理。自动指纹识别技术是集传感器技术、生物技术、数字图像处理、模式匹配、电子技术于一体的高新技术，由于它具有惟一性和稳定性等特点，已在计算机自动化办公系统、金融、保险、证券、电子商务、社保、身份证管理等行业以及军方和警方得到普遍应用。

"DSP嵌入式指纹识别模块"技术目前正在申报科技奥运项目，希望2008年能够服务奥运会。

(科技奥运办公室)

国家体育场结构方案设计暨第二次钢结构研讨会召开

11月28日，由北京市国有资产经营有限责任公司、国家体育场有限责任公司(筹)共同举办的"国家体育场结构方案设计暨第二次钢结构研讨会"召开。会议主要对"鸟巢"结构方案的设计使用年限、基准期，风、地震、雪等设计荷载，钢材、混凝土等材料性能，结构选型和结构布置，抗震设计手段以及钢结构安装、加工等内容进行探讨，重点集中在设计中的难点问题，以调整修正完善设计方案，为初步设计工作提出指导性意见。董石麟院士、沈世钊院士、清华大学钱稼茹教授、同济大学李国强教授、中国建筑科学研究院徐培福研究员等10多位著名专家到会，对国家体育场结构设计进行了深入探讨。

(科技奥运办公室)

召开科技奥运信息领域项目中期检查会

12月17日，在北京高技术创业服务中心召开了"科技奥运信息领域项目中期检查会"。出席会议的有市科委副主任李锦涛、奥组委技术部副部长侯欣逸、市科委委员李石柱，以及相关领域专家、项目承担单位负责人等。由项目管理人员与专家共同组成的中期检查评审组，对信息领域重点项目执行情况逐一检查。评审组认为所有汇报项目总体进展顺利，基本能与奥运的需求相结合。"面向奥运的WLAN系统及产业化推动"于2003年11月立项。目前，该项目正在对电信运营商、集团客户、国家体委、奥林匹克实业中心等主要客户进行业务需求调研，初步完成了组网方案框架，确立了技术总体趋势；此外，项目还确定应用服务范围，初步制定了应用服务标准，确定了产业链条、接洽服务门户、分账机制和组织分工等。"多语言智能信息服务网络系统"是为克服2008奥运会期间的语言障碍问题，向奥运参与者提供综合、全面、多语种、可定制、个性化的多语言信息服务而设立的。该项目目前已完成需求分析、总体结构设计及接口标准制定；攻克了四个共性核心技术，开发并完成了核心技术所需的资源库建设，建成了多语言智能信息服务平台原型等。"面向北京数字奥运的无线移动IPV6接入示范网络系统设计与应用实验"项目是奥运信息网络的基础设施，目前进展良好，已基于北京科教网建成移动IPV6示范网，并对多项影响IPV6实用化的关键支撑技术进行了研究，已形成多个具有自主知识产权的产品或产品原型，其阶段成果也已得到示范应用，对网络速度的改进和安全性的提高有很大作用。此外，"北京800MHz数字集群移动通信系统工程配套关键技术研究"、"虚拟奥林匹克博物馆"进展顺利，"信息安全关键技术及防范体系研究"已有阶段成果，其中PKI系统达到国际水平，安全数据库被军队系统使用，密码芯片已应用于北京地税系统，并打算用于市民卡。

(科技奥运办公室)

召开国家科技攻关计划奥运科技专项项目中期检查会

12月25日，召开了"国家科技攻关计划奥运科技专项项目中期检查会"。参加会议的有科技部高新司巡视员邵立勤、奥组委技术部副部长侯欣逸、市科委委员李石柱，以及相关领域的专家、项目承担单位负责人等。项目管理人员与专家共同组成中期检查评审组，对科技部高新司管理的8个重点项目逐一进行了检查。评审组认为所有汇报项目总体进展较好，按期完成了计划规定的指标，基本能与奥运的需求相结合。“数字化三维人体运动的计算机仿真研究”项目已初步建立了仿真分析实验系统，完成了人体运动跟踪环境和运动数据系统的调研及数据收集工作，建立了逼真虚拟运动员的生物力学模型，开发出三维蹦床动作仿真工具和基于视频的人体运动跟踪与分析，该蹦床运动三维仿真分析与训练系统已在国际蹦床锦标赛上做了演示，取得良好反响。“数字奥运基础信息服务软件开发”项目已完成了元数据标准研究及元数据网络服务系统原型的开发、地理编码数据库的研究、移动用户服务体系设计、移动定位用户服务实验性平台建设、公众信息服务平台的设计方案，并深入进行了“分布式异构数据库的互操作模型”及“面向事件的信息调度模型”的分析研究。“新能源综合利用建筑研究与示范”项目已完成了8000平方米的新能源示范建筑，并已投入使用；50千瓦太阳能并网发电系统安装调试完成，进入试运行期；并申报了多项专利等。此外，“海量数据存储和处理技术”已完成服务中介站；“多语种实时互译系统研究”完成了系统总体结构设计和接口标准的制定，建成了多语言智能信息服务平台；“奥运场馆瞬间热启动金卤灯具系统的开发”完成了样机组装和实验，绝缘端子的设计和加工以及控制线路的研制；“奥运环境遥感动态监测研究”完成了前期数据归一化处理，航空、航天遥感数据获取，奥运专题信息提取方法与统一处理流程实验等；“奥运会信息系统集成测试总体方案及集成测试管理平台的预研”完成了相关资料的调研分析，测试管理平台的研发等。

（科技奥运办公室）

推出绿色奥运建筑评估体系

12月，“绿色奥运建筑评估体系”项目通过专家组审议。专家认为研究成果对澄清和规范绿色建筑概念，推进绿色奥运建筑，促进我国在大规模城市建设中的可持续发展，有重要的理论意义和实用价值；可用于指导建设项目的规划、设计、施工和管理各个环节，也可用来进行绿色建筑的具体评估。奥组委有关部门已表示将在奥运项目建设中推荐使用这一成果。该项目2002年立项，是“奥运科技十大重点项目”之一，清华大学、中国建筑科学研究院、北京市建筑设计研究院等9家机构的40余位专家参与研究。其指导思想是：最大限度节省资源；最大程度减少对环境的破坏；营造健康舒适的人居环境。该体系分别从环境、能源、水资源、材料与资源、室内环境质量、日照、防风等众多方面对建筑进行评估，覆盖了建筑规划、设计、施工、验收与运营管理等各个环节，共有几百项指标，其中绿色建筑分为五个等级。这一评估体系将逐步应用于住宅、商业建筑、体育场馆的全程跟踪评估，并逐步推广，从而规范整个行业的绿色建筑标准。

（科技奥运办公室）

计算机指纹安全登录/远程认证系统通过验收

2003年，由北京科瑞奇技术开发股份有限公司承担的计算机指纹安全登录/远程认证系统项目通过验收。该项目利用自主知识产权开发的指纹识别技术，在不改变计算机操作系统常采用的“用户名+口令”的认证用户身份方式的基础上，成功地将指纹特征比对模块嵌入到计算机操作系统的安全管理模块中，增加了利用用户指纹登录计算机操作系统的功能，并建立起详细的指纹登录用户档案。通过这种将人体生物特征与身份识别技术和信息安全技术结合起来，采用活体指纹特征识别技术，为计算机用户提供了一种安全程度更高的登录计算机和网络、进行远程身份认证的完整解决方案。用户通过指纹登录仪可以进行单机认证或网络远程认证，保障了认证过程中信息传输的安全性和完整性、防假冒、防篡改性，有效地保障了计算机和网络安全。目前，项目成果在北京“市民卡”社保系统已应用，用户反映良好。该项目还可推广到国家各级政府部门、军事部门以及企事业单位，在电子政务、电子商务、金融证券、银行税务以及大型企业中，都将会有广阔的应用前景。

（市科委信息技术处）

“话语翻译关键技术研究”项目取得重要进展

2003年，由中科院自动化所模式识别国家重点实验室研制的可针对2008年北京奥运等特定领域智能翻译的“话语翻译关键技术研究”项目取得重要进展，已可初步为这些领域的智能翻译提供语音合成及语意分析等技术支持。该项目可实现：当两人在使用不同国家语言对话时，系统中的“虚拟翻译”就实时地将对话内容翻译成通话者熟悉的语言，形成无障碍交流。该技术系统包含中国专有名词300万个，通用领域口语对话语料8.1万句，中、英、日三语对照各2万句，基本可满足某些特定领域的翻译工作，及奥运期间各国运动员、政府官员、记者、体育爱好者和观光旅游者获取奥运信息、观光、购物和旅行的需求。该研究已通过专家组验收，并作为核心成员加入了国际口语自动翻译联盟。

（科技奥运办公室）

奥科委成员单位积极开展科技奥运工作

2003年，奥运行动计划和奥科委各成员单位开展了大量卓有成效的工作。教育部积极组织高校力量，参与奥运科技项目的研制，在智能交通、电动汽车、洁净能源等项目方面做了大量的工作，并积极组织高校申报国家体育总局2003年备战奥运会重点科研攻关招标项目。国防科工委与北京市组织召开了“科技奥运需求研讨会”，各军工集团公司推荐了参与北京奥运场馆工程建设的项目300多项，并组织队伍进行奥运会中国运动员竞赛用枪、弹的研究与研制。国家体育总局制订了《奥运争光科技运行计划》和《备战奥运会科技工作重点研究领域实施方案》，确定了10个领域的60个科研项目作为重点攻关课题；以田径、游泳、赛艇、皮划艇4个运动项目为试点，建立科学训练监控服务体系。中科院通过举办多种形式的奥运科技供需调研会和研讨会，积极开展奥运科技需求调研；知识创新工程项目倾斜支持各类奥运科技项目。中国工程院与北京市交通发展委员会共同组织了《北京交通发展纲要》的咨询活动，与有关单位共同举办了首届“中国奥运交通论坛”；组织了沙尘暴问题的专题研究；与北京市人民政府“联合开展奥运科技工程”，提供技术咨询与服务；组织了“混凝土工程耐久性与耐久性设计论坛”等。中国气象局制定了《2008年奥运气象服务计划—奥运气象科技运行分计划》；设立“奥运气象保障技术研究”等专项课题，围绕天气预报全程精细滚动预报技术、奥运会期间灾害性天气短时和邻近预报技术以及气象条件对奥运体育运动项目的影响分析研究；同时开展“奥运会雷电监测和预警系统关键技术研究”等。中国科协积极发动各级学会和北京市各级科协，组织开展“奥运科技”科普宣传活动；积极筹备中国科技馆三期工程，为举办以“科技奥运”为主题的展览做准备。国家自然基金委受理与奥运有关的重点研究项目14项，目前正在组织评审工作，拟资助2500万元。信息产业部从全面提高2008奥运会科技含量和通信保障水平，力争在2008年实现人类历史上第一次真正意义的“宽带奥运会”的考虑出发，提出了《支撑2008奥运会的全业务、智能化宽带化通信网络关键技术及实施方案研究》项目。北京奥运会组委会技术部对奥运科技需求进行发掘和整理，对科技奥运亮点工程提出了初步建议；与市科委共同研究制定了奥科委办公室工作机制，以及奥科委办公室工作办法等等。北京市信息化办公室在完成《数字奥运建设专项规划》编制工作的基础上，推动了一批重点领域项目的前期研究与示范工程建设，如奥运场馆建设三维仿真系统、住宿综合信息系统、奥运物流信息平台研究与建设、奥运建设综合信息系统等。市科协专门设置成立了"促进科技奥运工作委员会"，发挥联系专家广的优势，围绕"安全奥运"、太阳能应用、环境保护、北京交通规划等，开展了不同形式的论坛、研讨，许多建议得到市政府的采纳。中关村科技园区管委会成立了中关村奥运协调委员会；在第五届中关村项目推介暨投资洽谈会期间举办了"奥运经济研讨会"；建立了奥运项目数据库，目前已经从中关村科技园区30家企业征集了44个与奥运相关的项目。

（科技奥运办公室　王瑞丹）

科技奥运重大项目顺利实施

2003年，启动了"奥运科技十个重大项目"，标志着科技奥运建设进入更加务实的大规模建设阶段。

"北京市智能交通（ITS）规划及实施"项目：奥运交通规划和管理正在进行交通模拟；不停车收费系统方案已经选定；"西单地区停车诱导系统一期工程"已经建设完成并投入使用；"智能交通管理系统示范工程"已完成交通控制系统总体设计，交通信息处理系统已处于试运行阶段。"电动汽车运行示范、研究开发及产业化"项目：纯电动大客车关键技术——90kW稀土永磁直流发电机及控制系统已经开发完成；已研制完成纯电动豪华旅游客车、纯电动低地板公交车、纯电动准低地板公交车、纯电动中巴车等4种电动客车。"洁净能源示范工程"项目：北京太阳能所10kW太阳能光伏发电系统已正式并网发电；天普新能源综合利用示范楼已于6月竣工，其50kW光伏发电系统将于年内实现并网发电；蟹岛生态度假村太阳能路灯、草坪灯等工程已开始试运行；太阳能游艇已于9月份在昆明湖正式下水。"多语言智能信息服务网络系统"项目：正在建立多语言智能信息服务网络试验平台，已完成5个演示系统；多语言的内容管理系统开始针对具体领域进行优化，正在实现一个面向奥组委的体育信息内参系统。"北京防沙治沙关键技术研究与示范工程"项目：在北京延庆、大兴、昌平等地建立了一批不同类型的防沙治沙示范区，并已逐渐开始发挥防沙治沙功能。"高性能对地观测微小卫星技术与应用研究"项目：已于7月21日与英国萨里卫星技术有限公司正式签约；同时，围绕小卫星在奥运中的应用，国土资源部、国家测绘局及北京市相关部门已启动相关工作。"食品安全关键技术研究"项目：已制定完成相关农产品的质量标准和生产技术规程，对17个蔬菜中心示范基地和280个养殖小区，8个配送企业和6个区县进行生产经营指导。"奥运信息安全与软件系统仿真测试关键技术研究"项目：指令安全信息CPU已交付厂家生产；基于虹膜识别的多级PKI认证系统原型已开发完成。"绿色建筑技术标准及应用示范"项目：即将完成绿色建筑相关标准的综合研究工作并形成技术规范。"兴奋剂检测技术与设备研究"项目：已经完成了原理性试验，得到了最重要的26种兴奋剂抗原抗体并对其进行了性能测定，检测了88个阳性运动员以及50余种兴奋剂标准品，取得了重要的实验结果。

（科技奥运办公室）

中国与欧盟展开数字奥运方面的合作

2003年，在科技部徐冠华部长和马颂德副部长的协调之下，中国与欧盟在数字奥运方面的合作全面展开。双方成立了“中—欧数字奥运工作组”，商定每年召开两次联席会议，分别在中国和欧盟举行。4月，中欧数字奥运高层研讨会在北京成功举行，双方基本确定了26项数字奥运科技合作项目意向。11月4日中国代表团到欧盟总部布鲁塞尔参加了中欧数字奥运信息日的活动，并召开了数字奥运工作组第二次会议。代表团考察访问了雅典和巴塞罗那奥运会与数字奥运项目有关的奥林匹克组织委员会和机构，就技术管理、奥运会比赛地点的选择、奥运会比赛场馆的运营、城市发展与奥运会等方面获取了相关的经验和教训。双方回顾了工作组第一次会议以来的各项合作活动。在ISF/FP6规划下，数字奥运战略计划已经选定，二十七项新的项目建议书已经提交给工作组成员。双方同意将进一步交换这些项目的详细信息，帮助项目的实施方寻找合作伙伴，并且研究了支持这些项目的可能性。双方将就项目的联合资金支持和实施保持紧密联系。

（科技奥运办公室）

高新技术及其产业

信息技术

“和欣1.0”操作系统通过鉴定

1月11日，由教育部科技发展中心主持的“‘和欣1.0’操作系统技术鉴定会”在清华科技园学研大厦召开。会议通过了对清华大学、北京科泰世纪科技有限公司近期研发成功的“基于中间件技术的因特网嵌入式操作系统及跨操作系统中间件平台”的成果鉴定。

（中关村科技园区管委会）

中星公司彩信手机多媒体处理芯片专家评审会召开

1月24日，信息产业部电子信息产品管理司主持召开了北京中星微电子公司彩信手机嵌入式多媒体处理芯片开发及产业化项目专家评审会。该项目的实施将充分发挥中星微已有的软件开发优势，推动中关村的移动通信本地化建设步伐。信息产业部电子信息产品管理司、清算司，市经委，中关村管委会的有关负责人参加了此次会议。

（中关村科技园区管委会）

《关于加快本市网络计算机推广应用和产业化发展实施方案》发布

1月28日，北京市人民政府办公厅向各区、县人民政府，市政府各委、办、局，各市属机构发出转发市计委2002年12月发布的《关于加快本市网络计算机推广应用和产业化发展实施方案》的通知（京政办发［2003］3号）。该方案的总体思路是以支持拥有自主知识产权的国产CPU芯片的开发和产业化为重点，以政府采购为引导，通过网络计算机在教育、金融、税务、商务、电子政务等领域的推广应用，培育网络计算机消费市场，带动企业研发、生产、销售、服务，奠定本市网络计算机产业发展基础。方案规划2003年将实施200个网络计算机示范工程项目和推广应用项目，2004年及以后按市场需求扩大应用领域，增加网络计算机应用数量。具体是援藏援蒙学校60所，市政府工作部门40个，区县有关电子政务30个，银行、证券、保险等领域10个，医疗卫生系统10个，商业系统15家，市属科研单位及国有大中型企业15个，西部开发信息化建设20个。方案采取对网络计算机示范工程项目具体实施方案组织专家进行论证并公开招标的方式，实行政府采购，并对各项目进行检查验收。

（市科委高新技术产业处）

举办北京软件产业论坛

1月30日，市科委在日本东京举办了北京软件专场推介会——北京软件产业论坛，成功地向日本大力宣传了北京的软件产业。论坛会上，北京的企业和日本主要企业、机构的代表进行了深入的讨论，增进彼此的了解。市科委副主任俞慈声表示，北京软件企业与日本软件企业已合作多年，建立了许多稳固的伙伴关系，现在是双方进一步优势互补、拓展合作的新时机。北京将帮助日本企业获得成本优势、技术优势和进入中国市场的先入优势。北京软件产业促进中心介绍了中国软件产业的发展战略与发展道路,着重分析了北京软件产业的突出优势,产业的发展目标和市场机会及北京的软件产业政策和发展环境,说明了北京软件产业的出口状况,出口企业的构成,特别是北京对日软件出口的基础和北京政府为推动对日软件出口发展而设立的重大项目。北京首次在东京举办软件产业论坛,引起了日本软件业界的极大关注,参加者络绎不绝。与会者对北京软件出口相关政策、北京与其他城市的比较、入驻北京的手续、北京有多少JA－VA人才等极其关注,并有多家企业表示,期待同北京合作。

(北京软件产业促进中心)

京东方公司收购韩国现代电子集团三条TFT－LCD生产线

2月13日,中关村科技园区国有股份制企业——京东方科技集团股份有限公司收购韩国现代电子集团三条TFT－LCD(薄膜晶体管液晶显示器件)生产线一事尘埃落定。京东方正式向外界宣布:由京东方科技持有100%股份的TFT－LCD事业子公司——BOE－HYDIS技术株式会社已于2003年1月22日在韩国注册运营。该并购案涉及金额约为4亿美元,是我国迄今为止最大的海外收购案例。BOE－HYDIS将主要生产17英寸的薄膜电晶体液晶显示器。

(中关村科技园区管委会)

中国—IBM Linux解决方案合作中心正式成立

2月24日,市科委、市信息化办公室和IBM中国公司宣布“中国—IBM Linux解决方案合作中心”正式成立。该中心是秉承去年北京市与IBM中国公司签订的Linux合作备忘录的合作意向而建立的,是目前中国首家政府直接支持的Linux技术支持机构。副市长范伯元出席活动并发表了讲话。他指出,北京市在国家信息产业部和科技部的支持下,近年来重点发展基础性、战略性、前瞻性和关键性软件技术的研究开发和产业化,初步形成了一条完整的软件产业链,成为中国自主知识产权软件技术的发源地。中国——IBM Linux解决方案合作中心的成立正是北京软件产业实施自主战略的一个重要举措。他还强调,加强与跨国公司的合作是北京软件产业发展的重要战略,他希望该中心对进一步扩大北京软件产业在行业应用领域的优势作出贡献。中国——IBM Linux解决方案合作中心将实施Linux人才的培养和吸引更多的合作伙伴,关于教育培训方面,已开始制定针对Linux师资、系统管理员、用户、IT架构师和系统分析设计人员的详细计划,也将采用一些新的教学方式,如远程教育、大学人才交流等。目前,中国正在酝酿一个合作伙伴培训计划,以提高合作伙伴的Linux技术实力。

(北京软件产业促进中心)

市政府与微软加强合作推进北京市软件产业发展

2月27日,市科委和市信息办与微软(中国)有限公司在京签署合作备忘录,宣布微软将进一步在北京扩大投资,双方将在电子政务、软件外包、人才培训等方面进行广泛的合作,共同推进北京市软件产业的发展。作为合作备忘录的一部分,微软同时宣布将在北京投资建立“电脑技术创新实验室”,与国内的PC制造商开展深层次的技术合作,促进双方的共同发展。市委书记刘淇、微软公司董事长兼首席软件设计师比尔·盖茨、微软(中国)有限公司总裁唐骏出席了签约仪式。刘淇表示"北京市将软件产业置于优先发展的战略地位,加强与跨国公司的合作是北京软件产业发展的重要战略。我们非常重视与微软这样的跨国公司的合作,希望通过这种合作推动北京市信息化建设及软件产业的发展"。比尔·盖茨表示:"中国国内的人才,中国企业信息化的浪潮,尤其是中国政府对于软件产业发展的重视以及带头进行电子政务为中国发展软件产业提供了巨大的机会。微软愿意与中国、与北京市共同努力,不断扩大在华的投资和各种合作,与国内的软件产业共同成长"。

(北京软件产业促进中心)

2003年软件产业工作会议召开

3月20日,北京2003年软件产业工作会议召开。国务院信息化工作办公室、科技部、信息产业部和北京市政府的有关领导出席了会议。会议由市科委主任马林主持,副市长范伯元在会上发表了讲话,市科委副主任俞慈声做会议报告。报告总结了2002年北京软件产业取得的成绩,分析了北京软件产业面临的新形势,提出了今后三年的指导思想和发展目标,部署了2003年软件产业的重点工作。来自市有关部门、各区县科委、软件园、孵化器、跨国公司、软件企业、高等院校、科研机构,以及微软、IBM、BEA、SUN、Oracle等公司的500余名代表参加了这次大会。

(市科委信息技术处)

"星光四号"芯片登陆美国市场

3月,中关村留学人员企业中星微电子有限公司开发的手机彩信处理芯片"星光四号"登陆美国市场,在全球第一大CDMA移动通信运营商Sprint的新一代PCSVision多媒体彩信系统上大批量应用。标志着这一基于中国自主知识产权的芯片技术走向国际市场,引导主流应用。

(中关村科技园区管委会)

20余家手机企业加入产业联盟

7月4日,由中关村科技园区管委会主办的"推动中关村手机产业发展暨联盟签约仪式"在翠宫饭店举行。园区内二十余家手机研发制造的骨干企业加入了分别以联想移动、中电通讯、大唐电信、首信诺基亚为龙头的4个手机产业联盟。副市长范伯元出席并讲话。

(中关村科技园区管委会)

启动软件产业"1+1+1"工程

7月,北京市软件产业促进中心正式向社会启动"1+1+1"工程。"1+1+1"工程是一项有针对性培养Linux人才的教育项目,该项目将在从今年开始的三年内有计划地培养100名Linux教师、1000名Linux技术人员和10000名Linux基础应用人员,故简称为"1+1+1"工程。通过此项工程,将带动Linux的专业人才的培养并形成规模效应,提高Linux技术的整体实力,更快地推动Linux走向应用,从而推动Linux的发展和普及。为此,北京市软件促进中心成立了专门的"1+1+1"工程项目组,并投入了专项资金用于启动该项目,在师资、教学环境以及实习基地、研发基地都为学员提供了最优化的支持,包括IBM(北京软件促进中心已于6月22日与IBM签署了关于师资核心力量培养协议)在内的国内外很多知名厂商的支持。"1+1+1"工程中的学员,不仅有机会与国际顶尖Linux专家进行交流,获得参与Linux项目开发的实践机会,在就业安排方面,更有优先机会进入Linux技术领域的领头企业中。

(北京软件产业促进中心)

“微软—中星微多媒体技术中心”成立

9月18日,微软公司、中星微电子有限公司和北京软件产业促进中心三方代表在“微软—中星微多媒体技术中心”合作备忘录上签字。中星微公司长期致力于多媒体技术的研发,其“星光”系列数字影像芯片被誉为“第一块走向世界的中国芯”,先后用于三星、飞利浦、富士通等公司产品,其移动多媒体芯片被应用于世界第一大CDMA移动运营商——美国的Sprint PCS。微软公司通过与中国民族信息产业的合作,创造出杰出的、最适合于中国的软件产品,使中国像世界其他地方一样,从微软的技术和解决方案中获得最大的效益。该中心将研发软硬件结合的本地化的整体多媒体应用技术、方案及产品,开发具有中国特色的面向个人用户的普及型多媒体实时通讯应用技术,以及研发适用于宽带通信、移动通信、数字家庭等3C应用的多媒体技术,并将致力于建设成为一个国家级数字多媒体技术演示及研究创新中心。副市长范伯元出席签字仪式并发表讲话,中关村管委会常务副主任戴卫主持签字仪式。信息产业部、国家发展改革委员会、科技部、国家信息化办公室以及北京市相关委办局的有关领导参加了签字仪式。

(中关村科技园区管委会)

“万通1号”无线局域网核心芯片问世

9月25日,北京六合万通微电子技术有限公司“万通1号”新闻发布会在港澳中心瑞士酒店举行。“万通1号”是六合万通微电子自主研发的符合IEEE802.11b国际标准的基带芯片,也是中关村继“方舟”、“龙芯”、“众志”、“星光”等国产芯片以后又一块拥有自主知识产权、由留学人员企业独立开发成功的无线局域网核心芯片。该芯片具有高速同步追踪功能、抗噪声抗衰减能力强、高速自动增益控制(AGC)、多种自测试功能和电路规模小、功耗低等特点。目前已由芯片测试设备提供商安捷伦公司提供测试验证,并通过了国家信息产业部组织的科技成果鉴定。

(中关村科技园区管委会)

中关村益华软件学院开学

10月20日,中关村益华软件学院举行了开学典礼。该软件学院占地12万平方米,是亚太地区第一个大规模、专门培养IC设计人才的高等学府。副市长范伯元出席落成典礼并主持揭幕仪式。

(中关村科技园区管委会)

甲骨文软件研发中心(北京)有限公司开业

10月29日,甲骨文软件研发中心(北京)有限公司开业仪式在中关村软件园举行。该公司将在中关村软件园设立网络计算实验室,与国内合作伙伴共同开发基于网络计算的行业解决方案;还将专项设立数字城市研发项目,研究适合于数字北京的软件技术;并特设“甲骨文—红旗Linux”联合开发中心和技术支持中心。副市长范伯元、中关村科技园区管委会常务副主任戴卫出席了开园仪式。

(中关村科技园区管委会)

千兆多媒体接入设备开发成功

11月,由中国科学院软件研究所多媒体通信与网络工程研究中心承担的市科委“千兆多媒体接入设备的研究”项目通过验收。该项目开发出两种型号的千兆交换机SW100和SW200,一种家庭网关HG10。交换机具有路由、组播和QoS功能,可支持播放100路以上数字电视;家庭网关HA10具有4个以太网接口和一个电视接口,能够支持计算机、IP电话机和各种电视机的接入,能解码MPEG2码流,提供RGB、S－Video等多种输出方式,同时支持PAL/NTSC制式的视频输出。以多台千兆交换机SW100、SW200和300多台家庭网关HG10组成基本的网络子系统,可连接视频播服务器、VoD服务器、卫星数字电视接收服务器、网关和计费服务器,以及IP电话机、电视机、计算机,以此组成一个具有三网融合功能的试验系统,为开展数字媒体网络理论研究提供了试验环境,为科研成果的示范应用提供了测试环境。该项目已获得了实用新型专利,社区宽带综合业务网络系统申请的国际发明专利已通过国际专利合作条约组织的初审。

(市科委信息技术处)

北京软件行业协会软件进出口工作委员会成立

12月24日,“北京软件行业协会软件进出口工作委员会”成立发布会举行。市科委副主任俞慈声在致辞中指出,北京软件进出口工作委员会,是为了加快北京软件国际化进程而成立的一个专业行业机构。它的成立对加强北京软件出口企业之间的沟通,提升北京软件出口企业竞争力,加快北京软件出口的发展,促进软件企业与国际接轨,开拓国际市场,必将起到积极的推动作用。该委员会是在市科委、市商务局的领导下,由北京软件产业促进中心、恩益禧——中科院软件研究所有限公司、日电系统集成(中国)有限公司、中讯计算机系统(北京)公司等7家发起成立的。委员会将本着以企业为主导的基本原则,聚集有实力的软件进出口企业,全面带动同行业中小企业发展,并通过建立北京软件出口企业与各级政府主管部门的沟通机制,统一面向国外相关机构及政府部门,加强国内企业之间沟通,提升北京软件出口企业的竞争力。

(北京软件产业促进中心)

“中国芯工程”成果报告会举行

12月28日,信息产业部电子信息产品管理司和中关村管委会在人民大会堂联合召开“中国芯工程”成果报告会。“星光中国芯工程”以数字多媒体芯片为突破口,已开发设计出拥有中国自主知识产权,具有国际领先水平的五代“星光”系列数字多媒体芯片,实现了七大核心技术突破,拥有该领域200多项国内外专利技术。其产品被广泛应用在电脑视频、视频摄像、智能监控、彩信手机等多种行业,目前被三星、飞利浦、惠普等企业大批量采用,全球市场销售量已突破1000万枚,占领了计算机图像输入芯片世界第一的市场份额。全国政协副主席王选、中国科协主席周光召、国家知识产权局局长王景川、信息产业部副部长苟仲文等国家部委领导及北京市副市长陆昊等参加报告会。

(中关村科技园区管委会)

六企业被认定为国家火炬计划软件产业基地骨干企业

2003年,据《国家火炬计划软件产业基地骨干企业认定条件和方法》(国科火字

[2003]108号),经过专家组对16家软件企业的实地考察和评审,科技部火炬高技术产业开发中心认定这16家软件企业为国家火炬计划软件产业基地骨干企业。其中北京6家,即,首都信息发展股份有限公司;北京天桥北大青鸟科技股份有限公司;北京直真节点技术开发有限公司;北京中创信测科技股份有限公司;北京启明星辰信息技术有限公司;北京天融信网络安全技术有限公司。

(北京软件产业促进中心)

中关村科技园十大信息生产企业

2003年,中关村科技园区电子信息产业实现总收入1634.65亿元,占园区全部技工贸总收入51%,排在前10位的企业分别为:联想(北京)有限公司、北京首信诺基亚移动通信有限公司、北京神州数码有限公司、神州数码(中国)有限公司、UT斯达康(中国)有限公司、清华同方股份有限公司、中国网络通信有限公司、北京松下彩色显像管有限公司、北京东方冠捷电子股份有限公司、北京普天太力通信技术开发公司。

(中关村科技园管委会)

信息领域重要技术创新

2003年,信息领域的重要技术创新项目有:联想深腾4万亿次高性能计算机;曙光每秒11万亿次4000A超级计算机:方舟、龙芯、北大众志系列“中国芯”;港湾网络T比特核心路由器;北京海尔“爱国者”数字电视用机顶盒芯片;畅讯科技自主开发出基于0.18微米CMOS工艺的高性能路由交换芯片组QQ80;中星微电子公司的五代“星光”系列数字多媒体芯片;中科红旗和中软股份公司相继推出的Linux桌面和服务器操作系统;凯思昊鹏、科泰世纪及中科软件等公司在嵌入式软件领域的突破;应用于中央和国务院办公厅内网办公系统的国宝金泰公司的网络安全隔离与信息单向传输系统;维信诺公司研制出的国内目前最大尺寸的OLED显示屏;阜国科技公司新一代高密度激光视盘系统(EVD)完成技术体系与核心芯片研发和产业化;凯诚高清成功推出了基于完全自主知识产权火马芯片的高清晰数字电视(HDV)等。

(中关村科技园管委会)

先进制造技术

“100纳米大倾角离子注入机与高密度等离子刻蚀机”项目正式启动

8月,国家“863”集成电路制造装备重大专项“100纳米大倾角离子注入机与高密度等离子刻蚀机”项目正式启动。市科委与项目承担单位签订了科技项目合同书。按照国家科技部实现产业化的要求,该项目由中国电子科技集团公司和北京电子控股有限责任公司共同出资2000万元人民币,成立承担项目的业主公司——北京科控微电子系统工程有限责任公司,全面负责课题的重大决策、计划审定和运行控制。

(市科委先进制造技术办公室)

召开北京市制造业信息化“网络化制造”专题培训研讨班

11月6日和8日,市科委先进制造技术办公室召开了北京市制造业信息化“网络化制造”专题培训研讨班。这次培训主要是使企业提高对网络化制造内涵的认识,掌握信息化项目总体规划方法，明确企业信息化实施策略、具体步骤和方法，了解最新技术发展趋势，推进制造业企业信息化，提高项目成功率，降低信息化风险。各专家全面、系统地讲解了网络化制造的内涵、关键技术及实施策略，北京网络化制造总体规划与实施建议，IT 项目管理——信息化工程的组织与实施，制造业信息化总体规划方法，网络化环境下的 CAQ 技术，企业信息化成功案例等内容。

（市科委先进制造技术办公室）

实施电动汽车重大项目

2003 年，市科委特别设立了“电动汽车运行示范、研究开发及产业化”重大项目，计划投入资金 10140 万元，主要开展“纯电动汽车”、“燃料电池客车”整车以及关键零部件的技术攻关。北京理工大学电动车辆工程技术中心与北京北方华德尼奥普兰客车股份有限公司合作完成了 BFC6100EV 纯电动旅游客车；与北京京华客车有限责任公司合作完成了 BK6120EV 纯电动超低地板公交车；与北京理工科凌电动车辆股份有限公司、安徽安凯客车股份有限公司合作完成了 HFF6112GK50EV 纯电动准低地板公交车；与北京理工科凌电动车辆股份有限公司合作完成了 CL6850EV 纯电动准低地板中巴客车。BFC6100EV 整车最高车速 85km/h，最大爬坡度＞20%，0～40km/h 加速时间＜30s，一次充电续驶里程 306km，可完全满足纯电动商务用车的使用性能要求；BK6120EV 整车最高车速 85km/h，最大爬坡度 20%，0～60km/h 加速时间 30s，一次充电续驶里程 210km，并安装了空气悬挂系统、无障碍趁车系统等，极大地方便了乘客；HFF6112GK50EV、CL6850EV 采用了稀土变磁通电机控制系统，以及水平铅布铅酸电池，整车性能可完全满足市区行驶工况需求。北京是首批电动汽车示范城市，现已组建了由 5 辆纯电动超低地板公交车、15 辆纯电动准低地板公交车组成的示范运营车队；由 15 辆纯电动准低地板中巴车、4 辆纯电动旅游客车、2 辆纯电动普通公交车组成的电动汽车区域示范运营车队。同时还建立了电动汽车专业试验平台、开发平台，研制出电动汽车关键零部件，并基本完成了电动汽车充电站等基础建设。

（市科委信息技术处）

启动制造业信息化标准规范及数据库

2003 年，由中国标准化研究院牵头，机械科学研究院、机械工业信息研究院共同承担的国家科技基础性工作专项——“制造业信息化标准规范及数据库”启动。本项目分为制造业信息化标准规范研究制定和数据库开发两大部分。制造业信息化标准规范研究制定包括：制造业信息化标准化发展战略研究；制造业信息化工程应用软件产品测评规范研究与制定；制造业信息化工程中介服务机构实施应用软件（ERP）项目监理规范研究与制定；制造业信息化工程企业信息化应用水平评价规范试点；制造业信息化工程区域信息化评价规范研究。数据库研究开发包括：制造业信息化技术数据库及系统集成研究；基于 Internet/Intranet 的零件库。

（市科委信息技术处）

中关村科技园十大先进制造生产企业

2003 年，先进制造业实现总收入 326.89 亿元，占园区全部技工贸总收入 11%，排在前 10 位的企业分别为：富士康精密组件（北京）有限公司、经纬纺织机械股份有限公司、威讯联合半导体（北京）有限公司、中国铁路工程总公司、北京德尔福万源发动机管理系统有限公司、中国大恒(集团)有限公司、北京飞利浦有限公司、北京佳柏立信科技有限公司、施耐德(北京)中压电器有限公司、北京四方继保自动化有限公司。

(中关村科技园区管委会)

生物工程和新医药技术

北京生命科学研究所的建设初具规模

2月12日,中共中央政治局委员、组织部部长贺国强,副部长王东明,科技部副部长李学勇,在北京市委副书记杜德印,北京市委常委、市委组织部部长赵家骐,北京市副市长范伯元等陪同下视察了北京生命科学研究所,对研究所下一步工作做出了重要指示,提出了要求。北京生命科学研究所于2002年开始建设,现主体工程已全面竣工,总建筑面积达32000平方米,拥有30个独立实验室,可容纳600人工作;人员招聘工作将大规模展开,已有20余位海外留学生回国应聘研究所主要职位,5位诺贝尔得主也亲临北京,与国内权威共同为研究所把握方向、慧识英才。贺国强在听取汇报后指出,研究所今后要出三个方面的成果:一是出世界一流水平的科研成果;二是探索新的机制;三是出人才。并指出,研究所在今后的发展中,除要保质、保量、如期完成建设工作外,同时要加强管理,考虑如何处理好科研、生活、后勤、行政及同周围的关系,还要研究相关的政策,如工资渠道问题,如何发展问题等,要提出具体方案,要有规划。李学勇表示,科技部主要负责制定研究所的章程,组织人才招聘,组建学术委员会,充分利用高水平的科学指导委员会的资源,切实把握研究所的发展方向和研究重点,同时,协助北京市做好研究所的管理和运行工作,继续加强在体制机制方面的跟踪研究,帮助协调有关重大问题,并将在各项科技计划中以项目的形式加大对研究所的支持力度。范伯元表示,北京市将一如既往地做好后期研究所的建设和保障工作,创造一切条件,把北京生命科学研究所建设成世界级的研究所。

(北京生物技术和新医药产业促进中心)

自主研制的第一个艾滋病病毒(HIV)快速诊断试剂获生产许可证

3月,养生堂集团北京万泰生物药业有限公司与厦门大学合作完成中国自主研制的第一个艾滋病病毒(HIV)快速诊断试剂获得国家药品监督管理局的生产许可证。据中国疾病预防控制中心性病艾滋病预防控制中心参比实验室负责人介绍,应用这种新试剂只需30分钟便可检测出艾滋病病毒结果,无需任何附属设备,适用于医院应急检测和边远地区输血安全检测及个人自检。

(中关村科技园区管委会)

生命医疗园开建现代医疗城

8月15日,北大国际医院和北京协和医学中心正式进驻中关村国际生命医疗园,一个总投资60亿元、拥有5000张床位的国内最大医疗城将在2007年建成并投入使用。中关村国际生命医疗园规划面积近200公顷,建设规模约83万平方米。主要分为医疗区、产业区、公共配套设施区等。医疗区由北京协和医学中心和北大国际医院组成。两大医疗系统进驻中关村国际生命医疗园,将可充分发挥其高水平的医疗、护理、教学、科研资源,切实改善北京的就医环境,为2008年奥运会提供高水准的医疗、检测服务。

(昌平区科委)

第七届北京生物医药产业发展论坛召开

9月12日，第七届北京生物医药产业发展论坛在北京召开。该论坛是历届北京科技博览会的重要组成部分。此次以“融合与发展”为主题，邀请欧美及国内生物医药产业的25名权威专家到会演讲，同时针对产业前景、发展趋势等关键问题进行专场研讨，并举办生命园之夜——生物医药企业高峰联谊会和生命园专场研讨会。该论坛已成为海内外著名的产业论坛，是中关村生物工程和新医药产业展示形象、加强交流、吸引投资的重要窗口。

（中关村科技园区管委会）

我国人血液代用品研究获得重大突破

9月24日，国家药品监督管理局正式批准北京凯正生物工程发展有限责任公司（由五家股东组成，即国家科技部生物技术中心、军事医学科学院、北京生物技术和新医药产业促进中心、华北制药集团及协和医科大学）研发的国家重大项目——“人血液代用品”（聚乙二醇牛血红蛋白偶联物）进入Ⅰ期临床试验，这标志着我国人血液代用品研究取得了重大突破。该项目总计申报发明专利8项，其中3项已获批准。该项目的开发模式——“两弹一星+市场机制”，即在市场指导下的规模化科研攻关，为类似项目的研发提供了良好的借鉴。“血液代用品”是指有运氧及向组织供氧和扩容功能的能替代天然血液的液体。目前研制的血液代用品主要有血红蛋白（Hb）溶液、人工红细胞、全氟碳化合物等。另外，人们也在探索将猪血等动物血转变成人血。血液代用品的研究对缓解临床血源紧缺现状，防止血液交叉感染，及应付灾害和战争等突发事件具有重要意义。

（北京生物医药中心）

“中药复方药物开发国家工程研究中心”在京成立

12月3日，国家发展与改革委员会在中药领域首批批准建设的四个国家工程研究中心之一“中药复方药物开发国家工程研究中心”在北京成立。该中心将采用现代医药研发和生产技术，以中药复方，天然药物的筛选、研发和市场转化为方向，构建起全新的中药研发技术平台，并为企业提供配套的先进适用的技术和人才。同天，由中国中医研究院、中国北京同仁堂（集团）有限责任公司、北京华昱安然医药科技有限公司、哈药慈航制药股份有限公司四家单位联合组建了“北京中研同仁堂医药研发有限公司”，主要承担研究中心的任务。

（北京生物医药中心）

北京蛋白质组研究中心成立

12月15日，由军事医学科学院、江中集团共建的北京蛋白质组研究中心宣告成立，并在中关村生命科学园举行了入驻签字仪式。贺福初院士任中心主任。中心主要从事蛋白质组基础研究与应用开发。中心的成立，标志着我国第一个致力于规模化蛋白质组研究与开发的专业机构诞生。双方将共同投资3亿元，在中关村生命科学园建设3.5万平方米的研发实体，配备拥有国际一流水平的蛋白质组技术平台，组建具有国际先进水平的研究开发队伍，建设国家级蛋白质组研发中心。作为国际“人类肝脏蛋白质组计划”的总部，该中心将组织与管理此项国际计划的全面实施，并作为其数据与信息的“集散地”和其科技成果与知识产权的交流中心；同时，将积极承担中央政府、地方政府、国内外企业及科研单位等重大、重点蛋白质组研发项目。

（市科委生物医药与新材料处）

推进生物医药产业创新体系的建立

2003年，市科委大力推进生命科学领域创新体系建设。一是推动军事医学科学院、北京大学、中科院上海药物所等与北京医药集团合作，启动药物分子设计技术平台和缓控释技术平台，促进北京医药集团摩力克科技有限公司的成立，构建了北京医药集团的创新链条；二是促进同仁堂集团与中国中医研究院、中国医学科学院等研究机构的合作，建立中研同仁堂科技开发有限公司，承担组建中药复方药物开发国家工程中心的任务，并启动同仁堂的中药复方药物二次开发重大项目，落实了六味地黄丸等五个品种的二次开发目标和内容，提升产品的科技水平；三是支持中生集团通过下辖的北生所整合集团内部研发资源建立研发中心，启动VERO细胞大规模培养平台，加强其疫苗研制与生产能力。通过以上运作，推动了国家级研究机构与大型企业的合作，标志着北京生物医药产业在化学药、中药、生物技术三大支柱领域以企业为主体的创新体系已初步形成。

（北京生物技术和新医药产业促进中心）

中关村科技园区十大生物医药生产企业和重要产品

2003年，中关村科技园区生物医药实现总收入187.65亿元，占园区技工贸总收入7%，排在前10位的企业分别为：北京同仁堂股份有限公司、航卫通用电气医疗系统有限公司、北京丰科城医药有限公司、中垦农业资源开发股份有限公司、中拓国际经贸集团公司、北京同仁堂科技发展股份有限公司、北京市双鹤药业经营有限责任公司、北京科园信海医药经营有限公司、北京京卫国康医药有限公司、北京锦绣大地农业股份有限公司。重要技术产品有：科兴公司SARS灭活疫苗研究已处于临床人体试验阶段；万泰生物研制出艾滋病抗体系列诊断试剂，及戊型肝炎（HEV）疫苗。HEV已申请4项国际发明专利，涵盖了戊肝重组疫苗的多个关键核心技术，是迄今我国惟一一项原创性基因工程重组疫苗。

（中关村科技园管委会）

新材料技术

国家纳米科学中心揭牌

3月22日，国家纳米科学中心（筹）揭牌仪式在中科院化学所举行。中科院院长路甬祥院、教育部副部长赵沁平、科技部副部长程津培、北京市副市长范伯元等出席中心揭牌仪式。仪式上，路甬祥、赵沁平、程津培、范伯元等分别做了讲话。赵沁平宣读国家纳米科学中心理事会成员名单，路甬祥为理事会成员颁发聘书。该中心理事会组成是：理事长路甬祥，副理事长赵沁平、程津培、白春礼、朱道本、马德秀，理事谢焕忠、马燕合、黎明、刘雁飞、董庆九、任志武、黄勇、林建华、龚克、解思深。该中心近期研究方向主要是纳米加工和纳米器件、纳米材料和纳米结构，纳米科技在医学和生命科学中的应用，结构与性能表征方法与技术。进入国家纳米科学中心的人员全部实行合同聘用制，每个研究方向聘任“首席科学家”，并公开招聘。

（北京新材料发展中心）

中关村新材料产业联盟成立

8月19日，“中关村新材料产业联盟”在

北京稻香湖培训中心举行成立大会。市科委副主任朱宝凤在会上为产业联盟揭牌,至此中关村200余家新材料企业有了自己的产业联盟。该组织是在市科委、海淀区政府以及海淀园管委会的支持下,由中关村科技园区高新技术企业协会和北京新材料发展中心共同发起并联合园区内广大新材料企业共同组建的行业协会。旨在搭建不同平台,展开多层次、多渠道的沟通和对话,增进企业之间、企业与政府间的了解;帮助企业解决在发展过程中遇到的各种问题;整合各企业的资源,发挥企业优势,针对企业的不同需求,在联盟内开展多种方式的合作;以产业联盟为基础,使联盟内各企业能够相互促进、合作发展,形成产业链。产业联盟的成员是北京中关村地区新材料领域的骨干企业。理事长单位是安泰股份有限公司,总裁才让当选为产业联盟首任理事长;副理事长单位有北新建材(集团)有限公司、有研半导体材料股份有限公司、北京中科三环高技术股份有限公司、北京百慕航材高科技股份有限公司以及海特光电有限责任公司等。

(北京新材料发展中心)

国际材料技术促进中心成立

10月20日,国际材料技术促进中心成立大会在京举行。联合国工业组织官员V. Kozharnovich,科技部、商务部、国家发展与改革委员会和中国建材工业协会的有关官员,40多个发展中国家的驻华使节及国内知名企业事单位、著名高校、科研院所、学会和协会的代表,共100多人出席会议。该中心是在科技部和商务部支持下,由联合国工业发展组织在我国材料领域创办的第一个国际组织,总部设在北京,挂靠在中国建筑材料科学研究院。中心的任务是建立全球性的材料转让框架和机制,以帮助发展中国家缩短市场和技术的差距,加强南南合作和南北合作,从而促进可持续发展。该中心是一个国际性的生产力促进机构。中心的成立,可充分利用联合国工业发展组织的国际网络资源为中国企业走出国门和引进先进技术提供绿色通道,将加强我国与世界各国在材料工业方面的国际技术合作与交流,发挥我国材料工业技术对发展中国家的辐射和示范作用。目前,该中心已经在非洲和南美洲启动工作,通过聘请专家为中心做宏观层面的需求分析,以后也会以同样的模式在其他国家和地区相继展开工作。同时中心还受联合国工业发展组织的委托,到越南、印度、马来西亚、巴基斯坦、阿富汗等国考察,着手开展材料领域的技术促进等相关工作。

(北京新材料发展中心)

新材料行业生产力促进中心正式成立

2003年,由科技部高新技术司批准,国内第一家新材料行业生产力促进中心正式成立。该中心是以北京麦肯桥资讯有限公司为依托,以国家新材料产业发展战略咨询委员会为后盾的生产力促进机构。中心完全采取现代化企业管理,实行市场化公司运作模式。中心的主要任务是为新材料行业的中小企业提供优质服务,同时,不断探索和研究在社会主义市场经济条件下促进行业科技进步、产业发展和提高行业生产力的对策,向政府提供新材料行业发展建议,承担政府委托的相关任务,也将是中心服务的重要工作内容。

(北京新材料发展中心)

开发成功纳米晶软磁合金超薄带及其系列制品

2003年,在科技部"十五"科技攻关计划项目和北京市科技计划重大项目的支持下,安泰科技股份有限公司突破了可辊剪的高质量纳米晶软磁合金超薄带和高品质纳米晶卷绕铁芯的连续化制造技术,研制出连续生产纳米晶软磁合金超薄带和纳米晶卷绕铁芯的成套制造装备,完成了纳米晶合金超薄带的中试生产;同时,开发出兼备高饱和磁感、高磁导率、低损耗的纳米晶软磁合金新材料和四大类应用于家电和通讯电源的高品质纳米晶铁芯制品,为解决国内迫在眉睫的电磁兼容问题提供了有力的技术支撑。

(市科委生物医药与新材料处)

中关村科技园区十大新材料生产企业

2003年,中关村科技园区新材料产业实现总收入189亿元,占园区技工贸总收入7%,排在前10位的企业分别为:中博世金科贸有限责任公司、路桥集团国际建设股份有限公司、中金科技股份有限公司、北京鄂尔多斯科技发展有限公司、北京化二股份有限公司、北京北泰汽车工业有限公司、北京华源亚太科技有限责任公司、中国化纤总公司、北新集团建材股份有限公司、安泰科技股份有限公司。

(中关村科技园区管委会)

环境保护和新能源技术

首批认定北京市重点扶持环保企业

2月14日,市经委和北京节能环保服务中心共同组织召开了"首批认定北京市重点扶持环保企业新闻发布会",正式公布首批认定的8家"北京市重点扶持环保企业"名单,并向通过认定的8家企业颁发了"北京市重点扶持环保企业"证书和标志牌。中关村科技园区海淀园三家环保企业名列其中,他们是北京桑德环境工程股份有限公司、北京牡丹联友电子工程有限公司、北京康得环保科技股份有限公司。经认定批准的"北京市重点扶持环保企业"可以享受一系列优惠政策。主要有:市政府设立环保专项资金,采取贷款贴息、投资入股、风险投资担保等方式,重点支持环保技术创新、产品开发、成果转化等。对符合贷款条件的环保企业及环保项目,各商业银行北京分行应积极给予贷款支持。对符合贷款条件的股份制环保企业,优先推荐境内外上市发行股票和发行公司债券。对符合国家产业政策的环保投资建设项目,经审核批准,固定资产投资方向调节税执行零税率。环保企业进口设备,符合国家产业政策规定的,除国家规定不予免税的商品外,由企业申请,经海关审核批准,免征关税和进口环节增值税。

(中关村科技园区管委会)

桑普号太阳能游船下水

9月,由北京市太阳能研究所研制的高科技太阳能游船在颐和园水面投入使用。太阳能游船是利用太阳能电池将太阳能转换成电能,并储存在蓄电池内,再利用蓄电池发出的电力推进电动机带动螺旋桨产生的动力使船体前进。该船长11.8米,宽3.6米,额定载客人数30人,是目前我国最大的太阳能游船。该船装配了单晶硅太阳能电池板,并通过具有最大功率跟踪功能的智能充电器,将电能存储在蓄电池中。船的动力部分使用全新的脉宽调制技术实现无级调速。这种设计可以最大限度的节约能量消耗,游船时速可达8千米,具有无污染,动力强劲,运行平稳,噪音低的特点。该船为适应颐和园的古典园林建筑风格,外观采用古典建筑风格,在顶部太阳电池板的四周设计了明清建筑的瓦型裙边,四周使用木结构门窗,并在内外梁柱上绘制了古典绘画,使整个船身浑然一体,充分体现了中国古典建筑艺术的精华。

(北京市太阳能研究所)

环保科技示范园举行企业入园签约仪式

10月19日,中关村环保科技示范园企业入园签约仪式举行,标志着中关村环保科技示范园建设、招商工作全面展开。环保园总发展商——北京实创科技园开发建设股份有限公司与中国家用电器研究院、北京市环保局、伟嘉集团、润泽东方、华夏科创等五家单位签署了入园协议。中关村环保园借助国家推动可持续发展战略和北京市实行“绿色奥运”行动计划的契机,以掌握国内外先进技术、核心技术的高新技术企业为依托,全面推动其招商建设,目标在于打造“中华环保第一园”。副市长范伯元、中关村管委会常务副主任戴卫出席了签约仪式。

(中关村科技园区管委会)

中关村科技园区十大环境保护生产企业

2003年,中关村科技园区环保产业实现总收入74.89亿元,占园区技工贸总收入3%,排在前10位的企业分别为:北京神华昌运高技术配煤中心、中国石油化工股份有限公司长城润滑油分公司、北京建谊建筑工程有限公司、北京国电龙源环保工程有限公司、北京亚都科技股份有限公司、清华紫光环保有限公司、北京柯布克科技开发有限公司、北京国电富通科技发展有限公司、北京恩菲环保股份有限公司、北京绿创环保设备股份有限公司。

(中关村科技园区管委会)

中关村科技园区十大新能源及节能技术生产企业

2003年,中关村科技园区新能源产业实现总收入108.20亿元,占园区技工贸总收入4%,排在前10位的企业分别为:北京福田环保动力股份有限公司、北京中兴富奇汽车科技有限公司、远大空调有限公司、三洋能源(北京)有限公司、北京ABB电气传动系统有限公司、中工国际工程股份有限公司、中成进出口股份有限公司、北京国电华北电力工程有限公司、北京清华阳光太阳能设备有限责任公司、北京恒有源科技发展有限公司。

(中关村科技园区管委会)

中关村科技园区

园区建设

概　　述

2003年是中关村科技园区继实现“三年大变样”阶段性目标之后，朝着“五年上台阶”目标前进的重要一年。2003年园区克服“非典”的影响，实现技工贸总收入2886.4亿元，增长20%，其中，电子信息产业占56.7%，生物医药、新材料产业各占6.5%，先进制造业占11.3%，新能源占3.7%，环保产业占2.6%。出口创汇总额33亿美元，增长14%，上缴税费总额120亿元，增长20%，利润总额180亿元，增长60%。2003年园区经认定的企业数达12030家，其中销售收入超亿元的企业数为372家，外商投资企业数1373家，园区从业人数达48.8万人。R&D研发投入不断加大。2003年政府用于园区技术创新的研发投入达到23亿元，占园区全部研发投入的10%。园区技术合同成交额和技术交易额继续逐年增长，2003年技术合同成交额128.83亿元，比上年增长3.25%，占北京全市的49%；技术交易额104.7亿元，比上年增长8.79%，占全市的46.2%。企业是园区技术交易输出的主体，技术项目向北京以外地区辐射的作用仍占主导地位，2003年园区输出到北京以外地区的技术合同占合同总数的48%。园区企业技术创新异常活跃，国家“863”、“973”项目纷纷落户园区，引进数量继续保持全国领先地位。2003年园区共吸引“863”项目1076项，占北京市的68%，全国的25%；“973”项目127项，占北京市的83%，全国的36%。2003年园区申请专利数达到4258个，增长8%；专利授权数2081项，增长14%；通过PCT途径申请国外发明专利110件，增长36%。引领建立了第三代移动通讯标准、新一代互联网协议技术标准、网络计算机标准、“生物膜一体化”技术标准、EVD标准、基于信息设备资源共享协同服务（IGRS）的闪联标准、防伪技术产品通用技术条件国家标准。重点产业发展迅速。2003年，园区认定的软件企业达到1700家，销售收入385.3亿元，集成电路设计企业341家，总收入123亿元，分别占园区电子信息产业总收入的20.1%和7.5%。技术集成和资源整合的产业联动协作新模式初见成效。2003年6个网络计算机产业联盟共销售网络计算机3.85万台，带动CPU芯片、软件、显示器件以及服务器等相关产业实现产值约2亿元。

（中关村科技园区管委会）

《中关村科技园区住宅定向优惠销售实施办法》开始实施

1月1日，《中关村科技园区住宅定向优惠销售实施办法》正式开始实施。适用人群为园区内经政府认定的高新科技企业的科技人员和高级管理人员。从今年开始，可以以低于市价10%的优惠价格购买到园区内的商品房。副市长刘志华在2003年中关村科技园区工作会上指出，这不仅是单纯的向科技人员让利，更深层的意义在于提高中关村居民的人员结构。该《办法》将首先在中关村海淀园试行。

（中关村科技园区管委会）

中关村科技园区服务中心开始办理护照申请

1月6日，中关村科技园区服务中心护照受理点正式开始办理护照申请手续。受理站只受理本市公民首次出国护照的申请，并采用一次办结的方式，由邮政部门将护照直接送到申请人指定的地址；凡符合加急条件的申请者，只能在受理站办理10个工作日的加急手续。

（中关村科技园区管委会）

第五届中关村项目推介暨投资洽谈会召开

1月8日，第五届中关村项目推介暨投资洽谈会在世纪金源大饭店开幕。这次洽谈会汇集了来自中科院、清华、北大、园区高新技术企业和留学人员的200多项高水平项目，其中49项是精选出来的与奥运相关的项目。参展项目涵盖了国家鼓励发展的五大领域，涉及到重点发展的微电子技术、纳米材料技术、生物医药工程技术、基因重组技术等，代表了中关村目前产业发展的先进水平。推介会将以“把握奥运商机，吸引内外资金，促进成果转化”为主题，通过高新技术项目展示、奥运相关产品展示、商务环境展示、重点项目及重要投资者推介、投融资论坛等活动，充分体现中关村的技术成果和创新能力，促进项目的持有者与资本拥有者的有效对接。

（中关村科技园区管委会）

中关村管委会发布2002年海外留学人员来访及创业情况

1月13日，中关村管委会发布了2002年海外留学人员到中关村科技园区来访及创业情况。全年留学人员创业服务体系共接待来访的留学人员5610人次，同比增长16%；留学人员创办企业536家，同比增长39%；接待留学人员创业考察团组24个，合计710人；组织了100人规模以上的项目推介会10次，充分促进了留学生项目和风险投资公司、园区高新技术企业的交流。

（中关村科技园区管委会）

胡锦涛总书记视察中关村科技园区

1月24日，中共中央总书记胡锦涛在市委书记刘淇、中共中央办公厅主任王刚、市长孟学农的陪同下，视察了中关村科技园国际孵化器公司、北大未名生物城、中关村软件园、神州数码控股有限公司，并接见在中关村科技园创业的20位留学人员代表。胡锦涛说，欢迎大家回国创业，你们以自己的行动表明，你们既有报效祖国，振兴中华的巨大抱负；同时也有抓住机遇，推进事业发展的战略眼光，我对你们的选择和取得的成就感到高兴。当前中国改革开放和现代化建设正在生气勃勃地向前发展。中共十六大提出了中国在新世纪、新阶段的发展目标，这为广大的科技人员，包括归国创业的留学人员展示才干，建功立业提供了一个宝贵的机遇。胡锦涛在离开中关村科技园时深情地留下四句话：“三年成绩喜人，今后任务艰巨，发展前景美好，大家仍需努力。”

（中关村科技园区管委会）

“2002年中关村最具发展潜力十佳中小高新技术企业”评比揭晓

1月，“2002年中关村最具发展潜力十佳中小高新技术企业”推荐活动揭晓。北京百奥药业有限责任公司、北京点击科技有限公司、北京佳讯飞鸿网络技术有限公司等十家企业获得“2002年中关村最具发展潜力十佳中小高新技术企业”综合奖；北京广联达慧中软件技术有限公司、北京金山顶尖科贸有限公司、北京金银河科技有限公司等六家企业获得“2002年中关村最具发展潜力十佳中小高新技术企业”单项奖。

（中关村科技园区管委会）

中关村科技园区土地整理储备分中心成立

3月20日，北京市土地整理储备中心中关村科技园区分中心成立并举行揭牌仪式。中关村科技园区分中心是市土地整理中心的派出机构，负责中关村科技园区规划地域范围内的土地整理储备和土地一级开发等工作；同时根据中关村科技园区的发展需要，协助市土地管理部门组织开展土地开发利用管理有关工作。

（中关村科技园区管委会）

苹果体验中心开始营业

3月21日，坐落在海龙大厦对面的苹果体验中心开始营业，这家占地面积为300多平方米的店面是全球著名的电脑厂商——苹果电脑公司在中国开办的第一家体验中心，同时也是亚洲最大的体验中心。据介绍，这是苹果电脑公司与在中国的经销商之一北京仲达公司合作开办的，由苹果电脑公司的工程师按照美国店面风格设计，向大众消费者展示苹果公司最新设计的电脑以及相关产品。

（中关村科技园区管委会）

中关村西区获市商业银行5亿元的综合授信

4月2日，北京科技园建设股份有限公司与市商业银行举行综合授信签字仪式，中关村西区获得市商业银行5年期5亿元的综合授信，将用于修建道路、铺设地下管道等建设，整个工程将于2005年竣工。

（中关村科技园区管委会）

中交所与中关村软件园、中关村生命科学园签署合作协议

4月8日，中关村技术产权交易所（简称中交所）与中关村软件园、中关村生命科学园签署合作协议。中交所与两大产业基地将本着资源共享的原则，中交所承诺在项目信息、各类投资主体信息方面对两大产业基地充分开放，以优惠条件为两个园区提供经纪商席位；两大产业基地承诺提供项目筛选平台、专家评估系统、项目资源，力争在中交所成为生物技术核心医药领域的专业性、权威性经纪商。自此，中交所在利用自身优势，有效整合中关村科技园区资源，搭建资本与企业对接方面又向前迈出一步。中交所成立1个月，已有200多家高新技术企业在中交所挂牌交易，实际促成5宗交易，成交金额3000多万元人民币。

（中关村科技园区管委会）

中关村科技园区中心区综合交通规划方案通过专家评审

5月23日，由德国布莱纳－幕尼西工程事务有限公司与北京市市政设计研究总院联合设计完成的中关村科技园区中心区综合交通规划方案通过了专家终期评审。专家们认为该方案引用了国际上先进的交通测试和模拟手段，体现了交通规划的先进理念，突出了交通规划与土地开发、公交系统、智能化交通管理等相结合的特点，特别是大容量公共客运交通系统具备了欧美交通规划的最新理念。综合交通规划通过对中关村科技园区海淀园中心区及发展区土地使用规划布局的调

整，减少不必要的交通出行，缩短出行距离，使出行的时空分布更加合理，从而在源头和源流上对交通进行有效的控制，改善中关村地区的交通拥堵现象，提高交通服务水平，改善园区的整体环境。

（中关村科技园区管委会）

中关村技术产权交易所获10亿元人民币的融资支持

6月13日，中关村技术产权交易所与光大银行总行营业部签约，光大银行总行营业部将为在中交所进行产权交易的企业提供额度为10亿元人民币的融资支持，帮助在中关村挂牌交易的中小企业快速成长。从今年3月1日正式营业至6月1日，中交所已储备了223个挂牌交易项目，促成了9宗产权交易，成交额达11亿元。

（中关村科技园区管委会）

在孵企业融资交易板块成功挂牌

7月3日，海银科生物医药孵化器在孵企业北京好友巡天生物技术有限责任公司和北京丰台国际企业孵化器在孵企业北京阜康仁生物制药科技有限公司在中关村技术产权交易所特别开辟的在孵企业融资交易板块成功挂牌交易。该板块是由北京创业孵育协会和中关村技术产权交易所共同组建的，面向首都创业孵化体系众多中小科技在孵企业和孵化服务机构。目的是加快在孵企业的融资速度，促进高技术企业与资本市场的成功对接，为首都创业孵化体系建设提供更专业服务的融资交易平台。北京创业联合孵化器管理有限公司是中关村技术产权交易所的经纪商会员，受北京创业孵育协会全权委托代理孵育协会会员单位及其在孵企业的融资交易业务。该板块的建立不仅为众多在孵企业提供了集中的融资交易服务平台，使交易双方的目标更明确、成交更快捷，也有利于充分发挥孵化服务机构多年的行业资源优势，为交易者提供更专业和深入的各项委托代理服务。

（市科委）

中关村西区鼎好电子商城开业

7月10日，中关村西区鼎好电子商城举行开业仪式。该电子商城总建筑面积约10万平方米，地上16层，地下5层，集商场、车库、写字楼为一体。其中地下2层至地上5层为电子市场，面积近5万平方米。其交易规模将相当于海龙、硅谷、太平洋之总和，是全国最大的单体电子市场。

（中关村科技园区管委会）

中关村科技园区版权保护中心挂牌

8月5日，国内首家科技园区版权保护示范机构——中关村科技园区版权保护中心挂牌成立。国家版权局副局长沈仁干、副市长范伯元、市政府副秘书长张建东、市新闻出版局（版权局）局长孙向东、中关村管委会常务副主任戴卫等出席挂牌仪式。该中心设计了全新的组织机构和工作思路，即三大职能、五个机构、两项承诺。三大职能是：版权登记、版权保护、版权代理；五个机构是：中国软件登记中心北京代办处、中国音乐著作权协会北京办事处、反盗版委员会、版权鉴定中心、版权代理中心；两项承诺是：引进版权的合同登记事项不收费、软件著作权登记事项不收费。

（中关村科技园区管委会）

中关村企业家高峰论坛举行

8月13日,中关村企业家高峰论坛“技术创造财富——中关村创新之路”在新世纪饭店隆重举行。本次论坛由原北京市副市长胡昭广、联想控股有限公司总裁柳传志、中关村科技发展股份有限公司总裁段永基牵头,由中关村企业家俱乐部出面邀请了王文京等几十位企业家和专家学者,就目前中关村高科技企业如何迅速地将科技转化为财富的问题进行了面对面的交流。副市长范伯元、中关村管委会常务副主任戴卫等出席了此次论坛。

(中关村科技园区管委会)

治理整顿土地市场秩序工作联合督查组到中关村科技园区检查

8月26~27日,国务院五部委治理整顿土地市场秩序工作联合督查组一行7人,在国土资源部执法监察局张新宝局长带领下,对中关村科技园区、海淀区治理整顿土地市场秩序工作进行了检查,市房地局、中关村管委会以及海淀区的有关领导陪同参加了此次检查工作。联合督查组听取了中关村管委会副主任张贵林所作的《中关村科技园区土地开发利用和产业发展情况报告》和海淀区政府许健常务副区长所作的《海淀区治理整顿土地市场秩序工作汇报》,详细查阅了中关村科技园区政策区调整情况、科技园区土地开发利用审批情况以及海淀区治理整顿土地市场工作有关资料。联合督查组还参观了中关村科技园区的永丰产业基地、上地信息产业基地、软件园、中关村西区等专业园区。联合督查组对园区在坚持规划先行、分步实施、生态优先、规范建设、绿化美化等方面所取得的成绩给予了充分肯定。此次督察工作结束后,国土资源部将会同国家发展和改革委员会、建设部等有关单位认真总结,尽快研究制定相关政策,以保证全国的开发区建设更加科学、合理、规范、有序。

(中关村科技园区管委会)

中关村电子产品贸易商会成立

9月8日,北京中关村电子产品贸易商会成立及新闻发布会在友谊宾馆举行。第一批商会会员、中关村地区从事电子产品贸易企业的代表等近200余人参加了会议。会议由商会常务副会长、华旗资讯总经理冯军主持,商会会长、海龙集团董事长鲁瑞清代表常务理事会做了工作报告。大会还表彰了中关村电子产品贸易行业的先进人物和先进企业。

(中关村科技园区管委会)

第六届中关村项目推介暨投资洽谈会举行

9月12~15日,在第六届北京国际科技产业博览会期间,中关村项目推介暨投资洽谈会同时在国际展览中心举行,中关村向社会重点推介了400多项代表园区水平的高科技成果,其中许多成果都曾在中国创下了“第一”。本次投洽会重点推出了一批技术水平领先、产业化目标明确、市场前景广阔、具有可持续发展潜力的高新技术产品及前瞻性研发项目,包括中关村的中国芯、中关村的国际标准、中关村的网络计算机产业链、中关村的手机产业链、中关村的抗“非典”科研成果等一批代表性项目,突出产业链、产业联盟等对上下游产品、技术的拉动作用,以技术创新推动产业发展,推动园区朝着“五年上台阶,十年创一流”的目标迈进。科博会期间,共有94个高科技项目在洽谈会上签约,签约总金额达184亿元人民币，其中外资项目15个，签约总金额达2.6亿美元，是历届科博会中关村签订项目数量和金额最多的一次。

（中关村科技园区管委会）

日本NTT DoCoMo落户中关村科技园区

10月16日，日本NTT DoCoMo与融科资讯中心签约正式落户中关村科技园区。这是NTT DoCoMo在美国硅谷和德国慕尼黑设立研发中心之后的第三家海外研究中心。日本电信公司（NTT Nippon Telegraph and Telephone）是全球最大的电信公司，2002年NTT在《财富》500强的排名为第十六位，在所有通讯、IT类企业中排名第一。NTT控股的NTT DoCoMo是全球最大的移动通信公司，市值高达1800亿美元。中关村管委会副主任张贵林，日本NTT DoCoMo公司理事、北京研究中心总经理蓑毛正洋部长等出席了签字仪式。

（中关村科技园区管委会）

中关村第二届优秀企业家、优秀创业者评选揭晓

10月18日，由中关村科技园区管委会、海淀区委区政府、中关村“双优”评选活动组委会和北京科技园建设股份公司共同举办的“拥抱未来——中关村广场之夜暨第二届优秀企业家、优秀创业者评选颁奖文艺晚会”，在新建成的中关村广场举行。获奖的优秀企业家、优秀创业者、评委会委员、特邀嘉宾、有关领导、新闻媒体、相关企业代表以及关注中关村发展建设的社会各界人士2000多人出席了文艺晚会。国家科学自然基金委主任陈佳洱、北京市委常委朱善璐、北京市副市长范伯元和联想控股公司总裁柳传志、四通集团董事长段永基、北京科技园建设公司董事长刘贵堂等领导和企业家代表为获奖的20位优秀企业家、优秀创业者颁奖。10名优秀企业家是安泰科技股份有限公司总裁才让、北大维信生物科技有限公司总经理段震文、金山软件有限公司总裁雷军、天坛生物制品股份有限公司董事长倪道明、时代集团董事长彭伟民、大北农饲料科技有限公司董事长邵根伙、用友软件股份有限公司董事长王文京、北大方正集团董事长魏新、北京四环医药科技股份有限公司董事长文鸣旭、大恒新纪元科技股份有限公司董事长张家林；10名优秀创业者是北京联众电脑技术有限公司总裁鲍岳桥、北京广联达慧中软件技术有限公司董事长刁志中、北京哈工大北方科技有限公司董事长费振勇、北京德众万全药物技术有限公司总裁郭夏、百度在线网络技术有限公司总裁李彦宏、北京南北天地科技有限公司总裁彭易清、六合万通微电子技术有限公司董事长寿国梁、北京书生电子技术有限公司董事长王东临、大唐软件技术有限公司总经理赵捷、北京数码视讯科技有限公司董事长郑海涛。众多演艺界名星表演了精彩的文艺节目。

（中关村科技园区管委会）

“全英中国学者专业团体联合会驻中关村联络处”揭牌

10月20日，“全英中国学者专业团体联合会驻中关村联络处”正式揭牌成立。该联合会联合了目前活跃在英国科技、教育、经济界的11个中国留英学者的专业组织，包括生命科学、电子信息技术、计算机、新材料、工程科学、环境科学以及经济、法律等领域。该联络处是首家海外学子专业团体在中关村设立的联络处。联络处设立在中关村国际孵化器，其主要宗旨是为了加强与国内各相关部门和企业的联系，为在英国的各协(学)会及所属会员提供项目推广和学术交流等服务，为中国经济

建议引进先进实用的高科技项目。

（中关村科技园区管委会）

中关村城市污泥无害化产业联盟成立

11月8日，中国首家污泥无害化产业联盟——中关村城市污泥无害化产业联盟成立。该联盟由中关村环保产业促进中心联合中国农科院、中国建材研究院、北京城市排水集团等多家机构组成，将开展污泥无害化相关政策及技术标准的研究、制定工作；实施北京80万吨/年城市污泥无害化处置产业化工程及全国部分地区示范工程项目。成立大会由中关村管委会常务副主任戴卫主持，全国人大常委会委员、中国工程院院士王涛，全国人大常委会副秘书长、北京市人大常委会副主任林文漪出席成立大会。

（中关村科技园区管委会）

高新技术产业发展专项资金发放仪式举行

11月14日，2003年北京市高新技术产业发展专项资金发放仪式在北京科技会展中心举行，209家企业的248个项目、25家孵化基地及289家在孵企业、2家科技中介机构和5家风险投资机构的代表获得总额9736.5万元的北京市财政专项资金支持。副市长范伯元出席仪式并讲话，中关村管委会常务副主任戴卫出席仪式。

（中关村科技园区管委会）

中国EVD知识产权战略与产业联盟发布会举行

11月18日，由中关村管委会、国家知识产权局知识产权发展研究中心和北京阜国数字技术有限公司联合举办的中国EVD知识产权战略与产业联盟发布会在人民大会堂举行。核心技术完全为中国自主知识产权的新一代高清晰度、高保真影碟机——EVD播放机（高密度数字激光视盘系统）正式投放市场。EVD产品的解像度是DVD的5倍，在国际上首次同时实现了高保真和环绕声的声音效果，一张EVD影碟目前可以存储约110分钟的影音节目，便于观众完整、连续地欣赏大多数的电影。国家发展与改革委员会副主任张晓强、国家信息产业部副部长娄勤俭、国家商务部副部长魏建国、国家科技部委员陈祖涛、国家知识产权局局长王景川等出席。

（中关村科技园区管委会）

中关村科技园区企业家咨询委员会成立

11月20日，中关村科技园区企业家咨询委员会成立大会暨第一次全体会议在清华同方广场举行。首届企业家咨询委员会由25名咨询委员、7名特邀委员组成，咨询委员会设主任委员1名，副主任委员4名。在第一次全体会议上，联想控股有限公司总裁柳传志当选为咨询委员会主任委员，北京中星微电子有限公司董事长邓中翰当选为执行副主任委员。企业家咨询委员会作为建设中关村科技园区领导小组及其办公室的参谋和决策支持机构，将参与园区规划、建设、改革和发展等重大事项的决策研究，向市委、市政府、领导小组及其办公室提出加快园区改革和发展的意见、建议和报告，并且监督有关园区各项决定、政策和法规的贯彻实施。副市长范伯元、中关村管委会常务副主任戴卫等领导出席成立大会。

（中关村科技园区管委会）

建设中关村科技园区领导小组第七次会议召开

12月5日，市委副书记、代市长、建设中

关村科技园区领导小组组长王岐山主持了领导小组第七次会议。王岐山在会上强调，创新是推动中关村进一步发展的力量之源，要把中关村建设成为实施科教兴国战略，制度创新和技术创新的平台。会上通报了中关村科技园区领导小组调整情况，副市长、领导小组办公室主任范伯元汇报了园区发展和改革的有关情况。陈佳洱、张勤、沈仁干、屠光绍、邬贺铨、顾秉林、柳传志、邓中翰等领导小组成员围绕中关村科技园区发展和改革有关问题发了言。王岐山在讲话中说，近年来，在中央的领导下，在国家有关部门的指导和帮助下，中关村科技园区的各项建设取得了很大成绩，这证明建设中关村科技园区的各项决策是正确的。同时，必须全面领会、贯彻、落实党的十六大和十六届三中全会精神，牢牢把握创新是中关村发展的永恒主题，才能解决中关村发展面临的问题，把中关村建设成为实施科教兴国战略，制度创新、技术创新的平台。这次中关村科技园区管理体制改革，是对政府管理体制改革提出的必然要求。中关村管委会要更多地从园区的发展方向、政策、制度创新上考虑问题。各级政府和政府各部门要成为中关村创新体系的推动者和实践者，加快政府职能的转变，切实把政府经济管理职能转到主要为市场主体服务和创造良好发展环境上来，建设服务型政府。要把中关村打造成制度创新、技术创新和综合改革的试验区，这次成立的中关村企业家咨询委员会，由企业家参与管理，就是制度创新的体现。王岐山指出，当前，在创新发展环境方面的一个重要问题是加强知识产权的保护，知识创新、技术创新离开了知识产权的保护环境，就没有希望。中关村科技园区在知识产权保护方面要起表率作用，使科技人员的创新成果更好地转化为现实生产力。王岐山强调，中关村不仅是北京市的，更是全国的，中关村的发展离不开中央各部门的关心、支持和帮助，希望中央各部门能够继续把中关村作为综合改革的实验区，凡是改革的政策、措施、办法都可以拿到中关村这个新平台上来试验，这是中关村的使命，是北京市的义务，也符合高新技术产业发展的规律。中关村科技园区发展进入了创建世界一流科技园区的新阶段，我们要改革创新、与时俱进，加快发展的步伐，为率先基本实现现代化、举办历史上最出色的一届奥运会、全面建设小康社会作贡献。 （中关村科技园区管委会）

海外留学人员携带高科技项目到中关村科技园区寻求合作

12月24～26日，由中关村驻美国硅谷、马里兰，日本东京，荷兰阿姆斯特丹，加拿大多伦多五个海外联络处组织的100多名海外留学人员，携带100多个高科技项目到中关村科技园区寻找合作机会。考察团成员参观了中关村文化广场、永丰产业基地、生命科学园、软件园等专业园区。随后参加了管委会为代表团举办的专场项目推介会，70多家风险投资机构和相关企业与代表团成员进行了项目洽谈。中关村管委会副主任夏颖奇介绍了园区的发展建设情况。

（中关村科技园区管委会）

软件和集成电路设计业成为中关村电子信息产业发展的推进器

2003年，用友软件、方正国际、中软总公司成为科技部“中国软件欧美出口工程试点企业”。清华鼎新、联想、用友、神州数码、亿阳信通、北佳、东方通等36家软件企业已通过CMM2级以上评估，赢得国际市场的敲门砖。园区系统集成和应用软件产销量居53个国家高新区第一；方正排版印刷系统、汉王汉字处理系统等中文信息处理系统居世界领先地位；支撑软件技术已达到国际先进水平；

操作系统软件在国内处于领先水平;用友软件及和佳软件公司的财务管理软件在全国同类软件评比和市场占有率方面均名列前茅;江民软件、瑞星和金山等公司的防杀毒软件已进军国际市场,其国内市场占有率超过60%;东方通公司的中间件产品已与IBM、BEA等国际跨国公司形成竞争态势,国内市场占有率达到22%。随着系列“中国芯”在园区的不断涌现,集成电路设计业开始由“中国制造”向“中国创造”迈进。中关村已初步形成从技术研发、产品设计、芯片生产、封装测试、材料研制、专用设备和人才培养等多环节互动发展的集成电路产业发展格局,集成电路芯片及其系统设计产业群在园区迅速崛起。大唐微电子在2003年全国十大集成电路设计企业中排名第一,其SIM卡和UIM卡芯片已占据国内市场份额60%以上。

(中关村科技园区管委会)

形成通讯产业的产业链

2003年,中关村科技园区的通信产品设计和制造业已经形成以整机为龙头,以集成电路和关键元器件相配套的较为完整的产业链。2003年,园区通讯产业实现产值277.94亿元,销售收入400.14亿元,出口创汇9.24亿元。其中,五个手机产业集群共实现销售额220亿元,全年销量2655万部,占全国手机总销量的14%。以信威SCDMA为代表的技术体系带动了软件、微电子、精密机加工、仪器仪表等相关产业的协同发展。以信威公司拥有的数十项发明专利为核心,园区SCDMA通讯系统在国内率先实现大规模量产,网络已覆盖全国14个省市自治区。大唐移动公司的TD-SCDMA系统已完成测试,可望拉动园区相关产业的跨越式发展。港湾网络通讯公司基于自主ASIC芯片的T比特核心路由器已顺利获得信息产业部入网许可证,标志着该公司已进入世界先进通讯设备供应商的行列。

(中关村科技园区管委会)

海淀园

概　况

2003年,海淀园实现技工贸总收入2400亿元,同比增长19.5%。其中京区实现1673亿元,同比增长18.1%;实现京区增加值407亿元,同比增长18.0%;实现京区工业总产值、上交税费和出口创汇分别为830亿元、74亿元和8.5亿美元,分别增长18.9%、113%和27.3%。共认定新技术企业2661家,同比增长21.9%,其中新批外商投资企业238家,投资总额6.33亿美元,注册资本5.05亿美元,合同外资3.69亿美元。以电子政务、网络社区、企业门户为核心的网络环境基本建成,网上办公系统集成了17个部门的64项管理服务职能,网络社区开通人才服务、法律援助、教育培训、投融资服务等12个板块内容,企业门户实现7100家企业上网,建立了具有电子商务功能模块的信息发布交流平台。海淀创业园累计孵化企业341家,在园企业199家,实现销售收入7.92亿元,纳税2573万元,吸引就业3290人。中关村生物医药园9月开园,已吸引8家企业入驻。成功举办第六届中关村电脑节、“中关村发展论坛”、“中关村创新成果展”、“中关村璀璨不夜天文化活动”。甲骨文、IONA、三星、菲利浦、大唐等一批著名高科技企业入驻海淀园。出台《中小型高新技术企业绿色行动计划》;推进外商投资审批制度、简化手续、减少环节;率先试行外资企业不设立具体经营范围的试点;启动科技奥运计划,举办了“海淀握手奥运”活动。

(海淀园管委会)

两家中外合资公司在海淀园注册

2月,有两家国际知名企业与国内企业合作,在海淀园投资设立合资公司,其中联通博路通信技术有限公司由掌握CDMA专利技术的美国高通公司和国内综合性电信运营商中国联通共同出资设立,主要从事无线通信技术的研究、开发和相关技术咨询、技术培训、技术转让。合资公司总投资990万美元,注册资本700万美元。美国高通公司以提出码分多址(CDMA)技术闻名于世,在该技术领域居于领先地位,拥有多项专利,并被美国《财富》杂志评为"2002年度全球100家最想工作的公司"之一。此外,美国莲花(Lotus)太平洋公司与国内知名集团TCL旗下的TCL电脑科技有限公司及几个中方自然人共同出资8700万元人民币成立的TCL数码科技(北京)有限公司也于近期在海淀园顺利办理完设立审批手续。公司开发、生产计算机软硬件、零配件及外围设备、网络通讯产品、数码电子产品,并提供相关技术咨询、技术服务、技术培训、技术测试和技术转让。

(海淀园管委会)

北新房屋有限公司落户海淀园

2月,由国内知名新型建材企业北新建材(集团)有限公司、北新集团建材股份有限公司与日本三菱商事株式会社、丰田自动车株式会社及新日本制铁株式会社共同出资组建的中外合资企业北新房屋有限公司落户中关村科技园区海淀园。公司投资总额为4820.4万美元,注册资本2410.2万美元;主要从事新型建材的研究、开发、生产,以及住宅设备的设计、制造、加工,并提供有关技术服务。此次新组建合资公司的三家外方:日本三菱商事株式会社、丰田自动车株式会社及新日本制铁株式会社均在《财富》全球500强企业中排名分别为第9位、第10位和第181位。其中丰田和新日铁两家均是第一次在海淀园投资设立合资企业。

(海淀园管委会)

海淀园建设公司获得国际环境管理体系和国际质量管理体系认证

2月,北京海淀科技园建设股份有限公司同时获得了中国环境科学院环境认证中心、北京中经科环质量认证中心颁发的ISO14001国际环境管理体系、ISO9001国际质量管理体系认证证书。北京海淀科技园建设股份有限公司是一家新型国有控股公司,成立于2000年6月18日,注册资金6亿元人民币。公司成立以来,认真贯彻北京市建设中关村科技园区建设发展总体规划的要求,在中关村科技园区进行了一级土地开发、基础设施建设和房地产开发,为中关村科技园区的建设和发展创造良好的外部环境,为进驻中关村的高新技术企业和科技人员提供良好的研发、生产、办公、商贸和居住、生活条件。2002年,该公司承担建设任务的海淀区机关办公大楼、海淀商业大厦、创富大厦等项目还通过了北京市结构长城杯验收。

(海淀园管委会)

7家重量级企业入驻海淀园

7月17日,甲骨文软件研究发展中心(北京)有限公司、中盈优创、北新房屋等7家重量级企业入驻海淀园。这7家企业总投资额达1.75亿美元,其中有3家被授予"海淀绿卡"。

(海淀园管委会)

丰台园

概　况

2003年,丰台科技园全年实现技工贸总收入300亿元,同比增长50%;工业总产值105.6亿元,同比增长20%;增加值38亿元,同比增长30%;出口创汇1.7美元,同比增长55%;上缴税费9.1亿元,同比增长30%。全园年内累计开复工95.59万平方米,竣工26.9万平方米。总部基地项目列为2003年本市60大重点外资工程之一,已开工40万平方米。一期20万平方米、85栋总部楼已封顶,开始了室内安装和幕墙工程,市政排水工程已施工。一期20万平方米已全部销售完毕,80多家企业签署了正式入驻合约。完成技术合同登记金额8.6亿元,6家企业在中关村技术交易市场成功挂牌,有9家企业、10个项目通过国家"火炬"计划立项,有12个项目申报了国家重点新产品。天健恒达公司研发的MEDVISION影响存储与传输系统V1.0和天健数字化医院信息系统在小汤山医院抗击"非典"中得到应用。北京火马微电子技术有限公司联合制定了EVD产品标准,成为替代DVD的新一代高密度激光视盘系统,并独立开发出EVD解码芯片。

(丰台园管委会)

中国银行为丰台园注入1.8亿元资金

1月18日,中国银行北京分行、丰台支行与中关村科技园区丰台园北京丰台科技园建设发展有限公司贷款签约仪式在北京京都信苑饭店举行。中行为丰台园注入1.8亿资金支持二期开发建设,区域金融与高科技产业的合作迈出了重要一步。

(丰台园管委会)

丰台园获10亿元贷款支持

7月16日,建设银行北京分行与中关村丰台园道丰科技商务园建设发展有限公司签订10亿元人民币的贷款支持协议。这是在中关村总部基地全面启动后,银企合作单个款项中最大的一笔贷款支持项目。在这笔10亿元人民币的贷款支持项目之后,建设银行北京分行还将按有关规定,对入驻总部基地的企业提供购总部楼贷款按揭业务。

(丰台园管委会)

法国乐华梅兰大型建材超市落户丰台园

10月,世界500强企业法国乐华梅兰中国第一家大型建材超市落户中关村科技园区丰台园。法国乐华梅兰是欧洲家族式大型企业集团,其业务涉及建材、装饰、食品等多个领域。在全球化的经营战略中,乐华梅兰准备在中国实现连锁经营,进一步拓展亚洲市场。同时,乐华梅兰作为大型建材超市的品牌企业也将会为丰台总部基地的入驻企业提供更高档的配套服务。

(丰台园管委会)

昌平园

概　况

2003年,昌平科技园总收入达到170亿元,工业产值110亿元,出口创汇5500万美元,上缴税收9.01亿元。主要经济指标增长率突破30%,年工业产值首次突破百亿元。技术交易方面在园区进行合同登记的登记金额达到5.35亿元。共引进高新技术企业360家,其中股份制企业335家,注册资金19.6亿元;三资企业25家,注册资金4.97亿元。360家企业注册资金总额为24.6亿元。在360家企业中,注册资金超过亿元的企业有4家,千万元以上的企业有49家。

(昌平园管委会)

昌平园举办“投融资与服务推介暨投融资洽谈会”

3月19日,中关村科技园区昌平园管委会、北京市高技术创业服务中心、北京晨光创业投资有限公司、中关村科技园区昌平园高新技术企业协会主办,北京晨光创业投资有限公司承办的“投融资与服务推介暨投融资洽谈会”在昌平商务会馆举行。北京市高技术服务中心、中关村科技担保有限公司、北控高科技发展有限公司以及昌平区各家银行等数家投资、金融机构和百余家高科技企业参会。会上,多家企业与投资公司、金融机构达成了合作意向。北控高科技发展有限公司和北京晨光创业投资有限公司达成了向北京克莱博医药开发有限公司共同出资1250万元的投资协议。到会企业感到,此次活动拉近了投资机构、金融机构和园区高科技企业之间的距离,实现了零距离接触。

(昌平园管委会)

中关村兴业大厦在昌平园落成

3月,总建筑面积2万平方米的中关村兴业大厦在昌平园落成。兴业大厦的建成一方面增强了昌平园综合竞争能力,完善了整体服务体系,同时标志着昌平园科技企业孵化进程进入了一个全面发展的阶段。兴业大厦地处中关村科技园区昌平园核心区,主要为科技企业提供孵化功能,同时享受高新技术企业的各项优惠政策。同时,中关村兴业生物医药创业园正式启动。生物医药园是中关村兴业高科技孵化器股份有限公司主要经营项目之一。生物医药创业园的建设是为了迎奥运搬迁企业和为顺利通过GMP认证的医药生产企业创造一个集生产、办公、研发、仓储为一体的工业园。

(昌平园管委会)

电子城科技园

概　况

2003年,电子城科技园完成增加值56.5亿元,工业增加值55亿元,同比增长15.1%;总收入278亿元,同比增长18%;产品销售收入243亿元,同比增长17.8%;工业总产值(90年不变价)377亿元,同比增长18.2%;出口创汇5.4亿美元,同比增长22.7%;上缴税费11.5亿元,同比增长22.3%。新入驻高新技术企业190家,其中外商投资高新技术企业32家。注册资金总额115031万元,其中外资注册51294万元(6180万美元),合同外资额39599.3万元(4771万美元)。高新技术企业已累计达到555家,其中内资企业444家,注册资本115.3亿元,三资企业111家,注册资本6.47亿元。世界500强中的西门子、日立、LG研发中心、富士通研发中心落户电子城;摩托罗拉、加拿大北方电讯已正式签约,将在电子城西区建设“摩托罗拉工业园”和“北方电讯工业园”。制订了“数字电子城”发展规划,9月份开通信息服务平台,设立“数字园区”、“企业门户”、“企业社区”三个子平台。

(电子城科技园管委会)

北京华商投资有限公司入驻电子城科技园

6月10日，北京华商投资有限公司入驻中关村电子城科技园签约仪式在望京留学人员创业园举行。北京华商投资有限公司是首家签约入驻电子城西区的公司，预计到2004年底前建成占地面积35200平方米的汽车微电子智能电器生产和欧洲汽车技术服务中心两个项目，投资总额4.68亿元人民币，年产值将多达20亿元人民币。北京市人大常委会副主任金生官、华夏银行董事长刘海燕、朝阳区区委书记李士祥、朝阳区代区长陈刚、中关村管委会常务副主任戴卫等出席了签约仪式。

（电子城科技园管委会）

亦庄科技园

概　　况

2003年，亦庄科技园新批企业投资总额23.65亿美元，同比增长92.7%，其中三资企业投资总额(含增资)14.3亿美元，同比增长75%；合同外资金额4.18亿美元，同比增长26%；外商实际投资2.63亿美元，同比增长30.4%。新引进超过1000万美元外资项目17个，同比增长41.8%；超过3000万人民币内资项目18个，注册资本额同比增长2.4倍；新引进世界500强企业投资项目15个，同比增长2.75倍。新批入区企业385家，同比增长27.1%。生产总值82.5亿元，同比增长7.3%；其中工业增加值72.6亿元，同比增长7.6%；工业总产值(现价)实现435亿元，同比增长7.1%；销售营业收入542亿元，同比增长14.9%；出口总额15.24亿元，同比增长12.9%；财政收入(含免抵)36.23亿元，同比增长12%；固定资产投资61亿元，同比增长9.9%；新增固定资产16.26亿元，同比增长21.9%。

（亦庄科技园管委会）

电子信息、汽车、生物工程与新医药、装备制造等四大支柱产业正在形成

2003年，亦庄科技园高新技术产业有了新的发展。电子信息产业：开发区移动通信产业链已基本形成，以首信诺基亚移动通信有限责任公司为龙头的诺基亚星网工业园(入园企业近20家，投资总额超过7亿美元)正在全力打造为世界移动通信产业的“航空母舰”和全球著名的移动通信产业集群。随着京东方TFT－LCD第五代线项目入区并开工建设，康宁玻璃基板、台湾展茂彩膜、LG化学偏光片等近40家与京东方TFT－LCD的配套企业陆续入区。与京东方TFT—LCD配套的韩国6家公司已在开发区注册登记，投资总额3000多万美元，合同外资1550万美元，如投资1300万美元的北京宇理光电有限公司，投资1000万美元的盛纳路光电组件有限公司。富士康公司三期也将生产TFT－LCD模组、纳米显示屏等，与京东方TFT－LCD相映成辉。中芯国际集成电路有限公司已于6月调试设备，7月试投产；中科院圣科佳化合物半导体外延片项目即将竣工。其他半导体芯片等项目正在洽谈中。创维集团将在开发区建设高清晰电视产业基地，并与美国德州仪器、科达、菲利浦等公司合作开发数字技术产品。这是开发区产业发展的一个新突破。汽车产业：开发区汽车产业迅速崛起。随着著名的戴姆勒—克莱斯勒奔驰轿车项目的入区，开发区将成为戴姆勒—克莱斯勒在海外占地最大的生产基地，

戴姆勒—克莱斯勒奔驰轿车与北京吉普共用的喷漆车间已开工建设。相关高质量汽车零部件配套厂商计划跟进，如日本铃木中国控股公司、德国保时捷技术中心、美国底特律NAMT公司汽车模具、华泰汽车发动机正在入区，韩国全进特种汽车开工建设，加之区内原有的德尔福电喷系统、康明斯环保发动机、华泰汽车配件等一批知名企业，乘用汽车产业将成为支撑开发区经济发展的又一重要产业。生物工程与新医药产业：开发区已初步形成北京市最大的生物工程与新医药产业集群，北京“药谷”初具规模。全世界第一个治疗癌症的基因药物公司赛百诺基因公司已落户开发区，香港长江实业投资的唯健生生物公司即将开工。北京同仁堂与香港和记黄埔共同投资3000万美元的医药投资有限公司也落户开发区。装备制造业：世界著名的微电子设备制造公司—美国应用材料公司和LAM公司已落户开发区，为中芯国际提供配套服务。ABB高中压电器设备制造、德国博世力士乐液压部件制造等项目将落户开发区。

（亦庄科技园管委会）

德 胜 园

概　　况

2003年，德胜科技园入驻高新技术企业105家，累计145家，累计注册资金达11.8亿元。高新技术企业技工贸总收入8亿元。开设了高新技术企业“一门代办”窗口。建立留学人员创业中心，并成为欧美同学会首批报国计划实验基地之一。

（德胜园管委会）

两家高新技术企业落户德胜科技园

2月，中关村科技园区德胜科技园又有两家高新技术企业落户，分别是央视市场研究股份有限公司和央视索福瑞媒介研究公司。至此，入驻德胜科技园的企业已达259家，涉及生物医药、电子信息、先进制造业、通讯、新材料等领域。从2002年到2004年，西城区财政每年安排5000万元专项资金投入德胜科技园。其中，3000万元用于园区基础设施建设，2000万元用于对创业人员的奖励、提供贷款等。德胜科技园目前已成立5家企业孵化器。

（德胜园管委会）

基地建设

用友软件股份有限公司入驻永丰产业基地

1月15日，用友软件股份有限公司入驻永丰产业基地签字仪式在翠宫饭店举行。用友公司作为中国目前最大的软件厂商和管理软件公司，是中关村科技园区高速成长的高新技术企业，2001年5月在上海证券交易所上市。用友公司将在永丰产业基地建设用友软件园，作为集团永久总部、软件研发基地、软件出口基地和软件企业孵化基地。副市长刘志华，中关村管委会常务副主任戴卫等出席了签字仪式。

（中关村科技园区管委会）

中关村航空科技园开园

1月10日,中关村航空科技园在北京青云国际研发中心正式开园。中关村航空科技园是利用中航一集团所属的北京青云航空仪表有限公司17.6万平方米的土地资源建立起来的。它将利用中关村科技园区良好的环境和政策,在这里搭建航空工业科技、人才、教育与国外合作与交流的平台。这标志着航空科技工业企业和航空科学技术界对中关村科技园区的极大关注。副市长刘志华出席了航空科技园的开园仪式,并表示航空科技工业界的广泛参与,将对中关村和首都经济的发展产生巨大的影响。

(中关村科技园区管委会)

发布《北京市高新技术产业孵化基地享受财政专项资金办理程序》

3月31日,根据北京市人民政府颁布的《北京市关于进一步促进高新技术产业发展的若干规定》北京市科学技术委员会高新技术产业化处制定了《北京市高新技术产业孵化基地享受财政专项资金办理程序》。《办理程序》对北京市高新技术产业孵化基地内可享受财政资金支持的在孵企业应当具备的条件;财政专项资金的使用原则等做了明确的规定,共计12条。

(市科委高新技术产业处)

永丰产业基地获得国际质量管理体系和国际环境管理体系双重认证

3月,“永丰高新技术产业基地”的建设单位——北京中关村永丰产业基地发展有限公司正式获得ISO9001国际质量管理体系和ISO14001国际环境管理体系双重认证,并成为中关村科技园区范围内第一家获得双重认证的土地一级开发建设单位。

(中关村科技园区管委会)

“北航留学人员创业园”开园

4月12日,中关村管委会与北京航空航天大学在北航如心会议中心举行了共建“北航留学人员创业园”协议签字暨开园仪式。北京航空航天大学校长李未与中关村管委会常务副主任戴卫代表合作双方在共建协议上签字。副市长范伯元代表北京市政府祝贺北航与中关村的共建合作。国防科工委副主任张华祝、科技部秘书长石定环以及教育部、人事部、北京航空航天大学、中关村管委会、北京市相关委办局、留学人员代表、新闻单位代表共200名来宾出席了签字仪式。

(中关村科技园区管委会)

北京望京留学人员创业园(二期)隆重揭牌

4月16日,中国北京(望京)留学人员创业园揭牌仪式在望京科技园隆重举行。国家人事部、教育部、北京市及朝阳区有关领导,中科院部分院所、北京市部分高校、北京市各留学人员创业园及留学人员企业代表200余人参加了揭牌仪式。国家人事部副部长舒惠国与副市长孙安民为北京(望京)留学人员创业园揭牌。该园区总建筑面积约7万平方米,其中一期2.4万平方米创业大楼于1999年投入使用,已有近百名留学归国人员入园创办企业。二期创业大楼进一步完善了留学人员创业服务设施,不仅设有综合服务大厅、网上注册服务中心、科技产品展览厅、网络培训中心、康体中心等,而且还加强了创业投资机构及中介服务机构的配置,真正做到为留学生创办的企业提供全过程的服务。

(市科委高新技术产业处)

汇龙森国际企业孵化园开园

5月9日,北京经济技术开发区第一家民营孵化器——汇龙森国际企业孵化园举行了隆重的开业庆典。该园是在原摅迈药业的基础上建立的,共有建筑面积1.6万平方米,配有中央空调系统和宽带网络系统,能满足企业办公、研发、中试、生产的不同需求,另外还为入驻企业提供报告厅、会议室、职工餐厅等配套服务设施。现已有48家企业入驻,其中包括由世界500强日本住友电工公司投资的住力电通光电技术有限公司,美国摩根士丹利,美国润滑系统公司,国家体育总局主办的北京中体彩电脑系统设备有限公司,中国医学科学院参股、谢良志博士领衔的神州细胞工程有限公司等,均为高新技术企业。这些企业的入驻加强了开发区电子通信、生物工程与新医药、先进制造业、新材料新能源、软件等5大主导产业的综合实力。汇龙森公司拥有一支专业的服务队伍,可为入驻企业的发展和科技成果转化提供全方位支持以及专业的增值服务,包括工商注册、税务登记、融资服务、风险投资、市场开拓、信息交流、管理咨询、国家和北京市重点项目申报、基金申请在内的"一站式"解决方案。

(市科委高新技术产业处)

三企业入驻永丰产业基地

5月30日,中科院化学所高新技术产业化项目公司——中科纳米、大唐电信科技股份有限公司和安泰科技股份有限公司(二期)正式入驻永丰产业基地。三家合计购地21.66公顷,投资总额13.1亿元(大唐电信7.8亿元、中科纳米3亿元、安泰科技二期2.3亿元)。其中中科纳米的主要项目有塑胶跑道、国家纳米检测中心、免清洗涂料、双亲双疏涂料、纳米织物等;安泰的产品主要涉及军工用品、民用窑炉、电力、封装材料等;大唐电信主要项目包括微电子生产基地、数据通信产业研发及产业化和第三代移动通信(3G)手机产业基地。这些企业的入驻和投产对增强中央在京大型科研院所体制改革力度,加快高新技术产业化进程将起促进作用。副市长范伯元等出席了签约和投产仪式。

(北京新材料发展中心)

北京生物工程与医药产业基地全面启动

5月,位于北京大兴工业开发区的北京生物工程与医药产业基地全面启动,其一期开发面积6平方千米,5年后将实现基地内生物医药产业总收入超过100亿元。基地规划以建设世界一流生物工程与医药产业基地为标准,充分体现现代制造业基地的特色。生物医药基地由科研开发区、企业孵化区、生产加工区、商务配套区和生活服务区组成。

(市科委生物医药与新材料处)

扬子江药业集团等入驻中关村生命科学园

6月12日,在中关村生命科学园举行了江苏扬子江药业集团、北京安波特基因工程有限公司和北医联合生物工程公司的入驻签约仪式。江苏扬子江药业集团将投资2.5亿元在中关村生命科学园建设自己的北京技术研究中心 。副市长范伯元,昌平区委书记赵凤桐、区长佟根柱,中关村管委会常务副主任戴卫等出席了签约仪式。

(昌平园管委会)

"北京科技大学留学人员创业园"开园

6月29日,中关村科技园区管委会与北

京科技大学共建“北京科技大学留学人员创业园”协议签字暨开园仪式在北京科技大学举行。创业园位于北京科技大学科技园大厦，可用于孵化面积4万平方米，先期启动1万平方米，并设立总额为500万元的“留学人员投资基金”。北京科技大学党委书记罗维东宣读了北京市委书记刘淇的贺信。副市长范伯元和中国科学院院士柯俊共同为创业园揭牌。北京科技大学校长杨天钧与中关村管委会常务副主任戴卫代表合作双方在共建协议上签字。

（中关村科技园区管委会）

六家国家大学科技园通过评估和验收

7月15日至21日，科技部、教育部国家大学科技园专家组对6家国家大学科技园（清华大学科技园，北京大学科技园，北京航空航天大学科技园，北京理工大学科技园，北京邮电大学科技园，北京师范大学、北京中医药大学科技园）的建设单位进行了评估和验收。10月，科技部、教育部公布了此次评估验收的结果，6家大学科技园顺利通过了此次评估和验收。

（市教委　张年武）

北京理工留学人员创业园开园

7月19日，北京理工大学与中关村管委会合作共建的留学人员创业园——北京理工留学人员创业园开园。该创业园位于北京理工大学科技园内，面积2万平方米，先期启动1万平方米。入园企业除享受中关村科技园区提供的各项优惠措施外，还能得到北京理工大学科技园良好的配套服务。理工大学校长匡镜明和中关村管委会常务副主任戴卫签署了合作共建留学人员创业园协议；副市长范伯元和国防科工委副主任张华祝共同为留学人员创业园揭牌。科技部、教育部、中关村管委会、北京理工大学和北京市相关委办局负责人出席开园仪式。

（中关村科技园区管委会）

五单位被批准为北京市高新技术产业孵化基地

7月23日，市科委批准北京康华伟业孵化器有限责任公司、中关村兴业（北京）高科技孵化器股份有限公司、汇龙森国际企业孵化（北京）有限公司、北京华商置业有限公司（北京留学人员大兴创业园）、北京北方车辆新技术孵化器有限公司5家单位为高新技术产业孵化基地。目前，这5家孵化基地共有孵化面积68000平方米，在孵企业142家。

（市科委高新技术产业处）

北大国际医院、北京协和医学中心进驻中关村国际生命医疗园

8月15日，由中关村管委会主办的北大国际医院、北京协和医学中心进驻中关村国际生命医疗园签约仪式在中关村生命科学园举行。中关村管委会常务副主任戴卫主持签约仪式，全国人大副委员长韩启德、教育部副部长赵沁平、副市长范伯元、中国医学科学院院长兼中国协和医科大学校长刘德培等出席。

（中关村科技园区管委会）

中科纳米科技产业化基地奠基

8月28日，中科纳米科技产业化基地奠基仪式在永丰产业基地举行，并宣布了中科纳米高弹材料工厂正式投产。中科纳米产业化项目的顺利实施将为纳米技术的产业化发展提供了一个很好的模式和典范。香港金威集团董事局主席、中科纳米公司董事长吴良

好先生致欢迎辞，中关村管委会副主任刘卓军及中科院、国家发改委、科技部、国家认证认可监管局、市科委、海淀区委区政府等有关单位领导出席了仪式并做了发言。

（中关村科技园区管委会）

中关村生物医药园开园

9月8日，中关村生物医药园开园暨首批企业入园仪式在中关村生物医药园举行。这标志着海淀园开始了以孵化IT企业为主向孵化生物医药企业、由综合性科技企业孵化器向专业性科技企业孵化器的重要转变。该生物医药园总投资1.8亿元，由海淀园具体实施建设，总建筑面积3万平方米，实验室面积1.1万平方米，是目前国内规模最大、设施功能齐全、设计布局合理、孵化服务专业的生物医药孵化器。生物医药园可满足100余家生物、医药领域的中小企业在企业创办、研发中试、新药注册、风险投资、市场推广等方面的需求。

（中关村科技园区管委会）

“清华科技园日本、韩国园区”开园

9月11日，清华科技园与刚刚成立的NEC中国研究院和来自日本、韩国的嘉宾分别签署了入驻协议和“清华科技园日本、韩国园区”的开园仪式。清华科技园作为中关村科技园区核心区组成部分，背靠清华大学的技术、人才优势，在此之前已有斯伦贝谢、SUN等世界500强企业和一批国家级研发机构在园区设立。在同NEC中国研究院签约的同时，SUN中国工程研究院也与该园签署了扩租续租协议。“清华科技园日本、韩国园”的设立是为给国外拥有先进技术的中小企业进入中国市场营造一个过渡环境，并协助中国具有发展潜能的企业找到合适的技术。它标志着清华科技园的国际化战略在实施上迈出了重要一步。此外，清华科技园同时还与香港上市公司威新集团进行了园区服务全面合作签约，与新加坡腾飞集团、美国KLM投资机构共同发起设立的5000万美元“全球协同基金”也宣告启动。

（中关村科技园区管委会）

永丰现代制造技术产业园奠基

9月22日，北京市科学技术研究院永丰现代制造技术产业园奠基典礼在永丰基地举行。科技部“火炬”中心副主任张国成、中关村管委会副主任张贵林、海淀区副区长于军等国家部委和市区有关委办局领导出席了奠基典礼。此次落户永丰的北京市科学技术研究院现代制造技术产业园是集微电子、光机电一体化、生物工程和新医药、劳保安全四大产业于一身的专业化高科技园，占地9.35公顷，计划投资6亿元人民币，预计2005年基本建成。它以突出现代制造技术为主题，通过精密加工技术和数控加工技术等尖端技术的运用，实现对传统制造业的改造、提升，使制造业与信息技术、自动控制技术、生物技术等新兴产业紧密结合起来，形成北京高新技术产业新的成长链，为制造业的改造起到示范和促进作用。

（中关村科技园区管委会）

北京信息安全产业基地开园

10月10日，北京惟一的信息安全专业性基地——北京信息安全产业基地在石景山区信安大厦广场举行了盛大的开园庆典活动。该基地由市科委、市信息办、石景山区政府和中科院研究生院四方共同建设，将要扶植和培育出国内一流，具有国际竞争能力的信息安全骨干企业，研发生产出一批具有自主知识产权和国际竞争力的信息安全关键产品,构件完善的信息安全行业服务体系。副市长范伯元、市科委副主任俞慈声、市信息化工作办公室主任朱炎、中科院研究生院副院长杜澄以及沈昌祥院士等领导及信息安全领域部分专家、信息安全行业知名企业代表到会表示祝贺。该基地采取“政府指导,企业化运作”的管理模式,北京863软件孵化器有限公司承担基地的日常运营。基地一期总建筑面积为15000平方米,为入驻企业提供舒适优雅的办公环境,完善配套的基础设施,以及孵化投资、市场宣传、发展规划、咨询顾问等各种优质的服务。现格方集团等多家企业已经入驻,回天时代、启明星辰等20多家企业正积极与基地洽谈进驻。

(市科委高新技术产业处)

召开海淀园孵化器发展战略研讨会

12月19日,北京市创业孵育协会、中关村科技园区海淀园、中关村科技园区留学人员服务总部、中国高新技术产业导报联合主办了“海淀园孵化器发展战略研讨会”。研讨会上,专家学者就孵化器的发展方向、完善孵化器的服务功能、孵化器的体制和机制以及各种类型孵化器的建设经验等问题展开了广泛的交流与研讨。市科委副主任刘振刚就“孵化器发展的思考与建议”,清华科技园孵化器有限公司总经理罗茁就“清华科技园国际化探索”,北内制造业高新技术孵化基地有限公司总经理朱世安就“孵化器的服务产业功能”,中关村企业家咨询委员会委员刘道纯就“孵化服务深化发展的第四个层面”,科技部高新区专家咨询委员会主任孔德涌就“不搞‘假冒伪劣’提倡多元发展”,科技部火炬中心高新处处长唐凤泉就“创业中心前景展望”,北京北航天汇科技孵化器有限公司总经理就“大学孵化器未来发展的思考”,北京创业孵育协会秘书长颜正军就“北京技术孵化器具有科技企业孵化器的特征”等问题发表了各自的意见。

(市科委高新技术产业处)

永丰基地获“国家新材料技术成果转化及产业化基地”授牌

12月30日,永丰高新技术产业基地获“国家新材料技术成果转化及产业化基地”授牌仪式在永丰基地举行。科技部、市政府、中关村科技园区管委会、海淀区委等领导以及国家新材料领域专家学者等出席了授牌仪式。随后还举行了新材料创业大厦奠基仪式。该大厦投资2亿元人民币,建筑面积4万平方米。此后,基地将紧密围绕新材料成果转化与产业化,形成上规模、重发展、有潜力,能起到产业辐射与带动作用的新材料产业,并带动其他相关产业的可持续性健康发展。

(北京新材料发展中心)

孵化器管理更趋成熟

2003年,北京市科技企业孵化器在总量上没有太大变化,各个孵化器都将工作的重心转移到服务功能的提高和运营效益的改善。科技企业孵化器无论从服务对象、业务流程或技术支持方面都更趋于专业化,管理场地的建设和专业平台的支撑成为各类科技企业孵化器建设的战略重点。同时,行业协会强化了对孵化基地的监管和指导。2003年,北京市创业孵育协会重点开展了对科技企业孵化器及在孵企业的评估和调研工作,完成该年度对26家“孵化基地”的评测以及对随机抽取的300家在孵企业的诊断,使政府在科技企业孵化器的宏观控制及理性监管方面做得更加规范、成熟。

(市科委高新技术产业处)

科技企业孵化器呈现集群性

2003年，经过一年的调整，北京科技企业孵化器的分布呈现出“重点区域集聚，全市范围普及”的特征。海淀园区的孵化器集群表现出改造综合孵化器的发展状态，纷纷确定优势资源，进行专业细分，例如海淀园创业服务中心建设了生物医药园，对生物医药类企业进行集中孵化。丰台园区则呈现出以北京IBI为核心，民营企业参与的科技一条街的协作发展的区域特征。丰台园区已建成十多家北京IBI分中心，他们各专一行，彼此互补，并且充分调动了民间资金投入到科技创新、企业孵化的事业中来。德胜园区呈现出孵化器协助技术院所转型的区域特征。短短一年的时间，德胜园区的孵化器已有8家之多，基本是依靠院所技术资源兴建，因此属于专业技术孵化器。

（市科委高新技术产业处）

留学人员创业园成为孵化器建设热点

2003年，中关村科技园区已经和6所高等学府共建了留学人员创业园，加上最先设立的两家留学人员创业园以及区县工业园区的两家留学人员创业园，目前北京市已经有10家专门针对留学人员归国创业服务的创业园。改变了以往仅有的两处创业园能为留学生创业提供帮助的状况，满足各类留学生对创业区域、创业领域的需求，解决留学人员回来报国无门的窘况，使得“海归派”与本土创业者拥有了公平竞争的机会，保证了创业市场的健康发展。

（市科委高新技术产业处）

孵化器进入稳步发展阶段

2003年，北京已建孵化器61家，孵化总面积约为64.772万平方米，累计总投资17.8亿元，孵化企业2082家（累计毕业企业354家）。目前被市科委认定的“高新技术产业孵化基地”31家，总孵化面积约为44.5万平方米，其中共享面积将近6万平方米，占总面积的13%；累计总投资额约为10.7亿元，孵化资金约为1.2亿元，“孵化基地”的孵化大楼平均入住率仍然保持在86%，解决就业人数约1.8万人。据不完全统计，“孵化基地”入孵企业实现销售收入81.2亿元，纳税额达1.85亿元。

（市科委高新技术产业处）

高新技术产业孵化基地建设渐入佳境

2003年，北京共有高新技术产业孵化基地31个，在孵企业1666家，其中有1234家企业被认定为高新技术企业。2003年入孵企业624家，毕业企业203家。31家孵化基地共使用孵化面积44.5万平方米，其中拥有产权的为32万平方米，占72%。2003年在孵企业实现技工贸总收入81.6亿元，纳税额2.7亿元，孵化项目1457项。在基地就业的人数22742人，其中吸引归国留学人员815人；在孵化基地从事孵化工作的员工403人，其中大专以上学历359人，占总数的89%。

（市科委高新技术产业处）

中关村科技园区成为全市孵化器领头军

2003年，本市31家“高新技术产业孵化基地”中，有19家注册在中关村科技园区内，约占61%；孵化器员工302人，其中大专以上学历 264 人，占总数 87%，硕士 51 人，占 17%，博士 17 人，占 5.6%。2003 年园区内孵化基地新进人员 37 人，离开 34 人，人员流动基本持平。园区内孵化基地的孵化面积 36.2 万平方米，其中拥有产权的 25.6 万平方米，比率为 71%；园区内孵化基地的在孵企业数为 1419 家，其中 2003 年入孵了 527 家，毕业了 179 家，毕业率为 12.6%；2003 年孵化器孵化项目 1364 项；19 家基地的员工数为 18713 人，包括留学人员 743 人，占孵化基地吸引留学生总数的 91%。在孵企业销售总收入 76.9 亿元，纳税额达 2.49 亿元；拥有高新认定的在孵企业数 1146 家，获高新技术成果转化项目的企业 21 家，资助金额 50 万元，获创新基金资助的企业 47 家，资助金额 3303 万元，申报"火炬"计划的企业 39 家，申请国家重点新产品的企业 9 家。

（市科委高新技术产业处）

认定四家北京市大学科技园

2003 年，市科委、市教委联合认定 4 家北京市大学科技园，即中国农业大学科技园、华北电力大学（北京）科技园、中国人民大学文化科技园和首都师范大学科技园。至此，北京市大学科技园达到 12 家。

（市教委　张年武）

大学科技园发展迅速

2003 年，北京地区共创建大学科技园 14 家，其中国家级大学科技园 6 家，占全国总数的 1/6。累计投入资金 57 亿元，其中政府投入 1.4 亿元（98%的资金来自学校和社会）。14 家大学科技园建筑面积已达 214 万平方米；入园企业达到 1022 家；当年毕业企业数达 50 家；从业人员 26730 人，其中引进国际专家 11 人，留学归国人员 33 人，外省市人才 512 人；入园企业 2003 年实现销售收入 176 亿元，纳税总额 10.2 亿元。其中入园企业销售收入上亿元的大学科技园有 11 家，销售收入上 100 亿元的有 1 家。截至 2003 年底，14 家大学科技园吸引项目 1049 项，其中 2003 年孵化成功 244 个项目。

（市科委高新技术产业处）

大学科技园努力打造专业技术平台

2003 年，大学科技园利用自身优势资源，通过为入园企业提供办公场所、实验设施、仪器设备、中试厂房、专业技术和人才以及各种增值服务，打造专业技术平台。如北京邮电大学科技园依托北京邮电大学工程类研究机构共同建立实验技术平台，依托国际知名通信企业的研究中心共同建立技术开发平台，依托北京邮电大学和北邮科技园的优势资源建立有专业特色的孵化服务平台等。清华大学科技园建立了由各专业化平台公司组成的立体化的创新服务体系，为园区企业创新、创业、研发活动提供专业服务。例如：华清物业管理有限责任公司提供客户服务、工程服务、安全消防服务、保洁服务、绿化服务等物业服务；清华科技园孵化器有限公司提供的基本商务服务、专业增值服务、融资咨询服务；清华科技园技术资产经营公司提供科技成果信息，架起高等院校、研究院所与技术市场、资本市场之间的桥梁；清华科技园创业投资有限公司提供风险投资、国际技术转移、投融资咨询、经营管理咨询等服务；清华科技园培训中心提供高素质的复合人才培训服务，在整合资源方面，进一步加快与政府的合作，获得了政府专项基金、孵化器政策、认证审批、公商注册等方面的支持，与 50 多家中介机构（律师事务所、会计事务所、金融机构等）成为战略合作伙伴，进一步整合了社会资源；清华大学实验室、图书馆等科研咨询机构向园区开放。

（市科委高新技术产业处）

大学科技园注重专业孵化

2003年,北京的大学科技园逐渐形成专业孵化氛围。如北京化工大学科技园专注于精细化工、生物化工产业的服务;北京理工大学科技园致力于机电一体化、信息技术与军工技术与成果的转化;北京邮电大学科技园立足于信息技术、通讯技术领域的孵化;北京科技大学科技园关注冶金和新材料领域的服务;北京工业大学科技园注重孵化软件领域的企业;北京交通大学科技园重点发展通信、信号和光机电等高新技术产业,等等。这些特色园区的建设发展,为北京市大学科技园整体发展提供了很好的示范作用。

(市科委高新技术产业处)

合作与交流

国际合作与交流

举行2003年驻华科技外交官新春招待会

1月23日，由市科委、市政府外事办公室联合主办，市科协承办的第三届“驻华科技外交官新春招待会”在北京国际饭店举行。来自世界上70多个国家和国际组织的100多位驻华科技使节（包括大使、公使、参赞、一秘等官员）及市政府和部分中央单位负责科技外事工作的官员、管理干部80多人参加。招待会由市科委副主任马林主持，副市长范伯元代表北京市政府致辞。

（市科委国际合作处　陈思红）

举办“新世纪生命科学论坛”

2月18日，在北京举办了“新世纪生命科学论坛”。数位在生命科学研究领域做出突出贡献的诺贝尔奖获得者与国际上著名的华裔生物学家、医学家及高校师生900余人参加。论坛以“发展生物高科技，培育生物新产业”为主题，研讨了国际生物技术及其产业的发展现状和趋势，探讨了加速生物技术及其产业发展的战略与措施。“论坛”重点反映了以下几个方面的内容：①生物技术的国际发展趋势与现状。许多学者预测，生物经济必将在21世纪超过网络经济，在世界经济增长中占据主导地位。许多国家和地区，特别是各大企业纷纷采取加强领导、增加投入、搜罗人才、抢占专利、建设园区、培育产业等措施，加速抢占“生物经济”制高点，生物技术成为各国科技竞争的焦点、研究开发的重点。②生物技术已经为我国经济建设和社会发展作出了重要贡献。目前，中国生物技术的总体水平在发展中国家处于领先地位。分子遗传学、基因工程、细胞融合、酶工程等研究相继开展；现代生物技术开始在农业和医药等领域得以广泛应用，其产业初具规模；信息技术、新材料技术等其他新兴学科和技术交叉渗透；生物芯片、生物信息、组织工程、干细胞研究等一系列新兴领域和技术不断涌现。③进一步发展生物技术及产业的方针、重点。我国发展生物技术及产业的基本方针是：切实加强源头创新，重视集成应用，积极推进产业化，确保生物安全，实现跨越发展。未来5～10年，重点发展基础生物学、医药生物技术、农业生物技术、环境生物技术、生物多样性、生物安全等领域。关键技术是功能基因组学、蛋白质组学、生物芯片、组织工程、动植物生物反应器、基因工程药物与疫苗、基因诊断与治疗，以及动植物转基因技术、生物农药、生物肥料、生物安全等。

（市科委生物医药中心）

举办北京地区大气污染控制与管理国际研讨会

3月17～20日，市科协与北京大学环境学院主办了“北京地区大气污染控制与管理国际研讨会”。美国科学院空气质量管理委员会委员、北京大学环境学院院长江家驷教授，中国工程院院士、北京大学唐孝炎教授，美国乔治亚理工学院地球与大气科学系阿密斯泰德·拉赛尔教授,欧盟环保署、德国联邦环保局阿克塞尔·夫瑞里奇博士等150余名专家、学者参加。会议研究了北京市大气污染存在的问题及改善途径,提出了对北京地区大气污染控制的对策建议。

(市科协　牛雅秋)

“中加信息通信技术研讨会”在北京举行

3月24日,由科技部国际合作司、高新司,市科委和加拿大国家研究理事会共同举办的“中加信息通信技术研讨会”在北京举行。中加两国部分从事无线通信技术、软件技术等领域的研究单位和高科技公司的代表,加拿大驻华参赞等出席了研讨会的开幕式,市科委副主任俞慈声到会并致辞。加拿大在全球通信信息技术和产业的发展中,在移动通信、多媒体和软件技术方面有着独特的技术和优势。北京市政府高度重视信息通信及软件产业的发展。此次研讨会的召开旨在促进中加两国的信息通信和软件技术的同行,通过研讨、一对一技术洽谈和实地参观考察等方式,了解双方技术和市场优势,学习有益的经验,面对国际信息产业结构调整和新一轮国际化分工的趋势和机遇,本着互补互利的原则,积极合作,共同发展。

(市科委国际合作处)

“中国燃料电池公共汽车商业化示范项目启动会”召开

3月27日,“中国燃料电池公共汽车商业化示范项目启动会”在京召开。这标志着由中国政府、全球环境基金(GEF)、联合国开发计划署(UNDP)共同支持,科技部和北京市、上海市共同组织实施的项目进入实施阶段。该示范项目为时5年,北京和上海两市将采用全球招标方式各自购置6辆燃料电池公共汽车,并建立相应加氢设施,进行160万千米的示范运行。项目总投入为3236万美元,其中GEF投入1158万美元,UNDP投入40万美元,科技部、北京市和上海市共投入1458万美元,企业等其他投入约580万美元。科技部副部长马颂德、联合国开发计划署中国代表处总代表莱特娜、副市长范伯元、上海市科委主任张其标以及来自国家发展和改革委员会、公安部、财政部、商务部、国家标准化管理委员会等部委,北京市和上海市政府及有关部门,有关学会和高校、外国公司,以及外国驻华使馆、驻华机构的代表80余人参加了会议。

(市科委信息技术处)

“全球条件下国家科技合作研讨会”在京举办

4月1日,市科委组织召开了由科技部统一部署的“全球条件下国际科技合作研讨会”北京片会。此次会议主要就国际科技合作以往的方式如何逐步过渡到向自主创新转变,逐渐采用政府、研究机构、企业联合的模式,在技术、管理政策、机制方面开展国际合作等问题进行了研讨,并提出了3点建议:一是政府搭台,一方面支持建立共享的信息化平台,使各渠道的国际科技合作信息能够充分发挥作用,使信息及时、透明;另一方面,发挥已有的国际机构或组织的作用,由政府协助与其建立合作关系,使资源得到充分利用。二是政府应加强协调,优化利用开展国际合作的政策环境与服务环境,走强强结合的道路,强化技术创新能力,拓宽合作渠道,引进创业投资,运用多种合作,基础的交流与深度的合作并举。三是大力扶持中介机构,加强服务能力建设,提高国际合作的服务水平与质量。

(市科委国际合作处　陈思红)

市科委与澳大利亚 BP SOLAR 公司洽商合作

6月12日，市科委主任马林会见了澳大利亚 BP SOLAR 公司亚洲市场发展总监 Ravinder Soin 博士一行。BP SOLAR 公司是世界上著名的太阳能技术公司，在悉尼奥运会和亚特兰大奥运会上承担了多项太阳能及清洁能源应用项目。马林主任向客人介绍了北京市近年来对于清洁能源应用的构想和将在2008年奥运会中使用新能源和常规能源结合的设想。BP SOLAR 公司表示了合作意向。马林主任委托奥科委和可持续发展中心共同承担与 BP SOLAR 的联络和合作工作。

（市科委）

中英两国就全固态照明工程举行会谈

8月9日，市科委与英国 IQE 公司的总裁及 CEO 和中科院物理所所长一行就中英两国全固态照明工程的国际合作举行会谈。市科委马林主任和郑吉春委员出席。在会谈中，双方各自介绍了所在机构的情况和近期开展的研发工作，并就相互关心的问题和未来合作交换了意见。

（市科委）

罗马尼亚总统扬·伊利埃斯库访问中关村科技园区

8月20日，罗马尼亚总统扬·伊利埃斯库一行70余人访问了中关村科技园区。在听取了关于园区地理方位、空间规划、园区建设、留学生回国创业及政府支持园区发展的措施等方面的简要介绍并观看了园区宣传片后，罗马尼亚总统及随行官员就政府创办科技园区的目的、园区如何解决资金需求、园区对外资企业采取的政策及吸引留学人员回国创业的优惠条件等方面进行了提问。

（中关村科技园区管委会）

举办第七届北京生物医药产业发展论坛

9月12～14日，由市科委和美中医药开发协会、美中生物技术和医药协会主办，北京生物技术和新医药产业促进中心承办的第七届北京生物医药产业发展论坛召开。此次论坛以“融合与发展”为主题，设立振兴北京现代化制造业和构建现代化工业化研发体系两个分主题，组织了24场大会报告、2个分论坛以及8场多种形式的卫星会。共邀请到24位大会演讲人以及45位分论坛及卫星会演讲人，他们分别来自美国国立卫生院(HIH)、中国食品药品监督管理局(SFDA)、辉瑞(Pfizer)、安万特(Aventis)、葛兰素史克(GSK)、阿斯利康(AZ)、默克(Merck)、诺华(Novartis)、强生(J&J)、国际商业机器有限公司(IBM)、毕博公司(BP)、同仁堂集团、江西汇江集团等海内外著名机构的杰出代表。副市长范伯元做“优化环境，以科技资源促进医药产业快速发展”的主题报告。本届论坛与会单位近280家，300多名行业人士以及众多相关机构决策层人士踊跃参与。论坛出了5本书籍：《融合与发展》文集；《突破2002～2003年度北京生物技术和新医药产业发展报告》；《超越界限－2002全球生物技术报告》（编译）；《2003美国制药工业年报》（编译）；《2002美国制药工业年报》（编译）。

（市自然基金会办公室）

中国北京马铃薯产业高科技国际研讨会召开

9月15～20日，中国北京马铃薯产业高科技国际研讨会在延庆八达岭温泉度假村国际会议中心隆重开幕。国家科技部、发改委、农业部、财政部、水利部、中央政策研究室、国务院研究室、国务院西部开发办等部门领导出席了大会开幕式。此次研讨会由市科委和延庆县人民政府主办,北京市马铃薯产业高科技园区和市科委农村发展中心等承办。来自国际马铃薯中心及法国、越南、朝鲜、韩国、印度尼西亚、缅甸、秘鲁等七个国家的国外专家以及国内西北、东北、西南等各马铃薯主产区的147名国内专家、学者出席研讨会。此次研讨会是为落实温加宝总理2001年8月的批示精神,把马铃薯产业作为促进北京市郊区农业机构的战略性调整,培育优势产业,应对加入WTO挑战的一项重大战略举措和作为北京市进行城乡统筹,东西合作,增加农民收入,促进西部贫困地区尽快脱贫的探索而召开的。会议的主题报告包括"中国农业科技发展与马铃薯产业化"、"全球马铃薯产业化发展与展望"、"北京国家马铃薯产业高科技园区高科技研究与开发"、"发展中国家马铃薯科技发展与产业化"等。同时会议围绕马铃薯育种及遗传资源、马铃薯主要病虫害、马铃薯农艺学等问题开展交流与研讨。此次研讨会的召开对国家马铃薯产业高科技园区与马铃薯主产区、科研院所等相关部门间的合作及国际交流,对促进京郊农业产业结构调整,推动马铃薯产业发展有十分积极的促进作用。大会由市科委副主任杨伟光主持。

(市科委国际合作处　陈思红)

召开第二届中日科技论坛北京风沙与环境学术研讨会

9月21日,市科协学会联合办公室、北京地理学会与延庆县科协在延庆县礼炮村召开了"第二届中日科技论坛北京风沙与环境学术研讨会"。日方代表桥村先生、绿川先生、矢崎先生和中国科学院地理所、北京师范大学、首都师范大学、中国考古研究所、北京教育学院、中国地球物理学会等单位的代表参加会议。会议就礼炮村生态林和经济林建设的规划,防风治沙造林优化环境迎奥运以及北京风沙的特征及防治对策进行了热烈的讨论。日方代表通过研讨和考察,确定了建设生态村的投资方向。

(市科协　王林弟)

哈萨克斯坦总理访问中关村科技园区

9月24日,哈萨克斯坦总理达尼亚尔·艾哈迈托夫率政府代表团一行25人访问了中关村科技园区。中关村管委会副主任刘卓军在中关村国际孵化园接待了来宾。刘卓军副主任介绍了园区总体规划,以及园区几年来软、硬环境建设情况。达尼亚尔·艾哈迈托夫总理及随行官员怀着浓厚的兴趣就园区税收政策、吸引外资的优势、对公司的贷款支持以及园区为吸引留学生回国创业所提供的便利条件等进行了提问。达尼亚尔·艾哈迈托夫总理表示,哈萨克斯坦也在努力发展自己的高新技术产业并期望建立本国的高科技园区,希望在此领域加强与中关村科技园区的合作。

(中关村科技园区管委会)

俄罗斯总理访问中关村科技园区

9月25日,俄罗斯总理米哈伊尔·卡西亚诺夫率政府代表团一行访问了中关村科技园区。中关村管委会副主任夏颖奇在中关村国际孵化园接待了来宾。在听取了夏颖奇为俄罗斯总理一行介绍的园区的地理规划、政策环境、产业布局及人才优势等情况,并观看了园区宣传片后,卡西亚诺夫总理及随行官员就园区优惠政策、科技人员的就业和收入状况、政企关系及政府在扶持高新技术产业的政策导向等方面进行了提问。

（中关村科技园区管委会）

中日艾滋病疫苗及药物开发学术研讨会召开

10月8日，北京工业大学与日本载体研究所共同主办的“中日艾滋病疫苗及药物开发学术研讨会”在北京京瑞大厦召开。中国科学院院士、中国性病艾滋病预防首席科学家、北京工业大学生命科学与生物工程学院院长曾毅教授和日本国家艾滋病研究首席科学家、日本富山县卫生研究所所长永井美之博士做了特邀主题报告，分别阐述了当前控制艾滋病流行和防治的主要策略及重组病毒技术在艾滋病疫苗研究方面的应用。与会者在对中日两国艾滋病流行的历史和现状进行分析的基础上，对于双方在HIV疫苗以及抗艾滋病药物研究与开发方面所取得的最新进展进行了研讨。这次会议是在我国面临艾滋病传播和发病高峰的严峻形势下召开的，对于推动艾滋病防治技术的发展、增强中日两国研究人员在发挥双边优势基础上的进一步合作具有重要意义。

（市自然基金会办公室）

举办国际生物光子及生物光子学会议

10月12～16日，由市科协支持，中国生物物理学会光生物物理专业委员会、德国国际生物物理研究所及北京生理科学会联合举办的“国际生物光子及生物光子学会议”在北京华润饭店召开。生物光子的相干性质及其在细胞间通信及代谢调控方面的潜在功能，一直是各国关注的前沿课题。本次会议，各国学者就生物光子的压缩态、生物光子与脑发育、生物光子与防御反应、胚胎及培养细胞中的生物光子、生物光子成像等进行了交流，并对生物光子学今后的发展方向进行了研讨。

（市科协　朱小静）

中德软件技术联合研究所成立

10月13日，在中德两国政府间科技合作协议签订25周年之际，中德软件技术联合研究所在中关村科技园区成立。研究所将吸取欧美及德国先进管理经验和模式，共享国际软件技术研发资源，主攻3G（第三代移动通信）系统软件。科技部副部长刘燕华、副市长孙安民等出席成立仪式。

（中关村科技园区管委会）

举办非资源污染和流域管理研讨会

10月13～17日，由首都师范大学资源环境与旅游学院、德国吉森大学资源和景观管理学院共同举办了“非资源污染和流域管理”研讨会。研讨会以中国北京水源地为例，讨论如何确定、评价营养物和农药引起的水体污染对饮用水源的潜在污染。主要是对已经确定的非点源的关键区域进行风险评估，建立减轻污染的方法体系。来自中科院、北京大学、清华大学和其他各高校的专家学者20人与来自德国的科学家15人，介绍了各自在非点源污染和流域管理领域的最新研究成果，并对今后的发展动向进行了交流，同时双方还探讨了今后如何进行更大规模的科研合作。

（市自然基金会办公室）

举办国际医疗质量体系（IQIP）北京论坛

10月14日，由市科协主办的“国际医疗

质量体系(IQIP)北京论坛”在京举行,北京地区以及山东、湖南等地医院及医疗系统专家近80人参加了论坛。德国、美国等专家做了专题报告,首次将拥有20年历史、被全世界超过2000个医疗机构广泛用于评定临床医疗效率的世界性的质量管理工具——IQIP质量体系介绍到中国。

(市科协　王立新)

瑞典教育科技大臣访问中关村科技园

10月18日,瑞典教育科技大臣托马斯·奥斯特罗斯先生(Thomas Ostros)在瑞典驻华大使的陪同下,率瑞典科技教育方面的政府官员及有关人士一行18人,参观了中关村科技园区。中关村管委会常务副主任戴卫在中关村生命园接待了来宾,并就园区有关情况向客人做了简要介绍。随后,托马斯·奥斯特罗斯先生一行参观了中关村生命园、中关村软件园及清华科技园,并就人才培养、人文环境及园区建设瓶颈等感兴趣的问题进行了提问。奥斯特罗斯先生在参观后表示,中关村科技园区的发展成就给他留下了深刻的印象,他愿意积极促成两国今后的合作,包括人才交流、科技合作和经贸往来等领域。

(中关村科技园区管委会)

哈萨克斯坦科技交流团考察中关村科技园

10月21～28日,由哈萨克斯坦有关部门组织的科技交流考察团来园区进行了为期一周的访问学习。考察团首先访问了中关村管委会,夏颖奇副主任为来宾介绍了园区总体情况,并与代表团就园区的法制建设、优惠政策、管理机制等方面进行了交流。随后,代表团分别考察了中关村国际孵化器、中交所、担保公司、清华科技园、中关村软件园等专业园和相关单位。

(中关村科技园区管委会)

举办第二届智能化农业信息技术国际学术会议

10月22～24日,由国家“863”计划计算机软硬件技术主题专家组、中科院软件所和国家农业信息化工程技术研究中心共同举办了“第二届智能化农业信息技术国际学术会议”。会议围绕“实施农业信息化战略,加强智能化农业信息技术开发应用,缩小数字鸿沟”展开了热烈的讨论,共同交流与探讨目前农业信息技术的前沿课题。参会人员170人,外国专家近30人,分别来自美国、荷兰、日本、希腊、乌克兰、以色列、法国、尼日利亚、埃及、比利时、孟加拉、印度、越南、加纳、土耳其、意大利、保加利亚等20多个国家。会议收到正式学术论文120余篇,出版了英文版的论文集。

(市自然基金会办公室)

举办北京农业发展与奥运食品安全国际研讨会

10月22～24日,市科协组织了“北京农业发展与奥运食品安全国际研讨会”。来自法国、澳大利亚、德国、俄罗斯、加拿大和中国的200余位专家参加。研讨会邀请了中国工程院院士卢良恕、方智远、吴常信,法国农业科学院院士路易·德·纳维勒,加拿大原植病学会理事长乔治·拉兹罗维茨,国际菇类协会副主席张树庭出席会议并做了精彩的报告。

(市科协　牛雅秋)

举办科技促进经济组织国际化论坛

10月23日,市科协举办了“科技促进经济组织国际化论坛”。联合国教科文组织和德国、日本、芬兰等国科技促进经济组织及北京市科技促进经济组织代表等70多人参加。与会者共同探讨科技促进经济发展理论，相互交流了经验。

（市科协　王立新）

召开中国公共科研事业机构改革与非营利组织建设国际研讨会

10月23～24日，科技部和财政部在北京联合召开了中国公共科研事业机构改革与非营利组织建设国际研讨会。此会由联合国发展计划署资助，中国科技促进发展研究中心和中国国际经济技术交流中心承办。会议的主要内容是研讨中国事业单位改革与非营利组织建设的实践与相关政策；国外（公共）事业机构管理与财务体制；中国事业单位管理与财政财务体制；非营利组织的国际经验及相关法律制度建设等。会议就强调事业单位改革任务的繁重性和科研事业机构改革在事业单位改革中的作用；强调科研事业机构改革是一个复杂的系统工程；关于公共科研事业机构改革采取什么模式的问题；我国事业单位的财政、财务体制有关问题等进行了交流。

（市科委政策法规与体制改革处）

举办数字电视技术国际学术交流会

10月23～24日，由市科协支持，北京电子学会主办的“数字电视技术国际学术交流会”召开。来自韩国、德国等国，以及台湾、香港地区的专家、学者和技术人员与国内同行，围绕国内外数字电视标准的制定与实施、数字电视技术研发和产业化、奥运会场馆数字电视系统以及推动数字电视发展的技术和运行模式、方针及策略等议题进行了交流。

（市科协　庞志其）

美国商务部副部长访问中关村科技园

10月28日，美国商务部副部长费礼帮先生一行5人参观访问了中关村科技园区。中关村管委会副主任任冉齐接待了来宾并就中关村科技园区的优势与特点、产业发展情况及相关政策向来宾做了简要介绍。随后，双方在知识产权保护和中美科技园区发展等问题上做了深入交谈。费礼帮先生表示中关村科技园区给他留下了深刻印象，他相信中关村科技园区的未来会更加美好并希望今后美中双方企业能有更多的合作。

（中关村科技园区管委会）

日本京都府中关村访问团到园区参观

10月29～30日，由日本京都府副知事佐村知子率领的中关村访问团到园区访问，副市长范伯元在北京国际会议中心会见了来宾。京都府中关村访问团此行的主要目的是进一步加深对中关村科技园区整体概况及投资环境的了解，并就如何加强双方在高新技术企业的交流与合作，尤其是在推动两地手机产业的共同发展及筹备手机技术国际研讨会有关事宜进行协商。中关村管委会常务副主任戴卫陪同会见。

（中关村科技园区管委会）

北京成功申办2007年第十四届ITS世界大会

11月16～20日，科技部马颂德副部长率团参加了在西班牙马德里召开的第十四届ITS世界大会。会上，马副部长发表了题为“ITS中国交通发展的必然选择”的主题讲演，向大会指导委员会申请中国北京承办

"2007年ITS世界大会"。经努力,全体委员一致同意"2007年第十四届ITS世界大会"在北京举行。ITS世界大会目前是国际智能交通领域水平最高、参加人数最多、代表最广泛的学术、技术、管理的交流平台,深受各国政府的重视,会议期间各国都要介绍各自的交通发展状况及政策和战略。通过举办ITS世界大会,可让国外业内人士、企业和组织更多地了解我国改革开放取得的重大成就;为我国专业人士和企业提供更好的与世界ITS技术发达国家交流、学习与合作的机会;向与会的各国专业人士展示我国在ITS领域所取得的成果和成就以及在北京的实际应用情况。

(市科委)

举办中日建筑钢结构技术论坛

11月22~23日,举办了由北京工业大学主办的"中日建筑钢结构技术论坛"。来自日本、北京及周边城市的设计、科研、高等院校及企业70多个单位237人参会,其中日本专家12名。日本专家高梨晃一、春日正己等就日本建筑钢结构的最新动向进行了详细阐述,特别是对钢管混凝土结构在超高层建筑的应用、超高层建筑减震装置的应用及普及、防火技术的改进等方面进行了全面的介绍。新日铁公司专家对其最新研发的抗震、耐火、防止脆性断裂钢材的介绍引起了国内外同行的极大关注。中国工程院沈世钊院士对我国大跨度空间结构的应用及前景进行了精彩回顾与展望。这次论坛,对加强中日两国钢结构专家之间的合作与交流,促进两国钢结构技术的提高与应用,将具有深远意义。

(市自然基金会办公室)

市科委积极开展国际科技合作与交流

2003年,经市科委审批因公出国(境)人员185批,394人次;审批邀请国外专家86批,407人次;审批国际会议8项;审批出国和在华举办科技展览7项,内容涉及通信、生物医药、新材料、软件开发、清洁能源、现代制造业、科技中介建设、现代农业、环境保护、医疗卫生等。同时,安排、协调了市、科委领导重要外事活动,如北京市领导带队对希腊、荷兰的科技奥运考察,对美国、加拿大奥运清洁能源考察,市、科委领导会见国外政府高级科技官员、国际知名科学家、国际著名跨国公司总裁等等;接待政府间科技考察团以及组织一系列的专题国际国内交流、研讨会,如"驻华科技外交官新春招待会"、"全球条件下国际科技合作研讨会"、"防治非典型性肺炎国际研讨会"、"中国北京马铃薯产业科技国际研讨会"、"中国—加拿大信息通信技术研讨会"、"欧盟第六框架项目介绍会"等。先后接待来访的国外政府科技代表团、国际著名高科技跨国公司、企业代表团如摩托罗拉(中国)电子有限公司、微软公司、日本伊藤忠商事株式会社、美国艾伦戴蒙得艾滋病研究中心、AUTODEST公司、BEA公司、法国电力公司、澳大利亚BP Solar公司、美国安万特公司、英国IQE公司、伊格比彻尔公司(Eagle Picher)、安捷伦科技有限公司、美国加州大学哥伦比亚分校医学院、加拿大国家科学研究理事会、马里兰科技委员会、南非科技部、美国能源部、芬兰贸工部、韩国科技部、越南科技部等。2003年还结合重大科技项目,开展与英国、澳大利亚、美国、欧盟主要国家、日本、韩国等国家和地区的跨国公司、高科技企业、研究院、大学联合攻关,同时配套国际合作项目经费,集中有限资金,重点支持,共立项批准34个国际合作项目,经费支持427.5

万元。

（市科委国际合作处　陈思红）

召开首届北京科技传播创新与发展国际研讨会

2003年，市科协、中国科协普及部、中国自然科学博物馆协会共同主办首届北京科技传播创新与发展国际研讨会。来自美国、日本、澳大利亚等10余个国家以及国内10余个省市的专家学者90余人参加研讨会。与会中外科普专家从科技馆经营理念和设计思想、科学传播与人文融合的关系、文化产业与科普社会化以及未来科普产业发展趋势等不同角度介绍了科普新理念、新方法，探讨将国际先进科普理念与我国具体情况相结合，全方位推动公众理解科学，发展具有中国特色的科普新途径。

（市科协　张鸿博）

北京科学仪器装备协作服务中心与英国BOHLIN公司达成售后服务和技术支持合作协议

2003年，北京科学仪器装备协作服务中心与英国伦敦BOHLIN公司达成售后服务和技术支持的合作协议。该协议是为推进仪器装备协作服务工作的国际化进程，尽快适应我国加入世贸组织后面临的服务市场新的需求和挑战而签定的。该项合作将对本中心服务业务的扩展，对提高业务水平会起到积极的作用。应英国BOHLIN公司邀请北京科学仪器装备协作服务中心已派员赴英国伦敦BOHLIN公司进行了技术培训，该公司授权北京科学仪器装备协作服务中心技术服务部承担其在中国销售的应用于材料特性研究的旋转流变仪和毛细管流变仪等大中型仪器的安装调试、技术服务和售后服务工作。这些仪器的广泛使用，对于北京新材料产业的发展将起到推动作用。

（市科委条件财务处）

“中英工业设计发展论坛”举行

2003年，北京工业设计促进中心、英国大使馆文化教育处等主办了“中英工业设计发展论坛”。此次论坛以“东西方的设计发展”为主题，旨在展显中英两国最新创意与创新精神，为两国的创造与革新思想提供一个更为广阔的发展空间，让中国了解当代英国工业设计发展的最新革新思想，加强两国设计界的联系和沟通。论坛汇集了中英两国设计界的著名人士，是中英两国工业设计高层次的研讨活动。中英设计专家就“生活形态研究”、“认识商业商务和制造业设计价值”、“中国企业的设计应用与需求”、“东方设计的文化解析”、“英国工业设计中的创新意识”等涉及产品设计、平面设计、现代制造和创新、生活形态研究等专题进行了演讲。论坛使与会者对设计本身有了一个全新的、深入的认识，即产品设计所涵盖的内涵、创意、背景，工业设计对一个国家生产力和经济的影响，以及工业设计究竟能够给一个国家带来什么。另外，论坛上介绍了中英两国设计界的最新发展趋势和设计成果，提出了“赋予产品以性格”、“设计要从娃娃开始抓起”、“设计界应建立国家级的奖项”等观点。

（北京工业促进中心）

国内合作与交流

召开生命科学领域联合年会

1月17～18日，由市科协支持，北京生物化学与分子生物学会、北京神经学会、北京免疫学会、北京遗传学会、北京实验动物学会、北京生物医学工程学会在北京大学医学部召开"北京·2002～2003·生命科学领域联合年会"。来自北京各临床医院、科研院所、跨国公司的学者共1395人出席。强伯勤、陈慰峰院士等18位海内外著名专家为大会做了学术报告，内容涉及基因组学与医药生物技术、肝癌肿瘤抗原研究、生命伦理学的理论原则及应用、损伤脊髓轴突的再生等。

（市科协　庞志其）

召开优化首都发展环境座谈会

3月14日，市科协组织召开了"优化首都发展环境座谈会"。十余个学会的领导和专家参加了会议。专家就优化北京的投资环境、创业环境、知识产权保护环境和安全技术防范环境以及如何发挥首都人才优势，搞好城市现代化管理，促进城市的竞争力等议题进行了深入的讨论与交流。

（市科协　牛雅秋）

第一届全国纳米测量技术会议在京举行

3月18～19日，中国分析测试协会、北京新材料发展中心和北京市理化分析测试中心等单位发起组织了"第一届全国纳米测量技术会议"。中科院院士北京大学教授吴全德，中科院院士、《电子显微学报》主编姚骏恩和中科院院士清华大学教授朱静，以及英国伯明翰大学教授英国物理学会纳米物理专业委员会会员郭全民等国内外著名专家、学者应邀出席大会并做大会主题报告。中国分析测试协会副理事长王顺昌教授，市科委副主任、市科学技术研究院院长曹凤国等到会发言。来自国内外近200名专家、学者和业界同仁就纳米材料（粉体、薄膜、碳纳米球、碳纳米管、纳米纤维、纳米棒等）制备与特性的测量分析技术和纳米粉体材料的分散技术及纳米结构的形成与性能测定等13个专题进行了研讨。我国纳米技术范围正在扩大，涵盖纳米技术产业、科学研究、高校教育、传统产业改造等，特别是加入WTO后，各种产品的指标与计量、科研成果的测量与评定、各学科和各领域的标准、测量仪器和测量方法等等都要与国际接轨，所以纳米计量与测量技术当然成为突出的重要的科学技术领域。这次大会的召开，势必会促进中国纳米科学技术，尤其是纳米检测科技的发展，对于推进我国纳米科研产业化，推动我国纳米科技与国际接轨，发展和培养相关人才也会有积极的意义。

（北京新材料发展中心）

召开"突发事件深层思考"专家研讨会

6月6日，市科协、市科技情报研究所、北京科技情报学会联合举办"突发事件深层思考"专家研讨会。国务院发展研究中心研究员李善同，全国人大常委、中国人民大学教授郑功成，中国科学院政策研究所研究员牛文元，市政府政策研究室副局巡视员乔玲，中国科学院心理研究所研究员时勘，中国人民大学历史学博士夏明方等10位经济学、管理学、社会学、心理学和历史学的专家针对"非典"疫情引发的社会深层问题，围绕应对社会危机和突发事件提出了意见和建议。市委副书记强卫、市政协副主席叶文虎出席并讲话。

（市科协　郭　健）

召开科技资源共建共享经验交流会

6月25日，科技部条财司组织召开了以推进科技资源的共建共享为主题的科技资源共建共享经验交流会。会上，科技部条财司司长吴泊尔做了“关于国家科技基础条件平台建设进展的报告”，深刻阐述了加强科技基础条件平台建设的重要性和紧迫性，分析了国内外科技基础条件的现状、存在的问题、今后的目标、主要任务和保障措施等。国家科技图书文献中心的有关负责人讲述了在网络环境下，国家科技文献共建共享的实践工作，即如何利用先进技术和手段，推进科技文献信息资源的共建共享，将国家科技文献中心建成国际知名、国内权威的科技文献收藏与服务中心。市科委条财处作了关于“优化资源配置，服务技术创新”的工作汇报，重点阐述了北京市近几年在推进科学仪器装备资源共享，服务中央院所、大专院校、市属院所和中小企业技术创新所做的工作，指出了存在的问题，提出了改进的措施，并表示北京市将积极配合国家科技基础条件平台建设，做好北京的科技基础大平台建设工作。会上国家二次离子探针中心作为大型仪器协作共用的典型代表发言。

（北京科学仪器装备协作服务中心）

举办“健康生活专家谈”活动

7月2日，北京市青年联合会、市科协等单位联合举办的“健康生活专家谈”活动在北京人民广播电台、北京晨报、首教科技网同时启动。活动旨在充分利用媒体和网络优势，宣传健康知识，倡导科学文明的生活方式，提高青少年及全社会的健康文明素质。媒体就什么是健康文明的新生活、生活陋习及危害、饮食与疾病、压力与身心健康、人居环境健康以及各种疾病的防治等内容，组织专家进行为期3个月的宣传活动。北京体育科学学会、食品学会、中西医结合学会、心理卫生学会和制冷学会的专家参与了这一活动。

（市科协　庞志其）

“北京市应急指挥系统研究”专家座谈会召开

7月10日，市科协组织召开了“北京市应急指挥系统研究”专家座谈会。中国科学院院士陈颙，中国科学院大气所研究员、国家减灾委专家组组长王昂生等专家围绕应急指挥的领导体制和指挥系统、主要职责和工作预案、信息网络、工作机构和队伍建设，以及进一步健全和完善北京市应急指挥系统方案，提高政府应对突发事件和快速反应能力、指挥协调能力和防范处理能力提出了意见和建议。

（市科协　郭　健）

召开区县科委主任联谊会

7月24日，北京市区县科委主任联谊会在门头沟区召开。市科委副主任刘振刚、杨伟光和有关处的主要负责人出席了会议。联谊会以研讨的形式就各区县开展的科技工作进行交流，研讨题目为“如何加强调研，促进区县科技工作”。联谊会上，各区县科委主任针对地区特点，结合工作中的实际经验以及自己的思考进行了深入、广泛的交流。大家一致认为，加强调研工作是开展好科技工作的基础。刘振刚副主任强调，各区县开展科技工作时，应注意积极转变思路，尤其是科技政策的制定和科技服务的强化应当同全市优化发展环境这个整体思路相适应；科委作为政府职能部门，更要从我国加入WTO这种大背景下去考虑如何使行政行为同国际规则接轨，既要做到用科技政策推动经济发展，同时也要考虑公共信誉的建立，努力做到区域的可持续性发展。杨伟光副主任指出，要以联谊会这种方式加强市和区县两级科委的互动交流，为市科委推动全市科技工作提供信息，也为区县科技工作拓宽思路；另外通过这种方式加强各地区的资源整合，通过科技资源来解决发展思路问题，使科技工作更具有智慧性和战略性，改变过去“项目科委”的作风，把科技立项作为一种手段而非目的，通过这种手段来规范科技管理、强化科技服务、促进区域发展。

（市科委农村科技发展处）

海外留学人员创业访问团参观中关村科技园区

9月9～12日，由中关村科技园区驻美国硅谷、日本东京、荷兰阿姆斯特丹和加拿大多伦多四个海外联络处共同组织的海外留学人员创业访问团一行100人到中关村科技园区参观、访问，进行项目洽谈、交流。活动期间，访问团参观了中关村文化广场、中关村生命科学园、软件园等园区重点建设项目，并重点考察了中关村国际孵化器、海淀留学人员创业园和清华留学人员创业园。管委会副主任夏颖奇向留学人员介绍了园区目前的发展形势，重点介绍了园区在吸引留学人员归国创业的创新实践。

（中关村科技园区管委会）

第六届京台科技论坛暨京台科技合作研讨洽谈会举行

9月10～11日，第六届京台科技论坛暨京台科技合作研讨洽谈会在北京国际饭店召开。本届论坛由北京市台办、市经委、市科委、中关村管委会、北京市经济技术开发区等单位共同主办，主题是建立两岸合作机制，共创科技双赢契机。会议期间，与会来宾参加了高新技术及相关产业的发展论坛和圆桌会议，以此推动京台高科技领域的交流与合作，探讨两岸建立科技共同标准的合作机制，构建京台两地科技经济长期交流与合作的机制，提高京台经济科技合作层次，为京台两地的科技界、企业界提供一个彼此优势互补、深化合作的专业平台。

（中关村科技园区管委会）

举办第六届“中国北京国际科技产业博览会”

9月12～15日，第六届“中国北京国际科技产业博览会”在中国国际展览中心举行，主题是“科技创新、奥运经济、社会发展”。本届“科博会”，共有45个国家和地区的85个外国政府、企业代表团以及外国驻华商务、科技机构和国际著名科学家、企业家、金融家、经济界知名专家、学者、前沿学科带头人等国外来宾及国内31个省、自治区、直辖市的代表参加。举办了展览、洽谈、论坛及专项交流等活动，其中，以科技创新、社会发展、国际合作、人力资源开发等为内容的22场论坛及专项活动，演讲人518位，有国际著名科学家，世界500强企业的首脑，企业家、金融家等，听众达12695人次，尤其是“数字奥运”、“科技奥运”、“未来20年——企业战略高峰会”和“高成长企业与金融市场国际论坛”、“全国省区市合作商机展示”、“国际企业信用与竞争力”网上论坛，成为精彩看点。同时，有中外客商7000多人次就万余个技术成果转让、招商引资、技术引进项目进行了洽谈，签订以高新技术为主的合资合作项目、技术交易项目224项，协议总金额46.82亿美元，其中北京市签约项目74个，协议总金额23亿美元，占49.1%，外省市签约项目150个，协议总金额23.82亿美元，占50.9%。

（市科委）

第二届北京国际设计展举行

9月12～15日，由国务院相关部委和北京市政府主办，北京工业设计促进中心、CCII首企文化传播集团等单位承办的第六届中国北京国际科技产业博览会第二届北京国际设计展在国际展览中心举行。本届设计展展览面积约 3000m²,共计近百个展位,分为四大板块:“工业设计创新板块”,主要囊括了各地优秀的工业设计公司和艺术设计类院校。台湾 NOVA 设计公司是台湾地区最具知名度的工业设计公司,他在中国刚刚独资建立了公司,此次便以强大的阵容亮相在北京国际设计展;“平面设计与设计媒体展区”邀请了企业形象策划、平面设计、设计媒体等多家公司参展,其中很多展品曾在国际性的设计大赛中获奖;为配合 2008 北京奥运,“德国体育设施设计”与“国际商标标志双年奖”两个展团组成的第三板块,展示了国际上最新的体育设施设计和平面设计的成果,具有国际水准;在“优秀工业设计作品板块”,展出的是最具代表性的意大利优秀的工业设计作品。此次设计展其主要目的之一就是要普及工业设计的概念、思想和方法,让企业甚至普通的参观者都能够从中体会到工业设计的作用和效果,使之能够从中体会到国际工业设计发展的脉络和国内工业设计的发展概况,以提高国家设计创新能力。

(北京工业设计促进中心)

召开“2003 年预防药学研讨会”

9 月 27 日,北京市生物医药中心和北大药学院共同召开了“2003 年预防药学研讨会”。该研讨会针对 21 世纪人类疾病发生改变的重要特点,从疾病预防的角度,探讨了预防药学研究和学科建设对未来药学发展的重要影响。会上,知名专家学者就“北京大学的预防药学研究”、“预防药学研究的意义及其紧迫性”、“胸腺肽和免疫治疗”、“铁代谢和神经退行性病变”等专题进行演讲,明确了预防药学的研究应包括:预防药物设计和合成;预防药物化学和相关化学生物学研究;预防药物活性筛选模型建立和药物筛选;药物 ADMET 性质研究和评价;预警/预报生物标志物确定和临床分析方法建立;预防药物数据和资料库。会上,还为北京大学—香港理工大学联合实验室、北京大学—香港城市大学联合实验室和北京大学—柯瑞生物疾病预报/预警联合实验室举行了揭牌仪式。

(市科委)

举办第六届科技交流学术月活动

10 月 9 日,2003 年北京科技交流学术月在北京科技活动中心开幕。中国科协书记处书记宋南平,副市长范伯元,市社科联主席陶西平,中国科协学会学术部部长马阳,市科协常务副主席田小平,副主席贺慧玲、辛俊兴、刘培温、张开逊,中国工程院院士马国馨、方智远等出席。市科协主席陈佳洱主持开幕式。此次学术月的主题是“科技创新·建设小康”。期间,共举办各类学术活动 335 项,其中有杨乐院士的“数学科学与人才”报告会、左铁镛院士的“循环型经济与创新”报告会、“奥运食品安全与北京农业发展”研讨会 、“数字电视”研讨会、“第四届北京青年学术演讲比赛” 、“第七届青年优秀论文评选”、“专家建议征集评选”等 54 项重点活动。来自十余个国家的 300 余名外国专家和首都十几万科技工作者参加了此次活动。

(市科协　武纯朴)

举办生物措施在环境植物有害生物控制中的作用与实践论坛

10 月 12～14 日,由市科协和首都绿化委员会办公室主办,北京植物病理学会和北京昆虫学会、北京园林学会等承办的“生物措施在环境植物有害生物控制中的作用与实践论坛”在北京科技活动中心召开。来自北京、上海、江苏、吉林、辽宁、广西、湖北、贵州、内蒙及大连市共约170位代表参加了会议，提交论文39篇。中国农科院、中国林科院、北京林业大学、中国农业大学、北京农学院、北京农林科学院、北京林保站的18位专家分别就生物入侵形势与对策、环境植物有害生物控制技术、生态控制理论、生物防治措施、以菌治虫、以虫治虫、以菌治病等多个方面做了专题报告。上海、沈阳、湖北、长春、大连、南京的8位专家，分别介绍了当地开展园林病虫害防治的措施和经验。

（市科协　陈立新）

举行厂会协作签字仪式暨经验交流会

10月17日，市科协举行了“厂会协作签字仪式暨经验交流会”。会上，已达成协作意向的8个学会和10个企业举行了集体签字仪式，已开展厂会协作活动的企业和学会代表介绍了经验和体会。

（市科协　牛雅秋）

举办2003年首都青年科学家论坛

10月17日，由市科协、市自然基金委、市农林科学院科协、北京农学会主办，北京蔬菜学会承办的“2003年首都青年科学家论坛”在市农科院蔬菜研究中心举行，论坛主题为“创汇农业与北京农业发展”。120多位青年科技工作者参加了论坛。与会者对今后绿色食品的安全生产、水肥调控、出口蔬菜标准及现状，以及农业非点源污染、畜牧业废弃物无害化处理等问题进行了深入细致的讨论，并对有机农业的发展提出了意见和建议。

（市科协　李小平）

北京团在中国国际高新技术成果交易会获丰收

10月17日，第五届中国国际高新技术成果交易会在深圳落下帷幕。北京代表团成交技术贸易额12.7亿元人民币，并获得了高交会组委会颁发的“优秀组织奖”。此次交易会，北京代表团以“奥运促科技，科技助奥运”为主题，宣传了北京市依靠科技积极筹备2008年奥运会所进行的扎实工作和取得的阶段性成果，在突出位置展示的“鸟巢”与“北京奥林匹克公园”模型，成为高交会展馆的亮点。此次北京市科技展团精选的20个项目，涉及电子信息、生物医药、现代制造和能源四个领域，电子信息方面有自主知识产权的芯片“方舟”及税控机，北京汉王科技有限公司的汉王笔、名片通等，捷通公司的语音及手写识别软件等；生物医药方面有北京本元正阳基因公司及北京红惠医药公司的产品；现代制造方面有北京机床研究所的立卧式加工中心及超精密机床；能源环保方面有北京天普太阳能集团的清洁能源奥运示范建筑等，其中，新能源示范建筑项目，与香港公司达成5千万元合作意向，与加拿大温哥华房产公司签订2.5亿元合作意向。另外，中关村兴业孵化器有限公司与深圳创新投资集团签订15亿元合作意向，双方将合作创办生物医药园；北京凌云光视技术有限公司首次参展，其印刷在线检测“智能警察系统”项目，与深圳光通联华有限公司签订了15亿元的合作意向。

（北京高技术创业中心）

举办北京“水与奥运”学术研讨会

10月21～24日，由市科协和北京水利学会主办，北京水利学会承办的2003年北京

"水与奥运"学术研讨会召开。水利部调水局总工程师高安泽、中国工程院曾德超院士等150余人参加了会议。专家就"与水有关的奥运场馆情况"、"水生态环境与奥运"、"北京的水资源"等做了专题发言。同时还对水土保持、城市河湖治理、污水处理、防洪安全等诸多问题进行了深入的研讨。

（市科协　庞志共）

举办自然科学界和社会科学界高峰论坛

11月20日和12月18日，北京自然科学界和社会科学界联席会议以"科学应对突发事件"主题，分别举办首都自然科学和社会科学专家及北京和台湾专家高峰论坛活动。中科院高能物理研究所副所长张闯、清华大学人文社会科学院院长李强、中国灾害防御协会救援医学会会长李宗浩和台湾地震中心、台湾灾害防救科技中心等单位的16位专家做了精彩的发言。专家的意见得到了市领导的高度重视，副市长刘志华当即指示，要组织发动专家研究建立紧急避险场所问题，并对市民进行宣传、培训。

（市科协　石　军）

市科协积极开展学术交流活动

2003年，市科协共举办国内学术会议950个，101675人次参加，交流论文7860篇；中外学术会议148次，24041人次参加，交流论文2313篇，其中外方参加会议991人，交流论文820篇；与港、澳、台地区学术会议19次，1217人次参加，交流论文159篇，其中港、澳、台地区人员189人次，交流论文80篇；接待国外科技团组102个，577人次；接待港、澳、台地区科技团组24个，172人次；派往国外科技团组32个，212人次；派往港、澳、台地区的科技团组18个，159人次。

（市科协　庞志共）

与西部地区开展多领域的交流与合作

2003年，市科委本着"求真务实、优势互补、大胆创新，真诚合作"的宗旨，组织挑选了24家高新技术企业和科研机构携带了电子信息、生物医药、光机电一体化、新材料及节能环保等五大领域的几十项高新技术交易项目赴西部地区参展，这些参展项目不仅技术含量高而且成果转化后的实用性强。期间共签署合同项目3个，交易额44.6458亿元；协议（意向）项目25个，交易额8.3843亿元；总成交额为53.0301亿元。合同金额占总交易额之比高达84%，较往年有了很大的提高。参展企业中的中国中信集团公司、北京钰森嘉钰节水抗旱环保科技有限公司、北京市中宜环能环保技术有限公司、北大维信生物科技公司等5家企业与青海、新疆、陕西等省市政府及相关企业累计签订了16次投资合作合同或协议，金额为52.9471亿元。另有4家企业与西安市相关企业累计签订8次合作及代理意向，金额为0.083亿元，在这9家企业中有4家参加了5场现场签约仪式，签约额为4.2898亿元。

（市科委办公室）

对口支援西藏拉萨市科技发展

2003年，市科委援助西藏拉萨市科技局2个项目，共计80万元，其中，拉萨市边远农牧区光明工程项目已连续支援了3年，每年援助价值50万元的太阳能户用系统设备，为拉萨市8个边远农牧区的15000户农牧民解决了照明问题。同时，市科委利用北京的技术、人才、资金的优势，大力支持藏药的研究与开发。2003年市科委又拨款30万元支持藏药的研究与开发,其中与拉萨市高原生物研究所共同研制开发出7种藏药新产品,“米次仁牌舒诺胶囊”已获卫生部批准文号。市科委还举办了拉萨市科技管理干部培训班,向拉萨市4个区县主管科技的副县长和科技局长讲授先进的科技管理的理念和经验。

(市科委办公室)

对口支援内蒙古自治区科技发展

2003年,市科委支援400万元,用于内蒙古自治区在中关村科技园建立的孵化器电子信息平台建设,蒙药单元技术和蒙药技术研发中心已成为首家进入孵化器的企业。同时,市科委还支援65万元用于改善内蒙古自治区信息化建设的软、硬件环境。为解决内蒙古自治区电网以外农牧民及独立工作点人群的生活用电和人畜饮水问题,市科委向内蒙古自治区无偿提供40套光伏水泵。同时,市科委还举办了科技管理人员的培训班,以帮助他们提高科技管理水平。

(市科委办公室)

知识产权

专利实施

发布《北京市企(事)业专利试点工作管理办法(试行)》

4月18日,市知识产权局发布《北京市企(事)业专利试点工作管理办法(试行)》(京知局[2003] 33号)。该办法是为促进我市企(事)业适应加入世贸组织后的形势需要,提高运用专利及专利制度的能力和水平,制定符合企(事)业特点的专利工作规章制度,加强企(事)业的专利工作,提高企(事)业的核心竞争力,推动我市经济的发展,根据国家知识产权局和原国家经济贸易委员会《关于开展全国企事业专利试点工作的通知》和《企(事)业专利工作管理办法(试行)》的精神,结合我市的具体情况而制定的。办法明确规定了专利工作试点单位应具备的条件;专利工作的试点时间;专利工作试点单位的申报程序、确定单位;专利试点工作的内容;试点期满后如何验收等。本办法自公布之日起施行。

(市知识产权局)

发布《关于促进专利权质押和专利项目贷款的暂行办法》

4月30日,市知识产权局发布了《关于促进专利权质押和专利项目贷款的暂行办法》(京知局[2003]34号)。《办法》是根据《中华人民共和国担保法》、《中华人民共和国专利法》、《中华人民共和国商业银行法》、《贷款通则》及有关规定,经与北京市有关银行、担保公司商洽而制定的。目的是为更好地促进专利技术产业化,帮助企业融资贷款,为我市经济发展服务。《办法》共设推荐专利项目贷款的对象及条件;专利项目贷款担保的额度、期限、费率;不予推荐专利权的情况;工作程序;申请专利项目贷款的企业应向北京市知识产权局提交的材料;申请专利项目贷款的申报时间;申请人提交的相关材料要求等共10条,自发布之日起施行。

(市知识产权局)

首都企业专利战略推进工程启动

9月22日,市知识产权局组织召开了"首都企业专利战略推进工程暨百家企业专利试点工作动员大会",标志着该工程正式启动。市知识产权局刘东威局长做了大会动员,副市长范伯元、国家知识产权局副局长张勤到会做了重要讲话。市科委、市经委、市教委、市财政局、中关村科技园区的有关领导,首钢总公司等首批12家专利试点企业,北京中星微电子有限公司、大唐电信、北大方正、汉王科技、燕京啤酒集团、双鹤药业等百家专利试点企业以及各区、局、总公司知识产权办公室代表260余人参加了大会。该工程是要培育和扶持一批专利管理体系健全、拥有大量自主知识产权、懂得运用专利制度赢得市场竞争优势的大企业、企业集团,提高全市的核心竞争力。市知识产权局局长刘东威表示,专利试点企业要尽快建立预警机制,加大奖励力度,激发科技人员技术创新的积极性,提高企业的技术创新能力,努力形成一批具有市场竞争力的核心专利技术。市知识产权局将根据《北京市企(事)业专利试点工作管理办法》,与各行业主管部门一起,加强对各专利试点单位的检查与督导,并将针对其实际需要,在专利申请、专利战略研究与运用及拓宽专利项目融资渠道等方面给予重点支持。

(市知识产权局)

中关村专利技术转移中心成立

2003年,中关村国家知识产权制度示范园区暨中关村知识产权促进局举行揭牌仪式,其下设的中关村专利技术转移中心同时成立。该中心以北京技术交易促进中心为业务依托,将通过为客户提供专利技术转移全程化、专业化的服务,整体提高中关村专利拥有量,促进中关村专利技术成果的转化。同时该中心将在中关村知识产权促进局的领导下,与中关村知识产权信息中心、法律救助中心形成紧密合作关系,在中关村创造一种良好、有效的知识产权保护环境,通过加速专利技术转移资源对接,构建权威的专利技术转移信息平台,建立高效的专利技术转移机制,以"创新、敬业、诚信、协作"的精神竭诚为客户的专利技术转移、专利技术融投资提供全面专业的服务。

(北京技术交易促进中心)

专利权质押、贷款为中小企业融资

2003年,市知识产权局共接受31家企业的专利权质押、担保、贷款申请,经审查推荐、担保公司担保,成功地为三家企业贷款融资共计650万元。涉及7项专利技术,其中发明专利3项,实用新型4项。此项工作的开展将对帮助中小企业融资,推动我市专利技术的产业化,提高企业竞争力起到积极作用。

(市知识产权局　秦灿宏)

专利技术合同实现金额4522万元

2003年,在市知识产权局合同登记处共登记专利技术转让合同117份,合同成交总金额为16281万元,实现合同68份,实现金额4522万元,与2002年的2238万元相比,增长了102%;签订合同份数也增长21.8%。

(市知识产权局　秦灿宏)

高校成果推广成效显著

2003年,北京地区高校签订技术转让合同1677项,总金额82438万元,平均49万元/项,实际收入60304万元;申请专利1661项,得到授权816项。市属市管高校签订技术转让合同86项,总金额10025万元,平均116万元/项,实际收入7456万元;申请专利133项,得到授权85项。

(市教委　姚林修)

专利管理

发布《关于深入贯彻落实十六大精神,促进发明专利申请,大力提高我市自主知识产权拥有量的工作意见》

1月20日,市知识产权局与市经委、市科委、市教委联合颁发《关于深入贯彻落实十六大精神,促进发明专利申请,大力提高我市自主知识产权拥有量的工作意见》(京知局[2003]5号)。《意见》下发到各区县政府、市政府各委办局、市属机构、高校、科研机构专利代理机构及企业,共700个单位。《意见》明确了对何种专利可申请资助、资助费用的方式、列入市科学技术奖的奖励范围等,目的是进一步发挥首都的科技创新优势,从制度和机制上保证和促进我市发明专利的申请量和自主知识产权的拥有量持续、稳定增长,促进首都创新体系的建设,构筑我市知识产权优势,推动我市科技、经济的跨越式发展。

(市知识产权局)

制定《关于加强北京地区高等学校知识产权工作的意见》

2月,市教委与市知识产权局在对北京地区高校知识产权基本情况进行调查分析的基础上联合制定了《关于加强北京地区高等学校知识产权工作的意见》。《意见》是为加强北京地区高等学校知识产权工作,促进专利战略实施,加速专利技术向现实生产力的转化,根据国家有关法律法规和北京市《关于加强知识产权工作的意见》(京政办发[2001]47号)而提出的。《意见》包括在高校工作中要强化高校知识产权保护意识,充分认识高等学校知识产权工作的重要意义;营造良好的环境,在高校范围内加强知识产权教育,普及知识产权基本知识,强化激励机制和优化政策支撑环境;将知识产权纳入科技管理的全过程,强化自主知识产权的取得和保护;加强组织保障,提高高等学校知识产权管理水平等方面。

(市知识产权局)

召开知识产权工作会议

3月25日,2003年全市知识产权工作会议在北京科技大学召开,各区县、局总公司知识产权管理机构,企业、高校、科研机构、商场、知识产权服务机构及行业协会等120人参加会议。会上传达了2003年知识产权办公会议精神和范伯元副市长的讲话,刘东威局长做了工作报告,通州知识产权局、清华同方、北新智诚专利代理有限公司的代表做了“典型”发言。

(市知识产权局 王连洁)

成立市专利代理惩戒委员会

4月8日,市知识产权局成立了专利代理惩戒委员会。该委员会为了加强对专利代理机构和专利代理人的执业监督,规范专利代理执业行为而成立的。该委员会将按照国家知识产权局的有关规定,对我市专利代理机构、专利代理人违反有关法律、法规和规章规定弄虚作假,以不正当手段招揽业务,以及违反职业道德侵害被代理人合法权益等行为给予警告、通报批评、停止业务等惩戒。8月12日,召开了专利代理惩戒委员会首次会议。9月15日,委员会就“雷门公司”非法将其他单位专利代理人的个人资料刊登在该公司网站上,用以欺骗客户,违法进行专利代理业务的行为做出通报,并要求限期将有关资料从其网站上删除。同时,为彻底查处“雷门公司”,委员会还将该案通报给市司法局和市工商局。

(市知识产权局 郝 青)

制定北京市“无冒充专利商场”管理办法

4月18日,市知识产权局、市商业委员会联合发布“无冒充专利商场”管理办法。该办法是为维护专利商品市场经济秩序,提高首都商业企业诚实守信、规范经营的良好信誉而制定的。“无冒充专利商场”是指由市知识产权局、市商业委员会共同认定的获得“无冒充专利商场”称号的商业企业。办法包括“无冒充专利商场”应具备的条件;申报程序、材料;销售标注专利标记的商品,在进货及销售过程出现问题如何处理及市知识产权局、市商业委员会对“无冒充专利商场”违规的商业企业限期整改和撤销其称号的规定等内容。办法自发布之日起实施。

(市知识产权局)

开展面向两院院士的知识产权普法宣传

5月,市知识产权局为在京中国科学院、中国工程院院士赠订《中国知识产权报》600份,并在6月2日的首期报纸上发表致在京两院院士的一封信,开始了面向在京两院院士的知识产权普法宣传工作。

(市知识产权局　张伯友)

召开促进中医药知识产权发展研讨会

7月9～10日,市知识产权局与市药品监督管理局召开促进中医药知识产权发展研讨会,研究探讨我市中医药知识产权保护中存在的问题及解决的对策。参加会议的有来自国家中医药管理局、中国中医研究院、国家药典委员会、国家中药品种保护审评委员会、中国中医药科技开发中心、中国医学研究开发中心、北京市中药综合研究所、北京大学、清华大学、西苑医院、广安门医院、中国北京同仁堂集团、双鹤药业等单位的学者、教授、医师和中药企业家30余人。与会代表就国家和北京市涉及中医药的知识产权保护的法律法规及政策、如何保护和开发我国现有传统中医药资源、中医药产业的国际化及现代化的发展道路等有关问题进行了充分的交流和磋商。

(市知识产权局　龚　飒)

成立中关村国家知识产权产业化促进局

7月15日,国家知识产权局与市政府联合下发了《关于中关村国家知识产权制度示范园区工作实施方案》的通知,决定在中关村成立中关村国家知识产权产业化促进局(下属三个中心:信息中心,专利技术转移中心和知识产权法律服务中心)及作为北京市知识产权局分支机构的专利代办处。

(市科委)

举行无冒充专利商场颁牌仪式

7月22日,“北京市无冒充专利商场”颁牌仪式在当代商城隆重举行。北京翠微大厦、百货大楼、复兴商业城、甘家口大厦和当代商城等51家大中型商场被市知识产权局和市商委重新认定为无冒充专利商场。

(市知识产权局　杨　晋)

制定《北京市知识产权局关于设立办事机构的审批规定》

8月12日，市知识产权局根据《专利代理管理办法》(国家知识产权局局长令第30号)的规定,制定了《北京市知识产权局关于设立办事机构的审批规定》。《规定》就申请设立办事机构的专利代理机构应具备的条件;设立的专利代理机构的办事机构应符合的条件;申请在京设立办事机构的应提交的材料;北京市专利代理机构申请在外省市设立办事机构需提交的申请材料;北京市知识产权局要求提交的其他材料;审批程序等进行了详细的说明。规定自发布之日起施行。

(市知识产权局)

98家代理机构通过年检

9月1日,市知识产权局按照《关于开展2003年专利代理机构和专利代理人年检工作的通知》(国知发法字[2003]73号)的要求和市知识产权局《关于2003年专利代理机构和专利代理人年检工作安排的通知》(京知局[2003]65号)的要求,开始专利代理机构的年检工作。99家专利代理机构参加年检,其中98家通过了年检,1家年检不合格。

(市知识产权局 郝 青)

举办领导干部知识产权讲座

10月9日、11月20日,市知识产权局与市委党校共同举办两期领导干部知识产权讲座。郑成思教授、张平副教授分别就"中国入世与知识产权"、"知识产权保护—中国与世界"做了精彩演讲。市委党校局长班及中青年干部班的百余名学员参加了学习。

(市知识产权局 王连洁)

中关村国家知识产权制度示范园区挂牌

10月27日,中关村国家知识产权制度示范园区正式对外挂牌。副市长范伯元和国家知识产权局副局长张勤共同为其揭牌。中关村科技园区一区七园的负责人,北京市25个知识产权办公会议成员单位的有关领导,北京专利申请量排名前10位的企业、科研机构和高校的知识产权管理人员以及百家专利试点企业的代表200余人参加了揭牌仪式。同时,承担实施园区知识产权战略步骤的中关村知识产权促进局也正式挂牌运转。在揭牌仪式上,国家知识产权局副局长张勤和副市长范伯元分别对示范园区的运作与发展提出了要求。

(市知识产权局 王连洁)

发布《关于进一步提高知识产权意识规范知识产权行为的意见》

11月18日,市知识产权局、市工商行政管理局、市版权局联合发布《关于进一步提高知识产权意识规范知识产权行为的意见》(京知局[2003]81号)。针对我市在经济、科技工作中已经出现的知识产权保护和管理的一些问题,尤其是2008年奥运会的各项建设已开始启动,在工作过程中必将涉及知识产权问题,为使本市在知识产权保护和管理方面达到与国际相适应的水平,树立北京在知识产权保护方面的良好国际形象,结合我市的实际情况特提出此意见。意见包括加强宣传和培训工作,提高知识产权意识;完善知识产权管理,规范知识产权行为;明确权利归属,尊重他人知识产权;加强各有关部门与知识产权管理部门的联系,共同做好知识产权工作等四个方面。

(市知识产权局)

开展知识产权普法宣传进社区、进街道、进企业活动

在"12·4"全国法制宣传日期间,市知识产权局在全市范围内组织开展了知识产权普法宣传进社区、进街道、进企业活动。全市18个区县的知识产权管理机构、中关村园区海淀园知识产权办公室和有关局、委、办的知识产权部门,将2万余套知识产权普法宣传挂图广泛发放、布设到全市主要社区、街道、乡镇、村落以及相关企业。

(市知识产权局 张伯友)

认定首批知识产权示范校

12月,为加强首都青少年知识产权教育,提高全市中小学生的创新意识和知识产

权保护意识，市知识产权局在东城区科委、教委的有力配合下，以东城区为试点，认定北京二中、五中和二十二中等 8 所中学为首批知识产权示范校，颁牌仪式在二十二中举行。国家知识产权局、市知识产权局、市教委和东城区的领导为首批知识产权示范校颁牌并讲话。

（市知识产权局　张伯友）

办理网络知识产权立法问题的政协提案

2003 年，市知识产权局十分重视市政协第十届委员会第一次会议上提出的“网络知识产权保护的问题”立法建议案，协调市工商局、市版权局，在网络知识产权的侵权现象、表现形式，网络销售假冒知名品牌商品，侵犯商标专用权行为的专项整治，网上商标权的保护途径和方法，网络犯罪管辖权，网域名称与商标，软件专利，网络著作权等问题上达成共识，并与政协委员积极进行沟通，有针对性地提出了解决该问题的思路及具体措施，圆满地办理了该提案。

（市知识产权局　谷彦芳）

完成中关村科技园区重点企业知识产权状况调查

2003 年，市知识产权局与中关村科技园区管委会共同就园区重点高新技术企业知识产权状况进行调查研究。此次调研共发放问卷 235 份，收回有效问卷 229 份，收回率达 97%以上。通过调查研究进一步摸清了企业的专利、商标、版权等知识产权的状况，以及目前存在的问题，为下一步制定科技园区知识产权保护的相关政策奠定了坚实的基础。

（市知识产权局　谷彦芳）

知识产权新闻宣传有声有色

2003 年，市知识产权局共通过电视、广播、报刊等媒体刊发、播发知识产权新闻宣传稿件 168 篇次，并以《北京晚报》为宣传平台，组织开展了“北京晚报知识产权宣传特刊‘走’进千家万户”活动。4 月 1 日当天，承载着知识产权法律知识、鼓励政策、典型案例、工作动态和服务信息的八版知识产权宣传特刊，随着 96 万份《北京晚报》发送到近百万读者手中，在全国首开利用大众传媒广泛、深入、系统、全面地开展知识产权普法宣传的先河。

（市知识产权局　张伯友）

专利申请资助 7216 项

2003 年，市知识产权局共资助北京地区单位和个人专利申请 7216 项次，金额总计 5265215 元。其中：资助发明专利申请 5070 项次，金额 5002500 元，占资助总金额的 95.01%；实用新型专利 1676 项，资助金额 208865 元，占资助总金额的 3.97%；外观设计专利申请 470 项，资助金额 53850 元，占资助金额 1.02%。同时奖励向国外申请的发明专利 10 件。

（市知识产权局　郝　青）

申请专利达 17003 件

2003 年，北京地区共申请专利 17003 件，位居全国第六位，较去年增长了 22.84%。其中：发明专利申请 7833 件，较去年增长了 35.40%，在全国位居第一；实用新型专利和外观设计专利申请量为 6665 件和 2505 件，分别比去年增加了 12.58%和 17.22%。

（市知识产权局　郝　青）

专利代理机构达 127 家

2003 年,市知识产权局共审核了北京挺立专利事务所等 23 家专利代理机构,至此北京市专利代理机构总量达到了 127 家,是全国专利代理机构最多的省市,占全国 535 家专利代理机构的近 1/5。

(市知识产权局　郝　青)

完成专利代理人执业证书和资格证书的换证工作

2003 年,按照国家知识产权局《关于换发专利代理人资格证书和专利代理人执业证的通知》(国知发法函字[2003]119 号)的要求,市知识产权局进行了北京市专利代理人执业证书和资格证书的换证工作,共收到 86 个专利代理机构共 1264 个旧执业证和旧资格证书及不在专利代理机构执业的专利代理人的旧资格证书 33 个,全部移交至中华全国代理人协会进行了更换。至此,市知识产权局已全部完成旧资格证书和执业证书的换证工作。

(市知识产权局　郝　青)

完成行政许可事项清理工作

2003 年,为贯彻实施《中华人民共和国行政许可法》,根据市政府法制办关于《北京市行政许可事项清理工作方案》的通知,市知识产权局成立了局行政许可事项清理工作领导小组和工作小组,并制定了北京市知识产权局《关于贯彻实施〈中华人民共和国行政许可法〉行政许可事项清理工作方案》,进行了行政许可事项的清理和上报工作。经审核,关于设立专利代理机构、专利代理机构另设办事机构,设立知识产权类民办非企业单位的行政许可事项现通过了市法制办的认定。

(市知识产权局　杨　青)

开展地方专利立法调研工作

2003 年,为加快北京市专利地方立法进程,市知识产权局全面启动地方立法的前期调研工作。调研工作涉及了 18 个区县、一个燕山办事处、中关村一区五园、116 家专利服务机构,243 家企业(含跨国公司),并召开了若干个专家学者座谈会和专题讨论会,市人大法制工作办公室、市人大教科文卫体委员会、市政府法制办公室的同志参加了调研。通过调研,了解了目前制约北京市专利工作发展的瓶颈,摸清了北京市专利工作的现状及社会各界对专利立法的需求,为下一步地方专利立法工作奠定了坚实的基础。

(市知识产权局　龚　飒)

知识产权保护

举办“鼓励科技创新保护知识产权”宣传日活动

3 月 14 日,为了维护消费者权益,保护知识产权权利人,市知识产权局联合工商、版权、技术监督局等单位在甘家口大厦前举办了以“鼓励科技创新保护知识产权”为主题的宣传日活动。期间,市知识产权局的执法人员对大厦内的专利商品进行了执法检查。

(市知识产权局　祁胜刚)

开展执法检查活动

3 月 14 日,为配合“3·15 消费者权益保护日”,宣传知识产权,规范首都专利产品市场,维护专利权人和消费者的合法权益,市知识产权局与通州区商委、区工商局、区知识产权局一起，对通州区获得“无假冒专利商场”称号的通州区人民商场和华联商场进行了知识产权执法检查。

（市知识产权局　祁胜刚）

公开审理专利侵权纠纷案

11月4日，市知识产权局在知识产权促进局首次公开审理了中国建筑科学研究院建筑物理研究所向北京源洁管材制造有限公司、北京源洁管材制造有限公司源力砖块砖厂提出的名称为“保温承重劈裂砖块”(ZL94215842.3)专利侵权纠纷一案。

（市知识产权局　祁胜刚）

召开北京专利行政执法工作会议

11月26～28日，市知识产权局在怀柔召开了2003年度专利行政执法工作会议，北京市18个区、县知识产权办公室的专利行政执法人员参加了此次会议。会上，各区、县代表对一年以来各自开展的专利执法工作进行了总结和交流，国家知识产权局协调管理司行政执法处赵梅生处长出席了会议，并对全国的专利行政执法工作情况做了详细的介绍。

（市知识产权局　祁胜刚）

受理专利侵权纠纷案22件

2003年，市知识产权局受理专利侵权纠纷案22件，其中，发明专利4件，实用新型7件，外观设计11件。全年审结专利侵权纠纷案29件，其中，发明专利5件，实用新型10件，外观设计14件，包括4件专利侵权涉外案。另查处冒充专利行为3件。

（市知识产权局　张大伟）

科学技术普及

概　　述

2003年，北京市科协举办各类科普讲座3239次，培训665588人次；举办科技展览1065个，接待1425972人次；举办青少年科技竞赛35个，参赛人数422694人次，其中参加国际青少年科技竞赛5场，参赛20人，获奖6人次；举办科技夏令营16个，参加人数734人次；举办专题科普宣传活动1019次，参与的科技人员和组织工作人员8390人次；已有各种科普画廊796个，建筑长度10236米，年内展览总长度38270米；组织科技下乡439次，参与工作人员2290人次，邀请科技人员2505人次，普及推广实用技术1027项(次)；发放宣传资料(含书籍)700种，164.7万份；制作展出科普展板6237块；累计科普教育基地167个，农村科普示范基地55个；出版科技期刊41种，1406900册，其中外文版1种，2000册；出版科技报纸5种，发行1077.2万份；出版科技图书73种，321500册，其中科普图书35种，125000册。编印论文集122种，54860册；科技光盘41套，104407张；制作科技录音、录像带7种，25025盒；制作科技广播电视节目24个，累计播放时间14小时；举办培训班1909个，130379人次，其中：科技人员继续教育33165人次，农村实用技术培训59360人次，农村党员干部培训7698人次。

(市科协　田华新)

举办“科普之春”活动

2月26日～4月10日，以“科技、致富、小康”为主题的第五届北京农村“科普之春”活动在京郊10个区县广泛开展。此次活动通过无公害农业专业技术培训、农业专家实地技术指导、科普巡展、科技致富演讲比赛、农业科技知识竞赛等各种形式，帮助农民提高了农业科技水平，增长了文明健康生活的知识。

(市科协　王　健)

设立北京市优秀科普作品奖

3月，由市委宣传部、首都精神文明办、科协、市科委、市教育局、市新闻出版局共同设立了北京市优秀科普作品奖并举办了第一届评奖活动。4月8日，评出科普图书《鸟兽物语》等5部最佳奖，《我是快乐科学家》等8部优秀奖；报刊科普文章《救助熊孤儿》等4篇最佳奖，《热的秘密》等13篇优秀奖；广播电视作品《听丁肇中教授科学》等4项最佳奖，《关于肿瘤的话题》等8项优秀奖。

(市科协　白　鹤)

举办全国教育工作者发明与科教制作优秀作品网上展评活动

6月27日，由中国青少年科技辅导员协会和中国发明协会主办，市科协承办的“全国教育工作者发明与科教制作优秀作品网上展评活动”开幕。中国科协书记处书记程东红，市科协常务副主席、党组书记田小平，山西省科协副主席关原成等领导出席了开幕式。

(市科协　赵　冉)

纪念《科普法》颁布实施一周年

6月27日，市科协与市人大教科文卫委、市委宣传部、市科委共同组织召开了《中华人民共和国科学技术普及法》颁布实施一周年座谈会。市人大常委会副主任林文漪、中国科协书记处书记程东红出席并讲话。市科协党组书记田小平、市委宣传部副部长宋贵伦、市科委副主任杨伟光以及病毒学家顾方舟、中国工程院院士倪维斗、发明家张开逊、科普大使郭耕、北京大学教授吴国盛、北京天文馆馆长朱进等领导和专家学者发言。与会领导和专家回顾了《科普法》实施一年来北京市科普工作出现的新气象，从不同的视角阐述了对科普工作重要性的认识和亲身感受，提出了进一步做好科普工作的设想和建议。

（市科协　郭　健）

举行"6·29"全国科普行动日启动仪式

6月28日，正值《科普法》颁布一周年。中国科协和市科协在刚刚建成的崇文区金鱼池科普社区隆重举行"6·29"全国科普行动日启动仪式。中国科协党组副书记、副主席徐善衍，九三学社中央副主席洪绂曾，市委副书记强卫，副市长范伯元等领导参加。市科协党组书记田小平主持仪式。

（市科协　庞志其）

北京市第二代科普画廊落成并投入使用

6月29日，中国科协书记处书记程东红、副市长范伯元为北京市第二代科普画廊揭幕，这标志着北京市科普设施建设向信息化、数字化方向迈出了新的一步。目前本市共有平面展板式的第一代科普画廊697个，建筑长度10236米。第二代科普画廊包括电子科普画廊和电动多画面科普画廊，通过采用先进的显示系统和电动多画面切换等技术，动态播放科普信息和科普知识，具有信息量大、视觉冲击力强的特点，克服了第一代画廊展板需求量大，周转不及时等缺点，丰富了我市科普宣传手段。

（市科协　张鸿博）

创建金鱼池科普社区

6月，市科协与崇文区委、巨龙集团一指通公司共同投资建设的崇文区金鱼池科普社区一期工程完成，建立了大屏幕电子科普显示屏、电动多画面科普画廊、科普智能岛、社区气象站、社区展室、科普俱乐部等。其后，温家宝总理、黄菊副总理、王岐山市长等领导以及30余个国家的驻京大使馆官员先后来到社区考察。同时，该社区还成立了北京市第一家社区科协，并与北京工业大学共同建立了学生科普教育实践基地。

（市科协　张仕贤）

举办"科普之夏"活动

7月15日，市科协及8个城区科协在宣武区椿树园社区组织了以"崇尚科学文明、摒弃生活陋习"为主题的第五届北京"科普之夏"活动。此次活动历时40多天，共举办了3000余场(次)贴近社区居民生活的科普活动，其中重点活动835项，参加总人数达百万人次。

（市科协　张仕贤）

庆祝北京市科协成立40周年

7～8月，市科协为纪念成立40周年，举办了系列庆祝活动。7月25日至8月25

日，在北京科技活动中心举办了“市科协成立40周年图片回顾展”。活动期间，《前线》、《求是(红旗画册)》、《大众科技报》、《科学时报》等报刊、杂志及北京电视台均刊登纪念文章、图片，播出专题片。7月29日，“回顾与展望”座谈会在北京科技活动中心隆重召开，贾庆林、刘淇、周光召、路甬祥、王选、王岐山、于均波、强卫、林文漪等领导人发来贺信，在京的二十余位院士发来贺信、贺辞，全国政协副主席王选，中国科协党组书记张玉台、原北京市政协主席白介夫等领导，市科协历届主席王大珩、顾方舟、陈佳洱，以及王忠诚、何祚庥、胡亚美等20多位院士出席。

（市科协　牟相军）

举办2003年北京科技周

9月23～29日，以“科学文明建设小康”为主题的第九届北京科技周在军事博物馆广场隆重开幕。中国科协党组书记张玉台、科技部副部长李学勇、市人大常委会副主任林文漪、副市长范伯元、市政协副主席叶文虎、市科协主席陈佳洱、市科协常务副主席田小平等，以及中国科学院、中国工程院、国家中医药管理局、中国运载火箭研究院和北京科技周组委会30余个成员单位领导、专家以及联合国教科文组织、欧盟和10余个国家驻华使馆科技文化官员出席。陈佳洱主持开幕式。范伯元致开幕辞。田小平介绍科技周活动。仪式为“1831工程”——流动科技馆启动揭牌、为科技周标志性活动和重点活动组织单位的代表授旗并为北京科技周开幕剪彩。期间组织了6项标志性活动、20多项市级主要重点活动和4000多项基层活动，受益群众达300万人次。标志性活动有：军事博物馆主会场“新科技新生活”大型展览、陶然亭公园“关爱生命健康生活”科普游园会、首都图书馆“走近科学文明、走向美好未来”科技与人文展览、军事博物馆科技周学习展、崇文区动感广场“普及科学健身弘扬奥运精神”科学健身活动、“科学文明建设小康”大型文艺晚会。期间，加拿大的“疯狂科学”、美国安捷伦公司“青少年动手实验乐园”等国外科普活动形式为科技周活动增加了亮点。香港、台湾地区的科普机构、团体为科技周带来了新鲜的科普内容。同时，由流动科技馆首期推出的“飞向太空”展览、“我爱科学”中国少年儿童美术书法展览、大型科普偶形剧“太空动物园”、“八媒体联动《科普法》及科普知识竞赛”等活动也受到各阶层公众的欢迎。

（市科协　刘丁丁）

创建流动科技馆

9月23日，由市科协创办的“1831流动科技馆”在北京科技周开幕式上正式启动。首期推出了“飞向太空”、“科学消费汽车”、“健康与环境”三个模块。截止到年底，流动科技馆不仅走进了北京的专业展览场馆、社区、学校、企业，还到外省市展出，累计参观群众约40万人次。

（市科协　王立新）

北京中医药网上博物馆正式开通

9月23日，由北京市中医管理局和市科协共同主办的“北京中医药网上博物馆”正式开通。这是我国开通的首座网上中医药博物馆。

（市科协　赵　冉）

创建自然科学界和社会科学界联席会议制度

9月29日，北京自然科学界和社会科学界联席会议首次会议在北京科技活动中心隆重召开。中国科协书记处书记宋南平，市委副书记强卫，市委常委、市委宣传部部长蔡赴朝，市委副秘书长刘伟，市科协主席陈佳洱，市社科联主席陶西平，市科协党组书记田小平，市社科联党组书记张文啓，市委宣传部副部长宋贵伦等领导出席。两界专家学者 100 多人到会，龚育之、何祚庥、陈禹、马国馨、李强、王如松、王大珩等先后发言。强卫、蔡赴朝分别向社会科学界和自然科学界 48 名知名专家学者颁发了顾问聘书。陈佳洱、陶西平向大会致辞，市委副书记强卫发表重要讲话。会议通过了《关于加强自然科学界和社会科学界交流合作的倡议书》。联席会议将每年定期召开两界专家顾问委员会座谈会；集中举办 1～2 次高水平的"两界高峰论坛"学术交流活动；开展专题调研，为市委、市政府科学决策服务；同时，面向社会共同组织学术和科普活动。

（市科协　石　军）

送科技下乡

10 月，由 19 个学会的 200 余名专家组成的 26 支科技、医疗小分队分别深入北京 10 个区、县，为郊区群众送去新技术、新成果、新信息并进行体检、义诊。其中北京食用菌协会组织专家到顺义区高丽营镇向农民普及白灵菇、杏鲍菇等珍稀食用菌栽培新技术。北京农药学会组织 30 余位专家和科技人员到密云县巨客庄镇进行保护生态环境、安全科学合理用药、打击假劣农药等内容的宣传咨询。医学、植病、昆虫、果树等学会，赴门头沟区斋堂镇开展了送医、送科技下乡活动。土壤学会分 4 次到丰台、大兴、顺义、通州进行了现场咨询。

（市科协　赵　舟）

《放飞神舟》首发式

11 月 13 日，由北京科普创作出版专项资金资助的重点项目《放飞神舟》的中文简体版、维吾尔文版、哈萨克文版、柯尔克孜文版、蒙古文版、盲文版首发式在北京科技活动中心举办，神舟 5 号飞船总设计师戚发轫院士、神舟 5 号运载火箭总设计师刘竹生院士出席。

（市科协　白　鹤）

实施"三三一工程"

2003 年，市科协为落实市人大提出的"关于贯彻执行《北京市科学技术普及条例》加强北京市科普场馆建设和利用的建议"，针对区县科技馆存在的问题，提出了"三三一工程"，即以政府支持、企业参与、市场运作的机制，使科技馆展品在来源上分成三部分：一部分由区县筹措，各区县结合各自特点和优势举办展览；一部分与在京的自然科学类博物馆合作，请他们拿出库存展品支持区县馆的展览；第三部分由企业、科研机构、高校等提供，既减轻了科技馆的负担，又动员了社会力量参与科普工作。4 月 11 日，在海淀科技馆举行的首都"科普互动大课堂"标志着"三三一工程"正式启动。

（市科协　郭　红）

开展气候变化科普知识系列活动

2003 年，市科协组织了气候变化科普知识系列活动，包括：3 月 31 日、4 月 3 日，利用"国际气候变化大会"在京召开之机，分别在北京科技大学和海淀区科协举办气候变化科普知识系列报告会，邀请了美国世界气候问题专家肯尼思·戴维森博士及北京大学物理系教授、中国气象局气候变化特别顾问丁一汇先生分别做了"厄尔尼诺、拉尼娜与气候变化"和"我们未来的气候"专题科普报告；聘请中外气候专家在"北京科普之窗"网站与公众网上交谈；在城八区部分社区展出了有关气候变化知识的18套科普展板。

（市科协 郭 红）

9单位建立科协组织

2003年，北京市农林科学院、北京邮电大学、北京市乡镇企业局、北京国华电力有限公司和北京中科大洋科技发展有限责任公司、北京奥宇模板有限公司等9单位成立了科协组织。

（市科协 牟相军）

区县科技

东城区

科技工作进展顺利

2003年,东城区科委制定了"科技工作规划纲要(2003~2008年)",并以区政府名义下发全区,对规范和指导全区科技工作,切实贯彻"科教兴区"思想,实现"在首都率先基本实现现代化进程中走在前列"的战略目标具有重要的现实意义。同时围绕东城区的重点工作和经济社会发展中急需解决的问题,重点支持信息化建设、软科学、环保技术研究与应用方面的科技研究与应用项目,共有26个项目列入2003年东城区科技发展计划,其中东城区政务地理信息平台列入国家863计划,王府井地区智能停车诱导系统(二期)纳入国家火炬计划。6月,东城区第一家正式注册挂牌的科技孵化器——北京金兰巢科技孵化器有限公司成立,成为留学归国人员"报国计划"实验基地之一。为提高广大群众的科学文化素质,开展内容丰富、形式多样、有吸引力和影响力的科普活动累计达470多场次,受众40余万人次,尤其是在全国青少年科技创新大赛中东城区位于北京市各区县前列,获一等奖3名,二等奖1名,三等奖1名。知识产权工作稳步推进,在全区开展了"无假冒商场"评选活动,有四家商场被评为北京市"无假冒商场"。10月,与市知识产权局一起在全区中学开展"知识产权示范校"创建活动,有北京二中、五中和二十二中等八所中学被认定为首批知识产权示范校。

(东城区科委)

西城区

科技园区建设全面展开

2003年,西城区科委在认真实施《西城区人民政府关于落实中关村科技园区政策促进德胜科技园高新技术产业发展的若干规定》的同时,结合工作要求,又制定了《西城区孵化基地认定办法》、《关于促进德胜科技园西区发展的若干规定》、《建立园区统计制度的实施方案》等文件,及2004~2008年园区五年发展规划,提出到2008年园区技工贸总收入达到400亿元,税费达到14亿元,把德胜科技园建成开放型、国际化的精品园区的目标。同时,以企业的需求是政府服务的第一要务为出发点,建立了多项服务措施:制定了管委会工作制度、管委会会议制度、园区企业投诉制度、主管区长接待日制度,及时沟通信息,协调企业遇到的问题;3月30日在区经济服务大厅开设了高新技术企业"一门代办"窗口,通过窗口代办入驻园区企业50家,接待来访企业146家;开通了"德胜科技园区网站",实现了园区内外协调互动;为2家园区企业实现担保贷款资金300万元;利用各种手段加大园区的宣传力度,进行了整体CI设计,确定了标志标识,出版了园区杂志《牵手德胜园》,开通了德胜科技园专业网站。据统计,2003年德胜科技园入驻高新技术企业96家,注册资金千万以上的企业16家。截止到12月中旬,德胜科技园累计高新技术企业达到136家,累计注册资金超过10亿元。

据区统计局测算，园区2003年技工贸总收入达35亿元。

（西城区科委）

推进可持续发展试验区建设

2003年，西城区试验区办公室根据本区的发展实际，把握重点，按照党的十六大提出的全面建设小康社会目标和促进经济社会和人的全面发展的要求，加大了对事关全区今后发展的战略问题研究力度，加强了政府对社会资源整合能力的研究与建设。特别设立并支持了“西城区可持续发展能力建设”、“西城区公共安全与应对突发事件体制机制研究”、“西城区率先构建学习型城区的理论与实践”等一批前瞻性、先导性的研究项目。组织举办了“城市可持续发展什刹海论坛”、“什刹海的保护与发展”等系列战略研讨与交流活动，为西城发展大计的确定凝聚共识，拓展视野，明晰思路。在春季的SARS过后，特别加强了公共卫生和突发事件管理与应对能力的建设，新增并重点设立了一批以传染病防控、网络教育和社区安全体系建立为主要内容的专项课题。一批可持续发展项目如“什刹海水体生态恢复”、“西城区突发公共卫生事件应急体系研究”等获得到国家实验区管理办公室和北京市科委的大力支持，列入国家和市级科技计划。根据本区区情设立的“西城区新生儿优生优育与出生缺陷干预对策研究”、“什刹海地区保护和改造试点政策研究”、“餐饮业污水垃圾资源化利用研究与示范”、“德胜科技园服务体系建设”等到一批人口、资源、环境领域及经济社会协调发展的能力建设课题得以顺利实施。“平房煤改电工程”、“垃圾分类”、“街道社区电子监控系统”等试点工作在全区得到普遍推广。

（西城区科委）

广泛开展社区科普活动

2003年，西城区科委以“科技周”、“科普之夏”、“青少年爱科学月”等全市科普活动为重点，广泛开展社区科普活动。以“科学文明，建设小康”为主题的“2003年北京科技周”上，西城区列入市科技周指南目录的活动达648项，有20多万人接受了科普知识教育。为使科普活动做到以百姓的需求为第一、以百姓的身心受益为第一、以为百姓提供科普服务为第一的新理念，在月坛街道举办了“健康歌颂您——公众科学健康演讲大赛”，群众通过自身的体会畅谈了生活与健康的关系。成功举办了“特色社区科普活动展评”，涌现出“百户健康达标户”等20项具有区域特色的社区科普活动。坚持“政府架桥，社会搭台，专家演讲”的科普工作社会化模式，引导社会单位参与西城区科普工作。2003年“金象健康大课堂”系列科普活动以“要小康，先健康”为主题，金象大药房股份有限公司继续出资20万元，医学专家在社区中开展了心理卫生、中医养生、慢病防治、计划生育、妇幼保健、残疾人健康等讲座咨询活动57场，有3万余人参与。西单商场举办的“科学消费”科普活动向社区居民进行了多种实用家电知识的宣传讲座，举办讲座27场，4090名社会居民参与。区科普教育基地海洋馆举办的“海洋科普进校园”科普活动在月坛地区中小学生中进行了十余场海洋科普知识讲座，引起了中小学生对海洋知识的浓厚兴趣。区民营科技企业天衡时代科技集团每年出资30万元编辑出版的《健康之路》科普季刊，到2003年已累计发行17期，无偿发放到政府、卫生、教育等系统，共10万余册。在抗击“非典”期间，向社区、企业发放防治“非典”的科普挂图、折页、科普书籍等宣传材料2万余份，并在德外街道中直机关社区举办了“党和政府与人民肩并肩、齐心协力战‘非典’”

的科普宣传活动。活动中向社区居民发放了防治“非典”的宣传材料和消毒药品,增强群众战胜“非典”的信心。

（西城区科委）

崇文区

圆满完成科学防治“非典”工作

2003年,崇文区科委在抗击“非典”期间,成立了防控工作领导小组和科技企业防治“非典”工作协调领导小组,为防控“非典”提供组织保证。下发了《关于在科技企业、科研机构中做好防治非典型性肺炎工作的通知》,设计了崇文区科技企业和高新技术企业“非典”情况调查表,先后三次对全区的科技企业和高新技术企业“非典”情况进行了调查。区科普联席会办公室将5000份防治“非典”科普知识和500张防治“非典”宣传挂图发放到科普联席会有关成员单位、驻街单位、中小学校以及居民手中;慰问战斗在防治“非典”一线的专家学者,全体工作人员,并为战斗在抗击“非典”一线的医护人员捐款,为外地民工捐献图书。建立了高新技术企业应急经济监测系统,对20家高科技企业进行了调查,对高新技术企业经营情况实行及时跟踪监控。走访重点科技企业,了解科技企业防治“非典”情况以及相关科技项目进展情况,帮助企业解决存在的困难和问题。先后走访了拓普分析仪器公司、汇文远程教育公司、精博电子研究所、宇翔科技公司、东普公司等。了解科技企业在防治“非典”中采取的措施,帮助企业解决困难,并为全区战斗在防治“非典”一线工作人员子女免费注册汇文网校学习。与区卫生局和相关单位联系确定,增拨3万元科技经费给疾病控制中心、普仁医院,用于“SARS胸部X线影像分析”、“无创正压通气治疗呼吸衰竭”、“崇文区‘非典’流行因素与控制措施研究”,加大了防治“非典”工作的科技攻关力度。

（崇文区科委）

高新技术企业获得长足发展

2003年,崇文区科委新认定高新技术企业2家,即:北京玻璃研究院和北京科瑞利通公司。辖区内现有高新技术企业23家,技工贸总收入共计17.7亿元,实现税收1.7亿元。北京同仁堂科技股份有限公司、北京天桥北大青鸟科技股份有限公司、北京国泰怡安电子有限公司等在全国同行业中有着重要的影响。为进一步促进高新技术企业的发展和利用现代科技手段改造传统企业,利用市科委的拨款100万元进行了崇文区科技创新体系的建设,将原科技企业办公室改建成为区科技创新服务中心,通过一年的工作,组织体系、工作框架已建立,征集了区科技创新孵化项目,与东普公司签订了共建孵化器协议,与东普探测器件公司签订入孵协议,召开了《碘化钠(铊)闪烁体工艺》论证会等,成为联系全区企业科技创新的桥梁和纽带。

（崇文区科委）

积极开展科学技术普及工作

2003年,崇文区完成了在金鱼池社区建立北京市首批数字型、互动式科普社区的工作;全年共组织开展各类科普活动614次,参加人数24.5万人次,发放科普宣传材料35.5万份;展出科普展板1135块。其中,举办科普讲座182次,听讲人数2.5万人次;举办科普展览、宣传咨询135次,参加人数16.6万人次;举办36学时以上培训班162个,培训人数近2.6万人次;各种技术竞赛、参观考察75次,1.5万人参赛;放映科技影像42场,观看人数达1.3万余人;全区共有科普画廊526

米。在前门街道文化广场一期投资近20万元,建立了全市第一家微电脑电动滚屏,在东花市、前门街道社区图书馆安装了"全国文化信息共享"系统,在崇外街道修建了百米科普画廊。组织开展了青少年科技创新大赛,航空、航海、车辆模型、无线电测向、OM头脑奥林匹克、科技英语、科技论坛等重点科技活动。成功举办了以"关注生存环境,探索宇宙奥秘"为主题的崇文区第24届中小学生爱科学月活动,实现95%以上中小学校、班级、学生参加科技月活动,已先后荣获市级科技竞赛成果58项,全国级科技竞赛成果9项,全国、市级优秀组织奖4项,总计71项。

(崇文区科委)

宣武区

科技管理体制改革不断深化

2003年,宣武区科委按照国家和北京市科技工作的部署,不断深化本区科技管理体制改革。根据区域发展需求,制定或修订了《宣武区科学技术奖励办法》、《宣武区科技创业孵育项目认定管理办法》、《关于开展科普教育基地建设的意见》等,使本区科技工作管理进一步规范化、法制化。积极发挥科技工作领导小组和科普联席会的作用,召开了三次会议,对科技工作的重大事项进行讨论决策。聘请区有关专家对我区经济建设和社会发展中的技术难题进行论证。继续完善科普工作联席会议制度,邀请驻区中央、市属科研院所的人员作为联席会议成员单位,促进了科普事业发展。组建了"区域科技工作联络网"和各街道科协组织,强化了科技工作分工合作、协调联动的机制。坚持"民营科技企业家季谈会制度",加强与企业的沟通,及时了解企业发展概况,向企业传达相关政策。加强对外科技交往,组织了一次海外留学生归国创业项目洽谈会,组织了1期干部赴国外科技考察。以服务意识,努力推进管理创新,从技术、信息、资金、人才等多方面为区域科技进步工作提供支持,将科技立项的范围扩展到工业、商业、服务业、建筑业、环保、环卫、城管、市政、规划、档案、卫生、体育、文化、教育、街道、统计、综合治理等多个领域和部门。2003年确定科技立项53项,申报市级科技立项9项,获批准5项,共获市各项科技经费支持297万元。

(宣武区科委)

科技发展环境继续改善

2003年,宣武区科委努力将科技资源的优势用于区域科技事业的发展,在科技立项、成果转让、技术服务、人才培养、科学普及等方面与16市属科技服务机构开展了广泛深入的合作,为区域科技进步工作提供较完备的服务支撑。以北京市科技三项费的支持为主体,建设宣武区科技创业孵育体系,目前已对CAD/CAM工作站等16个项目进行了孵育。区工商局为高新技术企业的注册登记开辟了绿色通道,在名称预先核准登记、企业住所、高新技术成果作价入股等方面,对企业提供快速便捷的服务;区人事局为本区科技企业解决了数十名急需科技人才的进京问题;区金正公司为科技企业提供了1000万元的贷款担保基金。区外经委和经贸委连续几年组织本区科技项目参加对外洽谈会和资源调剂会。全区高新技术企业达43家,科技企业技工贸总收入突破3亿元。通过技术市场管理、专利代理、企业注册等政策引导,鼓励中国技术市场协会生产力促进中心、北京市技术交流站、广安咨询公司、华盈科技公司、先农坛科技企业孵化公司等企业从事科技中介工作。吸纳了社会资金,引进了科技人才,促进了科技资源合理配置和新技术、新成果转化，有效弥补了本区科技资源短缺的不足。

（宣武区科委）

组建科普志愿者队伍

2003年，宣武区科委组建了科普志愿者队伍，利用社会资源开展科普工作。按照中国科协第六次全国代表大会提出的要“广泛组织志愿者参与科普工作”的要求，结合基层科普工作的实际，在各个街道和驻区单位的我们从科普工作积极分子中选择，组建了1000余人的科普志愿者队伍，并在科普活动中发挥了较好的作用，使科普志愿者队伍的组建工作走上了规范化的轨道。为此，宣武区被中国科协确定为首批30个“国家科普志愿者队伍建设试点城区”之一。与此同时，加强科普基地和科普设施建设。研制、安装了8个适合居住小区使用的“多画面全自动科普宣传装置”，重新修缮了“虎坊桥科普画廊”，制作展出了1300多块科普宣传板。西便门东里小区作为试点被北京市科普联席会列为“社区科普活动室”重点示范单位，“电力科普教育基地”被列入北京市科普示范单位，“北京市劳动保护科学研究所”、“北京古建筑博物馆”、“白纸坊街道社区服务中心”和“宣武艺园”等四家单位成为区科普教育基地。宣武区通过了中国科协对“全国科普示范城区”的年度复核。

（宣武区科委）

朝阳区

抓《2003～2008年朝阳区科技发展纲要》的落实

2003年，朝阳区科技工作紧紧围绕“三化、四区”总体目标，落实《2003～2008年朝阳区科技发展纲要》，逐步实施科技发展的三大战略，即科技奥运、科技商务、科技园区战略。将科技渗透到农村城市化、城市建设和管理、社会文明进步等诸多领域，在区域经济和社会发展中发挥重要作用，充分体现了“大科技”的科技工作理念。2003年组织实施市级以上项目12项；并将80%以上科技经费，用于支持区重大和重点项目，集中精力组织重大项目，把项目做强、做大。

在推进城市现代化建设方面重点“实施科技创安工程”和“开发建设朝阳区城管监察指挥管理系统”，集电子监控、GPS全球卫星定位、电子政务、移动执法、大屏幕综合显示、网络与安全等于一体的指挥系统已建成。

积极推进农村城市化建设，实施生态促进工程。通过重点技术研究和应用推广，将绿化隔离带建设工作推向新的阶段。目前在第二道绿化隔离带内，已发展我区特色品种郎枣4000余亩；三间房乡1500亩的本草园和特色产业化经营模式初步形成。以金盏创建市级可持续发展示范乡为突破口，引导扶持了一批可持续发展重点工程项目，促进了温榆河生态带建设。

实施科技园区战略，加快引进摩托罗拉等大型科研机构和研发项目，推进科技园区建设。建立高新技术产业链，加强企业创新能力。积极扶持握奇公司等一批高新技术项目。通过一年的项目实施，企业发展跨入了一个新的阶段，同时真正起到了示范、先导以及带动信息网络链建立的作用。企业2003年实现销售收入近4亿元，上交税金2000余万元。

（朝阳区科委）

争创全国科技进步示范区

2003年，朝阳区为做好争创全国科技进步示范区，专门成立了工作组，总体协调，调动了各部门的积极性。在全区开展广泛宣传,多次邀请并组织科技部和北京市领导以及专家到本区检查指导。制定了《朝阳区全国科技进步示范区建设与发展规划》,完成了30多万字的《2001年—2002年朝阳区科技进步汇报材料》,制作了"朝阳科技进步"专题宣传片,全区上下共同努力,迎接考察组的实地考察,得到了领导和专家的肯定和好评。在获得全国科技进步先进区的基础上,跨入全国科技进步示范市(县、区)的候选地区。

制定了《朝阳区全国科技进步示范区建设总体规划和实施方案》,提出了朝阳区区域科技发展思路,指明未来朝阳区科技发展的方向。同时,以朝阳区实现高新技术转化区为目标,探索创新的投资模式和营造创新、创业投资环境,通过优化投资创新环境,建立完善高新技术转化集聚体系。积极参加朝阳区与摩托罗拉合作协议的起草工作,设立朝阳区——摩托罗拉科技发展基金,制定相关管理办法。目前摩托罗拉在朝阳区成立新研发公司合作协议已签订。建立朝阳区科技型中小企业贷款担保机制,解决科技型中小企业贷款难问题。区科委与中关村科技担保公司、北京商业银行经过多次协商讨论,共同形成了《联合开展信用担保业务的框架协议》和《信用担保业务操作规程》以及《朝阳区科技型中小企业贷款担保基金管理暂行办法》。

(朝阳区科委)

海淀区

三大网络系统加速政务公开

2003年,海淀区科委电子政务系统以转变工作职能、规范工作流程、整合科技资源、为企业提供优质服务、提高办公效率、增加工作透明度为目标,建成了三大网络平台,创新了政务公开形式,提升了办公质量,提高了办事效率,降低了成本,体现了政府以纳税人为本的服务理念,在海淀区信息化建设上处于领先地位。

极具人性化的内部办公系统:紧密结合工作实际,具体细致、方便快捷、实用性强,实现内部办公无纸化与远程办公。

高效便捷的网上办公系统。实现了科技项目管理,科普项目管理、高新技术企业认定等事项的网上办公交互式办公,极大地方便了企业和公众,提高了科技工作的规范化、透明度。

高度集成的科技资源平台。集成了区域内大学、科研院所、国家重点实验室、科技企业孵化器、专利机构、科技园区、工程技术研究中心等海淀区的多种科技资源,方便公众查询。

(海淀区科委)

技术合同交易总额再创历史新高

2003年,海淀区共登记技术合同18734份,比去年增长32.77%,占北京市技术合同登记总份数的41.77%;技术合同交易总额153.41亿元,再创历史新高,比去年增长22.94%,占北京市技术合同交易总额的57.81%。

海淀区技术合同登记总项数和技术合同交易总额占北京市的比例比往年均有不同的增长,达到了海淀区技术交易的历史最好水平。

目前,海淀区已成为最大的技术项目输出方。共输出技术项目12411项,同比增长42.92%,占输出技术项目总数比重为66.25%;成交额124.55亿元,增长24.67%,占输出技术总额比重为81.47%。

(海淀区科委)

建立国内首个技术交易减免税“快速通道”

2003年，海淀区科委为了落实市、区政府关于优化发展环境的总体要求，营造良好的研发、技术交易环境，鼓励技术创新，促进科技成果转化，繁荣海淀技术市场，同时，改变在技术交易收入减免税审批中存在手续繁杂、时间过长，管理部门脱节等现状，与海淀区地方税务局联合，在国内率先建立了技术交易减免税“快速通道”。设专人负责，强化服务措施，提高服务质量。将部分审批环节变为前置服务，使技术交易收入减免税审批环节大大简化，审批时限由55个工作日缩短到11个工作日。

（海淀区科委）

专利申请量再上新台阶

2003年，海淀区专利申请为8489件，占北京市专利申请量（17003件）的49%。其中，发明专利4852件，同比增长了37%，占北京市（7833件）的61%；实用新型专利2807件，占北京市（6665件）的42%；外观设计专利830件，占北京市（2505件）的33%。我区专利申请总量及发明专利数量在全市占有主要份额，一方面表明我区科技实力、创新能力较强，另一方面也表明我国加入世界贸易组织后，随着国家知识产权战略的加紧实施、北京市企业专利试点工作的展开以及海淀区建设知识产权制度示范区等措施的实施，本区企业、高校、科研院所对知识产权保护有了新的认识，政府的知识产权引导工作已初见成效。

（海淀区科委）

丰台区

举办首届丰台区科技成就展

2003年9月2～7日，丰台区科委在丰台体育中心体育馆举办首届科技成就展，其目的是展示丰台区域科技资源优势和科技发展成就，增强全区人民“科教兴丰”和可持续发展的意识，树立丰台区良好的对外形象和经济发展环境，同时也是对中小学生和广大群众开展科普教育的良好时机。航天一院、三院、科技园区等12家驻区科研院所和相关委办局的参展项目215个，其中，以实物、模型方式参展的项目有103个；以展板介绍方式参展的项目有112个。此外，征集驻区科技风云人物8人，主要涉及驻区航天科工领域。在历时6天的展示过程中，接待了来自社会各界的参观者总数共计5000多人。同时大量的网上宣传和媒体报道得到社会各方的赞同和认可，取得了较好的反响。展后，将科技成就展内容放到了丰台科教信息网上，成为了丰台科技成就网上展，使之成为一个长期的、永不闭幕的展台，通过网络渠道促进科技成果转化。

（丰台区科委）

推进农村信息化示范工程

2003年，丰台区科委实施农村信息化示范工程，一是以丰台科教信息网为载体，全面实施政务公开和网上办公，提高工作效率。目前，科委已开展网上办公，如在网上公布申报程序、发送申报通知，网上接收申报材料，网上审批。企业可以从网上下载申报材料样本及表格，网上传报申报材料。网上可审批项目为园区外高新技术企业认定；网上可填报申报材料业务包括科技进步奖评审、创新基金项目、科技发展计划项目。此外，科委各项重点工作进展情况和重大活动信息都在科教网上发布。二是完成花乡乡域信息化示范试点和聘请市科委专家对王佐镇信息化建设实施方案进行论证。三是建立科委网络培训教室，开展丰台区信息化应用培训，主要承担区政府信息化应用培训、农村科技信息化应用人员和企业信息化应用人员培训，截止到年底培训200人。

（丰台区科委）

开展预防“非典”科学技术普及工作

4月28日，丰台区第81次区长办公会通过了区科委关于贯彻执行北京市科普条例情况的报告，区人大于5月组织了部分人大代表就贯彻执行《条例》情况进行了视察，并于5月28日审议了该报告。同时丰台区科委积极开展科技下乡活动，结合各乡具体情况，精心准备、周密安排，使科技下乡形式多样，收效良好。购买以花卉、特养专业书籍和防病、保健为主的科普读物3500余册，分发给各乡农业公司和农民朋友。并开展预防“非典”科普知识巡回展。深入社区、乡镇，宣传“非典”防治知识，教育广大人民群众正确认识，积极防范。刊出了《非典型性肺炎可防可治》的科普画廊；发放《北京市民预防非典型性肺炎指南》等宣传资料5万余册；编辑制作了《凡大嘴做客您家——非典特刊》；举办了“抗击非典科普知识巡回展”；在科教信息网主页上设立了“非典”防治知识专题，采编科普知识和相关信息50余条；刊登了国家新出台的《公共卫生事件应急条例》、《中华人民共和国传染病防治法》等法律法规。

（丰台区科委）

石景山区

完善孵化器建设，推动中小企业发展

至2003年底，全区科技孵化器已达5家，孵化面积5.3万平方米，在孵企业百余家。并呈现四个特点：①已建的科技企业孵化器，正在积极调整。首特孵化器进行了股本结构的调整，特钢公司所占的股份由60%调整为30%，孵化器主要管理者的股份占10%。②具有产业特色的科技孵化器正在形成。北京863软件孵化器公司落户我区，其特有的信息安全产业定位、有丰富管理经验的专业管理团队和完善的服务体系，是本区高科技孵化器群中的典范。以生物技术产品的研发和生产以及搭建生物技术科研仪器服务平台为主要发展方向的北京骞腾创业孵化器有限公司正在办理工商注册。③立足改造传统产业，提升和改造现有村办工业的孵化器初具规模。古城农工商公司利用现有的168亩土地创办孵化器，入孵企业达到19家，孵化面积1.4平方米。④一批具有建设科技企业孵化器条件的企业和单位已意识到了发展科技企业孵化器是一条整合自身资源，加速企业发展的有效途径。北京一海集团利用其租赁的中国长城资产公司所属长城大厦，积极兴办科技孵化器，注册资金800万元，孵化面积近5000平方米，现入孵企业26家。

（石景山区科委）

开展丰富多彩的科普活动

2003，围绕“科普进社区”活动先后开展了以“人口资源环境—可持续发展”、“信息—传播与利用”、“环境连着你和我”、“学习与创

新一迎接新时代”、“科学·文明·申奥”等为内容的科普活动。利用群众纳凉消暑契机,开展了科普之夏主题活动,举办了“科普知识进万家”、“科学就在你身边”、“科学·文明·健康”等夏日科普活动,参与群众达50万人次。同时,还加大科普能力建设,积极营造科普氛围,共建科普画廊330处,建筑总长度达到2243米,制作科普展板5000余块,建成了八角社区科普基地,在科技馆内设立了电子科普墙和滚动屏,建立了苹果园街道黄南苑社区青少年工作室,制作了介绍冰川擦痕的科普大篷车和老山科普楼门等。在科普工作网络建设方面,已初步形成以街道科协和科普社区为主的社区科普工作网络;以青少年科技活动中心和科技活动示范校为主线的青少年科普工作网络;以少儿图书馆和冰川纪念馆等科普教育基地为主线的阵地科普工作网络;以教育、文化、卫生、体育、宣传、610、环保等部门共同参与的科普工作网络。目前已评选出科普社区9个,科技活动示范校10所,组建了北方工业大学学生科普志愿者队伍,建立了一支科普工作的骨干队伍。

(石景山区科委)

顺义区

开展巾帼科技培训

2003年,为落实“十五”时期“千万农家女百项新技术”推广培训计划,顺义区妇联在区科委等部门的支持下,结合本区实际,加大了对农村妇女科技培训力度。全年共完成种养业新技术培训6期,累计培训1050人次;电脑基础知识及应用培训7期,累计培训640人次;网上信息查询1267条;发布信息125条。

(顺义区科委)

昌平区

高新技术产业成为经济增长的主要因素

2003年,昌平区共引进高新技术企业321家,总数达到1700家。截止到11月底,仅中关村科技园区昌平园内的高新技术企业即实现销售收入108亿元,工业总产值105亿元,上缴税费8亿元,出口创汇4970万美元,高新技术产业对工业增长的贡献率超过60%。中关村科技园区昌平园和现代制造业规模企业的快速发展,成为拉动全区工业总产值继续高速增长的主要因素。在促进经济增长的同时,高新技术产业已成为我区各类科技人才的聚集地,据不完全统计,仅在中关村科技园区昌平园注册的企业中,有博士400人,硕士1000余人,学士超过10000人。

(昌平区科委)

现代农业的科技示范作用突出

2003年,昌平区小汤山现代农业园设施农业产值98429.9万元,精品农业产值22171.7万元,籽种农业产值22545.5万元,观光农业产值477万元,创汇农业产值23568.2万元,加工农业产值54412万元,分别占全区各项总数的39.5%、19.2%、43.2%、5.8%、67.2%和25.3%,在全区农业发展中展示了龙头作用。小汤山现代农业园带动了其他农业示范工程的实施。肉羊生产基地中30个养殖示范小区带动800多个农户,年生产肉羊30万只;牧草生产示范区种植面积7万亩,建有年加工能力达10万吨的牧草加工厂一座,已发展示范农户1400户;草莓生产基地现有面积500亩,日光温室220栋,带动农户150户,年产草莓25万公斤;苹果示范基地通过实施标准化的发展战略,涌现出了三合庄、桃林等一批平均亩产稳定在2000公斤、优质果率80%、亩纯收入5000~8000元的高效园和示范户。

(昌平区科委)

门头沟区

圆满完成现代化育苗基地建设

2003年初,门头沟区科委上报的“建设现代化育苗基地”项目被区政府列为重点工程,经过努力已顺利完成。基地共引进核桃苗木11.3万株,其中良种核桃嫁接苗(辽3、礼2、中林1、中林5、扎343、丰辉、西扶1等)7.7万株,美国长山核桃砧木苗1.35万株,长山核桃良种嫁接苗500株,普通核桃砧木苗2.2万株,累计投入资金44万余元。完成4000平方米连栋温室智能化改造(包括主体、隔断、苗床、灌溉、风机、湿帘、智控系统等),投入资金132万元。南棚进行“二头忙”育苗技术研究,共栽植核桃砧木苗1.5万株,长山核桃砧木苗0.3万株;北棚苗床上育容器苗3.5万余株,现已播种核桃容器苗1.5万株,移入核桃容器苗0.3万株,投入资金7万元。播种核桃实生苗15亩,用种子5000斤,投入资金5万元。植物快繁实验室投入资金22万元,其玫瑰花快繁技术已基本成熟,有玫瑰花组培苗1300瓶,计7800株。铺设电热温床、沙床、扦插床计300平方米,培育核桃容器苗2000株,沙床播种核桃子苗5500株,繁育长山核桃5.6万株,扦插长山核桃苗1.4万株,共投入资金4.8万元。同时基地对30亩良种核桃采穗圃进行了标准化改造,间伐定植,补接1500株,新栽长山核桃良种苗500株,补栽核桃实生苗0.5万株,共投入资金3.2万元。基地建设累计投入218万元,为门头沟区提供优质苗木8万多株。

(门头沟区科委)

建立科技开发实验基地

2003年,门头沟区科技开发实验基地完成了80平方米快繁实验室的改建工作,安装配置了高级实验台等相关实验设备,添置了超净工作台、高压灭菌锅等实验器材,现已经全面投入使用。同时,对现有4000平方米的双层充气连栋温室进行了现代化、智能化改造,实验用网络中心也已建成投入使用。2002年和2003年基地先后引进了硕士生2名,本科生3名,一定程度上扩充了科研队伍的实力,为今后本区大型科研项目的开展打下了基础。该基地根据本区特点,开展了京西柿、京白梨、鲜核桃等果品的贮藏保鲜技术、玫瑰花组培育苗技术、京白梨和香白杏的丰产优质栽培技术及核桃产业化开发等相关研究,研制的“京西柿、京白梨贮藏保鲜技术”项目已通过了市果品专家小组的鉴定,成功地解决了我国关于京白梨、京西柿贮藏保鲜技术的难题,使本区的果品贮藏保鲜技术达到国内先进水平。

(门头沟区科委)

通州区

创建全国科技进步示范区建设工作全面展开

2003年,争创全国科技进步示范区建设工作和在通州区内开展科技进步考核暨争创科技进步示范单位的工作全面展开。通州区根据国家科技部《市(县、区)科技进步考核办法(试行)》和"关于开展市(县、区)科技进步考核暨科技进步示范市(县、区)建设工作的通知"要求及北京市科委关于开展此项工作的部署,在对全区科技进步现状进行调查摸底工作的基础上,区委、区政府几次讨论在区内开展科技进步考核暨争创全国科技进步示范区建设的工作方案,出台了《通州区区委、区政府关于在全区范围内开展科进步考核暨科技进步示范区建设工作的决定》和《通州区科技进步考核指标体系和办法》,并以区委、区政府文件的形式下发到全区各乡镇(街道)、委、办、局;成立了由区委书记、区长为组长的争创全国科技进步示范区建设工作领导小组;同时召开了由18个有关委、办、局参加的工作布置会。此外,还部署了在全区范围内开展科技进步考核暨科技进步示范单位的工作。区内示范单位的考核方法参照科技部颁发的科技进步考核指标体系和办法执行。通州区科技进步示范单位实施期为三年,凡被评为通州区科技进步示范单位的,一经区委、区政府审核批准,由区财政给予配套资金支持。即:批准为示范单位后,在实施期中第一年支持资金10万元;第二年通过考核仍合格的,继续支持资金10万元;如连续三年考核均合格,再给予支持资金50万元。

(通州区科委)

房山区

以"创新家园"为龙头的科技创新体系初步形成

2003年,经市科委批准立项,房山区启动实施了"创新家园"创新服务体系和农业远程教育信息化系统建设两项重大工程项目。2002年12月28日,以政府主导、企业出资、科学家合同加盟的方式筹建的"创新家园"正式投入运营。到2003年底,已有130余名科技人员加盟(其中两院院士16人,博士生导师40人),成立了纳米技术、生物科学、农牧科学、精细化工等10个科研所,研发和转化了纳米增压添加剂、聚酯胶黏剂、耐高温蒸煮油墨和波尔山羊胚胎移植等一批颇具市场前景和实用价值的高新技术及其产品。其中,由精细化工研究所承担的"聚氨酯产品开发",由农牧科学研究所承担的"房山区肉用种羊扩繁及应用示范基地建设"分别列入北京市火炬计划和北京市重大农业研发项目。此外,房山区科技企业孵化器有限公司也积极运作,已有注册资金1000万元,高盟化工有限公司、金海澳等5家企业入孵,填补了房山区孵化器建设的空白。

(房山区科委)

大兴区

两个基地建设进展顺利

2003年,大兴区科委与中国生物技术发展中心合作建设"北京生物工程和医药产业基地",共同成立了基地产业发展规划课题组,制定了"基地产业规划",同时加快了基地的基础设施建设,投入2亿元资金,完成一期3.55平方公里的"八通一平"建设;启动了基地专业服务体系建设工作,成立医药企业建厂服务平台和医药企业品种申报服务平台;组建了"医药企业咨询认证服务中心"、药理实验中心等专业化服务组织;建立了国际化的招商网络,积极开展招商推广活动。基地已与北京双鹤药业、国药公司、三九集团等签订了13个投资项目,总计投资20亿元。国家“北方大城市郊区奶业现代化生产技术集成与产业化示范”基地建设取得新进展。全区奶牛存栏头数达到15000头，选育出高产奶牛核心群2500头，完成8000千克以上高产奶牛胚胎移植1000余头，使奶牛平均单产从4000千克提高到6400千克；完成了3000头奶牛的DHI测定，建立了谱系档案；开展了优质牧草的种植推广，全区苜蓿的种植面积达到了15000亩，青饲料(玉米、黑麦等)种植5万亩；在重点种牛场推广TMR饲料工艺，提高了奶的质量，降低了饲料成本和人工成本；制定了牛场防疫和综合保健规程，在15个牛场实施粪污无害化处理示范，在20个牛场实现了计算机网络智能化管理，在47个牛场建立了管道挤奶平台，建立了奶质化验室，保障了原奶达到国家各项安全卫生指标。

(大兴区科委)

北京首家原料药企业通过药品GMP认证

2003年，北京健力药业有限公司通过了北京市药品监督管理局组织的GMP认证，从而成为北京市首家取得原料药GMP认证证书的企业。专家组按照《药品生产质量管理规范认证管理办法》规定对该公司的生产和质量管理情况进行了审查，认定其原料药甘氨酸、木糖醇、羟苯磺酸钙符合中华人民共和国《药品生产质量管理规范》要求，准其通过原料药品GMP认证。

(大兴区科委)

广泛开展科技合作

2003年，大兴区科委对全区企业的闲置资产进行了调查，并有针对性地进行了资源整合，全年盘活区内闲置资产650万元，与55家区外企业进行合作洽谈，签订3个投资项目，签订投资合同9600万元。充分利用首都科技资源，与首都30余家科研院所、大专院校进行广泛的接触与合作，建立长效的联系机制，丰富了“镇校合作”，为各镇和区内企业提供各类科研成果400多项。策划和组织了“首都科技与北京生物工程和医药产业基地合作对接洽谈会”、“北京服装与服装纺织企业科技合作项目对接洽谈会”，促成合作意向50余项。与区人事局联合对全区100多家科技企业的高级人才进行了调查，建立了大兴区科技企业人才储备库；为企业引进急需的专业人才130余名。与北京化工大学、中国农业大学等30多家科研院所合作，研制开发了多个农副产品加工产品，形成了以资源集团、康达、金维等企业为龙头的肉食品加工企业，以联华、美丹、喜得瑞等企业为主的粗粮加工企业，以申安、国森、李记、金国酒业等企业为主果蔬加工企业。

(大兴区科委)

怀柔区

以农村信息化建设促进农民增收

2003年初，怀柔区完成了怀柔、庙城、雁栖等7个镇乡农业信息服务站建设，使总数达到16个。另有7个正在建设之中，资金已全部到位。今年新建的10个卫星接收站已全部完成并投入使用，使本区卫星站点总数达到24个；继杨宋庄村“农民网络技术学校”之后，今年本区又建成庙城村、高两河村、喇叭沟门满族乡长哨营满族乡宝山镇、九渡河镇等镇乡村民网络技术学校；杨宋庄村、庙城乡、高两河村、喇叭沟门村办公局域网建成，安装了触摸屏和大屏幕投影，怀柔区村级办公应用系统开发完成并投入试运营；三大主导产业板栗、西洋参、冷水鱼农业专家咨询系统正在开发之中；板栗专家应用系统即将完成，怀柔区镇级办公应用系统开发工作也已启动；针对镇乡、村二级信息员进行计算机网络信息技术的培训，如科技管理电子政务、区农村科技信息网、信息资源数据库以及计算机基础操作与基本知识等方面的培训 500 人次；针对普通用户开展农业科技信息技术的培训，如科技政策、农业实用技术、农村科技信息网和信息资源数据库等方面的培训 3500 人次。

（怀柔区科委）

加强农业科技服务组织建设

2003 年，怀柔区农业科技服务组织发展迅速，各镇乡今年共成立技术服务组织 14 个，为农民提供了很好的技术支持和生产、销售等环节的服务。宝山镇养鸡协会到目前全镇共发展养鸡户 288 户，鸡场面积 13.4 万平方米。有 23 个养殖小区，养鸡数目达到 300 万只，总收入 5000 万元，占该镇农业总收入的 70%，畜牧业总收入的 90% 以上。北房镇葡萄协会自成立以来，入会的农户已达 600 多户，发展会员 1000 余人，现在该协会的种植面积已达到 700 亩。按入会人数粗算，人均可增收 2500 元。使本区葡萄种植走上了一条产业化、规模化的道路。

在科委的支持下，通过北京顺通虹鳟鱼养殖中心的龙头带动作用，怀柔区在渤海、雁栖、琉璃庙、九渡河等乡镇发展冷水鱼养殖、垂钓场所 400 余处、500 亩、年产量 200 万公斤。同时还带动了垂钓、餐饮、休闲等产业的发展。怀柔区成立了西洋参协会，西洋参种植面积达 7000 余亩，农民种植一亩西洋参可获纯收入 8000～12000 元。现已形成科研、种植、加工、销售一条龙的产业链，西洋参产业成为怀柔区三大农业支柱产业之一。

（怀柔区科委）

平谷区

高新技术企业和民营科技企业得到快速发展

2003 年，平谷区新发展高新技术企业 7 家，累计达到了 40 家；新发展民营科技企业 33 家，累计达到 225 家。高新技术企业和民营科技企业实现技工贸总收入 15.4 亿元，工业总产值 15.6 亿元，上缴税金 1.3 亿元。其中北京长天电子商务集成技术有限公司等 3 家企业技工贸总收入超过亿元。北京普析通用仪器有限责任公司、北京绿伞化学有限公司等五家企业被评定为“科技之光”信用企业。在平谷区技术创新资金的支持下，14 家高新技术企业进行了 18 项科技开发项目，其中 10 个项目已经完成，5 个项目进入了产业化阶段，申报专利 5 项。“TW－6000 系列水质连续自动检测系统”等 4 个项目获得了国家科技部“中小型企业创新基金”支持。“纳米分散农用制剂”、“生物水肥”等 4 个项目被批准为北京市高新技术企业转化项目。北京天擎化工有限责任公司在平谷技术创新资金的支持下，研制开发了 8010 涂布清洗剂等 5 个新产品，投入市场后效益显著，2003 年实现产值 4050 万元，利税 1940 万元，自营出口 42 万美元，代理出口 123 万元，同比增长 6.6 倍。

（平谷区科委）

信息化建设取得新成绩

2003 年，平谷区信息化基础设施建设日趋完善，信息技术已经渗透到农业、企业、旅游、教育、医疗等领域，对全区经济文化的发展产生了强有力的推动作用。一是用信息化带动工业化，规划了东发高新技术成果转化示范区信息平台。二是规划实施了北京国大沃托玛腾有限公司、北京普析通用仪器有限公司两个市级信息化带动现代制造业的示范点。三是实施了市级农业信息化示范区建设,并取得了显著成效。建成了覆盖全区的宽带城域网,16个乡镇有169个村通了光缆,建成了4个数字乡镇、6个电脑网络村、46个农村远程信息服务站,开发了物流配送系统等10个应用软件。农业信息化示范区建设,为农民带来了全新的思想观念和经营意识。黄松峪乡雕窝村是本区的民俗旅游专业村,地处偏僻。本区筹措资金,建成了京郊首家民俗旅游网络村,全村38家民俗户接通了宽带网,配备了电脑,占全村41家的93%。民俗旅游网站,介绍雕窝村的民俗旅游、土特产、特色农家菜、观光娱乐、民俗接待户简介等。他们通过网上信息查询、发布,足不出户便知天下事,并引来了八方游客,还可为游玩住宿的游客提供上网便利,游客在享受农家乐的同时还可以享受高科技带来的快乐,从而提高了农家院的品位。2003年十一黄金旅游周七天之内,该村的户均纯收入达到1万元,比去年同期翻一番。四是平谷区信息服务网络建设取得了新进展。平谷区信息网络平台实现了网上营销、远程教育、信息收集与发布等功能,取得了明显效果。仅桃园村,网上销售干鲜果品就达300万公斤,实现销售收入600万元,实现利润180万元,全村人均收入突破了6500元。

(平谷区科委)

延庆县

实施科技致富计划

2003年,延庆县科委承担并组织实施科技致富计划6项,其中延续计划5项。项目投资3313万元。“万亩绿色果品基地建设”项目新植果树13550亩,成活率在90%以上,技术培训1645课时,参加培训的达11651人次。在8个山区乡镇推广无公害绿色果品生产配套技术,推广面积达6.5万亩;在新植果树推广“枝干套袋,根系沾生根粉,树盘铺膜”三位一体保水技术。“中药材基地建设”增加药材种植面积1762亩,品种有板蓝根、西洋参、菊花、黄芪等多个药材,出苗率80%以上,产值906.9万元。“舍饲养羊推广示范工程”的实施使全县羊的存栏数达到12.5万只,产生效益900万元,户均收入5000元。“优质蛋鸭养殖产业化”项目使全县蛋鸭存栏达到3万只,产蛋30万公斤,总收入480万元。引进白洋淀金淀鸭5000只,解决了冬季不产蛋的问题,将使养殖户获得更多的经济效益。“优质蜂产品示范建设”的实施,使全县蜂群达到3.3万群,生产受粉蜂6000群,产蜂蜜870吨、王浆8吨、花粉12吨,全县蜂业总收入520万元,545户养蜂户平均增加收入9541元。“饲养柴鸡产业化建设”项目引进绿壳鸡蛋0.5万套,扩繁柴鸡1万套,新发展柴雏鸡48万只,养殖户2500户,并通过了北京市食用农产品安全认证。全年产蛋157万公斤,产值1810万元。

(延庆县科委)

实施万亩绿色果品基地建设

2003年,延庆“万亩绿色果品基地建设”项目投资1640万元。新植果树13550亩,比计划的5000亩超额8550亩,成活率在90%以上。技术培训1645课时,11651人次。发放各种技术资料1万多份。生产绿色无公害果品440万公斤,产值达3920万元。在8个山区乡镇全面推广了无公害绿色果品生产配套技术,推广面积为6.5万亩;良种繁育基地效果显著,出圃优质一级苗圃200万株,收入

400万元，另有200亩，已全部进行了嫁接，尤其是引进了抗冻花芽能力强的优1、优2、长城1号等新品种，可望明春为全县果品基地建设提供抗冻花芽的仁用杏苗木100万株；新植果树全面推广实施了“枝干套袋、根系沾生根粉，树盘铺膜”三位一体保水技术，极大的提高了果树成活率。同时推广了幼树合理间作技术，即所有幼树都按照技术规程的要求留足树盘，并进行合理间作，在间作上杜绝了高秆作物，并形成了果与油料作物、果与菜、果与药材等多种间作模式，保证了幼树健壮成长。

（延庆县科委）

“四位一体”生态设施农业凸显成效

2003年，延庆引进和推广有“四位一体”之称的设施农业已达到3500亩的建设规模。“四位一体”设施农业是将禽畜粪便厌氧发酵为沼气，沼气用于温室大棚照明、增温，沼液和沼渣成为作物生长的上好肥料，而作物秸秆和蔬菜残叶又成了牲畜的美食，这种以沼气为纽带连接种植和养殖的北方生态农业模式在延庆凸显成效。延庆苏庄果树生态科技示范园的大型沼气池年产沼气7万立方米，通过电子调控微喷技术，利用沼液微喷施肥，产优质果品10万千克，苗木100万株，产值达到1550万元。延庆镇北关村农业生态示范园是集养、种为一体的生产菜、猪、鸡的综合农业生态示范园区，该区建四位一体温室100栋，占地800亩，年产蔬菜75万千克，生猪出栏2000头，肉鸡40万只，产值714万元，利润326万元。“四位一体”实现了种养结合的立体生产模式，在同一块土地上使产气与积肥同步，充分利用了空间，提高了土地的利用率。同时还不受季节限制，延长了种植时间，缩短了生产周期。沼气池内经过发酵的禽畜粪便作为肥料，其氮、磷、钾的含量均高于堆沤肥，腐殖酸的含量也比堆沤肥高出2.6%。以沼液施肥，既能增加土壤的有机含量，改善土壤结构，还能极大地提高作物的抗病能力，避免农药残留造成的污染，以期达到绿色环保型产品的标准。该项目自1999年8月实施至今，带动调整了15万亩土地的产业结构，工程示范户年增收8000余元。

（延庆县科委）

开展科普下乡

2003年，延庆县科委组织畜牧中心、果品中心等单位的技术人员，分别到井庄镇、永宁镇、旧县镇、沈家营镇、康庄镇、大榆树镇、延庆镇开展“科技下乡”、科普宣传、技术咨询活动17次，发放科技图书1.2万册，送科技电影下乡25场。借北京市第五届“科普之春”启动仪式在延庆旧县镇举行的时机，组织医疗专家开展义诊110人次，农业技术咨询1000余人次，发放图书1000册，发放科技单材料1000余份，展出展板40块，受教育群众3000余人次。县科普联席会组织了“社区科普知识竞赛”、“科普致富报告会”等活动，为农民解决生产中遇到的技术问题。同时，开展了“科普型社区”的创建工作，于9月12日在颖泽洲小区举行科普进社区启动仪式，各居委会的干部和居民200多人参加。县科委为此次活动捐赠了价值15万元的VCD和音响设备8套，各类科技图书近千册，光盘100多张等。

（延庆县科委）

密云县

促进高新技术产业的发展

2003年，密云县科委为培育扶植高新技

术企业的发展，及时帮企业了解科技政策，扩大政策宣传面，县科委编制了《高新技术产业政策汇编》，利用一站式办公、到开发区、到企业登门宣传等形式，发放到企业手中并进行详细的讲解。还多次组织全县高新技术企业、乡镇经济办公室负责人培训班，请来市高新技术处的领导现场讲解，现场为企业申报进行辅导。实行高新技术企业网上申报后，主动为企业代办各种申报手续。针对有些企业不熟悉申报系统操作情况，管理部门多次深入企业，帮助企业准备资料、录制光盘。例如：北京富特盘式电机股份有限公司、北京博鑫东辰电子有限公司等企业在网上申报过程中遇到了困难，主管部门及时到北京请来专家，带上专业人员来到企业，从资料的准备到光盘的录入做了耐心细致的指导，为企业解决了难题，保证了企业及时获得高新技术企业认证。2003 年密云县新认证高新技术企业 14 家，累计认证的高新技术企业已达 81 家，居郊区县之首。其中工业开发区内 50 家，占总数的 62%；区外企业 30 家，占 38%。从事电子信息、光机电一体化技术领域的企业 30 家，占 38%，从事新医药、生物工程技术领域的企业 17 家，占 21%，从事新型材料（能源、环保）开发生产的企业 22 家，占 27%，其他技术领域的企业 11 家，占 14%。2003 年高新技术企业工业产值达到 18 亿元。

（密云县科委）

饲用玉米籽种基地建设见成效

2003 年，密云县种子公司在适宜玉米籽种繁育的古北口、溪翁庄、冯家峪 3 个边远乡镇安排了 3900 亩特用玉米繁种基地，带动 2800 户农民通过玉米制种增收致富。全年共投入资金 24.66 万元，技术培训 4000 多人次，发放资料 5000 余份，共制种 85 万千克，实现产值 210 万元，制种户人均增收 150 元。

（密云县科委）

抓好科技培训示范县工作

2003 年，密云县科委紧紧围绕本县“大力实施‘科技兴农’，促进农民增收致富，进一步加大农业结构调整力度，加快传统农业向现代农业转变，使农业走上绿色、高效、可持续发展道路”的工作目标，加快农业科技进步与创新。近年来从国内外引进肉羊、奶牛、果品、牧草等优良新品种达百余项，在此基础上 2003 年继续运用转基因、胚胎移植、杂交等现代生物技术加快品种改良。通过优良品种的引进和繁育，大大提高了农业生产的效率。肉羊人工受精改良技术已获得成功，改良后的肉羊由年增体重 50 千克、出肉率 30%，提升到半年增体重 50 千克、出肉率 48%。奶牛品种的改良也由原来的年产奶 3000～4000 千克提升到 6000～8000 千克。目前，适宜区域生态、资源特点的农业主导产业已初步培育成型，绿色养殖业、特色林果业、精品蔬菜业、饲料种植业和名优水产业得到突出发展。密云县科委重点扶持的香水峪“燕香”牌板栗达 12 个品种，于 2001 年注册商标并投放市场，今年的 15 万千克板栗因质量好而销售一空。紧紧围绕密云县农业发展的重点，把科技培训作为基础工作常抓不懈。通过实施“家家都有科技明白人工程”，有计划、有针对性地对农民实施实用技术培训，受到农民的好评。今年县政府实现了与北京农林科学院的院县合作，开通了 24 小时全程服务的科技专家咨询热线，市县两级 30 多名专家组成咨询服务队常年活跃在农业第一线，使培训工作更贴近群众、方便群众。2003 年组织市县级科技专家举办畜牧、养殖、林果等技术培训班 534 期，发放各类技术资料 6 万余份，培训达 5.53 万多人次。随着农业产业结构调整的不断深入，农民对技术、对信息的渴求也逐步提高，在市科委的大力支持下，密云县科委 2003 年为每个乡镇配备刻录机、光盘等设施,建成并完善了农民远程信息网,保证了网络培训的有效实施,为农民与外界沟通开辟了便捷的渠道,使人们真正感到:知识就在身边,技术就在身边,致富的路子就在里边。

(密云县科委)

开展多种形式科普活动

2003年,密云县科委积极开展多种形式的科普活动。一是编写发放各类科普读物,如《农业实用技术手册》、《密云科技动态》、《科普读物丛书》等,2003年突破10万份。二是科普之春、科技周、学术月等传统活动紧密结合当前形势,不断推陈出新,坚持了12年的白龙潭"三月三科普赶会"仍然是科技普及的有效形式,已成为科普宣传经典活动。在抗击"非典"期间,科普工作者冒着被传染的危险几次到市里领取抗"非典"宣传材料,及时发到广大人民群众手中。三是深入推进青少年科普工作,提高青少年爱科学、学科学、用科学的意识,培养青少年的创新精神。2003年在全国青少年科技小发明大赛中,水库中学的"小型坚果破壳机"荣获全国第十八届青少年科技创新大赛三等奖。四是发挥示范基地作用。2003年包括香水峪板栗示范基地、青少年水源环保科普示范基地、东菜园社区科普示范基地等10个科普基地建设被列入县政府为群众办的30件实事之一。基地建设突出产业、因地制宜,共投资20万元,为这些基地配备了电脑、电视、桌椅,组建了图书室。香水峪板栗示范基地已发展到12个板栗品种,年产量从2002年的11.5万公斤,增加到2003年的15万公斤,并向周围村镇输出技术,带动了周边板栗带的形成。

(密云县科委)

政策法规选

中华人民共和国行政许可法

（中华人民共和国主席令第 7 号 2003 年 8 月 27 日第十届全国人民代表大会常务委员会第四次会议通过自 2004 年 7 月 1 日起施行）

目　　录

第一章　总　　则

第一条　为了规范行政许可的设定和实施，保护公民、法人和其他组织的合法权益，维护公共利益和社会秩序，保障和监督行政机关有效实施行政管理，根据宪法，制定本法。

第二条　本法所称行政许可，是指行政机关根据公民、法人或者其他组织的申请，经依法审查，准予其从事特定活动的行为。

第三条　行政许可的设定和实施，适用本法。

有关行政机关对其他机关或者对其直接管理的事业单位的人事、财务、外事等事项的审批，不适用本法。

第四条　设定和实施行政许可，应当依照法定的权限、范围、条件和程序。

第五条 设定和实施行政许可,应当遵循公开、公平、公正的原则。

有关行政许可的规定应当公布;未经公布的,不得作为实施行政许可的依据。行政许可的实施和结果,除涉及国家秘密、商业秘密或者个人隐私的外,应当公开。

符合法定条件、标准的,申请人有依法取得行政许可的平等权利,行政机关不得歧视。

第六条 实施行政许可,应当遵循便民的原则,提高办事效率,提供优质服务。

第七条 公民、法人或者其他组织对行政机关实施行政许可,享有陈述权、申辩权;有权依法申请行政复议或者提起行政诉讼;其合法权益因行政机关违法实施行政许可受到损害的,有权依法要求赔偿。

第八条 公民、法人或者其他组织依法取得的行政许可受法律保护,行政机关不得擅自改变已经生效的行政许可。

行政许可所依据的法律、法规、规章修改或者废止,或者准予行政许可所依据的客观情况发生重大变化的,为了公共利益的需要,行政机关可以依法变更或者撤回已经生效的行政许可。由此给公民、法人或者其他组织造成财产损失的,行政机关应当依法给予补偿。

第九条 依法取得的行政许可,除法律、法规规定依照法定条件和程序可以转让的外,不得转让。

第十条 县级以上人民政府应当建立健全对行政机关实施行政许可的监督制度,加强对行政机关实施行政许可的监督检查。

行政机关应当对公民、法人或者其他组织从事行政许可事项的活动实施有效监督。

第二章 行政许可的设定

第十一条 设定行政许可,应当遵循经济和社会发展规律,有利于发挥公民、法人或者其他组织的积极性、主动性,维护公共利益和社会秩序,促进经济、社会和生态环境协调发展。

第十二条 下列事项可以设定行政许可:

(一)直接涉及国家安全、公共安全、经济宏观调控、生态环境保护以及直接关系人身健康、生命财产安全等特定活动,需要按照法定条件予以批准的事项;

(二)有限自然资源开发利用、公共资源配置以及直接关系公共利益的特定行业的市场准入等,需要赋予特定权利的事项;

(三)提供公众服务并且直接关系公共利益的职业、行业,需要确定具备特殊信誉、特殊条件或者特殊技能等资格、资质的事项;

(四)直接关系公共安全、人身健康、生命财产安全的重要设备、设施、产品、物品,需要按照技术标准、技术规范,通过检验、检测、检疫等方式进行审定的事项;

(五)企业或者其他组织的设立等,需要确定主体资格的事项;

(六)法律、行政法规规定可以设定行政许可的其他事项。

第十三条 本法第十二条所列事项,通过下列方式能够予以规范的,可以不设行政许可:

(一)公民、法人或者其他组织能够自主决定的;

(二)市场竞争机制能够有效调节的;

(三)行业组织或者中介机构能够自律管理的;

(四)行政机关采用事后监督等其他行政管理方式能够解决的。

第十四条 本法第十二条所列事项,法律可以设定行政许可。尚未制定法律的,行政法规可以设定行政许可。

必要时,国务院可以采用发布决定的方式设定行政许可。实施后,除临时性行政许可事项外,国务院应当及时提请全国人民代表大会及其常务委员会制定法律,或者自行制定行政法规。

第十五条 本法第十二条所列事项,尚未制定法律、行政法规的,地方性法规可以设定行政许可;尚未制定法律、行政法规和地方性法规的,因行政管理的需要,确需立即实施行政许可的,省、自治区、直辖市人民政府规章可以设定临时性的行政许可。临时性的行政许可实施满一年需要继续实施的,应当提请本级人民代表大会及其常务委员会制定地方性法规。

地方性法规和省、自治区、直辖市人民政府规章,不得设定应当由国家统一确定的公民、法人或者其他组织的资格、资质的行政许可;不得设定企业或者其他组织的设立登记及其前置性行政许可。其设定的行政许可,不得限制其他地区的个人或者企业到本地区从事生产经营和提供服务,不得限制其他地区的商品进入本地区市场。

第十六条 行政法规可以在法律设定的行政许可事项范围内,对实施该行政许可作出具体规定。

地方性法规可以在法律、行政法规设定的行政许可事项范围内,对实施该行政许可作出具体规定。

规章可以在上位法设定的行政许可事项范围内,对实施该行政许可作出具体规定。

法规、规章对实施上位法设定的行政许可作出的具体规定,不得增设行政许可;对行政许可条件作出的具体规定,不得增设违反上位法的其他条件。

第十七条 除本法第十四条、第十五条规定的外,其他规范性文件一律不得设定行政许可。

第十八条 设定行政许可,应当规定行政许可的实施机关、条件、程序、期限。

第十九条 起草法律草案、法规草案和省、自治区、直辖市人民政府规章草案,拟设定行政许可的,起草单位应当采取听证会、论证会等形式听取意见,并向制定机关说明设定该行政许可的必要性、对经济和社会可能产生的影响以及听取和采纳意见的情况。

第二十条 行政许可的设定机关应当定期对其设定的行政许可进行评价;对已设定的行政许可,认为通过本法第十三条所列方式能够解决的,应当对设定该行政许可的规定及时予以修改或者废止。

行政许可的实施机关可以对已设定的行政许可的实施情况及存在的必要性适时进行评价,并将意见报告该行政许可的设定机关。

公民、法人或者其他组织可以向行政许可的设定机关和实施机关就行政许可的设定和实施提出意见和建议。

第二十一条 省、自治区、直辖市人民政府对行政法规设定的有关经济事务的行政许可,根据本行政区域经济和社会发展情况,认为通过本法第十三条所列方式能够解决的,报国务院批准后,可以在本行政区域内停止实施该行政许可。

第三章 行政许可的实施机关

第二十二条 行政许可由具有行政许可权的行政机关在其法定职权范围内实施。

第二十三条 法律、法规授权的具有管理公共事务职能的组织,在法定授权范围内,以自己的名义实施行政许可。被授权的组织适用本法有关行政机关的规定。

第二十四条 行政机关在其法定职权范围内,依照法律、法规、规章的规定,可以委托其他行政机关实施行政许可。委托机关应当将受委托行政机关和受委托实施行政许可的内容予以公告。

委托行政机关对受委托行政机关实施行政许可的行为应当负责监督,并对该行为的后果承担法律责任。

受委托行政机关在委托范围内,以委托行政机关名义实施行政许可;不得再委托其他组织或者个人实施行政许可。

第二十五条 经国务院批准,省、自治区、直辖市人民政府根据精简、统一、效能的原则,可以决定一个行政机关行使有关行政机关的行政许可权。

第二十六条 行政许可需要行政机关内设的多个机构办理的,该行政机关应当确定一个机构统一受理行政许可申请,统一送达行政许可决定。

行政许可依法由地方人民政府两个以上部门分别实施的,本级人民政府可以确定一个部门受理行政许可申请并转告有关部门分别提出意见后统一办理,或者组织有关部门联合办理、集中办理。

第二十七条 行政机关实施行政许可,不得向申请人提出购买指定商品、接受有偿服务等不正当要求。

行政机关工作人员办理行政许可,不得索取或者收受申请人的财物,不得谋取其他利益。

第二十八条 对直接关系公共安全、人身健康、生命财产安全的设备、设施、产品、物品的检验、检测、检疫,除法律、行政法规规定由行政机关实施的外,应当逐步由符合法定条件的专业技术组织实施。专业技术组织及其有关人员对所实施的检验、检测、检疫结论承担法律责任。

第四章 行政许可的实施程序

第一节 申请与受理

第二十九条 公民、法人或者其他组织从事特定活动,依法需要取得行政许可的,应当向行政机关提出申请。申请书需要采用格式文本的,行政机关应当向申请人提供行政许可申请书格式文本。申请书格式文本中不得包含与申请行政许可事项没有直接关系的内容。

申请人可以委托代理人提出行政许可申请。但是,依法应当由申请人到行政机关办公场所提出行政许可申请的除外。

行政许可申请可以通过信函、电报、电传、传真、电子数据交换和电子邮件等方式提出。

第三十条 行政机关应当将法律、法规、规章规定的有关行政许可的事项、依据、条件、数量、程序、期限以及需要提交的全部材料的目录和申请书示范文本等在办公场所公示。

申请人要求行政机关对公示内容予以说明、解释的,行政机关应当说明、解释,提供准确、可靠的信息。

第三十一条 申请人申请行政许可,应当如实向行政机关提交有关材料和反映真实情况,并对其申请材料实质内容的真实性负责。行政机关不得要求申请人提交与其申请的行政许可事项无关的技术资料和其他材料。

第三十二条 行政机关对申请人提出的行政许可申请,应当根据下列情况分别作出处理:

(一) 申请事项依法不需要取得行政许可的,应当即时告知申请人不受理;

(二) 申请事项依法不属于本行政机关职权范围的,应当即时作出不予受理的决定,并告知申请人向有关行政机关申请;

(三) 申请材料存在可以当场更正的错误的,应当允许申请人当场更正;

(四) 申请材料不齐全或者不符合法定形式的,应当当场或者在五日内一次告知申请人需要补正的全部内容,逾期不告知的,自收到申请材料之日起即为受理;

(五) 申请事项属于本行政机关职权范围,申请材料齐全、符合法定形式,或者申请人按照本行政机关的要求提交全部补正申请材料的,应当受理行政许可申请。

行政机关受理或者不予受理行政许可申请,应当出具加盖本行政机关专用印章和注明日期的书面凭证。

第三十三条 行政机关应当建立和完善有关制度,推行电子政务,在行政机关的网站上公布行政许可事项,方便申请人采取数据电文等方式提出行政许可申请;应当与其他行政机关共享有关行政许可信息,提高办事效率。

第二节 审查与决定

第三十四条 行政机关应当对申请人提交的申请材料进行审查。

申请人提交的申请材料齐全、符合法定形式,行政机关能够当场作出决定的,应当当场作出书面的行政许可决定。

根据法定条件和程序,需要对申请材料的实质内容进行核实的,行政机关应当指派两名以上工作人员进行核查。

第三十五条 依法应当先经下级行政机关审查后报上级行政机关决定的行政许可,下级行政机关应当在法定期限内将初步审查意见和全部申请材料直接报送上级行政机关。上级行政机关不得要求申请人重复提供申请材料。

第三十六条 行政机关对行政许可申请进行审查时,发现行政许可事项直接关系他人重大利益的,应当告知该利害关系人。申请人、利害关系人有权进行陈述和申辩。行政机关应当听取申请人、利害关系人的意见。

第三十七条 行政机关对行政许可申请进行审查后,除当场作出行政许可决定的外,应当在法定期限内按照规定程序作出行政许可决定。

第三十八条 申请人的申请符合法定条件、标准的,行政机关应当依法作出准予行政许可的书面决定。

行政机关依法作出不予行政许可的书面决定的,应当说明理由,并告知申请人享有依法申请行政复议或者提起行政诉讼的权利。

第三十九条 行政机关作出准予行政许可的决定，需要颁发行政许可证件的，应当向申请人颁发加盖本行政机关印章的下列行政许可证件：

（一）许可证、执照或者其他许可证书；

（二）资格证、资质证或者其他合格证书；

（三）行政机关的批准文件或者证明文件；

（四）法律、法规规定的其他行政许可证件。

行政机关实施检验、检测、检疫的，可以在检验、检测、检疫合格的设备、设施、产品、物品上加贴标签或者加盖检验、检测、检疫印章。

第四十条 行政机关作出的准予行政许可决定，应当予以公开，公众有权查阅。

第四十一条 法律、行政法规设定的行政许可，其适用范围没有地域限制的，申请人取得的行政许可在全国范围内有效。

第三节 期 限

第四十二条 除可以当场作出行政许可决定的外，行政机关应当自受理行政许可申请之日起二十日内作出行政许可决定。二十日内不能作出决定的，经本行政机关负责人批准，可以延长十日，并应当将延长期限的理由告知申请人。但是，法律、法规另有规定的，依照其规定。

依照本法第二十六条的规定，行政许可采取统一办理或者联合办理、集中办理的，办理的时间不得超过四十五日；四十五日内不能办结的，经本级人民政府负责人批准，可以延长十五日，并应当将延长期限的理由告知申请人。

第四十三条 依法应当先经下级行政机关审查后报上级行政机关决定的行政许可，下级行政机关应当自其受理行政许可申请之日起二十日内审查完毕。但是，法律、法规另有规定的，依照其规定。

第四十四条 行政机关作出准予行政许可的决定，应当自作出决定之日起十日内向申请人颁发、送达行政许可证件，或者加贴标签、加盖检验、检测、检疫印章。

第四十五条 行政机关作出行政许可决定，依法需要听证、招标、拍卖、检验、检测、检疫、鉴定和专家评审的，所需时间不计算在本节规定的期限内。行政机关应当将所需时间书面告知申请人。

第四节 听 证

第四十六条 法律、法规、规章规定实施行政许可应当听证的事项，或者行政机关认为需要听证的其他涉及公共利益的重大行政许可事项，行政机关应当向社会公告，并举行听证。

第四十七条 行政许可直接涉及申请人与他人之间重大利益关系的，行政机关在作出行政许可决定前，应当告知申请人、利害关系人享有要求听证的权利；申请人、利害关系人在被告知听证权利之日起五日内提出听证申请的，行政机关应当在二十日内组织听证。

申请人、利害关系人不承担行政机关组织听证的费用。

第四十八条 听证按照下列程序进行：

（一）行政机关应当于举行听证的七日前将举行听证的时间、地点通知申请人、利害关系人，必要时予以公告；

（二）听证应当公开举行；

(三)行政机关应当指定审查该行政许可申请的工作人员以外的人员为听证主持人,申请人、利害关系人认为主持人与该行政许可事项有直接利害关系的,有权申请回避;

(四)举行听证时,审查该行政许可申请的工作人员应当提供审查意见的证据、理由,申请人、利害关系人可以提出证据,并进行申辩和质证;

(五)听证应当制作笔录,听证笔录应当交听证参加人确认无误后签字或者盖章。

行政机关应当根据听证笔录,作出行政许可决定。

第五节 变更与延续

第四十九条 被许可人要求变更行政许可事项的,应当向作出行政许可决定的行政机关提出申请;符合法定条件、标准的,行政机关应当依法办理变更手续。

第五十条 被许可人需要延续依法取得的行政许可的有效期的,应当在该行政许可有效期届满三十日前向作出行政许可决定的行政机关提出申请。但是,法律、法规、规章另有规定的,依照其规定。

行政机关应当根据被许可人的申请,在该行政许可有效期届满前作出是否准予延续的决定;逾期未作决定的,视为准予延续。

第六节 特别规定

第五十一条 实施行政许可的程序,本节有规定的,适用本节规定;本节没有规定的,适用本章其他有关规定。

第五十二条 国务院实施行政许可的程序,适用有关法律、行政法规的规定。

第五十三条 实施本法第十二条第二项所列事项的行政许可的,行政机关应当通过招标、拍卖等公平竞争的方式作出决定。但是,法律、行政法规另有规定的,依照其规定。

行政机关通过招标、拍卖等方式作出行政许可决定的具体程序,依照有关法律、行政法规的规定。

行政机关按照招标、拍卖程序确定中标人、买受人后,应当作出准予行政许可的决定,并依法向中标人、买受人颁发行政许可证件。

行政机关违反本条规定,不采用招标、拍卖方式,或者违反招标、拍卖程序,损害申请人合法权益的,申请人可以依法申请行政复议或者提起行政诉讼。

第五十四条 实施本法第十二条第三项所列事项的行政许可,赋予公民特定资格,依法应当举行国家考试的,行政机关根据考试成绩和其他法定条件作出行政许可决定;赋予法人或者其他组织特定的资格、资质的,行政机关根据申请人的专业人员构成、技术条件、经营业绩和管理水平等的考核结果作出行政许可决定。但是,法律、行政法规另有规定的,依照其规定。

公民特定资格的考试依法由行政机关或者行业组织实施,公开举行。行政机关或者行业组织应当事先公布资格考试的报名条件、报考办法、考试科目以及考试大纲。但是,不得组织强制性的资格考试的考前培训,不得指定教材或者其他助考材料。

第五十五条 实施本法第十二条第四项所列事项的行政许可的,应当按照技术标准、技术规范依法进行检验、检测、检疫,行政机关根据检验、检测、检疫的结果作出行政许可决定。

行政机关实施检验、检测、检疫,应当自受理申请之日起五日内指派两名以上工作人员按照技术标准、技术规范进行检验、检测、检疫。不需要对检验、检测、检疫结果作进一步技术分析即可认定设备、设施、产品、物品是否符合技术标准、技术规范的，行政机关应当当场作出行政许可决定。

行政机关根据检验、检测、检疫结果，作出不予行政许可决定的，应当书面说明不予行政许可所依据的技术标准、技术规范。

第五十六条 实施本法第十二条第五项所列事项的行政许可，申请人提交的申请材料齐全、符合法定形式的，行政机关应当当场予以登记。需要对申请材料的实质内容进行核实的，行政机关依照本法第三十四条第三款的规定办理。

第五十七条 有数量限制的行政许可，两个或者两个以上申请人的申请均符合法定条件、标准的，行政机关应当根据受理行政许可申请的先后顺序作出准予行政许可的决定。但是，法律、行政法规另有规定的，依照其规定。

第五章 行政许可的费用

第五十八条 行政机关实施行政许可和对行政许可事项进行监督检查，不得收取任何费用。但是，法律、行政法规另有规定的，依照其规定。

行政机关提供行政许可申请书格式文本，不得收费。

行政机关实施行政许可所需经费应当列入本行政机关的预算，由本级财政予以保障，按照批准的预算予以核拨。

第五十九条 行政机关实施行政许可，依照法律、行政法规收取费用的，应当按照公布的法定项目和标准收费；所收取的费用必须全部上缴国库，任何机关或者个人不得以任何形式截留、挪用、私分或者变相私分。财政部门不得以任何形式向行政机关返还或者变相返还实施行政许可所收取的费用。

第六章 监督检查

第六十条 上级行政机关应当加强对下级行政机关实施行政许可的监督检查，及时纠正行政许可实施中的违法行为。

第六十一条 行政机关应当建立健全监督制度，通过核查反映被许可人从事行政许可事项活动情况的有关材料，履行监督责任。

行政机关依法对被许可人从事行政许可事项的活动进行监督检查时，应当将监督检查的情况和处理结果予以记录，由监督检查人员签字后归档。公众有权查阅行政机关监督检查记录。

行政机关应当创造条件，实现与被许可人、其他有关行政机关的计算机档案系统互联，核查被许可人从事行政许可事项活动情况。

第六十二条 行政机关可以对被许可人生产经营的产品依法进行抽样检查、检验、检测，对其生产经营场所依法进行实地检查。检查时，行政机关可以依法查阅或者要求被许可人报送有关材料；被许可人应当如实提供有关情况和材料。

行政机关根据法律、行政法规的规定，对直接关系公共安全、人身健康、生命财产安全的重要设备、设施进行定期检验。对检验合格的，行政机关应当发给相应的证明文件。

第六十三条 行政机关实施监督检查,不得妨碍被许可人正常的生产经营活动,不得索取或者收受被许可人的财物,不得谋取其他利益。

第六十四条 被许可人在作出行政许可决定的行政机关管辖区域外违法从事行政许可事项活动的,违法行为发生地的行政机关应当依法将被许可人的违法事实、处理结果抄告作出行政许可决定的行政机关。

第六十五条 个人和组织发现违法从事行政许可事项的活动,有权向行政机关举报,行政机关应当及时核实、处理。

第六十六条 被许可人未依法履行开发利用自然资源义务或者未依法履行利用公共资源义务的,行政机关应当责令限期改正;被许可人在规定期限内不改正的,行政机关应当依照有关法律、行政法规的规定予以处理。

第六十七条 取得直接关系公共利益的特定行业的市场准入行政许可的被许可人,应当按照国家规定的服务标准、资费标准和行政机关依法规定的条件,向用户提供安全、方便、稳定和价格合理的服务,并履行普遍服务的义务;未经作出行政许可决定的行政机关批准,不得擅自停业、歇业。

被许可人不履行前款规定的义务的,行政机关应当责令限期改正,或者依法采取有效措施督促其履行义务。

第六十八条 对直接关系公共安全、人身健康、生命财产安全的重要设备、设施,行政机关应当督促设计、建造、安装和使用单位建立相应的自检制度。

行政机关在监督检查时,发现直接关系公共安全、人身健康、生命财产安全的重要设备、设施存在安全隐患的,应当责令停止建造、安装和使用,并责令设计、建造、安装和使用单位立即改正。

第六十九条 有下列情形之一的,作出行政许可决定的行政机关或者其上级行政机关,根据利害关系人的请求或者依据职权,可以撤销行政许可:

(一) 行政机关工作人员滥用职权、玩忽职守作出准予行政许可决定的;

(二) 超越法定职权作出准予行政许可决定的;

(三) 违反法定程序作出准予行政许可决定的;

(四) 对不具备申请资格或者不符合法定条件的申请人准予行政许可的;

(五) 依法可以撤销行政许可的其他情形。

被许可人以欺骗、贿赂等不正当手段取得行政许可的,应当予以撤销。

依照前两款的规定撤销行政许可,可能对公共利益造成重大损害的,不予撤销。

依照本条第一款的规定撤销行政许可,被许可人的合法权益受到损害的,行政机关应当依法给予赔偿。依照本条第二款的规定撤销行政许可的,被许可人基于行政许可取得的利益不受保护。

第七十条 有下列情形之一的,行政机关应当依法办理有关行政许可的注销手续:

(一) 行政许可有效期届满未延续的;

(二) 赋予公民特定资格的行政许可,该公民死亡或者丧失行为能力的;

(三) 法人或者其他组织依法终止的;

(四) 行政许可依法被撤销、撤回,或者行政许可证件依法被吊销的;

(五) 因不可抗力导致行政许可事项无法实施的;

（六）法律、法规规定的应当注销行政许可的其他情形。

第七章 法律责任

第七十一条 违反本法第十七条规定设定的行政许可，有关机关应当责令设定该行政许可的机关改正，或者依法予以撤销。

第七十二条 行政机关及其工作人员违反本法的规定，有下列情形之一的，由其上级行政机关或者监察机关责令改正；情节严重的，对直接负责的主管人员和其他直接责任人员依法给予行政处分：

（一）对符合法定条件的行政许可申请不予受理的；

（二）不在办公场所公示依法应当公示的材料的；

（三）在受理、审查、决定行政许可过程中，未向申请人、利害关系人履行法定告知义务的；

（四）申请人提交的申请材料不齐全、不符合法定形式，不一次告知申请人必须补正的全部内容的；

（五）未依法说明不受理行政许可申请或者不予行政许可的理由的；

（六）依法应当举行听证而不举行听证的。

第七十三条 行政机关工作人员办理行政许可、实施监督检查，索取或者收受他人财物或者谋取其他利益，构成犯罪的，依法追究刑事责任；尚不构成犯罪的，依法给予行政处分。

第七十四条 行政机关实施行政许可，有下列情形之一的，由其上级行政机关或者监察机关责令改正，对直接负责的主管人员和其他直接责任人员依法给予行政处分；构成犯罪的，依法追究刑事责任：

（一）对不符合法定条件的申请人准予行政许可或者超越法定职权作出准予行政许可决定的；

（二）对符合法定条件的申请人不予行政许可或者不在法定期限内作出准予行政许可决定的；

（三）依法应当根据招标、拍卖结果或者考试成绩择优作出准予行政许可决定，未经招标、拍卖或者考试，或者不根据招标、拍卖结果或者考试成绩择优作出准予行政许可决定的。

第七十五条 行政机关实施行政许可，擅自收费或者不按照法定项目和标准收费的，由其上级行政机关或者监察机关责令退还非法收取的费用；对直接负责的主管人员和其他直接责任人员依法给予行政处分。

截留、挪用、私分或者变相私分实施行政许可依法收取的费用的，予以追缴；对直接负责的主管人员和其他直接责任人员依法给予行政处分；构成犯罪的，依法追究刑事责任。

第七十六条 行政机关违法实施行政许可，给当事人的合法权益造成损害的，应当依照国家赔偿法的规定给予赔偿。

第七十七条 行政机关不依法履行监督职责或者监督不力，造成严重后果的，由其上级行政机关或者监察机关责令改正，对直接负责的主管人员和其他直接责任人员依法给予行政处分；构成犯罪的，依法追究刑事责任。

第七十八条 行政许可申请人隐瞒有关情况或者提供虚假材料申请行政许可的，行政机关不予受理或者不予行政许可，并给予警告；行政许可申请属于直接关系公共安全、人身健康、生命财产安全事项的,申请人在一年内不得再次申请该行政许可。

第七十九条 被许可人以欺骗、贿赂等不正当手段取得行政许可的,行政机关应当依法给予行政处罚;取得的行政许可属于直接关系公共安全、人身健康、生命财产安全事项的,申请人在三年内不得再次申请该行政许可;构成犯罪的,依法追究刑事责任。

第八十条 被许可人有下列行为之一的,行政机关应当依法给予行政处罚;构成犯罪的,依法追究刑事责任:

(一)涂改、倒卖、出租、出借行政许可证件,或者以其他形式非法转让行政许可的;

(二)超越行政许可范围进行活动的;

(三)向负责监督检查的行政机关隐瞒有关情况、提供虚假材料或者拒绝提供反映其活动情况的真实材料的;

(四)法律、法规、规章规定的其他违法行为。

第八十一条 公民、法人或者其他组织未经行政许可,擅自从事依法应当取得行政许可的活动的,行政机关应当依法采取措施予以制止,并依法给予行政处罚;构成犯罪的,依法追究刑事责任。

第八章 附 则

第八十二条 本法规定的行政机关实施行政许可的期限以工作日计算,不含法定节假日。

第八十三条 本法自2004年7月1日起施行。

本法施行前有关行政许可的规定,制定机关应当依照本法规定予以清理;不符合本法规定的,自本法施行之日起停止执行。

北京市优化发展环境若干意见

京发[2003]6号(2003年4月3日)

为全面贯彻十六大精神和“三个代表”重要思想,进一步转变政府职能,提高行政效率,实现“新北京、新奥运”战略构想,开创首都社会主义现代化建设新局面,特就进一步优化发展环境提出以下意见:

一、清理和精简行政审批事项,提高政府工作效率

1. 清理和精简行政审批事项。按照国务院取消行政审批项目的有关决定精神,取消或调整属于本市清理范围的行政审批事项。凡是法律、法规和政府规章没有明确规定,与建立完善的社会主义市场经济体制要求不符,不利于经济发展的行政审批事项,一律予以取消。对保留的行政审批事项,要予以公示,规范操作,公开透明,简化程序,大幅度缩短行政审批时间。

2. 下放行政审批权限。凡是法律、法规和规章没有明确规定必须由省级政府或省级政府行政主管部门承担的行政审批事项，本着依法行政、事权责相一致、便民、高效和减少行政成本的原则，下放到区县政府或区县政府有关部门审批。市政府有关部门要相互协调，联动实施，确保审批权限下放到位。原行政审批部门要加强对区县政府有关部门的工作指导。区县政府有关部门要努力提高自身业务水平。

3. 实行主办部门负责制。涉及两个或两个以上部门的同一行政审批事项，必须明确一个主办部门，申办人或申办企业只需到主办部门递交相应的申请材料。主办部门要按照“一家受理、转告相关、联动审批、限时完成、责任追究”的要求，实行统一受理、统一审核、统一回复、统一发证，避免交叉审批和重复审批。

4. 完善“一站式”办公。设立市级政府服务大厅，凡涉及行政审批职能的政府部门都要进驻办公。服务大厅集中展示北京的投资项目，对外公布各审批部门职能、办事流程、审批条件、收费标准和审批时限，提供市级项目审批服务。进一步完善各区县、中关村科技园区和北京经济技术开发区“一站式”办公和“一网式”审批服务，规范服务内容，统一标识和形象、统一文件格式和表格，形成全市审批服务联动网络。

二、清理、简化年检和报表，进一步方便企业

5. 清理年检事项。对全市企业年检、年度复核和年度审验事项进行全面清理，除法律、法规和规章规定的以外，其他年检事项一律予以取消。

6. 实行“一门、一网、一表、一次”的年检方式。全市确定一个年检主办部门，归并保留的年检事项，在专门网站上发布统一的年检表格，企业每年只需在规定时间内，通过网络上报一份材料，缴纳一次费用即可。

7. 改革企业年检制度。企业办理年检时，可由法定代表人委托他人办理。扩大免审范围，对连续两年未受过行政处罚或没有不良记录的企业以及设立不足半年的企业免审，直接通过年检。严禁在年检时搭车收费、搭车征订报刊等行为。

8. 简化各类报表。对要求企业上报的报表进行清理，没有法律、法规和规章依据的，原则上予以取消。对保留的报表，尽可能合并。需要新增的企业报表，须经市统计部门批准。未经市统计部门批准的企业报表，企业可以拒填。

三、清理和规范收费事项，减轻企业负担

9. 清理、压缩收费项目。凡是法律、法规和规章没有规定企业应缴纳的行政事业性收费项目，一律予以取消。全面清理、大幅度减少政府规章规定的收费项目。

10. 实行收费公示制度。所有依法保留的行政事业性收费项目、收费标准应在媒体上公告，增加透明度。物价部门要制作并向企业发放《北京市收费监督卡》，详细列出应缴纳的收费项目和标准。未列入的收费项目，企业有权拒绝缴纳，并可向监察机关、收费部门上级机关和物价部门举报。

11. 规范收费行为。所有依法保留的行政事业性收费项目，由指定执收部门负责统一征缴。全面实行“收支两条线”制度，严禁收费与经费挂钩。严格实行“单位开票、银行收款、财政

统管”的票款分离管理方式。坚决禁止任何部门和单位到企业收费。

四、改进税务管理，进一步方便纳税人

12．搞好纳税服务。简化办税程序，启用新的综合申报表，纳税服务进社区，方便纳税人办税。完善电子税务工程，逐步实现网上申报、网上审批和发票审核。采用税法公告、税法咨询、执法公示等多种方式，开展税收法律服务。

13．改进征收管理。建立纳税信誉等级评定管理制度，定期公布诚信纳税企业名单，除专案检查外，列入诚信纳税名单的企业，免除两年内对其进行的税务检查；建立税务部门与纳税人约谈制度，帮助纳税人准确理解和遵守税法；建立税务检查准入制度，依照“未经评估，不得检查”的原则，全面规范税务检查行为。适当扩大企业所得税定率征收范围。

五、调整土地供给方式，降低土地使用成本

14．实行土地一级开发。为加快高新技术产业、现代制造业以及其他鼓励投资的工业项目的发展，在中关村科技园区、国家及市政府批准建立的开发区内，统一组织土地一级开发，供应熟地。一级开发采取公开招标的方式，控制和降低开发成本及地价。

15．实行土地出让方式多元化。符合条件的项目用地，可采取土地出让、租赁、划拨、作价入股等多种方式获得土地使用权。土地出让年限可在国家规定的最高年限内双方议定。

16．实行土地出让优惠政策。对符合条件的项目用地，调整征收的各项费用标准，土地出让金可以分期缴纳，并减免部分税费。企业再投资的新增用地，可享受进一步的地价优惠。

六、坚持依法行政，提高政府行政水平

17．完善政府规章和行政措施。做好政府规章的制定、修改、废止和政策措施的制定、废止工作。规范政府规章和政策措施的制定程序，对不适应市场经济发展需要、不符合政府职能转变要求、不利于优化发展环境的政府规章和行政措施，及时进行清理。

18．规范行政机关的行政执法行为。各级行政机关在其行政管理活动中，不得任意设定行政处罚或行政限制行为。企业或者个人的行为，凡是法律、法规和规章没有明文禁止的，不受行政机关追究。在行政执法过程中，公平对待各类市场主体。继续完善行政执法的工作标准、规范、程序和相应的责任制度，减少行政执法人员的自由裁量权和随意性。

19．加大知识产权保护力度。制定和完善知识产权保护的地方性法规，充分发挥知识产权中介机构的作用，增强全社会的知识产权保护意识，坚决查处各种知识产权违法案件，及时处理知识产权纠纷，有效遏制假冒、盗版等侵权现象，推动科技研发和技术创新。

20．建立行政补偿制度。对由于法规、政府规章修改、政策措施变化等给企业合法权益造成损失的，要建立合理补偿或者处置的机制。

21．坚决制止乱收费、乱摊派、乱罚款、乱检查、乱培训和乱签责任书行为。严禁任何部门、单位和个人以任何名义向企业乱收费、乱摊派、乱罚款。例行检查要提前通知企业，并严格控制参加检查的人数和次数，尽量实行行政执法机关联合检查；对企业的临时性检查须经区县

政府或市政府主管部门批准。任何政府部门和单位都不得要求企业参加带有强制性的收费培训，凡是政府部门要求进行的培训，组织者不得向企业收取任何费用。对与企业签订的各类责任书进行清理，原则上予以取消。企业应承担的各项社会义务、责任要通过地方法规和政府规章予以确定。

七、营造统一透明的政策环境，树立诚信政府形象

22．建立健全政策征询和反馈制度。保持政策的稳定性，避免政策变化的随意性。在调整政策或发布新政策前，必须听取专家和管理相对人的意见，并在政策实施前做好宣传解释工作。建立政策执行的信息反馈机制。对现行有效政策的执行落实情况进行检查，凡执行不好或没有落实的，要迅速查明原因，采取有力措施，保证有关政策得到严格执行和落实。

23．完善政策协调、沟通机制。各部门研究制定政策时，要主动和相关部门协商沟通，保证政策相互配套、便于操作，防止政出多门、政令抵触。对于涉及两个或两个以上部门的政策，要明确一个主要责任部门，协调处理政策实施过程中遇到的问题。对区县和各类开发区的引资政策进行清理，坚决纠正引资工作中的不正当竞争。

24．增强政策的透明度。通过政府公报、政府网站、新闻刊物等各类媒体，将本市中长期发展规划、经济结构调整计划、产业发展导向、重点招标项目和相关法规、规章和政策措施向社会公布，并在有关部门的接待办事地点放置相应文本，供企业、公民自由索取。各级政府及其工作部门特别是面向企业服务的部门，要设立咨询窗口和咨询电话，解答企业提出的问题。要按年度编制《投资指南》、《政策指南》和《北京市政策白皮书》。尽快在北京投资促进网上建立政府投资项目和政策查询库。

八、加快转变政府职能，提高市场化程度

25．大力推进政府行政管理体制改革。按照党中央、国务院的统一部署，适应各项改革和加入世贸组织的需要，积极稳妥地推进政府机构改革，构建行为规范、运转协调、公正透明、廉洁高效的行政管理体制。着力解决行政管理体制中影响发展的突出矛盾和问题。深入开展行政审批制度改革，进一步减少政府对微观经济活动的干预，切实转变政府职能。积极稳妥地推进行政管理体制创新、综合行政执法和事业单位机构改革三项试点工作。加强机构编制法治化建设，严格控制机构编制增长，巩固和完善机构改革成果。

26．培育、规范各类行业协会和社会中介机构。按照市场经济的要求，将政府承担的部分社会服务职能逐步从政府行政职能中剥离出来，移交给各类行业协会和社会中介机构。制定行业协会和社会中介机构管理办法，加强对行业协会和社会中介机构的指导和监管，确定其独立法人地位，实现中介机构与政府部门完全脱钩。

27．完善企业信用体系。整合政府部门掌握的企业信用信息，建立统一的检索平台，实现互联互通。大力培育信用中介市场，鼓励中介机构开展企业信用评估、评级等项业务。探索企业信用奖惩机制，使依法经营企业因守信而受益，并享有各种便利，使有失信行为的企业受到全社会监控，营造依法经营、诚实守信的良好氛围。

28．打破部门和行业垄断。积极推进公用事业等垄断行业改革，实现政事分开、政企分

开。鼓励各类市场主体积极参与市政公用设施的建设和营运,引入市场竞争机制,实现投资主体多元化,创造公平、公正、公开的市场竞争环境。

29. 严格执行招投标制度。对需要政府投资的项目,面向境内外实行招投标选择项目法人。对需要政府投资而单位无力自行建设的项目,实行代建制。经营性土地使用权实行招标拍卖挂牌出让制度,规范和限制协议出让行为。

九、加强政府自身建设,切实转变工作作风

30. 转变观念,提高认识。提高对优化发展环境重要性的认识,通过大讨论、树典型、找差距、定措施等活动,冲破一切妨碍发展的思想观念,改变一切束缚发展的做法和规定,革除一切影响发展的体制弊端,使各级政府工作人员特别是基层工作人员,牢固树立"人人是首都形象,人人是发展环境"的理念,不断增强公务员的公仆意识、责任意识、法律意识、廉政意识、效率意识和创新意识。

31. 规范公务员行为,实现工作作风的根本好转。制定公务员行为规范,做到工作规范化,服务标准化。推行规范用语和微笑服务,每一位公务员都要做到公平、公正、热情、尽责地对待各类市场主体,不准有任何理由的态度生硬、冷淡;严格依法履行职责,遵守公务员职业道德,不准有任何形式的吃、拿、卡、要行为;实行"首问负责、来函必复、一次告知、规范服务",不准出现办事推诿、扯皮、缺位现象。

32. 加强公务员培训和交流,提高其工作水平和综合素质。加强对公务员依法行政、职业道德、优质服务、专业知识、行为规范的教育,提高公务员政治素质和业务水平。加大交流力度,窗口单位一线岗位的公务员要定期轮岗。

33. 积极推进电子政务建设。本着方便企业和居民的原则,改造和完善"首都之窗"网站。大力推进跨部门的电子政务系统应用,实现信息的互联互通,资源共享,提高政府办事效率。全力推进电子政务专网应用,各级政府及其工作部门必须充分利用专网开展网上业务,提高行政效率和服务水平。建立健全电子政务的监督、检查和投诉机制。

十、实行优化发展环境责任制,确保各项措施落到实处

34. 实行优化发展环境首长负责制。各地区、各部门的一把手要亲自抓,负总责,每年制定优化发展环境工作计划,并列入本地区、本部门工作议程,经常研究,定期检查,常抓不懈,抓出实效。将政府部门的工作作风、服务态度、服务质量和服务效率纳入督查考核内容,作为评选政绩突出单位的重要依据,凡被投诉并经调查属实的,实行"一票否决"制,年终不得评为"政绩突出单位"。

35. 完善相关工作制度。梳理和完善现有内部工作制度,废除各项不符合建立完善的社会主义市场经济体制要求的规定。对所有与企业有关的服务项目都要做出服务程序性规定,明确办理时限,并严格执行。建立优化发展环境的评价体系,定期对各地区、各部门进行测评,督促其及时改进工作。实行首问负责制,建立健全工作无缺位制度,加强部门内部工作环节的衔接,对承办事项不得以人员短期离岗等理由推延办理,保证有人负责,实现工作不间断、不缺位。

36．建立奖惩制度。制定优化发展环境考核指标，纳入各部门业绩考核体系。严格执行《北京市公务员违法行政行为行政处分若干试行规定》，各级公务员凡被举报投诉并经调查属实的，视情节轻重，给予行政告诫或纪律处分，直至开除。加大对损害发展环境案例的查处力度，发现一起，处理一起，并公开报道。积极探索优化发展环境的奖励机制，对于表现突出的人员给予奖励。

市政府各部门应根据本意见尽快制定本部门实施办法。

中共北京市委办公厅、北京市人民政府办公厅关于印发《进一步优化发展环境实施方案》的通知

京发[2003]9号

各区、县委，各区、县政府，市委、市政府各部委办局：

全面优化发展环境，努力营造首都现代化建设的良好氛围，是市委、市政府确定的重点工作。经市委、市政府领导同意，现将《进一步优化发展环境实施方案》印发给你们，请各有关部门和单位按照要求和时限，认真组织实施。

中共北京市委办公厅
北京市人民政府办公厅
二○○三年四月三日

进一步优化发展环境实施方案

进一步优化发展环境，营造首都现代化建设的良好氛围，对于深入贯彻十六大精神，认真落实市第九次党代会的部署，全面建设小康社会，实现“新北京、新奥运”的战略构想，率先基本实现现代化，具有十分重要的战略意义。优化发展环境是一项全局性、紧迫性、长期性的艰巨任务，要下决心把优化发展环境作为贯彻落实执政兴国第一要务的重大举措来抓，作为把握机遇的实际措施来抓，作为各级政府部门和工作人员改进作风、提高管理和服务水平的重要任务来抓，切实抓紧抓好，抓出成效。

一、工作目标

在本届市委、市政府任职期间，力争把北京建成全国市场体系比较完善、市场经济秩序最好、政府服务最优、行政效率最高的发展区域，为先进生产力的发展创造条件。调动各方面积

极因素,采取强有力措施,全力以赴建设服务型政府、法治政府、诚信政府、高效政府。

二、工作阶段

坚持"标本兼治、分步实施、责任明确、措施有力"的方针,从企业反映最突出和直接与政府工作相关的问题入手,在体制和机制建设上重点突破,创造符合完善的社会主义市场经济体制要求的发展环境。按照每年都有新举措,每年都有新突破,每年都有新成效的要求,把优化发展环境工作分为三个阶段组织实施。

第一阶段:重点是降低企业投资与运行成本。2003 年的主要工作,一是转变思想观念,坚持依法行政,规范行政行为,改进工作作风,增强服务意识,提高办事效率,优化政府服务环境,避免因行政行为不当给企业增加成本;二是调整土地资源、人力资源、公用事业资源的供给方式,降低因资源配置不合理给企业增加的成本;三是通过调查研究,为体制和机制的重大改革做好准备。

第二阶段:重点是提高市场化程度。用两年左右的时间,按照发展社会主义市场经济和适应世贸组织规则的要求,进一步转变政府职能,坚持体制创新和机制创新,改进政府管理经济的方式和手段,减少对企业的直接干预,发挥市场在资源配置中的基础性作用,将政府职能切实转变到经济调节、市场监管、社会管理和公共服务上来,提高政府运用市场机制调控宏观经济的能力,基本解决制约环境优化的体制障碍和制度约束。

第三阶段:重点是完善与国际接轨的发展环境。再用两年的时间,参照经济发达国家的标准,按照构建现代化国际大都市基本框架的要求,形成高度发达的市场体系,达到国际水平、国内一流的发展环境,为实现"新北京、新奥运"的战略构想奠定坚实的基础。

三、2003 年优化发展环境的工作安排

(一)营造统一透明的法规、政策环境

1. 制定有关优化发展环境的政策措施。市政府各有关部门针对企业反映的突出问题,按照规定的时限,制定相应的政策措施,形成比较完整的优化发展环境的政策体系。此项工作由市政府办公厅负责督查落实,按规定时限完成。

2. 清理有关法规、规章和政策措施。做好政府规章的制定、修改、废止和政策措施的制定、废止工作;规范行政机关执法行为;建立行政补偿制度。此项工作由市政府法制办制订工作方案,年底完成。

3. 检查现有政策落实情况。凡没有落实和落实不力的要迅速查明原因,采取有力措施,保证这些政策全部落实到位。此项工作由市政府法制办制订工作方案,4 月底报市政府。

4. 制定重大决策的征询和反馈制度。制订市政府决策方面的相关制度,建立相应的落实、反馈机制。此项工作由市政府办公厅牵头制订工作方案,4 月份完成,并组织相关部门实施。

5. 建立透明、高效的政策宣传渠道。通过多种渠道将本市中长期发展规划、经济结构调整计划、产业发展导向、重点招标项目和相关法规、规章和政策措施向社会公布。此项工作由市政府法制办牵头,市投资促进局等部门参与,6 月底完成。

6．加大知识产权保护力度。制定和完善知识产权保护的地方性法规，充分发挥知识产权中介机构的作用，大力提高全社会知识产权保护意识，坚决查处各种知识产权违法案件，及时处理知识产权纠纷，有效遏制假冒、盗版等侵权现象，推动科技研发和技术创新。此项工作由市知识产权局牵头，市工商局、市版权局参加，年底前制订方案。

（二）规范行政审批、年检、收费和税收等事项

1．进一步清理和精简行政审批事项。凡是法律、法规和规章没有明确规定，不符合社会主义市场经济要求，不利于经济发展的行政审批事项，一律取消。对保留的行政审批事项予以公示，简化程序，大幅度缩短审批时间。实行主办部门负责制。此项工作由市编办负责，4月份完成。

2．进一步下放行政审批权限。本着依法行政、事权责相一致、便民、效率和减少行政成本的原则，明确提出下放权限的范围和种类，进一步下放行政审批权限。此项工作要注意听取区县政府和企业的意见，并组织专家进行论证。研究下放权限后有可能出现的问题，制订应对措施。此项工作由市编办负责，5月份完成。

3．清理、规范企业年检事项。清理的重点是涉及企业的，无法律、法规和规章为依据的，部门间重复进行的以及无实际效果的年检事项。简化年检办法，实行“一门、一网、一表、一次”式年检。改革企业年检制度。此项工作由市编办牵头，市工商局、市地税局等有关部门参加，6月底制订方案，并清理第一批年检事项。

4．清理、规范行政事业性收费项目。近期要列出取消收费的项目，并向社会公示。对保留的收费项目，要完善收缴办法，实行“收支两条线”制度。此项工作由市财政局负责，市物价局参加，4月份清理第一批收费项目。

5．改进税务管理。简化办税程序，逐步实现网上申报、网上审批和发票审核。建立纳税信誉等级评定管理制度，税务部门与纳税人的约谈制度，税务检查准入制度。适当扩大企业所得税定率征收范围。此项工作由市地税局负责，制订实施方案，4月份报市政府。

6．改革社会保险费征缴模式。对养老、失业、工伤三项社会保险实行“统一征缴，一单托收”。定期向社会公布社会保险费的征收情况，增强透明度。此项工作由市劳动保障局负责实施，在试点的基础上，年底前在全市推开。

7．清查制止“乱收费、乱摊派、乱罚款、乱检查、乱培训、乱签责任书”行为，开展专项整治活动。此项工作由市监察局负责，4月份开展集中清理工作，列出并公布例行检查项目，5月份完成。

8．清理各类企业报表。对没有法律、法规和规章依据的报表，原则上予以取消。对保留的报表，尽可能合并。需要新增的企业报表，须经市统计部门依法批准。此项工作由市统计局负责，5月份制订解决办法。

（三）建立科学合理的工作制度

1．完善“一站式”办公。设立市级政府服务大厅。进一步完善各区县、中关村科技园区和北京经济技术开发区“一站式”办公和“一网式”审批服务。此项工作由市人事局、市政府办公厅提出具体工作方案，4月份完成。

2．建立优化发展环境的评价体系。定期对各区县、各部门进行测评，督促各区县、各部门及时改进工作。此项工作由市投资促进局牵头，北京WTO事务研究咨询中心参加，4月份完成。

3．梳理现有内部工作制度。以方便企业为目的，依法清理各项规定。建立和完善规范性工作流程，对与企业有关的服务项目都要做出程序性和时限性规定，明确各级行政人员的禁止性规定及相应处罚措施。此项工作由市政府办公厅督促落实，各部门分别制订工作方案，4月份报市政府。

4. 实行首问负责制。此项工作由市监察局牵头，市编办参加，制订具体办法，4月份报市政府。

5. 建立健全工作无缺位制度。加强部门内部工作环节的衔接，实现工作不间断、不缺位。此项工作由市人事局牵头，市编办、市监察局参加，制订具体办法，4月份报市政府。

（四）进一步转变政府职能

1. 研究政府机构改革方案。按照党中央、国务院有关精神，科学界定部门职能，合理设置机构，严格控制机构和编制。此项工作由市编办负责，6月底提出初步意见。

2. 制订行业协会和社会中介机构管理办法。对现有行业协会工作现状进行调查，加强指导和监督。此项工作由市政府体改办负责，制订管理办法，7月份报市政府。

3. 进一步完善企业信用体系。整合政府各部门掌握的企业信用信息，实现互联互通，建立统一的检索平台。探索企业信用奖惩机制，在全社会形成诚实守信的良好氛围。此项工作由市工商局负责，市政府各有关委办局参加，5月份完成。

4. 推进公用事业等垄断行业改革。实现投资主体多元化，降低企业运行成本。此项工作由市政府体改办负责提出具体方案，8月份报市政府。

（五）积极推进电子政务建设

建设有北京特色的电子政务体系，提高政府行政监管能力、办公效率和公共服务水平。此项工作由市信息办提出具体工作方案，4月份报市政府。

1. 改造和完善“首都之窗”政府门户网站。本着方便企业和居民的原则，全面实现审批事项上网办理，开展政务咨询，为社会公众提供良好服务。

2. 大力推进跨部门的电子政务系统应用，实现信息的互联互通，资源共享，提高政府办事效率。

3. 全力推进电子政务专网应用，各部门必须充分利用专网开展网上业务，提高行政效率和服务水平。

4. 建立健全电子政务的监督、检查和投诉机制。

（六）为各类企业发展提供强有力的人才支持

制定相关措施，实施首都人才战略，发挥首都人才优势，降低企业人力资源成本。此项工作由市人事局负责，3月份发布施行。

1. 落实人才战略。提速“直通车”、畅通“绿色通道”，鼓励和吸引海内外高层次人才来京创业工作，鼓励和引导毕业生面向企业实现就业，推进国外智力和先进技术的引进、消化和吸收，为各类企业发展提供强有力的人事人才支持。

2. 建立完善人才供求信息发布制度。对高新技术产业、现代制造业、现代服务业等首都经济发展的重点产业、重点行业，采取有效措施，确保本市重点产业、重点行业对人才的需求。

3. 开放首都人才市场。鼓励国外投资者来京设立中外合营人才中介服务机构；不断完善引进人才《工作居住证》制度；建立与中央在京人才中介服务机构及相关部门的联系渠道，大力开发中央在京单位人才资源与智力优势；研究建立人才信用体系。

（七）开展优化发展环境的宣传教育活动

1．深入开展优化发展环境的思想教育活动。此项工作由市直机关工委负责部署并督查落实，3月份开始，年底前结束。

2．召开全市优化发展环境动员大会。全市各委办局和区县政府处以上干部、部分基层一线和窗口部门工作人员以及部分企业代表参加。此项工作由市政府办公厅负责组织，4月初召开。

3．发布《北京市国家公务员行为规范》，开展公务员培训。此项工作由市人事局牵头，各相关单位组织，分批进行。《北京市国家公务员行为规范》5月份发布施行，年底前争取培训一遍。

4．广泛开展宣传活动。及时宣传报道本市优化发展环境的举措和效果，形成全社会共同创造、悉心维护发展环境的良好氛围和舆论声势。此项工作由市委宣传部负责，3月初开始。

四、组织实施

（一）实行首长负责制。各区县、各部门的一把手亲自抓，负总责，制定今年优化发展环境的工作计划，列入本地区、本部门的工作议程，经常研究，定期检查，常抓不懈，抓出实效。

（二）深入企业开展调查研究。建立领导联系重点企业制度，深入企业开展调查研究。由市政府办公厅负责落实市领导联系企业名单，由市政府研究室负责确定市长调研课题。4月份开始调研工作，年底进行考核。

（三）对涉及发展环境的重大遗留问题进行排查。分析问题产生的原因，提出解决方案。此项工作由市计委负责，5月底结束。

（四）各部门按照本方案的分工，各负其责，相互配合，按期保质完成各项工作。市外经贸委负责方案实施的协调和信息反馈工作。

五、验收考核

（一）定期对发展环境进行检查。定期组织人大代表、政协委员、民主党派、工商联、无党派代表人士对发展环境进行检查测评，对表现突出的单位及时进行奖励，对问题严重的单位进行通报批评，并督促各地区、各部门有针对性地改进工作。定期向社会公开征集优化发展环境的建议。聘请中外企业代表作本市环境建设的督察员，随时听取企业的意见和建议。此项工作由市政府办公厅、市人事局负责，市监察局参与，4月份制订具体方案。

（二）建立部门考核制度。按照年初制订的市政府折子工程等对各部门进行考核，年底公示考核结果。将政府部门的工作作风、服务态度、服务质量和服务效率纳入督查考核的重要内容，作为评选政绩突出单位的重要依据。对现有企业投诉渠道进行整合，形成全方位、多渠道的投诉体系和快速、即时的投诉处理机制。实行“一票否决制”，凡被投诉且经调查属实的，年终不得评为“政绩突出单位”。此项工作由市政府办公厅负责，市人事局、市监察局、市投资促进局参与，制定具体考核办法。4月份完成。

（三）加大责任追究力度。严格执行《北京市国家公务员违法行政行为行政处分若干试行规定》，严肃行政纪律。各级公务员凡被举报投诉并经调查属实的，视情节轻重，给予行政告诫或纪律处分，直至开除。加大对损害发展环境案例的查处力度，发现一起，处理一起，并公开进行报道。同时,积极探索优化发展环境的奖励机制,对于表现突出的人员给予奖励。此项工作由市人事局负责,年底进行考核。

北京市人民政府办公厅转发市计委《关于加快本市网络计算机推广应用和产业化发展实施方案》的通知

京政办发[2003]3号

各区、县人民政府,市政府各委、办、局,各市属机构:

市计委《关于加快本市网络计算机推广应用和产业化发展实施方案》已经市政府批准,现转发给你们,请遵照执行。

二〇〇三年一月二十八日

关于加快本市网络计算机推广应用和产业化发展实施方案

网络计算机是基于网络技术基础之上的新一代计算机,具有维护简单、使用方便、成本低廉、安全性强的特点,在教育、金融、税务、商务、电子政务等领域应用前景广阔,对于推进信息化建设和促进国民经济发展具有重要意义。随着拥有自主知识产权的国产CPU芯片的研制成功和技术性能升级不断加快,网络计算机在教育领域的示范应用已取得了阶段性成果。为进一步支持拥有自主知识产权的国产CPU芯片的开发,加快本市网络计算机的推广应用和产业化发展,特制定本实施方案。

一、加快网络计算机推广应用和产业化发展的总体思路与基本原则

(一)总体思路

以支持拥有自主知识产权的国产CPU芯片的开发和产业化为重点,以政府采购为引导,通过网络计算机在教育、金融、税务、商务、电子政务等领域的推广应用,培育网络计算机消费市场,带动企业研发、生产、销售、服务,奠定本市网络计算机产业发展基础。

(二)基本原则

1. 以发展自主知识产权技术为核心推动产业发展。重点支持拥有自主知识产权的国产CPU芯片和系统软件等核心技术的开发和产业化,大力发展应用软件开发、服务器和网络计算机制造等相关技术,提高我国计算机产业的核心竞争力。

2. 构建新兴产业群。通过发展拥有自主知识产权的国产CPU芯片和系统软件等核心技

术和产品，带动芯片设计制造、操作系统及应用软件开发、硬件制造等系列产业的发展，形成网络计算机产业链，使网络计算机产业成为现代制造业和信息产业的主导产业。

3. 加大政府支持力度。加大政府引导和支持，促进网络计算机在教育、金融、税务、商务、电子政务等领域的应用，推动国民经济发展和社会信息化建设。

4. 充分发挥市场机制的作用。坚持以企业为主体，运用风险投资等多种筹资方式，按照市场机制运作，鼓励企业间的联合与竞争。

5. 先示范后推广。在不同领域开展网络计算机应用示范工程，及时总结经验，解决实用化关键技术和瓶颈问题。以规模化应用促进企业在技术、产品和服务方面不断完善，加快本市网络计算机产业健康、持续发展。

二、加快本市网络计算机推广应用实施方案

（一）实施目标

继续扩大网络计算机在教育领域的应用范围，并在“数字北京”、“数字奥运”和金融、税务、商务、电子政务、卫生等领域全面推广应用网络计算机，力争2003年实施200个网络计算机示范工程项目和推广应用项目，2004年及以后按市场需求扩大应用领域，增加网络计算机应用数量。

（二）具体实施方案

1. 实行政府采购，在本市教育、政务、税务等领域推广应用基于国产CPU芯片的网络计算机。2003年在教育、公安、税务、电子政务及援藏援蒙等领域，实施130个网络计算机示范工程项目和推广应用项目。

（1）确定60所学校（包括援藏援蒙学校）采用网络计算机建设计算机教室或数字图书馆。

（2）市政府工作部门采用网络计算机实施40个推广应用项目。

（3）选择区县有关电子政务项目，采用网络计算机实施30个推广应用项目。

2. 加强政府引导，制定相关政策，鼓励引导银行、证券、保险、卫生、商业和科研等企事业单位应用基于国产CPU芯片的网络计算机。2003年实施50个示范工程项目和推广应用项目。

（1）在银行、证券、保险等领域采用网络计算机，实施10个推广应用项目。

（2）在医疗卫生系统选择10个医疗卫生机构，推广应用网络计算机。

（3）在商业系统选择15家商业服务业企业及粮库，推广应用网络计算机。

（4）在市属科研单位及国有大中型企业选择具有典型应用的管理系统，采用网络计算机建设15个推广应用项目。

3. 积极争取国家有关部门的支持。力争在国家实施西部开发信息化建设中推广应用基于国产CPU芯片的网络计算机，组织实施20个示范工程项目和推广应用项目。

4. 2004年及以后，按照市场需求扩大网络计算机的应用范围和规模。

（三）实施进度

1. 2002年12月，制定本市网络计算机示范工程项目和推广应用项目的具体实施方案。

2. 2003年1月至3月，组织专家对网络计算机示范工程项目具体实施方案进行论证并公开招标，实行政府采购。2003年4月对网络计算机示范工程项目进行安装和调试。

3．2003年5月，实施网络计算机推广应用项目。

4．2003年12月，对网络计算机示范工程项目和推广应用项目进行检查验收。

5．2004年及以后，进一步扩大网络计算机推广应用领域。

三、加快本市网络计算机产业化发展实施方案

（一）实施目标

完成基于国产CPU芯片网络计算机的产品定型、规范制定和批量化生产，完善基于Linux的操作系统软件，培育系统集成商，带动芯片制造、服务器、交换机和应用软件等产业的发展，形成网络计算机产业链。

（二）具体实施方案

1．政府重点支持拥有自主知识产权的国产CPU芯片等核心技术的研发与产业化，并带动上游芯片生产制造、封装和测试等产业的发展。解决国产CPU芯片等核心技术产品实际应用中存在的问题，逐步完善网络计算机。主要是：提高国产CPU芯片运行速度和性能，提高系统的稳定性，改进系统软件、完善音视频等多媒体性能。

2．网络计算机硬件设备的生产。加强政府引导，通过政府采购及多种形式的推介会、现场会，吸引本市大型企业参与网络计算机及服务器、交换机等配套硬件的生产制造。

3．系统软件及应用软件的开发。政府重点支持网络计算机系统软件的研发，特别是基于Linux系统软件，以及不同领域网络计算机关键应用软件的研发。

4．培育系统集成商。通过招投标、鼓励风险投资、争取国家项目、组建“企业联盟”等方式培育不同领域网络计算机系统集成商，实现网络计算机的生产、销售、安装、调试、培训产业链发展。

5．市有关部门确定一批重点项目与企业，加强引导，促进本市网络计算机产业化发展。

（三）实施进度

1．2002年12月，“方舟”CPU芯片在批量供应的基础上扩大市场供应，“龙芯”、“众志”等CPU芯片实现小批量供应。

2．2003年2月推出“方舟2号”CPU芯片，并进行网络计算机第二代产品的研发、生产。

3．2003年5月，Linux操作系统软件基本完善。

4．2003年底，中芯国际（北京）芯片生产线等项目建成并试生产。

四、政策措施

（一）加强组织领导。本市网络计算机产业化工作由范伯元副市长负责，市计委负责协调解决实施方案执行过程中的有关问题。

（二）网络计算机推广应用项目和重大产业化项目，可享受《国务院关于印发鼓励软件和集成电路产业发展若干政策的通知》（国发[2000]18号）及《北京市人民政府印发关于贯彻国务院鼓励软件产业和集成电路产业发展若干政策实施意见的通知》（京政发[2001]4号）的有关政策，并可视同北京市重大高新技术成果转化项目，适用于《北京市人民政府印发北京市关于进一步促进高新技术产业发展若干规定的通知》（京政发[2001]38号）。

(三)为促进本市网络计算机推广应用和产业化发展,市计委、市科委、市经委、中关村科技园区管委会等部门要每年安排资金,用于网络计算机产业链中关键技术、瓶颈技术的研发与产业化,网络计算机规范标准的制定以及网络计算机相关产品的推广、宣传、监测等。

(四)加强政府引导,实行政府采购,推广应用网络计算机。市政府各有关部门和单位要在年度预算中申报"网络计算机推广应用项目",由市财政局汇总并商市计委等部门制定本市网络计算机推广应用的详细实施方案。各区县政府也要在预算中安排专项资金用于网络计算机推广应用项目建设。

(五)争取国家计委、国家经贸委、国务院信息化工作办公室、科技部、教育部、财政部、国家税务总局、人民银行等国家有关部门项目、资金和政策支持,推动网络计算机应用示范工程和重大产业化项目,开展全国范围内的应用推广工作。

(六)充分发挥市场机制,鼓励和引导多种形式的社会资本投资于网络计算机产业,充分运用银行技术援助贷款,控制融资成本,建立多渠道融资的良性机制。

(七)充分利用本市的人才、教育资源优势,加强网络计算机开发、生产及应用人才的培养和应用示范工程部门计算机管理人员的培训工作。

北京市人民政府办公厅转发市版权局等部门《关于加强计算机软件保护工作的意见》的通知

京政办发[2003]54号

各区、县人民政府,市政府各委、办、局,各市属机构:

经市政府同意,现将市版权局、市科委、市公安局和市工商局《关于加强计算机软件保护工作的意见》转发给你们,请认真贯彻落实。

北京市人民政府办公厅
二○○三年十月十四日

关于加强计算机软件保护工作的意见

为加强计算机软件著作权保护工作,维护计算机软件著作权人的合法权益,进一步优化首都软件产业发展环境,根据《计算机软件保护条例》、《国务院关于印发鼓励软件产业和集成电路产业发展若干政策的通知》(国发[2000]18号)、《国务院办公厅转发国务院信息化工作办公室关于振兴软件产业行动纲要的通知》(国办发[2002]47号)以及国家版权局、信息产业部、公安部、国家工商行政管理总局有关文件精神,现对计算机软件著作权的保护工作提出以下意见:

一、充分认识加强计算机软件保护工作的重要性

计算机软件作为信息产业的基础和核心,对经济建设和信息化进程具有十分重要的推动作用。近年来,各有关部门加大了知识产权保护和打击盗版软件的力度,但销售盗版软件、企业用户非法复制使用软件、网站侵权传播软件、计算机制造和销售企业非法预装软件等现象仍然存在,不仅侵犯了软件著作权人的合法权益,也影响了本市软件产业的发展。各有关部门要深刻认识打击软件侵权盗版行为和推进软件正版化工作的重要意义,切实加强软件著作权保护工作,促进软件产业的健康发展。

二、指导思想和工作思路

以“三个代表”重要思想为指导,全面贯彻党的十六大精神,认真落实国务院有关通知要求,采取切实有效的措施,坚决打击各种软件侵权行为,大力整顿规范市场秩序,优化首都发展环境。

强化政府职能作用,构建高效的社会监管网络,建立打击软件侵权行为的长效机制和工作格局,通过对重点地区、重点行业的综合治理,积极推进软件正版化,努力使北京在计算机软件著作权保护方面成为全国的示范城市。

三、加强计算机软件保护的主要措施

(一)明确责任,加大打击计算机软件侵权行为的力度

市城管综合执法局负责清理街头流动兜售软件人员,并依法加以处罚。要特别加强中关村科技园区、北京商务中心区等重点地区的执法检查,杜绝非法兜售软件现象。

市工商局和市版权局负责依法对软件销售场所进行经常性检查。电子市场和其他软件销售场所的市场服务管理机构,发现在本市场制作、销售盗版软件的违法行为应当及时制止,并向工商行政管理部门报告。因市场服务管理机构管理不善而出现销售盗版软件行为的,工商行政管理部门应依照有关规定对该管理机构进行处理。

市版权局和市科委对销售计算机硬件的企业和提供系统集成服务的企业预装未经权利人授权或超越许可权限软件产品的行为开展专项治理;对提供软件下载服务的网站进行重点监管,依法追究通过互联网非法传播软件的网络服务商的责任。

市版权局建立软件著作权侵权记录数据系统,对符合《北京市行政机关归集和公布企业信用信息管理办法》规定的不良信息,及时准确地记入企业信用信息系统。对有侵权记录的企业,市财政局可取消其政府采购入围资格。对有两次侵权记录的本市软件企业、高新技术企业、科研开发机构,市科委取消其相关认定资格。

市公安局配合相关部门加大对软件侵权案件的查处力度,对妨碍国家工作人员执法的人员要坚决制止,构成犯罪的,依法追究当事人刑事责任。

市版权局要认真履行职责,指导、监督和检查区县有关部门在著作权保护方面的行政执法工作,协调公安、工商、城管等相关部门定期开展反盗版专项行动。各区县政府要依法对各种

侵犯软件著作权行为实施有效的管理。

（二）进一步推进计算机软件正版化

按照《北京市人民政府办公厅关于推进政府部门使用正版计算机软件工作的通知》（京政办发[2001]95号）的有关要求，市政府各部门在已经更换正版计算机应用软件的基础上，要进一步巩固工作成果，确保电子政务系统、办公系统、数据库等合法使用软件。各区县政府和有关事业单位、社会团体以及以软件作为经营手段或工具的营利性单位在2005年前全部实现软件正版化。市版权局负责对各单位的软件使用情况进行抽查。

（三）建立健全计算机软件著作权保护的社会监督体系和中介服务体系

计算机软件技术鉴定中介机构可接受权利人或行政、司法部门的委托，对计算机软件侵权纠纷中的专业技术性问题进行鉴定。北京版权保护协会、北京软件行业协会等中介机构要深入开展反盗维权和行业自律工作，加强行业管理，推动软件正版化。

加强行业监督、舆论监督和社会监督，对举报重大侵权行为的人员给予奖励。

（四）鼓励对计算机软件著作权和软件产品进行登记保护

计算机软件著作权人进行软件著作权登记，经市版权局认定后给予登记费补贴。

计算机软件著作权人进行软件产品登记，免收登记费。经登记的软件产品享受有关税收优惠政策。

著作权人对计算机软件采取技术措施保护，效果较好并适合推广的技术措施，可向市版权局申请资助。

各区县政府、市政府各部门要高度重视计算机软件保护工作，将计算机软件正版化纳入工作日程，保证按时完成本地区、本部门的正版化任务。市版权局、市工商局、市公安局、市科委、市城管综合执法局等有关部门要加强工作沟通与协作，建立执法信息通报和联合检查机制，增强综合执法的效能。市版权局牵头会同市政府有关部门组成联合检查组，对各区县计算机软件保护和综合治理情况进行检查，总结推广先进经验，表彰工作突出的集体和个人。

北京市科学技术委员会关于印发《北京市贯彻〈实验动物许可证管理办法（试行）〉的实施办法》的通知

京科政发[2003]69号

各有关单位：

为贯彻国家《实验动物许可证管理办法（试行）》（国科发财字[2001]545号）和《北京市实验动物管理条例》，加强本市行政区域内实验动物许可证的管理，北京市科学技术委员会制定了《北京市贯彻〈实验动物许可证管理办法（试行）〉的实施办法》，现印发给你们，请认真遵照执行。

北京市科学技术委员会

二〇〇三年二月八日

北京市贯彻《实验动物许可证管理办法(试行)》的实施办法

第一条 为贯彻国家《实验动物许可证管理办法(试行)》和《北京市实验动物管理条例》,依法审批、发放实验动物许可证,加强本市实验动物许可证的管理,制定本办法。

第二条 本办法适用于本市行政区域内从事与实验动物工作有关的组织或个人。

第三条 北京市科学技术委员会(以下简称市科委)是本市实验动物许可证发放和管理的主管机关。北京市实验动物管理办公室(以下简称市动管办)具体负责实验动物许可证的日常管理。

第四条 实验动物许可证包括《实验动物生产许可证》和《实验动物使用许可证》。同一许可证分正本和副本,许可证正本和副本具有同等法律效力。

从事实验动物及相关产品保种、繁育、生产、供应、运输和有关实验动物商业性经营的组织或个人应当向市科委申领《实验动物生产许可证》。

使用实验动物及相关产品进行科学研究、教学、生产、检定药品及生物制品、检验食品及化妆品等工作的组织或个人应当向市科委申领《实验动物使用许可证》。

以上所称相关产品是指:实验动物饲料、垫料、笼具等。

第五条 申领《实验动物生产许可证》的组织应当具备下列条件:

(一) 已取得动物防疫监督机构发放的《动物防疫合格证》;

(二) 具有健全的实验动物管理组织机构;

(三) 具有健全的质量管理制度和标准操作规程;

(四) 经过专业培训并取得《北京市实验动物从业人员岗位证书》的从业人员比例不得低于60%。从业人员应当按规定每年体检1次,合格的方可继续从事实验动物工作;

(五) 具有符合国家标准的实验动物及相关产品的饲养、繁育、生产环境设施,并具备相应的检测能力。不具备检测能力的,应当与具有检测能力的机构签订正式委托检测协议;

(六) 实验动物引种应当来源于国家实验动物种子中心或国家认可的种源单位,或经有关部门批准进口并在国家种子中心备案的实验动物种子,且遗传背景清楚,质量符合国家标准;

(七) 使用的实验动物饲料、垫料及饮水等应当符合国家标准及相关要求;

(八) 生产的实验动物或相关产品质量应当符合国家标准及相关要求;

(九) 法律、法规规定的其他条件。

第六条 申领《实验动物使用许可证》的组织应当具备下列条件:

(一) 具有健全的实验动物管理组织机构;

(二) 具有健全的质量管理制度和标准操作规程;

(三) 使用的实验动物及相关产品应当来源于取得《实验动物生产许可证》的单位。引进特殊实验动物品种用于动物实验的,质量应当符合国家标准;

(四) 经过专业培训并取得《北京市实验动物从业人员岗位证书》的从业人员比例不得低于60%。从业人员应当按规定每年体检1次,合格的方可继续从事实验动物工作;

(五) 实验动物饲育环境及设施符合国家标准及相关要求;

(六) 使用的实验动物饲料、垫料及饮水等应当符合国家标准及相关要求;

(七) 法律、法规规定的其他条件。

第七条 申领《实验动物生产许可证》的组织应当向市动管办提出申请,并提交以下材料:

(一)《实验动物生产许可证申请书》;

(二)实验动物管理组织机构及其成员名单;

(三)实验动物质量检测机构出具的环境设施和实验动物及相关产品质量检测报告;

(四)管理制度和标准操作规程;

(五)取得《北京市实验动物从业人员岗位证书》的名单和证号;

(六)实验动物设施平面图。

第八条 申领《实验动物使用许可证》的组织应当向市动管办提出申请,并提交以下材料:

(一)《实验动物使用许可证申请书》;

(二)实验动物管理组织机构及其成员名单;

(三)实验动物质量检测机构出具的环境设施检测报告;

(四)管理制度和标准操作规程;

(五)取得《北京市实验动物从业人员岗位证书》的名单和证号;

(六)实验动物设施平面图。

第九条 从事实验动物相关工作的个人申领实验动物许可证时,参照本办法第五条、第六条、第七条和第八条的有关规定执行。

第十条 市动管办接到完整的申报材料后应当即时受理,并向申请组织或个人开具《北京市实验动物许可证申请受理单》。经市动管办审核后,组织专家进行现场检查验收。

经专家现场检查验收合格的,由市动管办上报市科委审定。

经专家现场检查验收不合格的,由市动管办将验收整改意见送达申请组织或个人。

实验动物许可证审批总时限为58个工作日。

第十一条 实验动物许可证的有效期为5年,到期重新审查发证。取得实验动物许可证的组织或个人,应当在有效期满前6个月内向市动管办提出申请。

第十二条 取得实验动物许可证的组织或个人,变更许可证登记事项的,应当提前1个月向市动管办提出申请;变更适用范围的,或改、扩建原有设施的,应当按照本办法第五条、第六条、第七条和第八条的规定办理;停止从事适用范围工作的,应当在停止1个月内交回实验动物许可证;遗失许可证的,应当及时向市动管办报失并申请补领。

第十三条 本市对实验动物许可证实行年检。凡取得许可证的组织或个人应当在许可证有效期内每年的11月份到市动管办办理年检手续,并提交下列材料:

(一)《实验动物许可证年检申请表》;

(二)实验动物许可证副本;

(三)从业人员业务培训、考核和体检纪录;

(四)《北京市实验动物质量合格证明》和实验动物及相关产品质量检测记录;

(五)实验动物设施运行情况的报告。

第十四条 市科委对取得实验动物许可证的组织或个人、实验动物许可证年检情况及有关信用信息,通过媒体予以公告。

第十五条 北京市实验动物行政执法人员和市科委聘请的北京(地区)实验动物质量监督员对本市行政区域内已取得实验动物许可证的组织或个人进行监督检查。

第十六条 凡取得《实验动物生产许可证》的组织或个人,应当严格按照国家标准进行质量控制。出售实验动物及相关产品时,应当按适用范围使用《北京市实验动物质量合格证明》,并附1个季度内的质量检测报告。

第十七条 未取得《实验动物使用许可证》的组织或个人,可以委托具有《实验动物使用许可证》的组织或个人进行动物实验,但双方应当签订书面协议。

第十八条 实验动物许可证不得涂改、转借、转让、出租给他人使用;取得《实验动物生产许可证》的组织或个人应当按照适用范围开展工作,并不得代售无许可证组织或个人生产的实验动物及相关产品。

第十九条 未取得《实验动物使用许可证》的组织或个人,没有按本办法第十七条规定办理的,不得申报涉及动物实验的科技计划项目;已取得《实验动物使用许可证》的组织或个人使用的实验动物及相关产品不合格的,由市科委予以通报,所进行的动物实验结果在申报成果奖励时无效。

第二十条 未取得《实验动物生产许可证》的组织或个人擅自从事实验动物及相关产品的生产、经营活动的,由市科委依法予以取缔。伪造实验动物许可证或《北京市实验动物质量合格证明》的,将依法追究法律责任。其中触犯刑律的,将移交司法部门处理。

第二十一条 年检不合格或逾期未办理年检手续的,限期整改或在1个月内补办年检手续;整改后仍不符合要求或1个月内仍未办理年检手续的,由市科委吊销许可证,并报科技部备案。

第二十二条 已取得实验动物许可证的组织或个人违反本办法第十八条规定的,一经核实,所持许可证由市科委予以收回,并予通报。情节恶劣,造成严重后果的,依法追究行政责任和法律责任。

第二十三条 实验动物许可证管理部门的工作人员玩忽职守、滥用职权、徇私舞弊的,由其所在单位或上级主管部门给予行政处分;构成犯罪的,依法追究刑事责任。

第二十四条 任何组织或个人对本市实验动物许可证发放、管理有异议的,可以向市政府法制办提起行政复议。

第二十五条 本办法自2003年3月1日起实施。1997年7月7日发布的《北京市实验动物许可证管理办法(试行)》同时废止。

北京市科学技术委员会
关于印发《北京市技术市场行政执法实施办法》的通知

京科政发[2003]354号

各区、县科委,各有关单位:

为贯彻《北京市技术市场条例》,进一步加强北京市技术市场行政执法工作,北京市科学技术委员会制定了《北京市技术市场行政执法实施办法》,现印发给你们,请认真遵照执行。

北京市科学技术委员会

二〇〇三年六月二日

北京市技术市场行政执法实施办法

第一条 为加强本市技术市场执法工作，规范行政执法行为，优化技术市场环境，根据《北京市技术市场条例》制定本办法。

第二条 北京市科学技术委员会(以下简称市科委)是本市行政区域内技术市场行政执法工作的主管机关。北京技术市场管理办公室(以下简称管理办)受市科委的委托，具体负责技术市场的日常执法工作。

区县科学技术委员会(以下简称区县科委)按《北京市技术市场条例》规定的执法范围负责本行政区域内的执法工作。

第三条 技术市场行政执法人员实行资格管理制度。执法人员经专业知识和相关法律、法规培训合格后，由市科委统一颁发执法证。

管理办应当具有5名以上的执法人员，区县科委应当具有3人以上的执法人员。

执法人员在查处违法行为时，应当出示执法证件。

第四条 技术市场行政执法实行行政首长负责制，各执法主体应确定一名主管领导直接负责组织实施。

第五条 技术市场行政执法人员应当对以下违法行为进行查处：

(一) 非法垄断技术和妨碍技术进步的；

(二) 侵犯他人专利权、技术秘密以及其他科技成果权的；

(三) 作虚假广告、宣传的；

(四) 串通投标的；

(五) 以欺诈、胁迫等手段签订技术合同的；

(六) 提供虚假技术或技术信息的；

(七) 技术交易会的举办者通过虚假宣传非法牟利的；

(八) 未取得技术经纪资格的人员、不具备国家规定条件的机构，专门从事技术经纪活动的；

(九) 以不正当手段骗取技术合同登记证明的；

(十) 技术合同登记机构违反有关规定的。

第六条 “非法垄断技术、妨碍技术进步”是指：

(一) 限制另一方在合同标的技术的基础上进行新的研究开发，或者双方交换改进技术的条件不对等，包括要求一方将其自行改进的技术无偿地提供给对方、非互惠性的转让给对方、无偿地独占或者共享该改进技术的知识产权；

(二) 限制另一方从其他来源吸收技术；

(三) 阻碍另一方根据市场的需求，按照合理的方式充分实施合同标的技术，包括不合理地限制技术接受方实施合同标的技术生产产品或者提供服务的数量、品种、价格、销售渠道和出口市场；

(四) 要求技术接受方接受并非实施技术必不可少的附带条件，包括购买技术接受方并不需要的技术、服务、原材料、设备或者产品等和接收技术接受方并不需要的人才等；

(五) 不合理地限制技术接受方自由选择从不同来源购买原材料、零部件或者设备等；

（六）禁止技术接受方对合同标的技术的知识产权的有效性提出异议的条件。

第七条　技术秘密是指不为公众所知悉、能为权利人带来经济利益、具有实用性并经权利人采取保密措施的技术信息。

第八条　对提供虚假技术或者技术信息的，由所在区县科委没收违法所得，可以并处违法所得一倍以上五倍以下的罚款。但对社会、经济有重大影响的案件或涉及外方的案件由市科委立案查处。

第九条　对虚假技术或者技术信息的确认实行专家甄别咨询制度。对较复杂的技术或技术信息应当成立相关行业专家委员会进行甄别，专家委员会的人数不得少于3人。市科委建立专家库，为技术市场执法提供服务。

第十条　技术经纪人提供虚假信息进行技术中介情节严重的，撤销技术经纪业务人员的专业资格。给当事人造成损失的，依法承担民事责任。

第十一条　未取得技术经纪人资格证书的人员、不具备国家规定的条件的机构，专门从事技术经纪活动的，由市科委责令改正；有违法所得的，没收违法所得，可以并处违法所得一倍以上三倍以下的罚款。

第十二条　以不正当手段骗取技术合同登记证明的，由市科委责令技术合同登记机构撤销登记证明，并可以对当事人处5000元以上1万元以下的罚款；已经享受优惠政策的，由市科委通知有关部门予以查处。

第十三条　技术合同登记机构有下列行为之一的，由市科委予以警告并责令其限期改正；情节严重的，予以撤销并公告：

（一）不按照规定开展技术合同认定登记工作的；

（二）擅自扩大收费范围、提高收费标准的；

（三）从事经营活动的；

（四）迟报、拒报或者提供不真实统计资料的；

（五）泄露当事人商业秘密的。

第十四条　技术交易会的举办者通过虚假宣传非法牟利的，由市科委没收违法所得，可以并处违法所得一倍以上三倍以下的罚款。

第十五条　涉及其他部门执法权限的，应向有关主管部门反映或共同查处。

第十六条　技术市场行政执法应当遵照下列程序进行：

（一）立案：对经举报或在检查中发现的违反《北京市技术市场条例》的行为，执法人员应当认真审查有关材料，对符合立案条件的报主管领导审批，经主管领导批准后方可立案。对不符合立案条件的退还当事人并说明理由。

（二）调查取证：立案后，由主管领导指定两名以上执法人员组成调查组，在5日内持执法证开始调查取证。

（三）审查决定：调查组根据查实的违法行为，依据法律、法规的规定提出书面处理意见报处罚机关批准。

（四）送达执行：处理决定做出后7日内，由执法人员送达处罚决定书。

（五）结案：执法人员在行政处罚决定执行完毕后，应将执行结果报告主管领导，主管领导批准终结该行政处罚案件。执法人员将有关资料整理归档立卷。

（六）销案：执法人员经调查确认违法事实不存在或属不予行政处罚的，应及时报请主管领导批准终止办案。

（七）行政复议：当事人对处理决定不服的，可以在接到处罚决定书之日起 60 日内，向处罚机关的上级行政主管机关或业务主管机关申请行政复议。对复议决定不服的，可以在接到复议决定书之日起 15 日内向人民法院提起诉讼。

（八）强制执行：当事人逾期不申请行政复议，也不提起诉讼又不履行处罚决定的，做出处罚决定的机关可申请人民法院强制执行。

第十七条　对公民处以超过 1000 元的罚款，对法人或者其他组织处以超过 3 万元的罚款之前，做出处罚决定的机关应当告知当事人有听证的权利。

第十八条　企业因违反《北京市技术市场条例》受到罚款、没收等行政处罚的，记入市政府企业信用信息系统，向社会公布。

第十九条　鼓励社会各界对违反《北京市技术市场条例》的行为进行举报。经查证属实的，对举报者给予奖励。

第二十条　本办法由市科委负责解释。

第二十一条　本办法自发布之日起实施。

关于深入贯彻落实十六大精神，促进发明专利申请，大力提高我市自主知识产权拥有量的工作意见

京知局[2003]5 号(2003 年 1 月 20 日)

各区、县，市各委、办、局（总公司），高等院校，科研机构，专利代理机构，企事业单位：

为深入贯彻落实党的十六大提出的关于鼓励科技创新，在关键领域和若干科技发展前沿掌握和拥有一批自主知识产权的要求，鼓励和促进我市发明专利申请，市知识产权局、市科委、市经委、市教委经研究决定，提出有关工作意见。

一、具体措施包括：

1. 根据北京市《关于加强知识产权工作的意见》（京政办发[2001]47 号）制订的《北京市专利申请资助奖励办法》的规定，对北京地区的专利申请人，其申请的专利属于国家及北京地区重点发展的技术领域和行业，技术含量高，有较好市场前景的，可向北京市知识产权局申请专利申请资助。对发明专利的申请费实行全额资助，对向国外申请发明专利的给予奖励。

2. 对于技术含量高、市场前景好的专利技术的实施，经审查，北京市知识产权局可给予一定资金支持或奖励。

3. 根据科技部《关于国家科研计划项目研究成果知识产权管理的若干规定》第五条，科研项目研究成果取得相关知识产权的申请费用、维持费用等知识产权事务费用，一般由项目承担单位负担。经财政部门批准，在国家有关科研计划经费中可以开支知识产权事务费用，用于补助负担上述费用确有困难的项目承担单位。

4. 根据《北京市科学技术奖励办法》（北京市人民政府令[2002]第 93 号）第八条的有关规

定，研究、开发或者系统集成高新技术应用于经济建设和社会发展，拥有自主知识产权，并取得较大经济效益或者社会效益的；运用科学技术知识对产品、工艺、材料及其系统等提出具有创新性的技术或者取得发明专利，实施后取得较大经济效益或者社会效益的；列入市科学技术奖的奖励范围。存在知识产权以及完成单位、完成人员等方面争议的项目，不属于市科学技术奖的评审范围。

5. 根据《北京市科学技术奖励办法实施细则》(京科政发[2002]117号)第十三条的有关规定，申报市科学技术奖应提供科技成果鉴定证书或者科技成果评估报告或发明专利证书或行业组织的验收报告或著作权、版权证。

6. 根据《北京市鼓励在京设立科技研究开发机构的规定》(京政发[2002]23号)第十六条的规定，研发机构研究开发拥有发明、实用新型专利的共性技术、安全技术项目，经市科委核实，可给予一定科技经费支持。

7. 在市级企业技术中心评价指标体系中明确专利申请和授权指标评价；重点支持具有自主知识产权的技术创新项目，同等条件下申请专利的项目(特别是发明专利)优先支持。

8. 将专利申请量纳入企业领导人的绩效考核指标。

9. 对发明专利申请量增长较多的企事业单位、主要领导和管理人员给予一定的奖励。

10. 在高校科研工作中，项目负责人应做到按照要求进行科技成果登记，负责报告项目执行中的知识产权管理情况，提出知识产权保护建议，并把专利申请明确列入项目验收和评价内容。

以上措施，旨在进一步发挥首都的科技创新优势，从制度和机制上保证和促进我市发明专利的申请量和自主知识产权的拥有量持续、稳定增长，促进首都创新体系的建设，构筑我市知识产权优势，推动我市科技、经济的跨越式发展。

二、为保证上述规定、措施落到实处，市知识产权局、市科委、市经委、市教委提出以下工作意见：

(一) 各部门、各单位要认真按照上述规定、措施和北京市《关于加强知识产权工作的意见》(京政办发[2001]47号)的精神，不断提高对专利申请工作重要性的认识，从本部门和单位的实际出发，采取切实措施，不断提高本部门、本单位的专利申请数量和质量。

(二) 要进一步加强行业、企业知识产权制度建设、专利文献的利用和专利战略的研究，努力提高我市企事业单位运用知识产权制度和信息资源参与市场竞争的能力和水平，促使知识产权制度能够更好地为我市科技、经济、教育的发展服务。

(三) 要积极促进高新技术的知识产权化和有自主知识产权的高新技术的产业化，为我市产生一批拥有自主知识产权和核心技术的企业和企业集团创造条件。

(四) 对各单位贯彻落实北京市《关于加强知识产权工作的意见》(京政办发[2001]47号)的情况，市有关部门将进行检查，评比。对先进单位将进行表彰，总结并推广其先进经验。

北京市知识产权局
北京市科学技术委员会
北京市经济委员会
北京市教育委员会
二〇〇三年一月二十日

重大科技成果

国家最高科学技术奖

刘东生，男，中共党员，1917年11月22日出生于辽宁省。1942年毕业于西南联合大学地质地理气象系，1980年当选中国科学院院士，1991年当选第三世界科学院院士，1996年当选欧亚科学院院士。现为中国科学院地质与地球物理研究所研究员。

刘东生1946年参加工作，先后担任中国科学院地质研究所副研究员、研究员，中国科学院贵阳地球化学研究所研究员、第四纪地质研究室主任，国务院环境保护委员会专家小组组长，国际第四纪研究联合会主席，中国第四纪研究委员会主任和中国环境科学学会副主席等学术职务。

刘东生院士是我国地球环境科学研究领域的专家。他从事地学研究近60年，在中国的古脊椎动物学、第四纪地质学、环境科学和环境地质学、青藏高原与极地考察等科学研究领域中，特别是黄土研究方面取得了大量的研究成果，使中国在古全球变化研究领域中跻身世界前列。

从20世纪50年代起，刘东生院士对黄土高原进行了大量的野外考察和实验分析，完成了黄河中游黄土分布图、中国黄土分布图等多部专著，提出了有重要突破的“新风成学说”，把风成沉积作用从黄土高原顶部黄土层拓展到整个黄土序列，并把过去只强调搬运过程的风成作用扩展到物源—搬运—沉积—沉积后变化这一完整过程。

1958年，他从黄土地层研究中根据黄土与古土壤的多旋回特点，发现第四纪气候冷暖交替远不止四次，发展了传统的四次冰期学说，成为全球环境变化研究的一个重大转折，奠基了环境变化的“多旋回学说”。

20世纪80年代，他基于对中国黄土解释了250万年以来的气候变化历史，使黄土与深海沉积、极地冰芯并列成为全球环境变化研究的三大支柱，为全球气候变化研究做出了重要贡献。

1964年至今，他一直致力于青藏高原隆起与东亚环境演化的研究，把青藏高原研究同黄土高原研究结合起来，把固体岩石圈的演化同地球表层圈的演化结合起来，开辟了地球科学一个新的研究领域。20世纪90年代以来，地球系统各圈层相互作用已成为国际学术界的研究热点。

他在地球环境科学研究领域的理论贡献，被国际学术界公认。他发表的文章被SCI论文引用2800多次，2002年获国际“泰勒环境成就奖”。同时，他的研究成果对黄土高原水土保持、植被重建以及东部沙地治理等，具有重要的理论指导作用。

他热爱祖国，奉献于地球科学事业，在学术生涯中，孜孜不倦，努力进取，团结奋进，做出了重大的科学贡献。他为国家培养了许多人才，在他们之中，有些人已经成为我国地球环境科学研究的骨干。他领导建立了多学科交叉的现代化科学实验室，已成为我国及国际第四纪环境科学的研究中心之一。他的工作推动了地球环境科学的发展，使我国第四纪地质学与环境地质学立于国际地球科学的前沿。

（国家科学技术奖励工作办公室）

王永志,男,中共党员,1932 年 11 月 17 日出生于辽宁省。1952 年考入清华大学航空系,1961 年毕业于莫斯科航空学院(Moscow Aviation Institute)导弹设计专业,1992 年当选国际宇航科学院院士、俄罗斯宇航科学院外籍院士,1994 年 5 月当选中国工程院首批院士,现在在中国人民解放军总装备部工作。

王永志 1961 年回国以来一直从事航天技术工作,先后担任中国运载火箭技术研究院总体设计部总体设计室主任、总体设计部副主任、主任,中国运载火箭技术研究院副院长、院长。曾任洲际火箭副总设计师、第二代液体战略火箭总设计师、固体战略火箭和地地战术火箭总设计师和研制总指挥,长征二号 E 捆绑式运载火箭等型号总指挥,航空航天部科技委副主任、运载火箭系列总设计师、地地火箭系列总设计师,1992 年 11 月至今任中国载人航天工程总设计师。

王永志是航天技术专家,是我国载人航天工程的开创者之一和学术技术带头人。40 多年来在我国战略火箭、地地战术火箭以及运载火箭的研制工作中做出了突出的贡献,特别是在载人航天工程中做出了重大贡献。

他在科学技术上的突出贡献主要有:

20 世纪 60 年代、70 年代他作为重要的技术骨干,参加了我国第一代战略火箭的研制工作,在中近程、中程和洲际火箭的研制工作中为增大射程,提高实用性能,解决了大量的技术问题。

20 世纪 80 年代,他是第二代战略火箭研制的主要技术带头人,在新型液体远程和固体远程两种战略火箭以及地地战术火箭的研制中,为实现火箭技术更新换代做出了重要贡献。

20 世纪 80 年代,他主持完成了长征二号 E 大推力捆绑火箭研制任务。研制时间仅为 18 个月,首次发射取得成功,使中国火箭近地轨道运载能力一举由 2.5 吨提高到 9.2 吨,实现了火箭技术的巨大突破。

1992 年以来,他为中国载人航天工程的研制工作呕心沥血,为 2003 年 10 月 16 日首次载人航天飞行圆满成功、实现载人航天的历史性突破,做出了巨大贡献。

1987 年起,他作为“863”航天领域专家委员会成员,参与制定我国载人航天的发展蓝图。1992 年 1 月,他被任命为载人航天工程技术、经济可行性论证组组长,主持拟制了该工程七大系统的技术途径和主要技术方案。1992 年 8、9 月,他代表论证组先后向中央汇报了工程主要技术方案和“三步走”的发展战略,均被肯定。工程立项后,他即被任命为中国载人航天工程的总设计师。他主持了工程方案设计、初样研制、试(正)样研制和无人飞行试验,以及首次载人航天飞行的技术工作,在总体技术方案制定、提出对各系统技术要求、关键技术攻关、重大问题处理等方面起到了关键作用,做了大量开创性工作。

他是工程的技术总负责人,既能充分发扬技术民主,又较好地把握了大局,将一大批热爱祖国、技术过硬的科技人才团结在一起,继承和发扬“两弹一星”精神,形成了一支优秀的航天科技群体。他是这一群体的杰出代表。

王永志院士热爱祖国,将祖国的利益放在第一位。在老一辈专家的悉心培养下,成长为国际知名的航天技术专家。40 多年来,始终奋斗在研制试验的第一线,树立了较高的威信,为祖国的国防现代化建设和航天科技事业做出了杰出的贡献。于 1978 年获全国科学大会奖,1985 年获国家科学技术进步奖特等奖,1997 年获国家科学技术进步奖一等奖两项,1999 年获解放军专业技术重大贡献奖。

(国家科学技术奖励工作办公室)

国家自然科学奖二等奖

氮的间隙原子效应及新型磁性材料研究

该项目由北京大学杨应昌等完成。该项目属于凝聚态物理磁学研究领域，主要是研究如何利用我国丰富的稀土资源，从磁学基础研究入手，开发具有我国知识产权的新型稀土永磁材料。其成果有：①发现了在稀土-铁金属间化合物$R(Fe,M)_{12}$中氮的间隙原子效应。发现把氮原子加入到$R(Fe,M)_{12}$合金中，可使合金的居里温度提高200度，铁的原子磁矩增加10%～20%，同时合金的磁晶各向异性发生根本变化，从而使钕和镨的氮化物$Nd(Fe,M)_{12}N_X$和$Pr(Fe,M)_{12}N_X$具有优异的内禀磁性，完全可与钕铁硼相媲美，成为新型稀土永磁材料的研发热点。②从理论上阐明了间隙原子效应的物理根源。在国际上首先用中子衍射测定了氮化物的晶体结构，发现氮占据晶体的间隙晶位，并据此计算了间隙原子加入前后合金中稀土离子的晶场作用和各个晶位原子的电子结构的变化。揭示了非磁性的原子如氮、碳、氢等作为间隙原子加入到磁性合金中，对3d电子的能带结构、交换作用和稀土离子的晶场效应可具有灵敏的调节作用，从而为制备性能多样的磁性材料提供了一个新途径，开拓了磁学研究的新方向——间隙型化合物。③研究了氮化物的技术磁化过程，在国际上第一次成功地观测到氮化物的磁畴结构，并研究了氮化物的反磁化机制。在此基础上，开发出制备高性能氮化物磁粉的生产工艺，所制备的磁粉具有磁能积高而成本低和抗腐蚀能力强等优点，已具有商业应用价值。自1991年以来，SCI收录其论文60篇，其中发表在影响因子大于2的刊物30篇。论文被引用674次，其中他人引用547次。国际会议邀请报告9次，研究成果取得了国内外发明专利。

（国家科学技术奖励工作办公室）

求解光学逆问题的一种新方法及其在衍射光学中的应用

该项目由中国科学院物理研究所杨国桢等完成。该项目属于物理学科的基础研究。逆问题广泛地存在于天文、物理学等各分支学科中，相位恢复是其中一类重要的求逆问题。由已知两个或多个强度分布来恢复信息场的相位，称为相位恢复问题。在许多情况下，直接测量物波波前的相位分布是很困难的或者是不可能的（例如天体星球）。20世纪70年代Gerchberg和Saxton曾提出一种实际算法，被人们简称为GS算法，并成为基本算法。随后众多科学家相继提出各种修正的GS算法，但它们一般只局限于傅里叶变换框架，只能处理无能量损耗的幺正变换系统中的相位恢复问题。该研究提出了可适用于处理广泛存在的一般的非幺正变换系统的新方法（包括理论和算法）。主要成果有：①首次提出了一般线性变换（不局限于傅里叶变换）系统中的振幅和相位恢复的新方法，包括：提出逆问题可分为三类，即纯相位型，纯振幅型，振幅相位混合型的重构问题；推导出重构信息场，求解丢失的相位或振幅信息的完整方程组，并给出求解它们的有效实用迭代算法；处理和解决了多种变换系统中的振幅-相位重构问题。数值研究结果表明，新方法得到的结果明显优于GS算法。②新方法还创造性地应用于一般光学系统中各种衍射光学元件的设计中，实现设计和制作集多种光学功能于一体的衍射相位元件，包括空间横向坐标（x，y）、空间纵向（轴向）坐标（z）、多波长（λ）以及两种偏振态（P）的调制，同时还实现各种单参数、双参数及三参数型的调制，部分结果已为实验所验证，从而开辟了衍射相位元件设计的新途径。该研究结果已在国内外重要学术刊物上发表论文20余篇，被他人引用一百余次，Yang－Gu算法已被编入专著并应用于衍射光学元件等方面的设计。

（国家科学技术奖励工作办公室）

光电功能膜材料基础研究

该项目由北京大学黄春辉等完成。光电功能材料是目前材料科学的研究热点之一。该项目通过分子设计，围绕着光转化成电、电转化成光这两个紧密相连又有很强应用背景的研究课题，合成了二百余个光电功能分子材料，研究了它们的构效关系，并用原型器件的实验结果直接检验材料的性能，为相关材料的实际应用提供了大量可靠的基础数据。①光电功能膜材料。将二阶非线性光学材料的分子设计思想引入到有机光电转化材料的研究中，发现具有D－π－A结构的半菁染料和富勒烯衍生物都有良好的光电转化性质，深入研究了构效关系，开发了一类性能优良的新型光电转化材料。还发现当将两个发色团通过恰当方式连接后（如烷基链），其光电响应比两个单发色团所产生的光电响应之和要大，并用纳秒、皮秒和飞秒等超快激光光谱技术对其机理进行了研究，成果以三篇论文连载在《J.Phys.Chem》上。而后，将这些染料引入TiO_2纳米晶太阳能电池中，拓展了光敏化剂的研究范畴，并用表面修饰的办法提高了染料敏化电池的许多重要指标，所组装的准固态染料敏化太阳能电池的转化效率达到了6%左右，从而使其向实用化迈进了大步。②稀土配合物的光致发光和电致发光。率先开展了稀土功能超薄膜的研究，利用LB膜技术能在分子水平上控制膜厚，制成了平面光学微腔，同时观察到荧光强度增强和寿命缩短的介观物理现象，用实验证实了原子的自发辐射是可以通过外界环境改变加以调控。并将稀土配合物引入有机电致发光研究中，从改善配合物的光致发光效率、热稳定性、载流子传导性和成膜性入手，不断提高文献报道的关于稀土配合物电致发光器件发光效率的记录，大大缩短了稀土配合物电致发光器件进入实际应用的进程。该项目共发表115篇SCI论文，其中影响因子大于2.9的有45篇。项目工作被他人引用共620次，特别是美国权威刊物化学评论（《Chem.Rev.》）曾三次大篇幅引评了该项目的工作。专著《稀土配位化学》和《光电功能超薄膜》受到了广泛好评。

（国家科学技术奖励工作办公室）

有毒化学污染物形态研究中的联用技术、方法学及相关机理

该项目由中国科学院生态环境研究中心江桂斌等完成。该项目属于地球科学学、环境科学和化学交叉学科中有毒化学污染物检测方法学研究领域。有毒化学污染物引起的环境问题已成为21世纪影响人类生存与健康的重大问题。化学污染物的毒性主要取决于该物质在环境中存在的形态。有毒化学污染物形态的检测方法是研究这类物质环境化学过程、毒性特点与健康风险的关键性制约因素。在现有技术中，尚没有成熟方法能够单独用于痕量元素形态的准确测定。因此，研究方法学机理，发展联用和特效检测技术是本学科的国际前沿。该项目在有毒化学污染物形态测定中的各种新的联用技术、方法学及其相关机理方面取得了突出成绩，若干方面的研究处于国际领先水平，并引发了大量的引用和后续研究。研究提出了测定等温原子化过程的动力学级数、活化能和频率因

子的新方法，并被以“等温原子化严秀平模式”写入教科书，建立了获取升温原子形成过程的反应级数和活化能的新方法，在文献中被称为“严法”；提出了原位富集氢化物发生－电热原子吸收光谱法，此法是现有氢化物生成元素最灵敏的方法之一；研究发明了表面发射火焰光度检测方法，被国际同行评价为有机锡等最灵敏的测定方法并获国家发明专利；设计的电热石英原子化器，在国际上产生了较大影响；发展了包括流动注射预富集与原子光/质谱联用技术在内的一系列新的形态测定方法；发明了新的连续流动液膜萃取技术和低温色谱技术；在离子色谱方法的研究与应用方面做出了开创性的工作，出版了国内第一本离子色谱专著，成为该领域的经典著作，被广泛引用；完成了7种环境标准物质的研制，均被定为国家一级标准物质，在国内外得到推广使用。基于上述研究，共发表论文279篇，其中SCI发表137篇，引用1545次，SCIE收录期刊32篇，国内刊物110篇，出版专著3部，应邀在国内外学术会议上报告98次，申请和获得国家发明专利8项，培养博士生20余名。

（国家科学技术奖励工作办公室）

国家技术发明奖二等奖

猪高产仔数FSHβ基因的发现及其应用研究

该项目由中国农业大学李宁等发明。该项目属于畜牧科学动物遗传育种技术领域。研究利用我国重要的猪遗传资源，采用基因组分析技术，发现了与猪繁殖性能密切相关的新型标记，对2万头以上的种猪进行了基因型检测，其主要内容及发明点为：以国际上繁殖力最高的我国地方品种二花脸猪和欧洲商业品种猪等为研究素材，利用候选基因策略，在国际上率先发现了猪促卵泡素β亚基(FSHβ)基因是影响猪产仔数（包括总产仔数、产活仔数）的主效基因或遗传标记。发现FSHβ基因型的差异主要是FSHβ基因在内含子I的809bp和810bp之间的插入片段所造成，该插入片段长度为292bp，是个具有回纹结构、含31个Poly(A)的逆转座子结构(Retroposon)。研究表明，第1胎和经产胎次总产仔数和产活仔数，未携带插入序列的BB基因型明显高于携带该插入序列的AA基因型($P<0.01$)，差异均达到了2头以上，但它们对产仔出生重和20日龄体重没有任何影响，表明该基因只对产仔性状有影响。建立了稳定扩增该插入片段的快速高通量的PCR反应条件及基因型判断的方法。同时，还研究发现猪雌激素受体基因(ESR)一个全新的限制性内切酶长度多态性变异，并能影响产仔数性状。在确定两个基因的合并基因型对猪产仔数提高效应的基础上，研制了合并基因型DNA诊断试剂盒。与国内多家猪育种公司合作，利用FSHβ基因选种以提高种群的产仔数性状，使产仔数提高了0.5～1.5头；与世界上最大的猪育种公司PIC及国内多家公司合作，利用FSHβ基因与ESR基因的合并基因型选择方法进行多个猪品系产仔数性状的选择，均取得了很好的改良效果。该项基因诊断技术获得美国专利1项，专利名称：DNA Markers for Pig Litter size，专利号：US 6291174 B1。

（国家科学技术奖励工作办公室）

聚丙烯新型高效催化剂的研究开发及工业应用

该项目由中国石油化工股份有限公司北京化工研究院毛炳权等发明。该项目属于石油化工技术领域，其产品应用于聚丙烯及其共聚物的生产。该研究主要是完成聚丙烯球形高效催化剂DQ的实验室研究及工业应用，使各项性能指标达到同类进口催化剂的水平，以实现催化剂的国产化。DQ催化剂除具有一般高效催化剂的效率高、定向能力高、表观比重高等特点外，还具有催化剂及用其制备的聚合物为球形，粒径大小可调、流动性好、催化剂活性寿命长、氢调敏感及聚合物等规度易调等特点，可广泛应用于丙烯液相本体聚合连续及间歇工艺上，进行均聚、无规共聚和多相抗冲共聚物的生产。该研究先后开发成功了四大系列DQ催化剂产品，即DQ－1、DQ－2、DQ－3、DQ－4，并分别适用于不同的聚丙烯生产工艺。该项目获国家发明专利1项(专利号ZL93102795.0)，已推广应用于国内外的二、三十套环管、釜式连续及间歇工艺聚丙烯生产装置上，进行丙烯的均聚以及丙烯和乙烯的无规共聚和多相抗冲共聚物的生产。应用实践证明：DQ催化剂的各项性能指标已达到甚至优于国际同类催化剂的先进水平。PP装置使用国产DQ催化剂，与进口催化剂相比，每吨PP产品生产成本下降约100元人民币，结束了大型PP装置长期依赖进口催化剂的局面。DQ催化剂的系列产品已部分出口印度尼西亚、马来西亚及伊朗等国。

(国家科学技术奖励工作办公室)

高放废液全分离流程萃取设备(核用离心萃取器)研究

该项目由清华大学于文东等发明。该发明属核化学化工领域，适用于核燃料后处理流程和高放废液处理流程，是一种新型高效的液－液萃取设备。核燃料后处理流程和高放废液处理流程的对象具有强放射性，对溶剂萃取设备有许多特殊的要求，最重要的一点就是设备运行要安全可靠。该发明在结构上有两项重大创新：一是采用了模块化设计，为实现远距离控制和快速维修，便于机械手或机器人操作提供了条件；二是采用了自然调节溢流结构，提高了整个级联系统的安全性和可靠性。该发明与其他核用萃取设备(混合澄清槽、脉冲萃取柱)相比还具有以下优点：①存留量少，停留时间短，这样，对于高浓度放射性物料，有利于核临界安全和减少溶剂辐照损伤，增加萃取剂的循环利用次数；②结构紧凑，占用设备室体积少，当设备易损部件损坏时，可直接更换而不需维修；③串级运行时，级联的级数不受限制，各生产工段之间有机相的流动不需要任何辅助设备，实现了自然循环；④操作方便，可随时开停车，停车不会破坏运行时所达到的稳态，易实现在线分析和自动控制。该发明具有良好的机械性能、水力学性能和传质性能，在一定的操作条件下，传质级效率达95%以上。该发明实验室用设备已应用于我国科学家提出的用于处理高放废液的TRPO全分离萃取流程的冷实验和热实验研究，并多次出口到英、法、德等国。在国家“九五”科技攻关期间，工业化规模样机已研制成功，并分别用水－煤油和30%TRPO－煤油－硝酸等体系进行了水力学和传质性能实验，效果良好。该发明工业化规模设备样机目前正在清华大学工业化规模处理高放废液的TRPO全分离萃取流程以及专业工厂进行应用。

(国家科学技术奖励工作办公室)

石英数字式力传感器及系列全数字化电子衡器的研究与产业化

该项目由清华大学冯冠平等发明。该项目属敏感元件与传感器学科领域，涉及力敏传感器及其应用产品的研究与产业化。该项目发明了一种基于石英谐振器应变敏感效应的数字式力敏传感器。针对传感器的规模化生产和可靠性的需要,在传感器的组合结构、敏感元件的支撑定位、敏感元件与外部引线、传感器的结构材料等方面均有创新,解决了生产过程中材料处理工艺、连接材料性能、传感器可靠性增长技术等一系列关键技术问题,实现了规模化生产,其研究成果标志着规模化生产的力敏传感器由传统的模拟量传感器到数字量传感器的技术跨越,推动了力敏传感器领域的技术进步。该产品的石英材料性能稳定、接近理想弹性;传感器具有稳定性好、线性度高、滞后小、耗电省等优点。其传感器的数字化特点,还可使仪表电路得到简化,易于集成、稳定性好、成本低。以这种新型传感器为基础制成的石英电子吊秤、石英电子台秤、全数字化人体成分测量系统等十多种石英电子衡器具,在工业、公众贸易、日常生活领域有着广泛的市场前景。该研究已获得5项发明专利和11项产品专利,2项登记成果,2项成果奖励。目前,石英数字式力传感器及其系列化应用产品已经形成年产100万只传感器和100万台应用产品的批量生产规模。产品98%以上出口欧美,带动了一大批配套和经销企业,推动了相关技术领域的技术进步。

(国家科学技术奖励工作办公室)

高分辨率测深侧扫声纳

该项目由中国科学院声学研究所朱维庆等发明。该项目属于电子科学技术领域,是用于测量海底地形地貌的声纳。高分辨率测深侧扫声纳估计海底回波到达平行线阵的相位差,由此测量海底的高分辨率地形地貌,又称为海底微地形地貌。当前国际上的测深侧扫声纳(BSSS)存在两个主要问题:一是正下方的测深精度相当差,二是不能测量从不同方向同时到达的回波,因此在多途严重或者地形复杂的情况下不能使用。该项目基于海底的声混响理论,提出了新的理论模型,找到了测深侧扫声纳正下方测深精度差的原因。同时采用高分辨率波束形成技术,并加以发展,使它适用于测深侧扫声纳,形成了多子阵海底自动检测—采用旋转不变技术的信号参数估计技术,从而解决了上述BSSS存在的两个主要问题,使BSSS的性能达到了新的水平,明显提高了分辨率,增大了作用距离,增强了适用性和扩大了使用范围。高分辨率测深侧扫声纳达到了国际领先水平。高分辨率测深侧扫声纳是最适宜于获得海底微地形地貌的声纳系统。由于重量轻、体积小、功耗低,且它的声纳线阵沿水下载体长轴安装,所以它适宜于装在水下机器人(AUV)、遥控潜水器(ROV)、载人潜水器(HUV)和拖曳体上,在离海底比较近的距离上对海底进行详细测量。高分辨率测深侧扫声纳已装在CR-02 6000m自治水下机器人上,用于测量铺撒模拟锰结核前后湖底的地形地貌,得到了满意的结果。高分辨率测深侧扫声纳还可广泛应用于海洋工程、海洋开发、海洋矿产资源开发和海上油田区域的地形测量,航道和港湾地形的测量,以及海底地形匹配导航系统等。

(国家科学技术奖励工作办公室)

国家科学技术进步奖特等奖

中国载人航天工程

该项目由中国载人航天工程办公室王永志等完成。该项目是迄今我国航天史上规模最大、系统组成最复杂、技术难度最高的国家重点工程,由工程总体及航天员、飞船应用、飞船、运载火箭、发射场、测控通信、着陆场8

个部分组成。有110多个研究院所、工厂、院校，3000多个协作配套单位，3万多名科技人员参加了研制和试验。该工程自1992年9月中央批准实施，1999年11月起进行了四次无人飞行试验，2003年10月15日～16日首次载人飞行，获圆满成功，使我国成为世界上第三个掌握载人航天基本技术的国家。工程的主要特点：①以系统优化、协调高效、兼顾后续发展为原则进行了工程顶层设计，保证了工程研制和试验的成功率。②首次实现了火箭控制系统冗余，飞船制导和导航系统重构，箭载、船载计算机容错，故障隔离等，将火箭可靠性从0.92提高到0.97，飞船可靠性达到0.97，并在此基础上采取了逃逸应急救生、自主应急返回、航天员手动制动返回等安全措施，使系统航天员安全性达到0.997。③突破了空间人类生存与工作的环境控制、再入升力控制、飞船返回的气动和防热、2500N变轨发动机燃烧稳定、微重力下气液分离推进剂贮箱等重大关键技术，研制成功了三舱结构载人飞船，在国际上首创了轨道舱留轨应用。④首次研制了近地轨道运载能力达8吨的载人运载火箭，突破了惯性平台、箭载计算机、伺服机构及速率陀螺综合利用的冗余技术，解决了逃逸飞行器复杂外形的气动特性和前置弯喷管固体发动机等关键技术。⑤解决了垂直总装、垂直测试、垂直运输和远距离测试发射的关键技术难题。⑥建立了以北京航天指挥控制中心为核心的飞行控制体系，突破了飞行控制计划自动生成和自动执行、中心计算机动态备份、精密轨道控制计算等关键技术。⑦设计了满足十大约束条件的飞行轨道，使飞船每天均有返回主着陆场的机会。⑧通过采取保证关键弧段高覆盖率，程控、遥控和手控三种控制方法匹配使用等多种技术，在确保飞行高可靠、高安全的条件下，完成了世界上最低覆盖率的载人航天飞行试验。⑨独立自主地培养出了首批优秀航天员，突破了用拟人代谢装置考核载人环境的核心技术，跨越了动物实验阶段，缩短了研制试验周期。⑩国内首次建立了可支持不同有效载荷在空间运行、实验的公用系统。⑪采用了卫星定位等多种先进示位手段，建立了能及时搜救航天员的陆海空搜救体系。设计了火箭故障情况下飞船机动飞往三个预定海上救生区的功能，将溅落海域缩短五分之三，减少了搜救力量。该工程五次飞行试验全面考核和验证了工程总体及各系统方案设计的正确性与协调性，为我国后续的载人空间飞行积累了经验，飞船三舱结构为未来天地往返运输器奠定了基础；轨道舱可作为飞行器在空间交会对接试验的目标飞行器；飞船和运载火箭的高可靠、高安全研制经验和成果已推广到其他航天型号应用；有效载荷天地支持技术在探测一、二号卫星上得到应用；在空间流体物理、生命、材料、天文等方面突破的关键技术将得到广泛应用；S波段测控通信网已同时服务于其他航天发射、飞行任务，并可国际联网；为攻克工程系列技术难关所采用的新技术、新工艺、新材料、新方法已经带动相关领域的科技进步。

（国家科学技术奖励工作办公室）

国家科学技术进步奖一等奖

中国农作物种质资源收集保存评价与利用

该项目由中国农业科学院、山西省农业科学院、湖北省农业科学院、四川省农业科学院、江苏省农业科学院、西北农林科技大学农学院、广西壮族自治区农业科学院、云南省农业科学院、山东省农业科学院、黑龙江省农业科学院等单位完成。该项目依据生物多样性保护原理，综合集成作物生长、发育、遗传、演化等学科理论和新技术，通过跨地区、跨部门、多学科、多年的综合研究，获得重大突破与创新：①创建了世界上惟一的长期库、复份库、中期库相配套的种质保存完整技术体系，首创了利用超低温处理野生大豆等 6 种难发芽种子生活力的快速检测技术，建立了确保入库种质遗传完整性的综合技术体系，并长期安全保存种质资源达 180 种作物 33.2 万份，位居世界首位。②查明了我国作物种质资源分布规律和富集程度，并新收集和引进新作物、新类型和名贵珍稀等各类种质 7.5 万份。其中，收集野生大豆种质 6000 余份，占世界野生大豆 90%以上，并首次发现了长花序、胰蛋白酶抑制剂缺失体等具有重要利用价值的 8 种新类型，确立了我国是世界野生大豆遗传多样性中心的国际地位；收集野生稻种质 5000 余份，并首次在江西东乡、湖南茶陵和江永等地发现 8 处普通野生稻分布点，打破了国际上公认的普通野生稻分布北限为 25°N 的结论，特别是江西东乡野生稻的发现，使分布北限推移到 28°14′N，向北延伸了 3°14′，明确了我国普通野生稻在世界上的独特性。③通过分子标记和等位性测验，发现 1 个小麦主效耐盐、1 个大豆隐性抗花叶病毒 3 号株系和大麦的 5 个隐性、1 个不完全显性矮秆等 8 个新基因，并将其定位于染色体上。在国际上首次突破了普通野生稻花药培养技术难关，建立了高效转移外源基因技术体系；创造携带较少与不利基因连锁和与目前广泛应用的基因来源不同的优异基因的水稻、小麦、大豆等高产、抗病、耐盐新种质 19 个。④新建和规范种质资源品质、抗病虫和抗逆性鉴定方法 29 项，并鉴定作物种质 2100 项次，从中评选出优异种质 1475 份。其中，168 份直接用于生产，累计种植面积 5.52 亿亩，新增利润 203.55 亿元；386 份作为亲本育成新品种 427 个，累计推广 33.54 亿亩，新增产值 1647.63 亿元。

（国家科学技术奖励工作办公室）

加速器辐射源移动式集装箱检查系统系列的研制及产业化

该项目由清华大学、清华同方威视技术股份有限公司的康克军、高文焕、林郁正等完成。集装箱检查系统是在核技术领域应用辐射成像原理开发出的新产品，它主要应用于海关的货物查验，是当今世界上最有效的集装箱查验手段。该项目在世界上率先研制出了以加速器为辐射源的车载移动式和组合移动式集装箱检查系统，并实现了产业化。在组合移动式设计方案、车载移动式刚性一体化结构及单双两用车系技术方案、笔形探测器及其阵列、电子直线加速器及其小型化技术、扫描机构及扫描方案、数据获取及调度与处理技术、图像检查技术、射线屏蔽与辐射防护技术等方面取得了近 30 项具有自主知识产权的创新技术，总体上达到国际领先水平。为实现产业化，在密云建成了生产基地，与中国海关签订了 23 套组合移动式和 7 套车载移动式系统的供货合同，总值达 7.2 亿元人民币，已有 22 套系统分别在长春、大连、北京、天津、青岛、南京、上海、杭州、厦门、汕头、深圳、广州、湛江、海口、昆明等我国主要海关口岸投入使用。此外，还与澳大利亚、伊朗、阿联酋、韩国、土耳其及委内瑞拉等国家签订了 11 套组合移动式和 13 套车载移动式系统的出口合同，总金额超过 6000 万美元，其中有 9 套已交付用户。同时还建立了完整、有效的质量保证体系，编制了国家标准。

（国家科学技术奖励工作办公室）

我国短期气候预测系统的研究

该项目由中国气象局、中国科学院、教育部、农业部、水利部组织，国家气候中心、中国科学院大气物理研究所、国家气象中心、北京大学、中国农业科学院农业气象研究所、水利部水利信息中心、中国气象科学研究院、国家卫星气象中心、国家海洋环境预报中心、沈阳区域气象中心的丁一汇、黄荣辉、王绍武等完成,共设5个课题28个专题。该项目属大气科学技术领域。短期气候变化是指月、季和年际时间尺度的气候变率和气候异常。短期气候预测则是根据大气科学的原理,运用现代气候动力学、统计学等方法和电子计算机、数据库、通信技术等手段,在研究气候变异成因的基础上,对月、季、年际时间尺度的气候趋势和气候灾害进行科学预测。项目的总体目标是:在对中国气候异常规律及预测信号研究的基础上,研制一套有物理依据的短期气候监测、预测系统以及气候异常对国民经济影响的评估系统与服务系统。重点研究以动力气候模式和统计-动力学方法为主的综合短期气候预测新技术,并据此建立国内比较先进的第一代短期气候预测业务系统。项目完成后,在气候动力学与气候预测理论方面有明显提高,短期气候预测方法有新突破。其平均预测准确率在现在的60%~65%的基础上提高5%;对关键地区和关键季节的预测准确率争取提高10%左右。五年来,成功地建立了我国第一代气候监测、预测、影响评估和服务的业务系统,首次在国内将动力产品应用于业务,实现了动力与统计相结合,提高了短期气候预测的现代化水平,其预报准确率根据1998~2002年的统计,国家级比“九五”前提高了5%~9%,区域级(省级)提高了5%~10%,基本上满足了我国迅速发展的国民经济建设对气候信息和气候预测的需求,尤其是对1998年我国大洪水的预报,取得了突出成绩。

(国家科学技术奖励工作办公室)

血瘀证与活血化瘀研究

该项目由中国中医研究院西苑医院的陈可冀、李连达、翁维良等完成。该项目以“活血化瘀”为主,治疗冠心病(5316例),疗效由70%提高到88%。创立血瘀证诊断标准和冠心病心绞痛诊断及疗效评价标准,已被国家标准采纳,在全国推广应用。以“活血化瘀”防治介入治疗后,冠脉再狭窄及心绞痛复发率下降50%。采用随机、双盲、双模拟方法进行多中心治疗冠心病,提高了中医临床水平,推动了中医临床研究的标准化、规范化、现代化的进程。该项目经多年临床研究对“血瘀证”的科学内涵有了深入的认识,阐明了血瘀证是以循环障碍为主,包括在血液理化性状改变、炎症、免疫等多方面的病理、生理变化及临床表现。建立了多项中医药研究技术平台,如中国小型猪及犬冠脉血栓、心肌缺血和再狭窄模型,心肌细胞培养及细胞病理模型等。研究发现了活血化瘀方药在调节心肌代谢、改善心血管功能、抗心肌缺血等方面有新的治疗作用,以及“活血化瘀”的基本治疗规律与作用原理,即活其血脉、化其淤滞,通过改善心脑及周围血管功能,改善冠状动脉循环和血液理化性状等,达到抗心肌缺血,抗脑缺血,抗动脉硬化及血栓栓塞等功效。研制成功了活血化瘀治疗心脑血管疾病新药30余种,目前已批准上市10种。该成果发表论文206篇,SCI收载59篇。出版专著18部。培养研究生120名。日本、韩国等国相继成立活血化瘀专业学术团体,在国际上掀起活血化瘀研究热潮。

(国家科学技术奖励工作办公室)

神东现代化矿区建设与生产技术

该项目由神华集团有限责任公司、神华集团神府东胜煤炭有限责任公司的叶青、吴元、张喜武等完成。该项目属矿山工业技术开发与应用综合性研究课题,主要内容有:①神东矿区快速建井模式及关键技术;②年产800万吨综采工作面成套技术;③连续采煤机短壁机械化开采成套技术;④高度集中开采的安全保障技术;⑤矿区生产与管理的网络控制与信息技术;⑥神东矿区环境保护与生态建设。神东矿区在1985年到1997年的12年间,经过艰苦探索,逐步确立了建立具有世界一流水平的高效、安全、环保型现代化煤炭生产矿区的发展目标。至今,实现了矿区建设快速化、矿井井型大型化、技术装备现代化、生产管理综合自动化,并在安全、环保、效益等方面达到了世界一流水平。2001年,神东矿区仅有煤炭生产人员2447人,生产商品煤3787万吨,综采生产矿井全员工效为70吨/工。其中大柳塔矿一井一面年产煤炭934万吨,综采工作面年产煤炭803万吨,全员工效为114.22吨/工;上湾煤矿短壁机械化开采工作面年产煤炭200万吨。矿区实现了安全生产,百万吨死亡率控制在2.6%。矿区生态建设与生产建设同步发展,植被覆盖率由最初的11%提高到现在的83%,大幅度改善了矿区的生态环境。神东矿区的生产与建设成就已引起了国内外采矿界的高度重视,美国、澳大利亚、南非、英国、德国等国家的有关专家纷纷前往矿区考察。神东矿区首创的快速建井模式、辅巷多通道快速搬家倒面、无轨胶轮化辅助运输方式、西部矿区综合防灭火技术等新技术与新工艺已在平朔、兖州、晋城、乌达、海勃湾、包头等矿区得到了推广应用。

(国家科学技术奖励工作办公室)

苏丹Muglad盆地1/2/4区高效勘探的技术与实践

该项目由中国石油天然气勘探开发公司、中国石油天然气股份有限公司的童晓光、苏永地、窦立荣等完成。该项目属石油地质与勘探领域。在克服跨国勘探的各种困难和挑战的同时,综合运用重力、地震、钻井、测井以及多种分析化验资料,对1/2/4区的构造、地层层序和沉积相、含油气系统、成藏组合(带)和有利目标等进行了深入细致的分析,形成了一套高效勘探的理论和方法。具体包括:①总结了Muglad盆地的地质特征,发展了裂谷盆地的地质模式。与主动裂谷盆地(如渤海湾盆地)相比,断陷结构为多旋回且断陷位置发生时空迁移,陡断面正断层,拉张量小,以断块圈闭为主(断块山幅度低、潜山圈闭、披覆背斜不发育、滚动背斜规模小),发育张扭断层控制的断背斜,裂谷初始期无火山岩,地温梯度较低。②建立了Muglad被动裂谷盆地油气成藏模式。发育了四套成藏组合(或储盖组合),Bentiu组是主要的含油层系;断块圈闭,特别是反向翘倾断块是油气聚集的主要圈闭类型;断层侧向封堵具有十分重要的作用;大多数单个圈闭的规模小,但在一定构造背景下成群分布;断层的封闭性较弱使油藏内的油气比低,地层压力多处于静水压力;第三纪裂谷发育区是油气聚集比较复杂的地区。③针对跨国勘探的特点,研制了一套与国内勘探有很大差别的勘探思路和勘探原则。每一个部署、每一次投资都要做出可能获利的经济评价。建立了一套系统规范的圈闭评价方法,制定了严格的勘探管理与审批制度,实现了技术与经济的紧密结合。④应用和发展了一批与地质条件相适应的勘探技术,包括提高探井成功率的精细二维构造制图技术、有利成藏带连片三维地震及变速构造成图技术、低阻油层的识别技术等,大大提高了探井成功率。⑤至 2001 年底,新探明石油地质储量 21.4 亿桶,可采储量5.73 亿桶,超过接管前 20 年的总储量。新增可采储量的发现成本为 1.17 美元/桶,大大低于国际大公司的平均发现成本。

(国家科学技术奖励工作办公室)

秦岭特长铁路隧道修建技术

该项目由铁道第一勘察设计院、中国铁路工程总公司、中国铁道建筑总公司、中铁隧道集团有限公司、中铁十八局集团有限公司、中铁一局集团有限公司、铁道科学研究院、中铁西南科学研究院、西南交通大学、石家庄铁道学院等单位完成。秦岭隧道是西安安康铁路上的一项重大关键工程。隧道全长18456m,最大埋深 1600m,是目前我国洞身最长、埋置最深、围岩特硬并首次设计采用全断面、大直径 TBM 施工、工程规模最大的隧道。隧道穿越秦岭山脉,地形、地质极其复杂,工程难度极大。该技术包含 6 大类、24 个项目 44 个子项,涉及到 TBM 施工及配套,隧道灾害地质预测预报及防治,硬岩平导钻爆法快速掘进,轨道结构、运营通风及供电,综合防灾及运营维护管理等技术领域,有23 个单位、数百名科技人员,历时 7 年完成。试验研究取得的一批实用性强、技术含量高、有创新意义的成果,在秦岭隧道的设计、施工和管理中得到了及时、充分的应用,保证了隧道高速度、高标准、高质量的建成。由于隧道的提前贯通,使西康线提前一年开通运营。秦岭隧道的成功修建,是我国越岭铁路隧道工程建设的新的里程碑,对于推动我国地下工程建设领域的技术进步和发展具有重大意义,同时,也标志着我国在隧道建设的工程规模和总体水平上进入了世界先进行列。秦岭特长铁路隧道修建技术总体上达到国际先进水平,在某些技术领域居国际领先水平。其创新成果在我国隧道、地铁工程、水利工程及高速铁路地下工程等技术领域有着广阔的推广应用前景。

(国家科学技术奖励工作办公室)

北京市科学技术奖一等奖

鸡马立克氏病 CVI988/Rispens 冷冻活疫苗

该项目由北京市农林科学院畜牧兽医研究所、北京翎羽禽病防治技术开发有限公司的周蛟、李汉秋、林健等完成。鸡马立克氏病是鸡三大疫病(禽流感、鸡马立克氏病、新城疫)之一,是由疱疹病毒引起的恶性肿瘤性传染病,遍布世界养鸡地区,严重危害养鸡业,发病后无特异治疗方法,有效预防途径是接种马立克氏病疫苗。1969 年荷兰中央兽医研究所 Rispens(李斯本)博士分离出原始毒株。1998 年成果完成单位首次从荷兰独家引进低代次制苗种毒,应用细胞工程原理和方法研制成功了具有我国自主知识产权的鸡马立克氏病 CVI988/Rispens 冷冻活疫苗生产工艺技术,并进行了产业化生产和示范推广。取得成果如下:①研制成功 CVI988/Rispens 病毒在细胞核内的高拷贝复制技术,提高了细胞对病毒的感染率。②制定了细胞低温冷冻程序,研制成功了细胞冷冻保护液,使被病毒感染的细胞冷冻后的复苏成活率达90%,提高了细胞存活率,保证了冷冻后细胞内的病毒效价。③研制出适合中国国情的疫苗稀释液,保证疫苗在 25℃ ~38℃ 条件下安全稳定使用,解决了我国广大农村由于夏季缺少冷链系统而影响使用效果的技术难题。④研制成功了高产量细胞制备技术,比常规法提高 3 倍产量,降低了生产成本。⑤建立了"CVI988/Rispens 冷冻活疫苗制造及检验规程"，并得到了农业部的批准。该成果于2001年6月获新兽药证书，截至2003年底生产总量达5.2亿羽份，产品合格率达98%，销售总量4.5亿羽份，覆盖全国22个省市，累计新增产值3500万元，新增利税700万元，市场占有率达10%。该项成果研究的生产工艺技术达到国际同类先进企业水平，产品质量与发达国家同类产品相当，在亚洲是继日本之后第二个产业化生产CVI988的国家，产量居世界第六，打破了外国疫苗长期高价垄断中国市场的局面，进口疫苗由每支210元降至90元，使全国养鸡农民节约大量疫苗成本。另外，近年来荷兰、法国、意大利等国发生疯牛病，同类CVI988冷冻疫苗因含有牛血清被严格禁止进入中国，我国自己生产的疫苗及时填补了市场空白，为保障我国养鸡业正常安全生产和加入WTO后增强我国禽用生物制品的国际竞争力做出了贡献。

（市科学技术奖励工作办公室）

人胎肝转录组及新基因的规模发掘与功能研究

该项目由中国人民解放军军事医学科学院放射医学研究所的贺福初、张成岗、鱼咏涛等完成。4～6月孕龄人胎肝由于同时具有肝脏生理功能，造血活性组织的迁入和迁出以及免疫系统干祖细胞生成等多项功能，对多种临床危重病症具有重要的治疗价值，同时在基础方面也极具研究价值。该成果以该时期孕龄人胎肝cDNA文库为对象，采用DNA序列自动分析技术、计算机技术并借助互联网和公共生物学数据库，在国际上首次系统地建立了胎肝转录组，并开展了与肝脏相关组织与细胞、造血组织与细胞基因表达谱的比较研究，发现已知基因1660种，功能涉及15类，其中造血、肝脏特异基因高表达，6个基因群与人胎肝不同发育阶段、肿瘤发生、Itoh细胞的不同生理功能和胎儿造血相关。另外，该成果开展了从胎肝中大规模发掘新基因的探索，发现并命名了201个同源基因、669个新基因，并对其中Semaphorin家族、ARFGAP家族、NDRG家族和MAGE－D家族基因等进行了深入的功能分析，已全部被国际基因数据库收录并公布。该成果丰富了对该时期胎肝功能及其医药作用分子机理的认识，填补了国际相关领域的空白，对开展胎肝的理论应用研究具有重要的指导意义，尤其是可为开发一批具有我国独立自主知识产权的功能基因提供重要的物质基础。该成果研究正处于国际上从"基因组时代"向"蛋白质组时代"转型的重大历史时期，是国际上迄今为止最大型、最完整的4～6月孕龄人胚胎肝脏转录组的研究，为从基因水平全景式地了解人胎肝所具有重要功能的物质基础奠定了基础，取得的成果具有国际领先水平，所建立的转录组为由我国领衔的国际重大科学计划——"人类肝脏蛋白质组计划"提供了十分重要的科学基础。该成果已申请发明专利2项，6篇论著发表于国际学术刊物并被国际著名刊物引用。已为10余家国外实验室提供新基因cDNA，扩大了我国在国际学术界的影响，具有较好的社会效益。

（市科学技术奖励工作办公室）

IgA肾病凝血纤溶与细胞外基质代谢异常的分子机制及干预

该项目由中国人民解放军总医院的陈香美、蔡广研、师琐柱等完成。IgA肾病是我国高发的、多病因引起的缓慢进展至尿毒症的慢性终身性肾脏疾病。揭示IgA肾病的进展机制及延缓IgA肾病走向尿毒症是国际上研究的前沿性难题。该课题紧紧围绕凝血纤溶和细胞外基质降解与积聚之间的关系，利用基因克隆、细胞信号转导、转基因动物等技术，结合大样本临床试验，对 IgA 肾病的进展机制及干预进行系统深入的研究，取得了一系列研究成果。①在 IgA 肾病进展的分子机制方面，发现凝血纤溶异常导致基质金属蛋白酶抑制剂(TIMP－1)高表达是促进肾小球及肾小管间质硬化的重要因素，在国际上首次证实了 TIMP－1 是通过抑制细胞凋亡发挥其促增殖作用的，成功制备转基因鼠，采用原位杂交与免疫组化相结合的双标记的新技术发现 TIMP－1 的新功能，为凝血纤溶异常与 TIMP－1 参与细胞增殖及细胞外基质积聚的细胞生物学机制增添了新的科学理论。②在国际上首次发现凝血酶通过 STAT1、STAT3 信号转导通路调控系膜细胞 TIMP－1 的表达，首次提出了凝血纤溶异常活化导致炎症与细胞增殖加速肾脏硬化的新观点。提出阻断信号转导通路可抑制异常凝血系统活化导致细胞增殖、血管病变与肾脏硬化的新观点以及治疗 IgA 肾病的新方法。③首次建立了中国 IgA 肾病大样本的临床病理数据库，制定指导诊断、治疗及判断预后新的综合评价体系，并经推广应用已成为国内 IgA 肾病诊治指南。④创新性提出利用新型免疫抑制剂以及尿激酶联合 ACEI 治疗中重度 IgA 肾病的新方案，有效率分别提高 27%与 22%，大大延缓或者阻断了尿毒症的发生。该成果获新药发明专利 1 项，获新药临床批件 1 个；在国内外著名杂志共发表论文 52 篇，其中 SCI 收录 8 篇，引用 70 余次，4 次在国际肾脏病学会上做专题报告。

（市科学技术奖励工作办公室）

ATP 敏感性钾通道及其新结构类型的开放剂的研究

该项目由中国人民解放军军事医学科学院毒物药物研究所、北京赛德维康医药研究院等单位的汪海、龙超良、崔文玉等完成。该成果属药物研究中的源头创新性研究工作。KATP 敏感性钾通道是对三磷酸腺苷敏感的钾通道，分布于心脏、脑、血管等重要器官，与高血压、脑卒中、冠心病等常见病的发生和发展密切相关。该研究获如下成果：①系统研究了药物和内源性物质调节 KATP 的药理学特征：首次提出 KATP 开放剂和拮抗剂特异性结合位点之间存在负性变构调节作用的特征；首次发现内源性能量代谢物质调节 KATP 的四类不同的分子模式；首次发现大动脉和小动脉 KATP 对激动剂的反应性不同。②以不同亚型、分布在不同组织上的 KATP 为分子靶标，建立了抗高血压、抗心肌缺血和抗脑缺血创新药物先导结构的综合评筛体系，并对已优选的不同结构类型的上千个化合物进行了数千次的活性评价。③首创性发现了脂肪胺类全新结构类型的钾通道开放剂：设计合成并优选出具有抗高血压和抗脑缺血作用的全新结构化合物埃他卡林，药理研究证实埃他卡林抗高血压作用平稳、持久，对心率影响轻，对高血压导致的重要脏器心、脑、肾和血管损伤有保护作用；设计、合成并发现了通过调节线粒体功能、增强心肌细胞耐缺氧损伤，实现抗心肌缺血作用的膦酸酯类全新结构化合物哌芳安他。该成果为研制具有我国自主知识产权的抗高血压、抗心肌缺血和抗脑缺血创新药物打下了坚实的基础，其中埃他卡林(片剂)已进入临床研究，埃他卡林(注射剂)进入临床研究的报批阶段，哌芳安他的研究已进入临床前研究阶段。该成果在国内外核心刊物上公开发表学术论文 61 篇，并申请中国发明专利 3 项，国际发明专利 1 项。

（市科学技术奖励工作办公室）

先进的深亚微米工艺技术及新型器件

该项目由中国科学院微电子中心的吴德馨、刘训春、叶甜春等完成。该项成果是发展超高频器件及电路所需的关键技术。成功研制出具有“纳米硅镶嵌结构”的新结构低应力SiN X射线光刻掩模和SiC掩模、一套0.07～0.25μm毫米波器件与电路掩模制备技术、实验型X射线光刻对准系统及相关精细对准技术等；研制出具有自主知识产权的ICP-98型高密度等离子刻蚀机，开发成功0.1μm级陡直刻蚀技术、GaAs高速刻蚀技术(刻蚀速率达8μm/min)和低损伤选择刻蚀技术(对AIGaAs的刻蚀选择比达800:1)；建立了一套较完整的0.1～0.18μmHFET设计和制作工艺，研制出性能良好的0.1μmHFET器件，并应用于光纤通讯用光电模块等实用产品的研制与开发；研究成功深亚微米T型栅形成工艺及欧姆接触工艺；对HFET的瞬态性能测试方法进行了深入研究，建立起较为完整、可靠的HFET稳态及瞬态性能测试系统。其中新结构低应力SiN掩模技术、X射线T型栅光刻工艺、ICP高密度等离子体源、0.1μmHFET混合光刻制备技术等属创新成果。具体表现在：①X射线光刻技术，在低应力SiN X薄膜制备、0.1μm级T型栅光刻工艺、工艺模拟软件、GaAs器件制作应用等方面取得的成果已达到国际先进水平。②高密度等离子体刻蚀技术方面，0.15μm硅、二氧化硅的刻蚀结果为国内首次报道，在国际上居于90年代末期的先进水平。③0.1μm级HFET结构及性能研究方面，立足于国内的现有技术和设备，采用电子束和接触式曝光系统相结合的混合曝光方法，实现了0.1μmT型栅的微细加工。同时，基于ICP刻蚀技术，研制成功具有自主知识产权的ICP刻蚀机。该机器具有很高的性能价格比，先后被香港科技大和理工大、北大、浙大、半导体所、微系统所、航天十三所等19家院校、科研单位购买应用于科学研究，为国家节约了大量外汇，满足了用户的要求，取得了很好的经济效益和社会效益。

(市科学技术奖励工作办公室)

风云二号01批卫星空间环境监测器及其探测结果

该项目由中国科学院空间科学与应用研究中心的朱光武、林华安、梁金宝等完成。风云二号01批卫星空间环境监测器由太阳X射线探测器和空间粒子探测器组成，是我国目前惟一的天基太阳质子事件监测报警系统。太阳X射线探测器采用一套铍窗正比计数器和相关电子学探测软、硬X射线能谱，共十道输出，铍吸收片及太阳视场控制技术可提高信噪比，有效地排除了地球同步高度强电子背景干扰，实现了太阳软、硬X射线同时测量；空间粒子探测器采用一套半导体传感器，ΔE·E·E法同时测量α粒子、同位素成分3He、质子能谱和电子通量，共七道输出，较国际上通常使用的ΔE法具有更高的信噪比，有效地排除了地球同步高度强电子背景干扰，实现了一套传感器对电子、质子、α粒子和同位素成分的多种粒子同时探测。该项目取得了以下创新与突破：首次实现非磁屏蔽法排除地球同步高度强电子背景干扰，有效测量高能带电粒子、太阳软硬X射线。自行设计研制的空间环境专用集成电路及其他优化措施，使仪器重量、功耗等远小于国际同类仪器。一套传感器实现太阳软硬X射线的宽能谱同时测量，一套传感器实现高能电子、质子能谱、α粒子及同位素成分的同时测量。首次在强太阳质子事件期间有效探测到太阳高能电子，获得地球同步轨道带电粒子环境的变化规律、太阳耀斑的富氦事件等一批探测结果。可根据太阳耀斑X射线特征分析成功警报太阳质子事件;依据背景粒子通量变化规律成功警报地磁暴。在国际上首次实现强太阳质子事件时对地球同步高度高能电子的有效测量,提出了地球同步高度电子传播的新机制,受到国际空间物理界的高度关注,获国家发明专利四项。同时,风云二号空间环境监测器在空间环境发生强烈扰动时,能及时发出警报,据此加密监视卫星并采取相应措施,从而给价值几亿以上的卫星在轨道运行提供安全保障,延长卫星寿命。航天工程根据空间环境监测结果进行抗辐射加固,避免出现对空间辐射估计过高或不足现象,实现最佳性能价格比设计。与GOSE卫星相比,风云二号空间环境监测器要轻19.4kg,每建造一颗卫星将节省600万元人民币。

(市科学技术奖励工作办公室)

“星光”系列数字影像芯片

该项目由北京中星微电子有限公司的邓中翰、杨晓东、张辉等完成。该项目第一次全面地分析数字多媒体芯片技术的共性,提出了一个完全的从多媒体数据结构、多媒体处理算法,直到多媒体芯片架构、高速低功耗超大规模集成电路以及嵌入式系统软件技术的整体多媒体芯片技术体系,首次在中国实现了标准与核心技术产品的有机结合,并由低成本的单晶片系统方案实现了高昂的多媒体技术,实现了七大核心技术的突破(多媒体数据驱动平行计算技术、可重构CPU架构技术、深亚微米超大规模芯片设计技术、高品质图像处理及动态无损压缩算法技术、CMOS模数混合电路技术、超低功耗低振幅电路技术、单晶成像嵌入系统技术),申请了近200项国内外发明专利,技术水平在国际上处于领先地位。五年来,“星光中国芯工程”实现了研发成果的产业化。“星光数字多媒体芯片”成为第一个打入国际市场的“中国芯”,被三星、飞利浦、惠普、罗技、创新科技、富士通、联想、波导等国际知名企业大批量采用,成功占领了计算机图像输入芯片世界第一的市场份额(达40%以上),在全球市场的销售量目前已突破1000万枚,实现销售收入1.5亿元,其中境外销售收入达1400万美元,覆盖了欧、美、日、韩、台等16个国家和地区,“星光”已经成为国际知名的IC品牌,市场前景非常广阔。

(市科学技术奖励工作办公室)

联想深腾1800大规模计算机系统

该项目由联想(北京)有限公司的祝明发、肖利民、杜晓黎等完成。联想深腾1800大规模计算机系统采用国际主流的机群体系结构,机群的峰值速度为2.048万亿次,实际速度为每秒1.046万亿次浮点运算,包含526个主频2.0GHz的Xeon处理机,内存总容量为272GB,磁盘总容量为6TB,结点机之间的互联为双向4Gb/s的Myrinet高速网。成果突破了一批大规模计算机系统的关键核心技术,即机群管理系统、机群监控系统、机群部署系统等,具有自主知识产权,申请专利38项,有易使用、易管理、易部署、可扩充、高可用、好维护、性能价格比高等优点。2002年11月在世界最快的前500台超级计算机中排名第43位,打破了中国在世界TOP500超级计算机排名榜上“零”的纪录。从2002年8月到2003年3月,联想深腾系列产品实现销售收入9200万元,取得了显著的经济效益。联想深腾1800的推出,打破了国外产品在中国市场上的长期垄断地位,迫使国外同类产品普遍降价30%~50%,实现了我国高性能计算机产业的历史性的突破,极大地提高了我国在国际高性能计算机领域中的地位。目前,已经在计算流体力学、石油地震资料处理、油藏模拟、气候模式计算、材料科学计算、DNA 与蛋白计算等方面得到广泛应用,促进了国内高性能计算技术和应用的发展。

(市科学技术奖励工作办公室)

新一代大型全组件式 GIS 软件平台 SuperMap

该项目由北京超图地理信息技术有限公司、中国科学院地理科学与资源研究所的钟耳顺、宋关福、王尔琪等完成。GIS(地理信息系统)软件平台是处理空间信息的基础软件,应用广泛,如城市规划、土地管理、物流、交通运输、资源环境和军事指挥,以及大众信息服务等众多领域的信息化,都离不开 GIS。SuperMap 采用了全新的软件结构,基于组件式软件技术,在系统的开放性、海量数据处理、多源空间数据无缝集成等许多 GIS 关键技术指标上均优于国外同类产品。该软件系统集成性好、易于进行系统开发、易于形成专业应用软件,具有很好的产业带动性。在一批大型专业系统,如中国民航航情情报系统、国家广播电视总局全国光纤网 GIS 系统、军事指挥系统等应用中成功代替了国外软件。围绕项目产品 SuperMap 已经有二次开发商 300 多家,逐步形成了以 SuperMap 为核心的一个大的国产 GIS 产业链。自 2000 年 10 月项目发布第一款产品至今,该项目完成平台产品销售超过 5000 万元,成功打入日、港、台市场,先后推出日文版、英文版,实现软件出口创汇 50 万美元。有 300 个以上的应用系统基于该项目产品开发完成,带动 GIS 应用市场 5 亿元以上。

(市科学技术奖励工作办公室)

高压凝析气田循环注气开发技术

该项目由中国石油勘探开发研究院的王家宏、袁士义、王振彪等完成。凝析气就是液态的油(凝析油)在高温高压的地下溶解在气相当中。在开采过程中,压力下降会导致液相析出,滞留在地层中,造成宝贵的凝析油损失。因此需要“高压注气”来开采。塔里木是我国重要的油气田,截止到 1997 年,已累计探明以牙哈凝析气田为代表的 10 个凝析气田,天然气地质储量 1567.67 亿方,凝析油地质储量 5830.5 万吨,开发好这些凝析气田对于资源利用和“西气东输”意义重大。该项目针对凝析气田开采中的六个难点:①体现储层三维空间真实面貌的综合建模;②夹层高渗透带裂缝三维空间分布预测;③高压循环注气流体相态变化预测;④实验室凝析气样品高压物性精确分析;⑤注气前缘推进速度、形态、突破时间预测;⑥产能、配产配注及综合数值模拟预测进行了研究。取得了三个方面的成果:①针对凝析气田的夹层、高渗透条带、裂缝,完成了三维空间分布预测一体化建模技术及对凝析气田开发影响预测技术;②完成了凝析气田流体样品室内精确试验技术及凝析气田开发过程中地下复杂流体相态变化预测技术;③凝析气田高压循环注气配产配注、注气前缘形态、推进速度及见气时间预测技术。该项目成果总体上达到了国际先进水平,部分(储层裂缝、高渗透条带、夹层特征、产能、开采机理和开发方式等)达到了国际领先水平。其应用情况:①将牙哈凝析气田开采总投资从预算的 13.3 亿元降低为 9.6 亿元;牙哈凝析气田年产凝析油 50 万吨,已经稳产 3 年,凝析油最终采收率为 54.7%,比不循环注气提高 35.7%(不循环注气为 19%)。最终可增产凝析油 462 万吨,可新增产值约 52 亿元。②应用该技术,对柯克亚凝析气田进行了开采方案的调整。通过实验对比,证明柯克亚凝析气田通过循环注气技术凝析油采收率达到 39.2%(提高了 18.2%)。③成功应用于“西气东输”年产气 120 亿方气田及凝析气田的开发方案设计中。

(市科学技术奖励工作办公室)

陆相隐蔽油气藏有效识别技术及应用

该项目由中国石油勘探开发研究院地质所、中国石油天然气股份有限公司吉林油田分公司的赵文智、邹才能、李明等完成。我国石油资源大都存在于陆相地层中,所谓陆相石油就是石油产在陆上河流、湖泊沉积的地层中。相对于产于海洋沉积地层中的海相石油,陆相石油地质条件先天不足,它表现为规模小、丰度差及变化快,所以勘探开发难度很大。我国国民经济迅速发展,能源供需矛盾日益突出。据估算:我国剩余油气可采资源总量 86.6 亿吨,其中大约 60%是隐蔽类油气资源,所以如何找到这些隐蔽类油气资源有着重要意义。针对隐蔽类油气资源目标隐蔽性强、横向变化快和油气性识别难三个特点,本项目开发了三项创新技术:①针对“隐蔽性强”的特点,开发了多因子相干技术,可以解决中国陆相隐蔽油气藏存在的规模小、难识别的难题;②针对“横向变化快”的特点,开发了层序—储层综合预测技术,可预测单个隐蔽砂体空间分布;③针对“油气识别难”的特点开发小波变换技术,能够有效发现薄含油砂体。该成果成功应用于大庆油田、吉林油田、辽河油田的隐蔽油藏的勘探。新增探明石油储量 8381 万吨,天然气储量 362×10^8m^3。累计提供并实施的 25 口探井均已获得高产油流,成功率 100%,取得直接经济效益 19.59 亿元。

(市科学技术奖励工作办公室)

悬浮法聚氯乙烯生产装置成套工艺及关键技术

该项目由北京化二股份有限公司的邴消林、金永利、张又新等完成。聚氯乙烯是五大通用高分子材料之一,由于产量满足不了需求,每年都要进口大量的聚氯乙烯树脂,目前树脂的自给率仅有 60%,而其生产装置($70m^3$ 以上聚合釜)如从国外引进,投资昂贵。国内生产装置基本采用 $30m^3$ 聚合釜,生产工艺落后,污染严重、消耗高、自动化程度低。该项目在消化吸收国外先进技术的基础上,对关键技术进行自主创新,将技术点进行系统集成,成功研制出具有自主知识产权的 $70m^3$ 大型聚合釜装置,并使技术方案、国产化装备和工艺控制达到了最优化。取得了以下主要成果:①$70m^3$ 釜核心技术,包括聚合生产配方技术、密闭入料技术、等温水入料技术、高效防粘釜技术、中途注水技术;②生产关键技术,包括新型汽提技术、新型旋风干燥技术、高压回收氯乙烯技术、粉料输送和成品混料技术、自动包装和散装运输技术;③DCS全自动控制技术,包括组态站、操作站、控制站、紧急事故盘等硬件配置与相应系统控制方案。该成套工艺技术费用为国外引进技术费用的 1/10 左右,如建 4 万吨/年聚氯乙烯生产装置,总投资仅相当于国外引进装置总投资的 1/3。目前,该技术成果在国内十几家企业中进行了技术转让,合计新增聚氯乙烯产能 84 万吨,产值 38.64 亿元,销售收入 47.04 亿元,结束了国外聚氯乙烯大型生产装置垄断我国市场的局面,大大提升了国内聚氯乙烯行业的技术水平和环保水平,提高了国内聚氯乙烯企业在世界范围的市场竞争能力。

(市科学技术奖励工作办公室)

油气勘探和储层预测新技术

该项目由石油大学(北京)、中国石油勘探开发研究院、西北地质研究所的王尚旭、姚逢昌、撒利明等完成。据统计:2003年,我国自产原油1.7亿吨、进口9300万吨(花费140亿美金),进口量超总消费量1/3;石油资源量383亿吨,天然气资源量24.4万亿方,大都分布在复杂地区。该项目的研究,为我国建立了当今世界规模最大、精度最高、功能最全的地球物理模型试验系统。主要成果为:找到了地下油、气、水分布不同引起的地球物理信号中的差异,并以该理论为基础,提出了基于多相介质理论的油气检测方法;提出了基于模型观测系统优化设计方法,填补了国内空白,理论上有重大创新;在理论研究基础上,研发了30项技术,形成10套软件。该成果在大港油田、青海油田和玉门油田得到了普遍的推广应用,提交井位19口,直接经济效益23.45亿元。

(市科学技术奖励工作办公室)

北京城市规划建设与气象条件及大气污染关系研究

该项目由北京市规划委员会、北京市气象局、北京市环保局的刘永清、恽耀南、史捍民等完成。该项目1999年被列为北京市重大科技项目,同时也被科技部列为国家重点科技项目(攻关)计划。取得以下成果:①建立了北京城市规划建设大气环境影响评估指标体系,开发了"北京城市规划建设大气环境影响评估系统"业务工作平台,可快速进行城市、小区、单体不同尺度设计方案对环境气象条件及主要污染物扩散影响的定量评估。②针对北京城市下垫面特征,建立了由城市尺度、小区尺度气象和污染物扩散数值模式、街道单体建筑物尺度气流数值模式构成的模拟系统。③在污染物观测上首次开展了垂直方向上的观测,为北京城市气象观测方案的制定及实施提供了实践工作经验。④制作了北京城市大比例尺地理信息底层数据。⑤在国内首次利用非结构化网格技术进行城市小区、单体建筑物内的气象条件模拟研究。该项目采用了多个学科、多个领域的多项先进技术,开展城市规划建设对大气环境影响评估研究。其成果目前已成功应用于奥运场馆——五棵松文化体育中心规划设计方案、金融街地区改造规划设计方案和奥林匹克公园规划设计方案的大气环境影响评估;对珠江三角洲城市群协调发展及城市群总体规划进行大气环境影响评估;对海口市城市总体规划进行大气环境影响评估等多项工作中。

(市科学技术奖励工作办公室)

镁基片层状及超分子插层结构高抑烟无机纳米阻燃剂的组装

该项目由北京化工大学的段雪、李殿卿、史翎等完成。该项目创制了3类镁基高抑烟无机纳米阻燃剂,主要包括片状结构纳米氢氧化镁(MDH)、层状结构镁铝双金属复合氢氧化物(LDH)和超分子插层结构镁铝双金属复合氢氧化物(LDHs)。为确保实现上述创新结构,提出并突破了全返混旋转液膜反应器快速成核、超分子插层组装和非平衡晶化等系列关键技术。该项目历经8年,申报了7项国家发明专利和3项国际发明专利,构筑了较为完整的自主知识产权体系,建立了可制备片状、层状和超分子插层结构材料的100t/a公共专业技术平台。同时,在国家科技部创新基金的支持下,建立了500t/a片层状及超分子插层结构无机纳米阻燃剂的中试装置;在国家经贸委重点技术创新计划的支持下,建立了1000t/a工业生产装置;在国家计委高技术新材料产业化示范工程计划的支持下，建立了10000t/a的产业化示范装置。项目产品可广泛应用于多种合成材料，大幅度提升材料的阻燃和抑烟性能，从而最大限度地降低火灾事故对人身和财产造成的损害。该项目对我国优势镁资源实现了高值利用，有效解决了废弃镁盐对沿海围栏养殖的危害及减轻了对西部盐湖周边生态环境的恶劣影响。项目创制的系列关键技术，对于无机粉体材料的生产具有工业示范作用，现国家商务部已确定采用本项目产品和技术作为突破欧盟有关技术壁垒的有效措施并加以实施。

（市科学技术奖励工作办公室）

锂离子二次电池正极材料钴酸锂的合成

该项目由中信国安盟固利电源技术有限公司、北京大学的其鲁、尹天一、晨晖等完成。项目主要研究钴酸锂的合成方法及规模化生产。目前，国外同类企业生产钴酸锂通常采用“隧道窑”固相合成法，其生产设备复杂庞大，生产过程也呈现温度高、时间长、能耗高，产品难以系列化，噪声和粉尘污染严重，产品杂质含量较高，电化学性能不够稳定等缺点。MGL公司突破了目前国际上合成钴酸锂的传统生产方式与合成工艺，建立起新颖独特的合成工艺方法和质量控制体系，应用独特的“湿法”合成技术，使原材料金属氧化物在特殊溶剂中形成络合物，常温下达到分子级均匀混合，然后动态除去溶剂，反应生成产物。这种独创的新型反应炉技术，弥补了采用传统“干法”合成技术导致原料在生产过程中难以达到分子级均匀状态，需要反复研磨混合的缺陷，生产过程清洁环保，无噪声、粉尘和“三废”污染，产品纯度高、材料晶相完整，电化学性能优越。该产品自2001年正式投放市场以来，以其“高品质、高性价比”的突出特点赢得了国内外用户的普遍认可，打破了国外产品垄断国内市场的局面，国内市场占有率已达40%，国内产销量第一。现MGL公司钴酸锂生产能力从投产时的250吨/年迅速扩大到1500吨/年，成为世界三大高性能锂离子电池正极材料供应商之一，标志着我国已跨入研究与开发锂离子二次电池的先进国家行列。

（市科学技术奖励工作办公室）

原子尺度的薄膜/纳米结构生长动力学：理论和实验

该项目由中国科学院物理研究所的王恩哥、薛其坤、贾金锋等完成。该项目在原子尺度上的薄膜/全同纳米团簇周期点阵生长与研究方面做出了开创性工作，取得了以下重要研究成果：①提出了反应限制集聚理论(RLA)，发现在表面活性剂作用下存在一个新的壳层屏蔽效应，从而导致了反常的原子集聚过程。该理论与扩散限制集聚理论已成为研究薄膜/纳米结构生长的两个基本理论。②证明原子边－角扩散是决定量子点形状的关键过程，圆满解答了表面物理实验上争论了近十年的形状变化问题，并提出了控制纳米结构形成的新方法。③建立了扩散通道决定不同退化过程的物理模型，发现了制约原子岛稳定性的微观机理，为纳米结构的器件应用奠定了基础。④发明了一种“幻数团簇＋纳米模板”的控制生长方法，首次在国际上制备出完全可控的有序排列的纳米结构阵列全同量子点阵——一种新的二维人造晶格。利用该方法在2～3英寸基板上实现大面积生长，面密度高达1013个/cm^2，并且已在多种金属及其合金上实现。全同纳米团簇二维人造晶格的实现，将会在下一代集成电路制造中的纳米尺度上可控的准确掺杂技术、纳米催化和量子信息处理等领域有重要的应用前景，可能会导致信息处理和高密度储存的个别工艺的突破。该项目先后发表SCI论文30余篇(包括Phys.Rev.Lett六篇)，应邀在美国物理学年会、美国材料学会年会及国际材料联合会年会等重要大型国际学术会议上做特邀报告35次。20篇代表性论文被引用160余次。《Nature》、《Science》、美国物理学会《Phys.Rev.Focus》、美国材料学会《Bulletin》等先后对本研究成果进行了报道。在工业界，英国的EE Times、美国的Technology Research News和Information Satellite等对本研究工作的应用前景给予了高度评价。

(市科学技术奖励工作办公室)

利用北京谱仪在北京正负电子对撞机上完成的2～5GeV能区的R值测量

该项目由中国科学院高能物理研究所的赵政国、黄光顺、胡海明等完成。实验探测Higgs粒子、精确测量标准模型参数、精确检验标准模型和探索超出标准模型的新物理想像一直是粒子物理研究的中心课题。该项目R值实验是在北京正负电子对撞机(BEPC)和北京谱仪(BES)上进行的强子产生截面的绝对测量，是一项大型的科学实验。在2～5GeV能量范围内进行了两轮R实验，分别测量了6个和85个能量点，包括对粲共振结构的细致扫描。R值测量结果的平均误差为6.6%，接近BEPC/BES探测能力的极限，比原有国际上实验的精度提高了2～3倍。2002年的国际粒子数据手册将多年不变的R值图做了重大改动，增加了BES的全部测量结果。国际粒子物理数据库收录了全部R值实验数据。报道R值的两篇文章于2000年和2002年在著名物理杂志《Physical Review Letters》上发表，分别被引用44次和76次。BES的R值测量结果先后应邀在国际会议上报告29次，其中重大国际会议(国际高能物理大会、国际轻子－光子会议、国际强子谱学大会等)特邀报告14次。2000年7月，R值测量的初步结果在日本大阪举行的第30届国际高能物理大会上引起了很大反响，受到国际高能物理界高度赞赏、重视和承认，大会的多个报告先后引用了BES的R值测量结果。标准模型的理论总结报告将BES的R值结果列为近年来国际高能物理研究的重大成果之一。国际著名学者称之为“北京革命”、R值测量的“真正突破”。BEPC/BES的R值实验技术和测量结果处于世界领先地位，并对实验上寻找Higgs粒子、精确检验标准模型、精确测量基本参数和探索新现象做出了重要贡献。

(市科学技术奖励工作办公室)

藻类光合作用捕光蛋白－色素复合物的三维结构与功能研究

该项目由中国科学院生物物理研究所的常文瑞、江涛、张季平等完成。光合作用是自然界中最重要的化学反应。全球每年的燃料消耗量是5×1016kcal，而光合作用所产生的能量相当于全球每年耗能的10倍，光合作用所利用的太阳能远远不足太阳发射到地球能量的1%。因此在提高光能利用效率方面的微小进步所带来的效益都将是非常巨大的。捕光蛋白复合物的三维结构是植物“高光效”研究的结构基础，对能源的利用和新能源的开发均具有重要意义。该项目用X射线单晶结构分析方法测定组成藻类光合作用捕光系统的藻胆蛋白的三维结构，在此基础上探讨光能吸收和传递的途径与机制：①完成了构成藻类捕光系统－藻胆体的3种共4个藻胆蛋白：R－藻红蛋白、R－藻蓝蛋白、C－藻蓝蛋白和别藻蓝蛋白的三维结构的测定和精化。以上三种蛋白均属超大分子,其中R-藻红蛋白的分子量达26万,约为胰岛素的50倍、天花粉的10倍,是国际上第一个R-藻红蛋白的三维结构,也是我国继胰岛素、天花粉之后用同晶置换法测定的第三个具有原始创新性的生物大分子的三维结构。R-藻蓝蛋白是世界上第一个测定的含有藻红胆色素的藻蓝蛋白。②测定的4个藻胆蛋白均为蛋白与色素分子的复合物。基于精确的结构数据,对每种藻胆蛋白内部能量传递的可能通道和传递方式进行了定量的分析和讨论。③基于结构信息的综合分析,提出了能量在藻胆体内传递的可能通路的模型以及由芳香残基组成的能量传递的辅助通路,提出了在不同类型的藻胆蛋白中能量传递的5种方式。上述精确的三维结构数据以及本研究中诸多的新发现,丰富或更新了在藻类捕光蛋白结构与功能研究中已经积累的知识和认识,也为最终揭示光合作用机理做出了重要贡献。该成果共有16篇论文在国内外重要杂志(包括JBC, JMB, Biophys. J等)发表,国际学术会议报告8篇。1996年以前,发表的7个藻胆蛋白的结构均是由德国科学家测定的。1996年本项目的R-藻红蛋白2.8埃结构研究结果的发表,冲破了德国一统天下的局面,使我国成为进入这一研究领域的第二个国家。1996年后国际上共有12个不同藻胆蛋白的结构被测定,中国4个(均为该项目测定)、德国2个、美国1个、法国1个、澳大利亚1个、印度1个、以色列2个。

(市科学技术奖励工作办公室)

飞秒时间分辨光谱技术及其应用

该项目由北京大学的龚旗煌、杨宏、羌笛等完成。在科学研究上,时间分辨测量一直是极为重要的内容。每一次时间分辨测量精度的提高都极大地推进科学研究到一个新的高度,揭示出大量新的自然规律。电脉冲或光脉冲是时间分辨测量的基本工具。电脉冲的测量极限是10^{-12}s(ps)。突破这一限制,实现更短时间分辨(更高分辨精度)的变化研究(如化学反应快速过程、材料激发过程和各种物理相干过程)则惟一依赖于更短激光脉冲的获得。20世纪90年代中,飞秒激光提供了10^{-15}s(fs)量级的超短光脉冲,使得我们可以在更高的时间分辨(精度)下,精确描述各种自然和人工反应的变化过程。利用飞秒光脉冲建立的各种高新飞秒时间分辨光谱技术在化学、物理学和材料科学等领域的创新研究不断涌现。作为这一研究的标志,美国加州理工大学A. Zewail教授由于率先用飞秒超短激光脉冲研究化学反应中的过渡态过程而获得1999年Nobel化学奖。该项目取得了如下成果:①独立地利用国内的光学元件,建立了国际上只有少数几个著名实验室才能建成的飞秒时间分辨光荧光实验系统、飞秒光声光谱实验系统、飞秒光克尔实验系统和飞秒白光泵浦——探测实验系统。自主建立了目前国内惟一的一套飞秒时间分辨荧光动力学过程研究系统(噪声:1~2光子/秒,时间分辨:100fs)。②采用光荧光上转换实验系统,研究了3,3'-磺酸基丙基噻腈三乙胺酸染料分子激发态弛豫的动力学过程。第一次通过直接观测动态荧光验证了Bagchi, Fleming和Oxtoby在1983年提出的激发态无势垒异构理论(BFO理论),工作发表后,马上得到BFO理论作者引用和介绍。研究了TiO_2吸附和大分子包裹的33TC分子光异构的阻碍过程及机理。③利用飞秒时间分辨光克尔系统,通过检测随泵浦光的时间延迟改变的探测光的偏振变化,获得了100飞秒时间分辨的克尔信号。④利用飞秒时间分辨的光克尔实验平台系统地研究了C60、C70、C-纳米管及多种衍生物等光电功能材料超快非线性性质;明确了富勒烯分子本身极弱超快非线性光学响应;证明了形成富勒烯分子电荷转移复合体可显著提高光学非线性响应系数2～3数量级;首次给出单层纳米碳管及其巨大的超快非线性光学系数,证实了富勒烯分子本身极弱电子贡献的三阶光学非线性,提供了获得可实用的富勒烯非线性光学材料新途径。该项目共发表SCI收录论文20余篇,得到了国际同行他引62次,研究工作还被专著所引用和评述。

(市科学技术奖励工作办公室)

高维气体动力学中非线性现象的研究

该项目由首都师范大学、北京信息工程学院、中科院数学与系统科学研究院的李杰权、张朋、张同完成。气体动力学是航天航空、燃烧爆炸、天体物理,以及工程应用等学科的理论基础。高维非线性现象则是气体动力学研究的主要内容。来自不同的领域的许多高维非线性现象可以由相同的数学方程组刻画,即著名的欧拉方程组,它是由质量守恒、动量守恒、能量守恒三大定律导出的。因此,通过研究这一基本的方程组,可揭示高维非线性现象的本质结构。该项目主要围绕欧拉方程,研究高维流场形成的机理,如冲击波的反射、漩涡的产生和气体的扩散等,研究高维非线性波的产生、相互作用和它们的整体结构,取得了以下成果:①欧拉方程的二维黎曼问题。对欧拉方程的核心问题—二维黎曼问题解的结构进行了定性分析和数值模拟,解决了气体向真空的扩散问题,这是18世纪欧拉方程建立以来关于高维欧拉方程非轴对称整体解存在性的第一个严格理论证明;通过研究动力系统的奇点整体连接问题,构造了欧拉方程由漩涡、真空和冲击波等组成的所有五类轴对称解。②欧拉方程的简化模型。根据力学启示将欧拉方程分拆为反映惯性效应的零压流方程和反映压力差效应的压差流方程,发现了零压流中的Dirac－Delta冲击波产生和传播的规律和物理意义,澄清了由压差方程描述的对应于欧拉方程的流场结构。③气体动力燃烧问题及其他研究。从数学上给出了刻画燃烧波的熵条件,证明了一个高维燃烧模型整体解的存在性和惟一性;研究了天体物理的吸积盘模型和Gamma爆的机理。上述研究包含了一系列原创性工作:发展了广义特征和相平面分析相结合的方法;发现了本质上不同于一维的高维非线性波的整体相互作用;清晰刻画了由高维非线性波相互作用构成的解的整体结构;丰富了非线性偏微分方程的理论和方法。研究结果可用于检验数值模拟的可靠性,指导设计新的数值模拟方法。该研究群体被国际同行称为“中国学派”。该项目出版专著1部,由著名的朗文出版社列入《Pitman纯粹和应用数学系列丛书》出版(该专著汇集了本项目组成员1998年以前的研究成果),发表论文22篇(大多数发表在国际知名的SCI刊物上)。全部工作被美国数学会的《数学评论》和欧洲数学会的《数学文摘》收录,其中SCI论文15篇。2003年2月前,被SCI论文引用27次(不包括专著的引用)。

(市科学技术奖励工作办公室)

统计资料

北京地区2003年度科技活动汇总表

表1 北京地区科技活动人员情况

	单位数（个）	有科技活动单位数（个）	科技活动人员（人）	科学家工程师	R&D人员折合全时人员
总计	5966	3813	270921	226263	109947
一、按执行部门分组					
科研院所	350	340	77590	57582	50413
高等院校	78	67	53507	51474	20231
企业	5052	3230	128439	108216	36632
其中:工业企业	2854	1722	76227	60540	18553
其中:大中型企业	432	196	29502	21433	6699
其他	486	176	11385	8991	2671
二、按隶属关系分组					
中央	1241	919	157839	128546	76312
地方	4725	2894	113082	97717	33635
三、按国民经济行业分组					
农、林、牧、渔业	165	101	2649	1646	748
采矿业	21	14	2570	2026	1063
制造业	2811	1695	71496	56726	16498
电力、燃气及水的生产和供应业	32	19	2209	1836	992
建筑业	140	58	6172	4480	603
交通运输、仓储及邮政业	87	52	3732	2715	994
信息传输、计算机服务和软件业	1607	1184	34217	33816	14554
批发与零售业					
住宿与餐饮业					
金融业					
房地产业					
租赁与商务服务业					
科学研究、技术服务与地质勘查业	696	543	89572	67558	52914
水利、环境和公共设设管理业	20	10	174	114	50
居民服务和其他服务					
教育	66	52	45711	43960	16297
卫生、社会保障和社会福利业	2	2	250	217	12
公共管理与社会组织	4	4	265	225	162
国际组织					

表 2　　北京地区科技活动经费情况

	科技活动经费筹集额（万元）	政府资金	科技活动经费支出（万元）	R&D经费内部支出	基础研究	应用研究	试验发展
总　计	4924271	2162419	4610805	2562518	266074	770831	1333925
一、按执行部门分组							
科研院所	2392915	1654259	2226547	1380956	173951	353522	702880
高等院校	508238	272904	436306	254236	63658	138896	46728
企　业	1930223	190378	1852660	910177	26018	275066	573226
其中：工业企业	1275552	125409	1263090	617083	15056	194574	388170
其中：大中型企业	498249	20421	499961	359534	14844	143031	200343
其　他	92895	44878	95292	17149	2447	3347	11091
二、按隶属关系分组							
中　央	3603417	2016395	3317132	1851241	242404	524212	908862
地　方	1320854	146024	1293672	711278	23670	246619	425063
三、按资金来源							
政府资金				1366920			
企业资金				842340			
国外资金				96381			
其他资金				256878			
四、按国民经济行业分组							
农、林、牧、渔业	20446	5722	15463	5612	71	159	3124
采矿业	72112	5714	62771	29299		600	2046
制造业	1178345	114739	1182904	576722	13620	186009	362718
电力、燃气及水的生产和供应业	26353	4956	18532	11063	1431	2559	4987
建筑业	78714	6358	53177	8495	150	1490	6719
交通运输、仓储及邮政业	66967	20275	57890	17243		2071	12760
信息传输、计算机服务和软件业	403601	17411	365919	219699	10249	59765	141219
批发与零售业							
住宿与餐饮业							
金融业							
房地产业							
租赁与商务服务业							
科学研究、技术服务与地质勘查业	2543386	1703182	2389415	1434003	237980	509201	779908
水利、环境和公共设施管理业	1259	183	1125	388		112	275
居民服务和其他服务业							
教　育	490266	259020	420971	242291			8
卫生、社会保障和社会福利业	29514	18232	27991	16966	1864	1963	1127
文化、体育与娱乐业	5333	78	5696	58	1	1	57
公共管理与社会组织	7972	6549	8949	680	57	63	560
国际组织							

表 3 **北京地区科技项目(课题)情况**

	项目(课题)数 (项)	项目参加人员折合全时当量 (人年)	科学家工程师	项目(课题)实际经费支出 (万元)
总　计	46788	113103	94594	2352114
一、按执行部门分组				
科研院所	14767	48443	39900	1155189
高等院校	22643	20893	18215	297248
企　业	8288	39827	33150	871080
其中:工业企业	5467	24637	20547	587769
其中:大中型企业	1118	7975	6655	279102
其　他	1090	3940	3329	28597
二、按活动类型分组				
基础研究	10437	13967	11765	173194
应用研究	15486	30850	26389	602230
试验发展	11732	43688	36288	1116491
研究与试验发展成果应用	4098	14743	11887	304687
科技服务	5035	9856	8266	155512
三、按国民经济行业分组				
农、林、牧、渔业	1929	3482	2650	46360
采矿业	602	1966	1608	59376
制造业	5249	23383	19414	562979
电力、燃气及水的生产和供应业	849	1803	1519	27655
建筑业	419	1182	910	9319
交通运输、仓储及邮政业	511	1673	1379	19700
信息传输、计算机服务和软件业	2257	11680	9710	265788
批发与零售业	19	46	36	784
住宿与餐饮业	2	3	2	22
金融业	34	90	76	1647
房地产业	4	7	6	50
租赁与商务服务业	114	275	265	1876
科学研究、技术服务与地质勘查业	31767	60032	50816	1295618
水利、环境和公共设施管理业	827	1271	973	16300
居民服务和其他服务业	29	46	36	1254
教育	169	385	328	1477
卫生、社会保障和社会福利业	1313	4201	3411	24492
文化、体育与娱乐业	217	464	422	4508
公共管理与社会组织	464	1088	1014	12582
国际组织	13	25	22	326

表 4 北京地区科技成果情况

	专利申请数（件）	发明专利申请数	拥有发明专利数（件）	发表科技论文（篇）	出版科技著作（种）
总　计	6607	4282	3756	88470	7416
一、按执行部门分组					
科研院所	1420	1098	1532	30213	1570
高等院校	1661	1399		50574	5634
企　业	3498	1772	2197	4687	90
其中:工业企业	2942	1478	1966	2396	49
其中:大中型企业	1334	592	367		
其他	28	13	27	2996	122
二、按隶属关系分组					
中　央	3703	3172	2405	77722	6884
地　方	2904	1110	1351	10748	532
三、按国民经济行业分组					
农、林、牧、渔业	11	1	8	87	17
采矿业	46	22	65	747	22
制造业	2893	1455	1857	1588	27
电力、燃气及水的生产和供应业	3	1	44	61	
建筑业	20	10	70	446	14
交通运输、仓储及邮政业	21	7	24	380	8
信息传输、计算机服务和软件业	471	262	106	781	
批发与零售业					
住宿与餐饮业					
金融业					
房地产业					
租赁与商务服务业					
科学研究、技术服务与地质勘查业	3131	2517	1570	82392	7250
水利、环境和公共设施管理业				45	
居民服务和其他服务业					
教育					
卫生、社会保障和社会福利业	11	7	12	1794	52
文化、体育与娱乐业				13	9
公共管理与社会组织				136	17
国际组织					

北京地区2003年度科研院所汇总表

表5 **科研院所科技活动人员情况**

	单位数（个）	有科技活动单位数	科技活动人员（人）	科学家工程师	R&D人员折合全时人员
总　计	267	257	39075	31364	27764
一、按执行部门分组					
科研院所	267	257	39075	31364	27764
高等院校					
企　业					
其　他					
二、按隶属关系分组					
中　央	220	214	34943	28303	25739
地　方	47	43	4132	3061	2025
三、按国民经济行业分组					
农、林、牧、渔业	24	23	2762	2262	1979
采矿业	1	1	234	196	
制造业	19	18	2761	1965	1748
电力、燃气及水的生产和供应业	1	1	110	63	10
建筑业	3	3	155	126	41
交通运输、仓储及邮政业	5	5	1157	937	350
信息传输、计算机服务和软件业	7	7	1028	875	422
批发与零售业					46
住宿与餐饮业					10
金融业	1	1	90	67	17645
房地产业					798
租赁与商务服务业	2	2	109	86	5
科学研究、技术服务与地质勘查业	112	112	17644	15199	333
水利、环境和公共设施管理业	10	10	1855	1507	3522
居民服务和其他服务业	1	1	15	11	114
教育	5	4	679	534	741
卫生、社会保障和社会福利业	34	34	7737	5475	
文化、体育与娱乐业	15	11	702	579	
公共管理与社会组织	27	24	2037	1482	
国际组织					

注：不包括国防科研院所。

表 6　　科研院所科技活动经费情况

	科技活动经费筹集额（万元）		科技活动经费支出（万元）				
		政府资金		R&D经费内部支出	基础研究	应用研究	试验发展
总　计	1346048	824839	1195950	593714	159779	235710	135618
一、按执行部门分组							
科研院所	1346048	824839	1195950	593714	159779	235710	135618
高等院校							
企　业							
其　他							
二、按隶属关系分组							
中　央	1272861	776377	1124781	569925	158763	227113	122333
地　方	73187	48462	71169	23789	1016	8597	13285
三、按资金来源							
政府资金				523585			
企业资金				12214			
国外资金				7050			
其他资金				50865			
四、按国民经济行业分组							
农、林、牧、渔业	88187	70591	82282	35486	1218	9057	23280
采矿业	5682	374	9108				
制造业	80716	49386	69766	39565	6640	20954	9552
电力、燃气及水的生产和供应业	1380	289	1218	55			55
建筑业	3754	910	3790	868			868
交通运输、仓储及邮政业	27659	14087	29312	5646		1167	4037
信息传输、计算机服务和软件业	77844	24501	53366	15321	203	12332	1954
批发与零售业							
住宿与餐饮业							
金融业	200		3406	2133		254	1879
房地产业							
租赁与商务服务业	756	565	799	52			52
科学研究、技术服务与地质勘查业	638963	520435	640668	406865	140115	160659	54665
水利、环境和公共设施管理业	47005	23031	44821	11807	2849	3027	5543
居民服务和其他服务业	413	368	228	49	17	31	
教育	11022	7566	11007	4003	29	777	2536
卫生、社会保障和社会福利业	269263	78012	163680	50356	8176	25994	13683
文化、体育与娱乐业	22177	14374	17093	2179	515	414	1042
公共管理与社会组织	71029	20351	65408	19330	17	1045	16472
国际组织							

表 7 科研院所科技项目(课题)情况

	项目(课题)数	项目参加人员折合全时当量		项目(课题)实际经费支出
	(项)	(人年)	科学家工程师	(万元)
总　计	13285	23699	20038	392876
一、按执行部门分组				
科研院所	13285	23699	20038	392876
高等院校				
企　业				
其　他				
二、按活动类型分组				
基础研究	3497	5380	4598	91117
应用研究	4160	7313	6169	140608
试验发展	2340	5369	4546	73252
研究与试验发展成果应用	793	1765	1438	25628
科技服务	2495	3874	3287	62271
三、按国民经济行业分组				
农、林、牧、渔业	1536	2300	1771	37796
采矿业	74	194	192	4777
制造业	670	1621	1257	37062
电力、燃气及水的生产和供应业	505	455	348	10871
建筑业	52	90	88	498
交通运输、仓储及邮政业	257	706	497	9248
信息传输、计算机服务和软件业	797	1233	1138	37391
批发与零售业	7	12	11	154
住宿与餐饮业	1	1	1	8
金融业	32	85	72	1629
房地产业	4	7	6	50
租赁与商务服务业	84	185	176	1216
科学研究、技术服务与地质勘查业	6720	11126	9845	200991
水利、环境和公共设施管理业	753	1105	846	14339
居民服务和其他服务业	29	46	36	1254
教育	162	369	314	1264
卫生、社会保障和社会福利业	1025	2985	2330	20840
文化、体育与娱乐业	205	440	401	4145
公共管理与社会组织	359	716	687	9019
国际组织	13	25	22	326

表8 科研院所科技成果情况

	专利申请数（件）	发明专利申请数	拥有发明专利数（件）	发表科技论文（篇）	出版科技著作（种）
总　计	1323	1054	1463	27256	1313
一、按执行部门分组					
科研院所	1323	1054	1463	27256	1313
高等院校					
企　业					
其　他					
二、按隶属关系分组					
中　央	1277	1027	1405	24852	1205
地　方	46	27	58	2404	108
三、按国民经济行业分组					
农、林、牧、渔业	115	85	88	1689	126
采矿业				200	30
制造业	86	73	148	1236	31
电力、燃气及水的生产和供应业	1			12	
建筑业	3			12	
交通运输、仓储及邮政业	5	2	1	181	7
信息传输、计算机服务和软件业	6	6	1	354	17
批发与零售业					
住宿与餐饮业					
金融业	5	3	6		
房地产业					
租赁与商务服务业				17	2
科学研究、技术服务与地质勘查业	1022	841	1132	16912	765
水利、环境和公共设施管理业	34	8	6	621	57
居民服务和其他服务业	1		1	2	
教育				623	40
卫生、社会保障和社会福利业	39	34	70	3976	160
文化、体育与娱乐业	2		5	211	13
公共管理与社会组织	4	2	5	1210	65
国际组织					

北京地区2003年度转制科研院所汇总表

表9　　**转制科研院所科技活动人员情况**

	单位数（个）	有科技活动单位数（个）	科技活动人员（人）	科学家工程师	R&D人员折合全时人员
总　计	126	110	23653	18074	7341
一、按转制方向分组					
转为企业或进入企业集团	112	97	21685	16623	7283
工业企业	74	61	14901	11071	5635
非工业企业	38	36	6784	5552	1648
转为非企业单位	14	13	1968	1451	58
其中:并入高校	1	1	43	32	18
二、按隶属关系分组					
中　央	71	67	20550	16043	6686
地　方	55	43	3103	2031	655
三、按国民经济行业分组					
农、林、牧、渔业					
采矿业	5	5	2449	1896	968
制造业	76	63	13480	9861	4509
电力、燃气及水的生产和供应业	4	4	1097	976	259
建筑业	8	7	2150	1883	359
交通运输、仓储及邮政业	6	6	2275	1827	699
信息传输、计算机服务和软件业	7	7	872	622	256
批发与零售业	1	1	9	6	
住宿与餐饮业					
金融业					
房地产业					
租赁与商务服务业	1	1	40	30	22
科学研究、技术服务与地质勘查业	16	14	1094	869	259
水利、环境和公共设施管理业	1	1	46	33	
居民服务和其他服务业					
教育					
卫生、社会保障和社会福利业	1	1	141	71	10
文化、体育与娱乐业					
公共管理与社会组织					
国际组织					

表10 转制科研院所科技活动经费情况

	科技活动经费筹集额（万元）	政府资金	科技活动经费支出（万元）	R&D经费内部支出	基础研究	应用研究	试验发展
总　计	591167	135196	558572	152045	2287	19582	105352
一、按转制方向分组							
转为企业或进入企业集团	555435	121116	525932	151000	2287	19526	104363
工业企业	380874	83454	388013	117515	2134	13926	83186
非工业企业	174561	37662	137919	33485	153	5600	21176
转为非企业单位	35732	14080	32640	1045		56	989
其中:并入高校	890	164	769	237		56	182
二、按隶属关系分组							
中　央	540581	124536	511693	143230	2287	19046	98630
地　方	50586	10660	46878	8815		535	6722
三、按资金来源							
政府资金				48584			
企业资金				86589			
国外资金				19			
其他资金				16853			
四、按国民经济行业分组							
农、林、牧、渔业							
采矿业	68468	6404	61588	25476	6	5965	16684
制造业	313192	84889	340998	86490	2128	8028	62461
电力、燃气及水的生产和供应业	35621	7122	27346	7628			5542
建筑业	72858	6058	39979	6029		966	4944
交通运输、仓储及邮政业	58016	20560	48878	12224		784	9026
信息传输、计算机服务和软件业	16226	3203	8153	1563		693	800
批发与零售业	216	177	342				
住宿与餐饮业							
金融业							
房地产业							
租赁与商务服务业	477	314	492	145			145
科学研究、技术服务与地质勘查业	24126	5884	28968	12285	153	31465545	
水利、环境和公共设施管理业	515	351	456				
居民服务和其他服务业							
教育							
卫生、社会保障和社会福利业	1451	234	1374	206			206
文化、体育与娱乐业							
公共管理与社会组织							
国际组织							

表 11 **转制科研院所科技项目(课题)情况**

	项目(课题)数(项)	项目参加人员折合全时当量(人年)	科学家工程师	项目(课题)实际经费支出(万元)
总　计	3713	11077	8777	179982
一、按转制方向分组				
转为企业或进入企业集团	3560	10675	8472	171508
工业企业	2591	8121	6321	146666
非工业企业	969	2554	2151	24842
转为非企业单位	153	402	305	8474
其中:并入高校	8	26	19	231
二、按活动类型分组				
基础研究	21	54	51	1382
应用研究	327	987	827	14541
试验发展	1617	5289	4174	72872
研究与试验发展成果应用	770	2518	1895	52386
科技服务	978	2228	1831	38802
三、按国民经济行业分组				
农、林、牧、渔业				
采矿业	516	1655	1250	42719
制造业	2109	6137	4655	97700
电力、燃气及水的生产和供应业	239	789	731	10861
建筑业	231	496	373	6125
交通运输、仓储及邮政业	372	1210	1061	8819
信息传输、计算机服务和软件业	29	274	256	2437
批发与零售业	8	6	4	31
住宿与餐饮业				
金融业				
房地产业				
租赁与商务服务业	6	19	6	170
科学研究、技术服务与地质勘查业	194	475	429	11010
水利、环境和公共设施管理业	7	9	7	55
居民服务和其他服务业				
教育				
卫生、社会保障和社会福利业	2	7	6	55
文化、体育与娱乐业				
公共管理与社会组织				
国际组织				

表 12 转制科研院所科技成果情况

	专利申请数（件）	发明专利申请数	拥有发明专利数（件）	发表科技论文（篇）	出版科技著作（种）
总　计	646	467	1402	4106	93
一、按转制方向分组					
转为企业或进入企业集团	646	467	1402	3968	88
工业企业	615	448	1300	2728	49
非工业企业	31	19	102	1240	39
转为非企业单位				138	5
其中:并入高校				29	
二、按隶属关系分组					
中　央	604	457	1334	3835	89
地　方	42	10	68	271	4
三、按国民经济行业分组					
农、林、牧、渔业					
采矿业	42	22	63	783	25
制造业	564	422	1203	1965	30
电力、燃气及水的生产和供应业	11	5	43	196	6
建筑业	12	5	70	393	16
交通运输、仓储及邮政业	10	6	22	393	9
信息传输、计算机服务和软件业			1	11	
批发与零售业				5	2
住宿与餐饮业					
金融业					
房地产业					
租赁与商务服务业					
科学研究、技术服务与地质勘查业	7	7		354	5
水利、环境和公共设施管理业				1	
居民服务和其他服务业					
教育					
卫生、社会保障和社会福利业				5	
文化、体育与娱乐业					
公共管理与社会组织					
国际组织					

北京地区2003年度高等院校汇总表

表13 高等院校科技活动人员情况

	单位数		科技活动人员		
	（个）	有科技活动单位数（个）	（人）	科学家工程师	R&D人员折合全时人员
总　计	78	67	53507	51474	20231
一、按执行部门分组					
科研院所					
高等院校	78	67	53507	41474	20231
企　业					
其　他					
二、按隶属关系分组					
中　央	37	35	36682	35122	14971
地　方	41	32	16825	16352	5260
三、按国民经济行业分组					
农、林、牧、渔业					
采矿业					
制造业					
电力、燃气及水的生产和供应业					
建筑业					
交通运输、仓储及邮政业					
信息传输、计算机服务和软件业					
批发与零售业					
住宿与餐饮业					
金融业					
房地产业					
租赁与商务服务业					
科学研究、技术服务与地质勘查业					
水利、环境和公共设施管理业					
居民服务和其他服务业					
教育	62	51	45701	43950	16292
卫生、社会保障和社会福利业	16	16	7806	7524	3939
文化、体育与娱乐业					
公共管理与社会组织					
国际组织					

表 14 高等院校科技活动经费情况

	科技活动经费筹集额（万元）	政府资金	科技活动经费支出（万元）	R&D经费内部支出	基础研究	应用研究	试验发展
总　计	508237	272904	436305	254237	63658	138896	46728
一、按执行部门分组							
科研院所							
高等院校	508237	272904	436305	254237	63658	138896	46728
企　业							
其　他							
二、按隶属关系分组							
中　央	456519	239448	387866	227378			
地　方	51718	33455	48439	26859			
三、按资金来源							
政府资金				134449			
企业资金				83893			
国外资金				12893			
其他资金				23001			
四、按国民经济行业分组							
农、林、牧、渔业							
采矿业							
制造业							
电力、燃气及水的生产和供应业							
建筑业							
交通运输、仓储及邮政业							
信息传输、计算机服务和软件业							
批发与零售业							
住宿与餐饮业							
金融业							
房地产业							
租赁与商务服务业							
科学研究、技术服务与地质勘查业							
水利、环境和公共设施管理业							
居民服务和其他服务业							
教育	490254	259020	420943	242283			
卫生、社会保障和社会福利业	17983	13884	15362	11954			
文化、体育与娱乐业							
公共管理与社会组织							
国际组织							

表 15 高等院校科技项目(课题)情况

	项目(课题)数(项)	项目参加人员折合全时当量(人年)	科学家工程师	项目(课题)实际经费支出(万元)
总　计	22643	20893	18215	297248
一、按执行部门分组				
科研院所				
高等院校	22643	20893	18215	297248
企　业				
其　他				
二、按活动类型分组				
基础研究	6681	6588	5577	60899
应用研究	9446	9737	8444	130993
试验发展	4705	2758	2606	45688
研究与试验发展成果应用	639	721	617	35555
科技服务	1172	1089	971	24113
三、按国民经济行业分组				
农、林、牧、渔业				
采矿业				
制造业				
电力、燃气及水的生产和供应业				
建筑业				
交通运输、仓储及邮政业				
信息传输、计算机服务和软件业				
批发与零售业				
住宿与餐饮业				
金融业				
房地产业				
租赁与商务服务业				
科学研究、技术服务与地质勘查业	22643	20893	18215	297248
水利、环境和公共设施管理业				
居民服务和其他服务业				
教育				
卫生、社会保障和社会福利业				
文化、体育与娱乐业				
公共管理与社会组织				
国际组织				

表 16 高等院校科技成果情况

	专利申请数（件）	发明专利申请数	拥有发明专利数（件）	发表科技论文（篇）	出版科技著作（种）
总　计	1661	1399	–	50574	5634
一、按执行部门分组					
科研院所					
高等院校			–		
企　业					
其　他					
二、按隶属关系分组					
中　央	1572	1329	–	44356	5265
地　方	89	70	–	6218	369
三、按国民经济行业分组					
农、林、牧、渔业			–		
采矿业			–		
制造业			–		
电力、燃气及水的生产和供应业			–		
建筑业			–		
交通运输、仓储及邮政业			–		
信息传输、计算机服务和软件业			–		
批发与零售业			–		
住宿与餐饮业			–		
金融业			–		
房地产业			–		
租赁与商务服务业			–		
科学研究、技术服务与地质勘查业			–		
水利、环境和公共设施管理业			–		
居民服务和其他服务业			–		
教育	1651	1394	–	46019	5525
卫生、社会保障和社会福利业	10	5	–	4555	109
文化、体育与娱乐业			–		
公共管理与社会组织			–		
国际组织			–		

北京地区2003年度大中型工业企业汇总表

表17　　**大中型工业企业科技活动人员情况**

	企业数（个）	有科技活动企业数	科技活动人员（人）	科学家工程师	R&D人员折合全时人员
总　计	432	196	J29502	21433	6699
一、按登记注册类型分组					
国　有	110	53	6783	4938	2157
集　体	24	7	339	218	69
股份合作	8				
联　营	8	4	115	104	39
有限责任公司	65	35	6681	4966	1940
股份有限公司	56	47	8989	6217	1671
私　营	21	8	544	440	96
其他内资	1				
港澳台商投资	40	10	2693	2069	162
外商投资	99	32	3358	2481	565
二、按隶属关系分组					
中　央	72	42	8214	5359	2602
地　方	360	154	21288	16074	4097
三、按国民经济行业分组					
农、林、牧、渔业					
采矿业	5	1	185	160	
制造业	412	188	27640	19901	5793
电力、燃气及水的生产和供应业	15	7	1677	1372	906
建筑业					
交通运输、仓储及邮政业					
信息传输、计算机服务和软件业					
批发与零售业					
住宿与餐饮业					
金融业					
房地产业					
租赁与商务服务业					
科学研究、技术服务与地质勘查业					
水利、环境和公共设施管理业					
居民服务和其他服务业					
教育					
卫生、社会保障和社会福利业					
文化、体育与娱乐业					
公共管理与社会组织					
国际组织					

表 18　　**大中型工业企业科技活动经费情况**

	科技活动经费筹集额（万元）	政府资金	科技活动经费支出（万元）	R&D经费内部支出	基础研究	应用研究	试验发展
总　计	498249	20421	499961	359534	14844	143032	200344
一、按登记注册类型分组							
国　有	47136	6190	42104	25596	1640	7400	16349
集　体	2419		2936	1423		808	615
股份合作							
联　营	849		778	703		135	568
有限责任公司	68464	4964	67539	45875	596	4859	40014
股份有限公司	154452	6961	159373	112592	5788	39533	67004
私　营	5656	100	5817	4519	261	3241	996
其他内资							
港澳台商投资	119107		121642	100939	3887	46877	50175
外商投资	100166	2206	99772	67887	2672	40179	24623
二、按隶属关系分组							
中　央	132710	11362	120312	88985	5726	29206	53720
地　方	365539	9059	379646	270550	9118	113825	146622
三、按资金来源							
政府资金				14736			
企业资金				322904			
国外资金				447			
其他资金				21449			
四、按国民经济行业分组							
农、林、牧、渔业							
采矿业	1547		1547				
制造业	484369	20396	489088	352221	13413	140922	196568
电力、燃气及水的生产和供应业	12333	25	9324	7314	1431	2109	3774
建筑业							
交通运输、仓储及邮政业							
信息传输、计算机服务和软件业							
批发与零售业							
住宿与餐饮业							
金融业							
房地产业							
租赁与商务服务业							
科学研究、技术服务与地质勘查业							
水利、环境和公共设施管理业							
居民服务和其他服务业							
教育							
卫生、社会保障和社会福利业							
文化、体育与娱乐业							
公共管理与社会组织							
国际组织							

表 19 **大中型工业企业科技项目(课题)情况**

	项目(课题)数(项)	项目参加人员折合全时当量(人年)		项目(课题)实际经费支出(万元)
			科学家工程师	
总　计	118	7975	6656	27910
一、按登记注册类型分组				
国　有	296	1651	1383	20384
集　体	23	67	67	1392
股份合作				
联　营	10	18	17	532
限责任公司	254	1654	1298	46275
股份有限公司	320	1904	1497	66066
私　营	20	102	88	3633
其他内资				
港澳台商投资	49	1184	1163	82060
外商投资	146	1395	1143	58760
二、按活动类型分组				
基础研究	34	151	112	3074
应用研究	315	1940	1692	114196
试验发展	515	4437	3677	120138
研究与试验发展成果应用	254	1447	1174	41694
科技服务				
三、按国民经济行业分组				
农、林、牧、渔业				
采矿业	32	71	71	1228
制造业	995	7395	6182	272668
电力、燃气及水的生产和供应业	91	510	402	5206
建筑业				
交通运输、仓储及邮政业				
信息传输、计算机服务和软件业				
批发与零售业				
住宿与餐饮业				
金融业				
房地产业				
租赁与商务服务业				
科学研究、技术服务与地质勘查业				
水利、环境和公共设施管理业				
居民服务和其他服务业				
教育				
卫生、社会保障和社会福利业				
文化、体育与娱乐业				
公共管理与社会组织				
国际组织				

表 20　　大中型工业企业科技成果情况

	专利申请数（件）	发明专利申请数	拥有发明专利数（件）	发表科技论文（篇）	出版科技著作（种）
总　计	1334	592	367		
一、按登记注册类型分组					
国　有	47	8	13		
集　体			5		
股份合作	0	0	0		
联　营	1	1	1		
有限责任公司	143	84	71		
股份有限公司	417	138	250		
私　营	120	24	1		
其他内资	0	0	0		
港澳台商投资	583	320	13		
外商投资	23	17	13		
二、按隶属关系分组					
中　央	303	137	181		
地　方	1031	455	186		
三、按国民经济行业分组					
农、林、牧、渔业					
采矿业					
制造业	1334	592	367		
电力、燃气及水的生产和供应业					
建筑业					
交通运输、仓储及邮政业					
信息传输、计算机服务和软件业					
批发与零售业					
住宿与餐饮业					
金融业					
房地产业					
租赁与商务服务业					
科学研究、技术服务与地质勘查业					
水利、环境和公共设施管理业					
居民服务和其他服务业					
教育					
卫生、社会保障和社会福利业					
文化、体育与娱乐业					
公共管理与社会组织					
国际组织					

2003年北京地区获国家自然科学奖成果目录

二等奖

序号	项目编号	项 目 名 称	主要完成人	完成单位	推荐单位
1	Z-102-2-01	氮的间隙原子效应及新型磁性材料研究	杨应昌、程本培、杨金波、毛伟华、张晓东	北京大学	教育部
2	Z-102-2-02	求解光学逆问题的一种新方法及其在衍射光学中的应用	杨国桢、顾本源、董碧珍、汪力	中国科学院物理研究所	中国科学院
3	Z-103-2-02	光电功能膜材料基础研究	黄春辉、李富友、甘良兵、黄岩谊、王科志	北京大学	专家推荐
4	Z-104-2-01	有毒化学污染物形态研究中的联用技术、方法学及相关机理	江桂斌、严秀平、倪哲明、牟世芬、韩恒斌	中国科学院生态环境研究中心	国家环境保护总局

2003年北京地区获国家技术发明奖成果目录

二等奖

序号	项目编号	项 目 名 称	主要完成人	完成单位	推荐单位
1	F-203-2-01	猪高产仔数FSHβ基因的发现及其应用研究	李 宁、赵要风、吴常信、张建生、连正兴、胡晓湘	中国农业大学	教育部
2	F-213-2-01	聚丙烯新型高效催化剂的研究开发及工业应用	毛炳权、杨菊秀、夏先知、杨霭春、李珠兰、李天益	中国石油化工股份有限公司北京化工研究院	中国石油化工集团公司
3	F-218-2-01	高放废液全分离流程萃取设备(核用离心萃取器)研究	于文东、周嘉贞、刘秉仁、吴秋林、段五华、宋崇立	清华大学	教育部
4	F-219-2-01	石英数字式力传感器及系列全数字化电子衡器的研究与产业化	冯冠平、朱惠忠、刘岩、董永贵、吴东鑫、王晓红	清华大学	北京市
5	F-219-2-02	高分辨率测深侧扫声纳	朱维庆、刘晓东、朱敏	中国科学院声学研究所	中国科学院

2003年北京地区获国家科学技术进步奖成果目录

特等奖

序号	项目编号	项 目 名 称	主要完成人	完成单位	推荐单位
1	J-245-0-01	中国载人航天工程	王永志等	中国载人航天工程办公室等	总装备部

一等奖

序号	项目编号	项 目 名 称	主要完成人	完成单位	推荐单位
2	J－218－1－01	加速器辐射源移动式集装箱检查系统系列的研制及产业化	康克军、高文焕、林郁正、王经瑾、陈志强、李荐民、苗齐田、刘以农、唐传祥、李元景、李君利、胡海峰、童德春、梁志忠、陈怀璧	清华大学、清华同方威视技术股份有限公司	北京市
3	J－201－1－02	中国农作物种质资源收集保存评价与利用		中国农业科学院、山西省农业科学院、湖北省农业科学院、四川省农业科学院、江苏省农业科学院、西北农林科技大学农学院、广西壮族自治区农业科学院、云南省农业科学院、山东省农业科学院、黑龙江省农业科学院	农业部
4	J－210－1－01	苏丹 Muglad 盆地1/2/4区高效勘探的技术与实践	童晓光、苏永地、窦立荣、雍凤军、潘校华、朱向东、徐志强、孙开江、吕功训、王会祥、张　杰、肖坤叶、田作基、任祖标、周劲松	中国石油天然气勘探开发公司、中国石油天然气股份有限公司勘探开发研究院	中国石油天然气集团公司
5	J－210－1－02	神东现代化矿区建设与生产技术	叶　青、吴　元、张喜武、宫一棣、杨景才、王金力、王　安、戴绍诚、顾大钊、鹿志发、杨汉宏、寇　平、张子飞、伊茂森、孙小高	神华集团有限责任公司、神华集团神府东胜煤炭有限责任公司	中国煤炭工业协会
6	J－221－1－01	秦岭特长铁路隧道修建技术		铁道第一勘察设计院、中国铁路工程总公司、中国铁路建筑总公司、中铁隧道集团有限公司、中铁十八局集团有限公司、中铁一局集团有限公司、铁道科学研究院、中铁西南科学研究院、西南交通大学、石家庄铁道学院	铁道部
7	J－232－1－01	我国短期气候预测系统的研究	丁一汇、黄荣辉、王绍武、李维京、张学洪、赵振国、祝昌汉、林而达、庄丽莉、王馥棠、张建云、赵宗慈、李　骥、王锦贵、瞿盘茂	国家气候中心、中国科学院大气物理研究所、国家气象中心、北京大学、中国农业科学院农业气象研究所、水利部水利信息中心、中国气象科学研究院、国家卫星气象中心、国家海洋环境预报中心、沈阳区域气象中心	国家气象局
8	J－234－1－01	血瘀证与活血化瘀研究	陈可冀、李连达、翁维良、王　阶、刘建勋、史大卓、钱振淮、林成仁、张问渠、周绍华、徐铭渔、徐　浩、高凤辉、张金妹、涂秀华	中国中医研究院西苑医院	国家中医药管理局

二等奖

序号	项目编号	项 目 名 称	主要完成人	完成单位	推荐单位
9	J-203-2-01	中国西门塔尔牛新品种选育	许尚忠、陈幼春、贾恩棠、李俊雅、王雅春、王 淮、沙比尔哈孜、段丽君、邵志文、王晓华	中国农业科学院畜牧研究所、通辽市家畜繁育指导站、通辽市高林屯种畜场、新疆维吾尔自治区地方国营呼图壁种牛场、四川省阳平种牛场、四川省畜牧科学研究院、新疆维吾尔自治区畜禽繁育改良总站	北京市
10	J-210-2-14	煤层气勘探技术研究与试验	赵庆波、吴国干、李景明、李五忠、张建博、王红岩、姚 超、李安启、单文文、李文阳	中国石油天然气股份有限公司勘探开发研究院廊坊分院、华北石油管理局、中国石油长庆油田公司勘探开发研究院、大港油田集团钻采工艺研究院	北京市
11	J-219-2-07	CORBA系统实现一致性声明的需求和指南	亓 峰、王智立、孟洛明、陈兴渝、李文璟、邱雪松、张军峰、林 巍、芮兰兰、杨正球	北京邮电大学、北京市天元网络技术有限公司	北京市
12	J-220-2-04	Hopen嵌入式操作系统	钟锡昌、王新社、韦 忠、高 悦、丁 未、于欣鸣、许 晶、赵 征、苏晓峰、汤晋琪	北京中科院软件中心有限公司、北京凯思昊鹏软件工程技术有限公司	北京市
13	J-220-2-08	基于多功能感知理论的中国手语识别与合成研究	高 文、尹宝才、王兆其、陈熙霖、马继涌、王春立、陈益强、宋益波、方高林、杨长水	中国科学院计算技术研究所、北京工业大学、哈尔滨工业大学	北京市
14	J-231-2-03	有毒有害有机废水高新生物处理技术	钱 易、李福德、黄 霞、文湘华、顾国维、王建龙、陆正禹、陈忠余、樊耀波、赵建夫	清华大学、中国科学院成都生物研究所、同济大学	北京市
15	J-233-2-01	创面延迟愈合发生机制与促愈合基因工程一类新药的研发与应用	付小兵、徐明波、李校坤、盛志勇、孙同柱、陈玉林、孙晓庆、王勇波、沈祖尧、赵 冰	中国人民解放军第三〇四医院、北京双鹭药业股份有限公司	北京市
16	J-233-2-03	颅内动脉瘤的外科治疗及其形成和破裂的基础研究	王忠诚、赵继宗、王 硕、赵元立、张 东、李京生、隋大立、王德江、王 嵘、齐 巍	首都医科大学附属北京天坛医院	北京市

（续表）

序号	项目编号	项 目 名 称	主要完成人	完成单位	推荐单位
17	J－233－2－11	腮腺慢性疾病的病因、诊断、治疗的基础和临床应用研究	王松灵、徐岩英、邹兆菊、胡碧琼、朱宣智、李　钧、孙　涛、章魁华、王　雁、马绪臣	首都医科大学口腔医学院、北京大学口腔医学院	北京市
18	J－201－2－08	黄淮海平原持续高效农业综合技术研究与示范	郝晋珉、高旺盛、张兴权、王和洲、夏穗生、王　璞、郭洪海、闫晓明、刘小京、王秋杰	中国农业大学、中国科学院地理科学与资源研究所、中国农业科学院农田灌溉研究所、江苏省农业科学院、山东省农业科学院、安徽省农业科学院、中国科学院石家庄农业现代化研究所	农业部
19	J－202－2－01	主要针叶树种种子园人工促进开花结实机理、技术与应用	尹伟伦、王宏乾、周振庠、梁海英、张　明、尹　浩、王朝孟、阎海平、董　源、陈雪梅	北京林业大学、湖北省林木种苗管理站、内蒙古乌尔旗汉林业局	国家林业局
20	J－202－2－03	中国森林生态网络体系建设研究、示范与应用	彭镇华、费本华、王　成、张旭东、孙启祥、李宏开、吴泽民、章　铁、费世民、祝　宁	中国林业科学研究院林业研究所、安徽农业大学森林利用学院、东北林业大学、四川省林业科学研究院、江苏省林业科学研究院	国家林业局
21	J－202－2－05	三倍体毛白杨新品种选育	朱之悌、张志毅、康向阳、林惠斌、李　云、李新国、赵勇刚、段安安、张金凤、李金忠	北京林业大学，山东省国营冠县苗圃、威县林业局苗圃场、晋州市苗圃场，河北省邯郸市峰峰矿区苗圃场	国家林业局
22	J－210－2－02	全国土地资源的利用现状和权属调查	马克伟、向洪宜、孙　毅、温明炬、查宗祥、刘育成、蔡乃煌、张明达、杨在田、刘顺喜	中国土地勘测规划院、国土资源部信息中心	国土资源部
23	J－210－2－03	西藏扎布耶盐湖资源评价—矿床成因、地质勘查、动态观察与开发实验	郑绵平、张永生、杨卉芃、赵元艺、刘喜方、郭珍旭、邓月金、齐　文、卜令忠、乜　贞	中国地质科学院矿产资源研究所、中国地质科学院郑州矿产综合利用研究所、国家地质实验测试中心	国土资源部
24	J－210－2－06	中国复杂区油气地球物理勘探理论与技术	牟永光、钱荣钧、王尚旭、狄帮让、曹思远、戴世坤、陈小宏、魏建新、胡天跃、王润秋	石油大学(北京)、中国石油集团地球物理勘探局	教育部

（续表）

序号	项目编号	项 目 名 称	主要完成人	完成单位	推荐单位
25	J－210－2－08	地理空间信息的遥感高精度快速提取技术及产业化	林宗坚、程　烨、张继贤、李英成、李紫薇、卢　健、周　一、邱志成、张炳智、孙　杰	中国测绘科学研究院、中国土地勘测规划院、广东省国土资源信息中心、武汉大学、陕西测绘局、湖南省测绘局	国家测绘局
26	J－210－2－10	低渗透油田高效开采配套技术	沈平平、袁士义、胡文瑞、梁春秀、王嘉淮、宋新民、王道富、何树山、钱根宝、蒋　闽	中国石油天然气股份有限公司勘探开发研究院、中国石油长庆油田分公司、中国石油长庆石油勘探局、天然气股份有限公司吉林油田分公司、吉林石油集团有限责任公司、中国石油天然气股份有限公司新疆油田分公司、新疆维吾尔自治区石油管理局	中国石油天然气集团公司
27	J－210－2－12	青藏高原中西部航磁概查	熊盛青、周伏供、姚正煦、薛典军、段树岭、刘振军、张永军、郭建华、梁秀娟、赵玉刚	中国国土资源航空物探遥感中心	国土资源部
28	J－210－2－16	深部开采动力灾害预测及其危害性评价与防治研究	蔡美峰、纪洪广、乔　兰、王金安、李　铁、裴佃飞、张树学、李长洪、孙学会、王双红	北京科技大学、抚顺市地震局、山东黄金集团有限公司玲珑金矿、吉林海沟黄金矿业有限责任公司、辽宁天宝能源股份有限公司虎台煤业分公司、煤炭科学研究总院抚顺分院	国家安全生产监督局
29	J－213－2－01	气相法高效聚乙烯催化剂	李天益、肖明威、唐瑞国、房广信、田玉善、叶晓峰、张西国、蔡祥军、钟向宏、罗河宽	中国石油化工股份有限公司北京化工研究院、上海化工研究院、中原石油化工有限责任公司、中国石化集团茂名石油化工公司、上海立得催化剂有限公司、中国石化齐鲁股份有限公司	中国石油化工集团公司
30	J－213－2－05	苯和乙烯液相烷基化生产乙苯成套技术开发	张凤美、杨清雨、王　瑾、宋嘉波、肖雪军、张　赪、黄志渊、赵西明、李明林、何应华	中国石油化工股份有限公司石油化工科学研究院、中国石化北京燕化石油化工股份有限公司、中国石化工程建设公司、湖南建长石化股份有限公司、温州市双华石化三剂制造厂	中国石油化工集团公司

（续表）

序号	项目编号	项 目 名 称	主要完成人	完成单位	推荐单位
31	J－214－2－02	Y7 和 Y7－200A 型飞机驾驶员风挡玻璃研制	马春荣、左　岩、周骥才、王启元、汪如洋、李秀荣、刘维华、刘宝琴、祖成奎、张保军	中国建筑材料科学研究院	中国建筑材料工业协会
32	J－215－2－08	千吨级非晶带材及铁芯生产线	李俊义、刘国栋、冯怀同、刘树林、孙学范、周少雄、阎仲亭、王六一、陈文智、张占全	钢铁研究总院	中国钢铁工业协会
33	J－216－2－05	高效能超音速等离子喷涂技术的研究与应用	徐滨士、王海军、张　平、王正平、朱　胜、梁志杰、马世宁、韩文政、梁秀兵	中国人民解放军装甲兵工程学院	中国机械工业联合会
34	J－216－2－08	SPHERE200 超精密球面镜加工机床	贺大兴、苏春生、赵惠英、闫志新、索　奇、文平阶、景喜瑞、陶玉琴、庞海平、罗英俊	北京机床研究所	中国机械工业联合会
35	J－217－2－02	大型电力系统中电力电子和 FACTS 装置仿真软件包 EMTPE 的研究与开发	林集明、陈珍珍、王晓彤、陈葛松、杨少勇	中国电力科技研究院	国家电力公司
36	J－218－2－01	控制棒驱动系统研制	李金贤、王治国、赵晓刚、左　文、李红鹰、闫玉辉、乔　风、丁迪曾、杨　柯、黄可东	中国核动力研究设计院、中国核工业总公司北京核仪器厂、成都飞机工业（集团）有限责任公司	国防科学技术工业委员会
37	J－219－2－05	TD－SCDMA 第三代移动通信技术标准	李世鹤、杨贵亮、李　峰、李默芳、曹淑敏、张晓丽、李小文、徐广涵、李　军、熊思民	电信科学技术研究院、中国移动通信集团公司、信息产业部电信传输研究所、重庆邮电学院、北京邮电大学	信息产业部
38	J－219－2－09	卫星遥感数据存档介质转换与处理系统	李传荣、杨仁忠、王　文、李　安、杨祥福、唐伶俐、潘习哲、姜　琳、李子扬、兰　敢	中国科学院中国遥感卫星地面站	中国科学院

（续表）

序号	项目编号	项 目 名 称	主要完成人	完成单位	推荐单位
39	J－220－2－01	曙光3000和可扩展并行计算机系统	孙凝晖、徐志伟、李国杰、樊建平、孟　丹、杜晓黎、侯建如、张佩珩、肖利民、马　捷	中国科学院计算技术研究所	中国科学院
40	J－220－2－05	分布式虚拟现实应用系统开发与支撑环境	赵沁平、吴　威、沈旭昆、李思昆、王精业、吴恩华、郝爱民、梁晓辉、姚益平、赵　龙	北京航空航天大学、中国人民解放军国防科学技术大学、中国人民解放军装甲兵工程学院、浙江大学、中国科学院软件研究所、中国人民解放军信息工程大学	教育部
41	J－220－2－06	大规模断层数据的分割和三维重建及其应用	田　捷、何晖光、张晓鹏、张兆田、李恩中、周曙光、赵明昌、杨　鑫、葛行飞、李光明	中国科学院自动化研究所、广东威尔医学科技股份有限公司	中国科学院
42	J－220－2－09	高性能东方文字文档智能全信息数字化系统	丁晓青、刘长松、吴佑寿、陈　明、彭良瑞、方　驰、张嘉勇、文　迪、郭繁夏、郑冶枫	清华大学	信息产业部
43	J－220－2－10	资源环境、区域经济空间信息共享应用网络	阎守邕、徐　枫、曾　澜、陈宣庆、王世新、庄大方、李浩川、陈蓓玉、王庆杰、杨丽沛	中国科学院遥感应用研究所、国家信息中心、国家计委宏观经济研究院信息咨询中心、中国水利水电科学研究院、国家林业局信息中心、国土资源部信息中心、国家海洋信息中心	中国科学院
44	J－222－2－03	全国水库防洪调度决策支持系统工程	邱瑞田、王本德、郭生练、包为民、万海斌、周惠成、钟平安、田以堂、陈森林、李兴学	国家防汛抗旱总指挥部办公室、大连理工大学、河海大学、武汉大学、水利部南京水利水文自动化研究所、北京市水利自动化研究所、北京海淀燕禹通信遥测联合新技术开发部	水利部
45	J－222－2－04	全国300个节水增产重点县建设技术推广项目	李代鑫、冯广志、姜开鹏、吴守信、赵竞成、顾宇平、王晓玲、高占义、黄修桥、张玉欣	中国灌溉排水发展中心、国家节水灌溉北京工程技术研究中心、水利部农田灌溉研究所	水利部

（续表）

序号	项目编号	项目名称	主要完成人	完成单位	推荐单位
46	J-230-2-01	10伏约瑟夫森结阵电压基准	高　原、李红晖、沈雪槎、张　健	中国计量科学研究院	国际质量监督检验检疫总局
47	J-230-2-02	灵香草的防虫作用及档案防虫剂的试验研究	徐同根、王宜欣、赵　鹏、叶正梗、郭青贤、史　博、骆丽萍	中央档案馆	国家档案局
48	J-231-2-02	难降解有机工业废水新型预处理技术及关键设备	刘鸿亮、余刚、周岳溪、蒋展鹏、李发生、谢茂松、赵建夫、栾兆坤、张彭义、孔　欣	中国环境科学研究院、清华大学、同济大学、中国科学院大连化学物理研究所、中国科学院生态环境研究中心	国家环境保护总局
49	J-232-2-01	中国地震动参数区划图编制	胡聿贤、高孟潭、张培震、陈国星、谢富仁、薄景山、时振梁、黄玮琼、周本刚、汪素云	中国地震局地球物理研究所、中国地震局地质研究所、中国地震局工程力学研究所、中国地震局分析预报中心、中国地震局地壳应力研究所	中国地震局
50	J-233-2-04	提高主动脉外科手术疗效的临床研究和应用	孙立忠、常　谦、吴清玉、朱俊明、郑　军、刘永民、程卫平、赵晓琴、李桂芬、刘　平	中国医学科学院阜外心血管病医院	卫生部
51	J-233-2-06	心脏起搏及埋藏式心律转复除颤器治疗致命性心律失常的临床研究	陈　新、王方正、张　澍、华　伟、孙瑞龙、张奎俊、马　坚、任自文、余培贞、王锦志	中国医学科学院阜外心血管病医院	卫生部
52	J-234-2-01	栝楼属（Trichosanthes L.）植物的系统演化及其药材的分子鉴定研究	黄璐琦、乐崇熙、王　敏、杨　滨、诚静容、顾红雅、罗永明、郭兰萍、姚三桃、付桂芳	中国中医研究院中药研究所	国家中医药管理局
53	J-235-2-04	丙肝试剂系列国家标准参考品及高质量诊断试剂的研究	祁自柏、凌世淦、陶其敏、毕胜利、李河民、张贺秋、冯百芳、江永珍、周　诚、宋晓国	中国药品生物制品检定所、中国人民解放军军事医学科学院基础医学研究所、北京大学肝病研究所、中国预防医学科学院病毒学研究所	国家药品监督管理局

2003年北京市科学技术奖成果目录

2003年北京市科学技术奖申报推荐项目共697项，根据《北京市科学技术奖励办法》及《北京市科学技术奖励办法实施细则》，评选出本年度市科学技术奖获奖项目294项，其中一等奖21项，二等奖123项，三等奖150项。本年度申报部门推荐项目的分类统计情况是：通过本市各区、县推荐的项目数为49项，占申报总数的7%；市政府各委、办、局、总公司推荐的项目数为326项，占申报数的46.8%；高等院校推荐131项，占申报数的18.8%；其他在京有关单位推荐的项目数为191项，占申报数的27.4%。

具体获奖情况如下：

评审专业组	项目申报情况		项目获奖情况		一等奖	二等奖	三等奖
	项目数(%)	比例(%)	项目数(%)	比例(%)			
农业林业组	63	9.04	27	9.18	1	15	11
医疗卫生组	156	22.38	66	22.45	2	23	41
中医中药组	32	4.59	14	4.76		6	8
药物生物组	35	5.02	11	3.74	1	4	6
电子通信组	58	8.32	26	8.84	3	10	13
计算机组	61	8.75	25	8.5	2	10	13
工业技术组	88	12.63	38	12.93	4	18	16
城市建设组	54	7.75	24	8.16	1	8	15
环境保护组	36	5.16	14	4.76		6	8
城管交通组	26	3.73	11	3.74		5	6
材料科学组	24	3.44	11	3.74	2	7	2
基础研究组	30	4.30	14	4.76	5	7	2
软科学组	34	4.88	13	4.42		4	9
总计	697	100	294	100	21	123	150

(北京市科技奖励工作办公室)

一等奖

序号	获奖编号	项目名称	完成单位	主要完成人
1	2003农-1-001	鸡马立克氏病CVI988/Rispens冷冻活疫苗	北京市农林科学院畜牧兽医研究所 北京翎羽禽病防治技术开发有限公司	周　蛟、李汉秋、林　健、周　煜、王　菁、赵　蕾、张培君、宋维平、张建伟、李秋菊、管　艺、王　强
2	2003医-1-001	人胎肝转录组及新基因的规模发掘与功能研究	中国人民解放军军事医学科学院放射医学研究所	贺福初、张成岗、鱼咏涛、瞿祥虎、魏汉东、马晓芸、翟　芸、周钢桥、邢桂春、刘晓勤、王茫桔、吴松峰

（续表）

序号	获奖编号	项目名称	完成单位	主要完成人
3	2003医-1-002	IgA肾病凝血纤溶与细胞外基质代谢异常的分子机制及干预	中国人民解放军总医院	陈香美、蔡广研、师锁柱、吴　杰林洪丽、邱　强、王建中、刘文虎汤　力、田　月、王兆霞、陈　仆
4	2003药-1-001	ATP敏感性钾通道及其新结构类型的开放剂的研究	中国人民解放军军事医学科学院毒物药物研究所 北京赛德维康医药研究院	汪　海、龙超良、崔文玉、刘　蔚、杨日芳、胡　刚、何华美、刘　蔚、王　林、恽榴红、肖文彬
5	2003电-1-001	先进的深亚微米工艺技术及新型器件	中国科学院微电子中心	吴德馨、刘训春、叶甜春、谢常青、陈大鹏、郑英奎、魏　珂、李　兵、汪锁发、刘　明、曹振亚、陈宝钦
6	2003电-1-002	风云二号01批卫星空间环境监测器及其探测结果	中国科学院空间科学与应用研究中心	朱光武、林华安、梁金宝、王世金、黄红锦、张　微、孙越强、李保权、邓素云、高　萍、沈思忠、李政元
7	2003电-1-003	"星光"系列数字影像芯片	北京中星微电子有限公司	邓中翰、杨晓东、张　辉、张韵东、俞　青、朱　军
8	2003计-1-001	联想深腾1800大规模计算机系统	联想(北京)有限公司	祝明发、肖利民、杜晓黎、陆卫东、贺志强、孙育宁、程菊生、郝沁汾、刘　军、吴雪丽、柳书广、赵玉萍
9	2003计-1-002	新一代大型全组件式GIS软件平台SuperMap	北京超图地理信息技术有限公司 中国科学院地理科学与资源研究所	钟耳顺、宋关福、王尔琪、吴秋华、陈俊华、滕寿威、李绍俊、王康弘、曾志明、张立立、朱　江、黎　涛
10	2003工-1-001	高压凝析气田循环注气开发技术	中国石油勘探开发研究院	王家宏、袁士义、王振彪、孙龙德、宋文杰、李保柱、朱玉新、田昌炳、宋新民、夏　静
11	2003工-1-002	陆相隐蔽油气藏有效识别技术及应用	中国石油勘探开发研究院地质所 中国石油天然气股份有限公司吉林油田分公司	赵文智、邹才能、李　明、张　研、刘　晓、赵一民、梁春秀、侯启军、王玉华、赵志魁、蒙启安、李建中
12	2003工-1-003	悬浮法聚氯乙烯生产装置成套工艺及关键技术	北京化二股份有限公司	郦涓林、金永利、张又新、邵建平、刘庆生、程洪斌、朱　平、李春平、姜春燕、李承志、高俊恒、王冀平
13	2003工-1-004	油气勘探和储层预测新技术	石油大学(北京) 中国石油勘探开发研究院 西北地质研究所	王尚旭、姚逢昌、撒利明、狄帮让、徐基祥、刘全新、王润秋、陈小宏、裴正林、魏建新、甘利灯、赵应成
14	2003城-1-001	北京城市规划建设与气象条件及大气污染关系研究	北京市规划委员会 北京市气象局 北京市环保局	刘永清、恽耀南、史捍民、惠西宁、王晓云、陈　倬、郭文利、季崇萍、李　炬、刘凤辉、陈鲜艳

（续表）

序号	获奖编号	项目名称	完成单位	主要完成人
15	2003材－1－001	镁基片层状及超分子插层结构高抑烟无机纳米阻燃剂的组装	北京化工大学	段　雪、李殿卿、史　翎、李　峰、高绪国、张瑞良、王治强、张　慧、何　静、何俊玲、沈　军、张法智
16	2003材－1－002	锂离子二次电池正极材料钴酸锂的合成	中信国安盟固利电源技术有限公司 北京大学	其　鲁、尹天一、晨　晖、安　平、高　峰、斯琴图雅、魏兆杰
17	2003基－1－001	原子尺度的薄膜/纳米结构生长动力学：理论和实验	中国科学院物理研究所	王恩哥、薛其坤、贾金锋、刘邦贵、厉建龙、吴　静、李茂枝、张青哲、王俊忠、刘　熙
18	2003基－1－002	利用北京谱仪在北京正负电子对撞机上完成的2～5GeV能区的R值测量	中国科学院高能物理研究所	赵政国、黄光顺、胡海明、陈江川、吕军光、秦　庆、庄保安、赵棣新、吴英志、陈光培、高翠山、薛生田
19	2003基－1－003	藻类光合作用捕光蛋白－色素复合物的三维结构与功能研究	中国科学院生物物理研究所	常文瑞、江　涛、张季平、梁栋材、刘锦玉
20	2003基－1－004	飞秒时间分辨光谱技术及其应用	北京大学	龚旗煌、杨　宏、羌　笛、张铁桥、王树峰、黄文涛、李建良
21	2003基－1－005	高维气体动力学中非线性波的研究	首都师范大学 北京信息工程学院 中科院数学与系统科学研究院	李杰权、张　朋、张　同

二等奖

序号	获奖编号	项目名称	完成单位	主要完成人
1	2003农－2－001	农业科技园区规划、技术体系及其应用研究	中国农业科学院 南京农业大学	翟虎渠、许越先、曾希柏、杨其长、蒋和平、沈贵银、褚保金、姜卫兵、陈文林
2	2003农－2－002	玉米弯孢菌叶斑病病原菌生物学、遗传多样性和种质抗病性研究	中国农业科学院作物品种资源研究所 北京市植物保护站	戴法超、王晓鸣、焦志亮、金晓华、朱振东、杨建国、高卫东、武小菲
3	2003农－2－003	外来入侵生物－B型烟粉虱的发生规律和防治技术	中国农业科学院蔬菜花卉研究所 北京市农林科学院植物保护环境保护研究所	罗　晨、张友军、张　帆、徐宝云、吴青君、张君明、谷希树、崔文清、胡敦孝

（续表）

序号	获奖编号	项目名称	完成单位	主要完成人
4	2003农-2-004	应用胚胎生物技术建立良种肉牛繁育体系和生产体系	中国农业科学院畜牧研究所 内蒙古家畜改良工作站 山东省农科院动物生物技术研究中 河南省农业科学院生物技术研究所 山西省家畜冷冻精液中心 山西省计划生育科学研究所 中国科学院动物研究所	罗应荣、李树静、朱化彬、仲跻峰、徐照学、余文莉、胡月岭、曹红鹤、刘金荣
5	2003农-2-005	桃产品质量及生产技术规程标准研究与推广	北京市平谷区质量技术监督局 北京农学院 北京市平谷区人民政府 平谷区果品办公室 平谷区科学技术委员会	张玉林、王有年、宋福蓁、许跃东、王永军、张和芹、李福芝、崔肃轩、周士龙
6	2003农-2-006	非传统机械化麦田套种玉米高产耕作技术体系研究	北京市农业技术推广站 中国农业大学 北京农学院 北京市房山区种植业服务中心 北京市房山区农业机械研究所 北京市昌平区农业服务中心 新疆农垦科学院作物所	恽友兰、周春江、申　琳、宋慧欣、刘瑞涵、相志洪、王文静、林建民、郭友怀
7	2003农-2-007	优质、高产、稳产冬小麦新品种“京9428”的选育	北京市种子公司	李彰明、郑　渝、吴绍宇、福德平、郭良尧、万海山、赵青春、王忠义、金　强
8	2003农-2-008	应用胚胎生物技术建立高产奶牛繁育体系和生产体系	北京奶牛中心	周瑞君、张胜利、石万海、朱玉林、宣柏华、张新慧、乔燕平、吕　奇、梁鹏飞
9	2003农-2-009	北京市现代化节水型农业研究与示范	北京市水利科学研究所 中国农业大学 清华大学 北京农业信息技术研究中心 北京市农林科学院植物资源与营养研究所 北京市水利自动化研究所 北京市水利水电技术中心 北京市通州区水资源局 北京市大兴区水资源局	刘洪禄、杨培岭、赵春江、丁跃元、李秀春、曹　岳、郝仲勇、张书函、李　红
10	2003农-2-010	基于3S技术的北京市水土保持生态环境管理信息系统	北京市水土保持工作总站 清华大学 北京市水利科学研究所	段淑怀、张思聪、党安荣、周玉喜、唐莉华、吴敬东、靳怀成、马洪兵、李永贵

(续表)

序号	获奖编号	项目名称	完成单位	主要完成人
11	2003农-2-011	BL-甲醛消纳剂生产与应用技术	北京林业大学	李光沛、刘　毅、李建章、张　建、王晓辉、董万才、顾　波、蔡　博
12	2003农-2-012	树木木材形成与材性改良及抗旱耐盐性提高机理与基因工程分子基础	北京林业大学	蒋湘宁、尹伟伦、王沙生、陈雪梅、谷瑞升、刘群录、陆　海、申晓辉、李　悦
13	2003农-2-013	水分吸着与解吸过程中木材与水分之间的相互作用	北京林业大学	赵广杰、曹金珍、
14	2003农-2-014	牧草、饲料行业综合信息系统开发关键技术研究和应用	中国农业大学 中国农业科学院农业自然资源和农业区划研究所 北京集百思信息技术有限公司	涂　真、辛晓平、李德发、王道龙、李宇红、缪建明、朱晓萍、刘　佳、杨绍坤
15	2003农-2-015	"牵手"果蔬汁的研制与开发	北京市农林科学院蔬菜研究中心 北京牵手果蔬饮品有限责任公司	赵晓燕、刘凤洲、马　越、吴　喆、梁　毅、徐自华、张　平、刘　玲
16	2003医-2-001	立体定向脑内病变活检方法的临床研究	中国人民解放军海军总医院	于　新、刘宗惠、李士月、田增民、陈小函、徐永革、孟宇红、于　雪
17	2003医-2-002	慢性骨筋膜室综合征动物模型建立、骨骼肌病理变化机制的研究	北京军区总医院	白跃宏、孙天胜、欧阳颀、杨远滨张龙海、
18	2003医-2-003	生长因子调控重要内脏缺血性损伤主动修复的基础研究	中国人民解放军三〇四医院	付小兵、盛志勇、孙同柱、孙晓庆、杨银辉、陈　伟、晋　桦
19	2003医-2-004	术中超选择血管置泵治疗胃肠道肿瘤及新型泵管的研制	中国人民解放军三零九医院 北京航天卡迪技术开发研究所	蒲永东、张大幕、蔡忠军、王健康、朱志东、何建苗、曹颖俐、董立国、杨　波
20	2003医-2-005	线粒体肌病和线粒体脑肌病的临床和发病机理研究	中国人民解放军空军总医院	宋东林、石　进、吕　强、张英谦、陈晋文、张　宏、张卫清、王　恒、蔡　庆
21	2003医-2-006	呼吸道吸入天然钍(ThO_2)和稀土矿尘联合作用的研究	中国疾病预防控制中心辐射防护与核安全医学所 包钢白云鄂博铁矿职工医院	陈兴安、高凤鸣、王玉珍、肖慧娟、程永娥、陈　莲、杨英杰、甄　荣、韩轩茂
22	2003医-2-007	乙型肝炎病毒准种研究	中国人民解放军第302医院	成　军、董　菁、刘　妍、皇　甫、竞　坤、钟彦伟、王　刚、李　莉、王业东
23	2003医-2-008	中国人群HIV辅助受体基因多态性特点及其意义的研究	中国人民解放军第三〇二医院 中国医学科学院医药生物技术研究所	王福生、蒋建东、金　磊、洪卫国、汪　悦、雷周云、刘明旭、徐东平、赵　敏

（续表）

序号	获奖编号	项目名称	完成单位	主要完成人
24	2003医-2-009	睫状体相关疾病的形态和发病机制的系列研究	首都医科大学附属北京同仁医院 中山大学中山眼科中心	王宁利、杨文利、刘　磊、魏文斌、刘　文、朱晓青、王　涛、庞秀琴、宋维贤
25	2003医-2-010	高分辨率CT技术在眼耳鼻咽喉科临床应用的系列研究	首都医科大学附属北京同仁医院	王振常、鲜军舫、魏永祥、刘中林、刘　莎、周　兵、田其昌、兰宝森、杨本涛
26	2003医-2-011	拇短屈肌移位重建拇对掌功能应用研究	北京积水潭医院 北京市创伤骨科研究所	朱　伟、王澍寰、张友乐、韦加宁、胡　琪
27	2003医-2-012	糖尿病神经元退行性变的发病机理及防治策略	首都医科大学宣武医院	盛树力、赵咏梅、张人玲、王蓬文、卢　艳、姬志娟、赵志炜、王　蓉、晋志高
28	2003医-2-013	生理性舒张功能减退与舒张性心力衰竭的鉴别诊断及临床意义	首都医科大学宣武医院 清华大学	华　琦、张　建、高　敬、秦　俭、沈祖培、陈海翎、皮　林、李　静
29	2003医-2-014	老年痴呆的流行病学研究	首都医科大学宣武医院	汤　哲、孟　琛、张新卿、吴晓光、陈　彪、闵宝全、刁丽君
30	2003医-2-015	调节促炎性介质和抗炎性介质平衡治疗急性坏死性胰腺炎的系列实验研究	首都医科大学附属北京友谊医院	谷俊朝、王　宇、薛建国、张忠涛、李建设
31	2003医-2-016	婴儿维生素K缺乏的研究	首都儿科研究所	林良明、刘玉琳、鲁　杰、赵小元、张新利
32	2003医-2-017	宫腔镜的临床应用与基础研究	首都医科大学附属复兴医院 北京市宫腔镜诊治中心	夏恩兰、段　华、黄晓武、郑　杰、于　丹、段惠兰、张　玫
33	2003医-2-018	儿童非共同性斜视治疗	北京大学第一医院	刘家琦、郭静秋、甘晓玲、李巧娴、田桂芬、陈斯同
34	2003医-2-019	芳香烃有机溶剂暴露和遗传易感性对生殖结局的影响	北京大学基础医学院	陈大方、王黎华、潘小川、刘彤杉、王晓斌、李　莉、杨　萍、陈　栎
35	2003医-2-020	缺氧预适应的脑机制	首都医科大学	吕国蔚、崔秀玉、赵兰峰、安仰原、高翠英
36	2003医-2-021	我国防盲治盲现状的研究和防盲治盲工作的实施	中国医学科学院北京协和医院 北京市顺义区卫生局 北京市顺义区医院 中国中医研究院眼科医院	赵家良、胡　铮、胡天圣、睢瑞芳、李长荣、降丽娟、宋学峰、毛　进、刘小力
37	2003医-2-022	食管癌遗传易感分子机制的研究	中国医学科学院肿瘤研究所	林东昕、谭　文、陆士新、邢德印

（续表）

序号	获奖编号	项目名称	完成单位	主要完成人
38	2003医－2－023	玻璃体切除手术治疗黄斑前膜的临床研究	中国医学科学院北京协和医院	董方田、张承芬、陈有信、睢瑞芳、杜　虹、戴荣平
39	2003中－2－001	放化损伤致血虚证的分子基础及相关补血药物研究	中国人民解放军军事医学科学院放射医学研究所	高　月、刘永学、马增春、陈　鹏、谭洪玲、王升启、马百平、路晓钦、梁乾德
40	2003中－2－002	从抗蛇毒中草药中寻找拮抗内皮素新途径	中国人民解放军空军总医院	王　峰、杨连春、季小慎、刘　敏、吕　敏、王京媛、蔡　庆、金　涛、吉小莉
41	2003中－2－003	骨折愈合应力适应性的研究	中国中医研究院骨伤科研究所 广东省佛山市中医院	董福慧、陈逊文、钟红刚、徐志强、赵　勇、关继超、吴冠男、陈志维、刘效仿
42	2003中－2－004	中药材道地性的系统研究——赤芍	中国中医研究院中药研究所	胡世林、廖福龙、周红涛、冯学锋、李　文
43	2003中－2－005	莪术颗粒抗肝纤维化的临床与机理研究	中国中医研究院广安门医院 北京佑安医院 河南省安阳市第五人民医院	姚乃礼、刘绍能、殷海波、常志遂、朱天琪、李秀惠、徐瑞平、周　斌、白宇宁
44	2003中－2－006	中国姜黄属生药学研究与数字化中药鉴定	中国人民解放军第三〇二医院	肖小河、袁海龙、赵艳玲、夏文娟、陈　菁、蔡光明、刘峰群、刘太华、贺承山
45	2003药－2－001	神经营养因子的系列研究	中国人民解放军军事医学科学院基础医学研究所	范　明、邵宁生、王嘉玺、柳　川、刘淑红、吴　燕、王金惠、王会信、汪家政
46	2003药－2－002	痢疾杆菌全基因组序列测定与分析	中国疾病预防控制中心病毒病预防控制所 复旦大学 中国疾病预防控制中心传染病预防控制所 北京大学人民医院 国家人类基因组北方研究中心 华北制药集团有限责任公司	金　奇、刘　红、杨　帆、张笑冰、董　杰、薛　颖、朱俊萍、孙立连、侯云德
47	2003药－2－003	病毒载体基因技术治疗药物质控方法的研究和质量标准的建立	中国药品生物制品检定所	王军志、饶春明、高　凯、林建伟、吴小兵、张　翊、李永红、韩春梅、丁有学
48	2003药－2－004	人参皂甙 Rb1 和 Rg1 生物学活性的新发现	中国医学科学院药物研究所	张均田、屈志炜、刘　忞、李君庆、连晓媛、王晓英

（续表）

序号	获奖编号	项目名称	完成单位	主要完成人
49	2003电－2－001	声表面波低插入损耗滤波器	中国科学院声学研究所	何世堂、李红浪、金国华、解　述、魏建辉、梁　勇
50	2003电－2－002	光分插复用设备	清华大学 大唐电信科技股份有限公司光通信分公司	李艳和、朱　洪、郑小平、彭　肖、张汉一、黄　鹏、何永琪、王　峥、焦悦光
51	2003电－2－003	中频反应双靶磁控溅射制备二氧化硅膜并与氧化铟锡膜的在线联镀	清华大学 深圳豪威真空光电子股份有限公司	查良镇、许　生、范垂祯、侯晓波、高文波、赵　来、陈　旭、吴克坚、颜远全
52	2003电－2－004	MIMU总体技术研究	清华大学	尤　政、顾启泰、任大海、刘学斌、毛　刚、董　斌、尚　捷、赵　瑞、苏　琨
53	2003电－2－005	基于小波变换的输电线路暂态行波分析和故障测距理论研究	清华大学 西安交通大学 淄博科汇电气有限公司	董新洲、葛耀中、徐丙垠、陈　平、李　京、陈　羽
54	2003电－2－006	卫星舱内高能粒子监测和空间辐射环境研究	北京大学	肖　佐、邹积清、仲维英、邹　鸿、包尚联、徐萍芳
55	2003电－2－007	压电复合材料及其传感器	北京信息工程学院	张福学、王丽坤、王光灿、李　光、朱嘉林
56	2003电－2－008	北京供电公司调度自动化网络安全系统	华北电力集团公司北京供电公司 北京东方启天信息技术有限公司	潘敬东、舒　彬、董　宁、赵　钢、邹跃中、刘庆堂、张晓丹、韦凌霄、张君毅
57	2003电－2－009	中速磨直吹式制粉系统锅炉等离子煤粉点火系统应用研究	华北电力科学研究院有限责任公司 烟台龙源电力技术有限责任公司 天津大唐盘山发电有限责任公司	梁燕钧、唐　宏、陈会平、苗雨旺、梅东升、牛　涛、毛永清、陈　刚、付　东
58	2003电－2－010	DUM4850B型智能高频通讯开关电源系统	北京动力源科技股份有限公司	占景辉、史　强、李　辉、刘宗祥、周卫军、吕　魏、沈为民、吕　杨、王志勇
59	2003计－2－001	基于混合匹配的指纹识别系统与应用	中国科学院自动化研究所 北京数字指通软件技术有限公司	田　捷、杨　鑫、何晖光、何余良、张堂辉、詹　宇、陈　宏、程建刚、陈新建
60	2003计－2－002	基于智能特征模型的铝电解智能控制技术开发应用	航天科技集团502所北京康拓科技开发总公司	吴宏鑫、田维洪、王迎春、龚春雷、耿长福、冷正旭、刘　鑫、谢青松、李　枫
61	2003计－2－003	JWBP型列车移动补票系统V1.0	北京经纬信息技术公司 铁道科学研究院电子计算研究所	张家锋、张　彦、贾利民、史　宏、姜　利、方振球、徐　达、付　迪、武振华

（续表）

序号	获奖编号	项目名称	完成单位	主要完成人
62	2003计-2-004	10TB光盘数据库信息系统	清华大学 清华同方光盘股份有限公司	裴　京、徐端颐、徐海峥、潘龙法、熊剑平、郑　蘋、过　渡、王　琳、凡叔军
63	2003计-2-005	多语机器翻译及其系列应用系统	华建电子有限责任公司 华建机器翻译有限公司	陈肇雄、黄河燕、彭　颖、许洁萍、葛伟强、赵红梅、吴世锋、黄　静、黄卫东
64	2003计-2-006	方正飞腾集成排版系统	北京北大方正集团公司 北京北大方正电子有限公司	李果峰、汤　帜、杨雷鸣、闫国龙、唐英敏、王学武、张　宁、侯晓辉、黄宇涛
65	2003计-2-007	第五次全国人口普查光电录入系统	清华紫光股份有限公司 国家统计局计算中心 清华大学	李新友、王明磊、徐铁夫、朱晓燕、谢绍东、郜峰麟、石志瑞、赵　元、张守清
66	2003计-2-008	大规模网络入侵检测与预警系统	北京启明星辰信息技术有限公司	严望佳、刘　恒、许金鹏、周力丹、王　虹、苏　砼、蒋　涛、李秀峰
67	2003计-2-009	组织干部管理信息领域软件构造技术及应用系统	北京大学软件工程国家工程研究中心 中共北京市委组织部 北京北大青鸟软件工程有限公司	张世琨、李维良、姜毅群、陈　平、李恭元、李永洪、郝延东、张君福、胡致斌
68	2003计-2-010	中国税收征管信息系统	国家税务总局征收管理司 国家税务总局信息中心 神州数码软件有限公司	王　秀、范　坚、林明鹊、李毓瑞、陈　洧、姚　琴、廖朝晖、崔晓天、袁保玑
69	2003工-2-001	J55-2500离合器式螺旋压力机	北京机电研究所 青岛锻压机械集团公司	张　浩、李志刚、楼　捷、王　辉、王立霞、江　升、苏政利、张元良、吴代生
70	2003工-2-002	复合纺丝及纺织染深加工成套技术	中国纺织科学研究院	孟昭林、黄　庆、袁　平、王　辉、李　杰、赵立东、潘菊芳、许志强、陈　伟
71	2003工-2-003	四维三分量地震储层表征技术方法研究	中国石油勘探开发研究院 冀东油田分公司	甘利灯、谢占安、邹才能、周海民、刘　宇、胡　英、杜文辉、姚逢昌、穆立华
72	2003工-2-004	中国含油气系统与油气分布规律	中国石油勘探开发研究院	赵文智、何登发、池英柳、雷振宇、张立平、石　昕、罗晓容、王社教
73	2003工-2-005	玉门青西深层复杂岩性裂缝性油藏储层表征及开发技术研究	中国石油勘探开发研究院	袁士义、陈建军、肖毓祥、冉启全、胡永乐、袁玉刚、李福垲、宋新民、张爱卿

（续表）

序号	获奖编号	项目名称	完成单位	主要完成人
74	2003工-2-006	梳形抗盐聚合物研制	中国石油勘探开发研究院	罗健辉、沈平平、卜若颖、白凤鸾、刘玉章、张　颖、王平美、朱怀江、杨静波
75	2003工-2-007	联想电脑公司集成化物流系统	北京起重运输机械研究所	陆大明、祁庆民、尹军琪、陈涤新、王欣旭、徐庆才、侯　娟、高其润、赵　峰
76	2003工-2-008	QZL系列自动控制垃圾搬运起重机	北京起重运输机械研究所	刘武胜、郎运鸣、岳文翀、李书梁、代建华、马　焉、方大鹏、顾　原、袁方定
77	2003工-2-009	高配比废纸浆生产高档文化用纸技术	北京造纸七厂	张宝发、许　震、张万刚、周占宝、赵爱兵、章兆武、张万林、李宝平
78	2003工-2-010	V-N微合金化HRB400热轧带肋钢筋的研制与应用	首钢总公司 钢铁研究总院	张功焰、王全礼、杨才福、刘晶志、王　莉、鲁丽燕、李永东、杨　雄、金永春
79	2003工-2-011	利用焦化工艺处理废塑料技术研究与开发	首钢技术研究院 北京首钢股份有限公司焦化厂	钱　凯、廖洪强、汤长庚、王　奇、蔺　华、赵　鹏、何亚斌、余广炜、邱冬英
80	2003工-2-012	链篦机-回转窑-环冷机法生产球团矿新工艺	北京首钢设计院 首钢矿业公司 北京科技大学 鞍山冶金设计研究总院	徐亚军、夏雷阁、郝树华、王纪英、沙黎明、周育才、黄　晋、李学俭、孔令坛
81	2003工-2-013	欧曼重卡雄师系列载货汽车	北汽福田汽车股份有限公司	陈言平、周昆兵、张红松、林梅友、丁祖学、马先元、王兴魁、田孟义、唐玉福
82	2003工-2-014	聚对苯二甲酸丁二醇酯的熔融扩链研究	清华大学	郭宝华、谢续明、胡　平、徐　军、李　松、张增民
83	2003工-2-015	中石油克拉玛依石化分公司Ⅰ套常减压蒸馏装置先进控制和优化控制应用	北京化工大学 中油克拉玛依石化分公司	潘立登、甄新平、王文新、王子镐、李　荣、马俊英、张进明、徐永新、聂雪媛
84	2003工-2-016	20000Nm3/h空分操作仿真系统	北京科技大学 济南鲍德气体有限公司	王　立、张永护、童莉葛、刘玉良、张延平、周艺军、李化治、高新德、杨　晶
85	2003工-2-017	管输油FCC装置VQS技术开发与工业应用	石油大学(北京) 中国石化工程建设公司 中石化股份公司九江分公司	卢春喜、杨启业、童仲轩、曹占友、张必强、赖光愚、时铭显、李荣榍、武迎建

（续表）

序号	获奖编号	项目名称	完成单位	主要完成人
86	2003工－2－018	高压气体质量流量在线监测检定装置的研制	北京首科石化自动化设备有限公司 北京交通大学(原北方交通大学) 中石化集团北京化工研究院 北京首科集团公司	胡燕祝、章梓茂、吴宇宏、郎　琦、王霄汉、吕　忠、何　兵、李　旭、张庆水
87	2003城－2－001	电控附着式升降脚手架与模板一体化成套技术应用研究	北京市建筑工程研究院 北京市第六建筑工程公司 北京建工集团总承包部	游大江、赵玉章、平福泉、于大海、任海波、徐湘生、张知昌、陈丹林、祖道春
88	2003城－2－002	地下铁道、轻轨交通工程测量规范	北京城建勘测设计研究院有限责任公司	秦长利、刘汉泉、周天福、王策民、于来法、吴克明、张明燮、蔡振来、陈之中
89	2003城－2－003	地下导洞－隔离桩墙防护技术	北京城建设计研究院有限责任公司 中铁隧道集团 北京交通大学	崔志杰、马锁柱、项彦勇、魏　怡、刘元重、惠丽萍、韩少光、王福柱、王先堂
90	2003城－2－004	国家大剧院基坑工程施工技术研究	北京城建集团有限责任公司 北京城建地铁地基市政工程有限公司 北京城建三建设工程有限公司 北京市城市建设工程研究院	余　波、杨晓城、陈　新、张奇志、翟春越、曾兆平、邹正盛、侯进峰、戴永忠
91	2003城－2－005	北京地铁五号线盾构隧道设计与施工技术的研究	北京城建集团有限责任公司 北京城建设计研究总院有限责任公司 北京城建盾构基础工程分公司 北京城建集团总公司构件厂 西南交通大学 北京交通大学 北京市城市建设工程研究院 北京城建勘察测绘设计研究院有限责任公司	刘国琦、杜文库、杨秀仁、朱建春、华　东、刘　宁、陈　曦、王　海、汪恭胜
92	2003城－2－006	首都国际机场扩建工程新航站楼、停车楼结构设计与研究	北京市建筑设计研究院 中冶集团建筑研究总院 北京市建筑工程研究院 中国建筑科学研究院建筑结构研究所	张承起、王春华、覃　阳、张世忠、冯　阳、靳海卿、吴中群、李佩勋、李国立
93	2003城－2－007	刚性桩复合地基作用机理与设计分析方法研究	清华大学 北京城建勘测设计研究院有限责任公司	宋二祥、金　淮、池跃君、高文新、沈　伟、马雪梅、刘彦生、刘志强、傅景辉

（续表）

序号	获奖编号	项目名称	完成单位	主要完成人
94	2003城－2－008	大跨空间网格结构抗震设计关键理论与技术问题研究	北京工业大学	曹　资、薛素铎、张毅刚、王雪生、杨荣坤、李明辉、张　超、王健宁、赵伯友
95	2003环－2－001	MZ——2000型火化机的研制	民政部101研究所 上海申东燃烧炉有限公司	孟　浩、王志刚、宋宏升、王育文、张海生
96	2003环－2－002	空气污染对呼吸健康影响研究	中国环境监测总站 广州市环境监测中心站 武汉市环境保护科学研究院 甘肃省环境科学设计研究院 重庆市环境科学研究院	魏复盛、滕恩江、吴国平、胡　伟、林贻非、陈　旸、何庆慈、田裘学、彭忠贵
97	2003环－2－003	典型作业环境粉尘危害治理技术研究	国家安全生产监督管理局安全科学技术研究中心 东北大学 武汉科技大学 首都经济贸易大学	刘铁民、张国权、刘功智、邓云峰、向晓东、张兴凯、荣卫东、李传贵、陈　胜
98	2003环－2－004	北京市水泥使用过程中粉尘排放的分析研究	北京市环境保护科学研究院 北京市散装水泥办公室	钟连红、郑　权、李　钢、刘　斐、付永梅、李　瑾、李立新、葛启坛、张瑞鑫
99	2003环－2－005	北京地区有机微污染物中多环芳烃，含N、S、O杂原子致癌有机污染物的研究	中国人民大学	曾凡刚、王金生、王　玮、王　斌、覃彩芹、蔡俊军、刘裕明、焦玉国、张　严
100	2003环－2－006	城市噪声控制技术与产品开发研究	北京市劳动保护科学研究所	丁　辉、李孝宽、柳至和、张　斌、邵　斌、任文堂、庄文雄、郝利君、张玉敏
101	2003市－2－001	北京市城市交通综合调查	北京市城市规划设计研究院	王晓明、陈金川、赵彤宇、郑　猛、叶以农、李　伟、孙爱冲
102	2003市－2－002	北京地铁DT－1型计算机联锁系统研制	北京地铁运营有限责任公司通信信号公司 北京全路通信信号研究设计院	牛英明、崔新民、王　昆、张秀广、王　军、赵　炜、张利峰、娄　江、何广宁
103	2003市－2－003	地铁牵引供电系统联锁、联跳、重合闸微机综合保护装置	北京地铁运营有限责任公司供电公司	韩志伟、房金萍、高踪阳、任胜天、黄旭虹、周继波、孙振海、张佩春、赵兰平
104	2003市－2－004	中国大城市交通影响分析体系研究	北京工业大学	刘小明、王　丽、荣　建、杨　放、张智勇、曹荷红、任福田、陈艳艳、曹　阳

(续表)

序号	获奖编号	项目名称	完成单位	主要完成人
105	2003市-2-005	通过科学交通管理,改善北京交通环境	北京市交通工程科学研究所 北京大学	贾胜文、李少明、陈　冰、陈大农、谢绍东、张建平、林　莘、张春生、唐小燕
106	2003材-2-001	40万立方米高空气球	中国科学院高能物理研究所	姜鲁华、戴义方、王根华、张　童、郑荣庭、宣百辞、王立祥、张希元、王挺鹤
107	2003材-2-002	溶质晶界偏聚和晶间脆性断裂研究	钢铁研究总院 武汉科技大学 哈尔滨工程大学	徐庭栋、宋申华、李庆芬
108	2003材-2-003	电磁屏蔽吸收复合材料及异形体研究	北京有色金属研究总院	苏兰英、杨志民、杨　剑、毛昌辉、杜　军、王　磊、倪忠德、邓振英、常秀敏
109	2003材-2-004	苏-30飞机KT156Д210刹车装置国产粉末冶金刹车副研制	北京摩擦材料厂 空军驻北京地区军代表室	王文辉、祖大水、康占祥、王淑敏、陈剑锋、丁永红、周　玲、唐　君、乐延志
110	2003材-2-005	高耐磨性复合碳氮化钛金属陶瓷刀具	清华大学 北京清华紫光方大高技术陶瓷有限公司	苗赫濯、齐龙浩、曾照强、仇启源、胡晓清、石　宁、司文捷、王瑞强、魏庆东
111	2003材-2-006	大屏幕投影电视发光基片	烁光特晶科技有限公司 中非人工晶体研究院	黄存新、雷牧云、杜洪兵、彭载学、沈德忠、刘德铭、宋庆海、
112	2003材-2-007	径轴向两用磁场注射成形机及其应用研究	北京科技大学 北京凤记兴塑胶机械有限公司	曲选辉、朱　均、郭志猛、陈　洵、谢建新、高义泉、徐金梧、李永强、胡学晟
113	2003基-2-001	微乳相萃取分离新技术的应用基础研究	中国科学院过程工程研究所	刘会洲、郭　晨、常志东、苏延磊、官月平、余　江、昌庆龙、张天喜、张　伟
114	2003基-2-002	高温超导体磁通动力学研究	中国科学院物理研究所	闻海虎、李世亮
115	2003基-2-003	高Tc超导体及相关过渡金属氧化物中的条纹相及合作Jahn-Teller效应的研究	中国科学院物理研究所	李建奇、李　林、周玉清
116	2003基-2-004	通过恒星丰度探索银河系化学演化的研究	中国科学院国家天文台	赵　刚、陈玉琴、邱红梅、梁艳春、张华伟、施建荣

（续表）

序号	获奖编号	项目名称	完成单位	主要完成人
117	2003基－2－005	燕山地区中新生代陆内造山作用	中国地质科学院地质力学研究所	崔盛芹、李锦蓉、吴珍汉、易明初、马寅生、沈淑敏、尹华仁、朱大岗、王建平
118	2003基－2－006	复相陶瓷材料设计理论	清华大学	黄　勇、潘　伟、汪长安、蔡乾煌、张宗涛、陈　健、郭　海、蔡胜有、李淑琴
119	2003基－2－007	中国周边板块相互作用、俯冲带及对中国大陆构造运动的影响	北京大学	臧绍先、宁杰远、吴忠良、周元泽、魏荣强、刘永岗、景志成
120	2003软－2－001	中国可持续发展战略报告	中国科学院科技政策与管理科学研究所 中国科学院生态环境研究中心	牛文元、赵景柱、杨多贵、陈劭锋、陈　锐、王海燕、陆中臣、王　徽、康大臣
121	2003软－2－002	中国装备制造业发展研究	机械科学研究院 国家发展计划委员会 中国工程院机械与运载学部	屈贤明、刘铁男、李仁涵、张　威、陈　斌、李朝东、许承凯、潘凤湖、李　钢
122	2003软－2－003	新时期中国食物安全发展战略研究	中国农业科学院科技文献信息中心 国家食物与营养咨询委员会办公室 中国农业科学院农业经济研究所 中国疾病预防控制中心营养与食品安全所	许世卫、李志强、王济民、李哲敏、翟凤英、许健民、孙东升、朱晓峰、孙君茂
123	2003软－2－004	中国粮食总量平衡与区域布局调整研究	中国农业科学院农业自然资源和农业区划研究所	王道龙、屈宝香、周旭英、张　华、马兴林、蒋湘梅、佟艳洁、于慧梅、任天志

三等奖

序号	获奖编号	项目名称	完成单位	主要完成人
1	2003农－3－001	抗旱种衣剂的研制与推广应用	中国农业科学院农业气象研究所 河北省廊坊市种子监督检验站 寿阳县农业局	李茂松、文　学、王宗礼、苏胜娣、程高祥、张新公
2	2003农－3－002	农产品市场信息分析预测网络化平台	中国农业科学院科技文献信息中心 北京理工大学 广东省农业科学院科技情报研究所	赵瑞雪、张　峭、钱　平、甘仞初、万　忠、黄　梁
3	2003农－3－003	复方大青叶酊(京华乳康药浴剂)的研制及对奶牛隐性乳房炎防治效果的研究	北京市华盛兽药厂	张建华、潘　兴、赵文志、张克家、陆　刚、木村直美

（续表）

序号	获奖编号	项目名称	完成单位	主要完成人
4	2003农-3-004	北京地区食用菌有害生物调查及主要有害生物防治技术研究与应用	北京市植物保护站 北京市农业局蔬菜管理处 密云县植保植检站 北京市大兴区植保植检站 密云县食用菌试验站	师迎春、郑建秋、陶志强、张　芸、沈国印、陈笑瑜
5	2003农-3-005	现代化连栋温室环境智能化控制系统的研究	北京市农业机械研究所	杨仁全、张晓文、周增产、冯　英、卜云龙、谢守勇
6	2003农-3-006	高速公路大气能见度监测、预报方法研究	中国气象局北京城市气象研究所 北京市专业气象台 北京市气象台	李　慧、孟燕军、王京丽、李　迅、郭　虎、丁德平
7	2003农-3-007	北京市城市水系综合治理技术研究	北京市水利规划设计研究院	冉星彦、杨伽蒂、徐惠华、刘　玫、魏陆宏、尹秀琴
8	2003农-3-008	花卉立体装饰技术开发及其应用研究	北京市植物园	张佐双、朱仁元、赵世伟、郐洪涛、李　鹏
9	2003农-3-009	柿子脱涩保脆长期保鲜综合配套技术	中国农业大学 北京市林业局 北京市房山区林业局	冷　平、罗国光、付占芳、胡建芳、王洪清、顾金锁
10	2003农-3-010	生活垃圾、禽畜粪便无害化发酵技术及高效有机肥料研究	北京农学院	刘克锋、刘采苓、石爱平、王红利、刘悦秋、李月华
11	2003农-3-011	矿山复垦土壤重构的理论与方法	中国矿业大学（北京校区）	胡振琪、魏忠义、毕银丽、付梅臣、贺日兴、张吉瑞
12	2003医-3-001	D-半乳糖诱导的氧化损伤性衰老模型的建立及其机理研究	中国人民解放军总医院 北京军区总医院	崔　旭、李文彬、张　熙、张炳烈、黄福南、张葆樽
13	2003医-3-002	结核分枝杆菌与非结核分枝杆菌快速分子鉴定的研究	中国人民解放军第三〇九医院 深圳市疾病预防控制中心	庄玉辉、张灵霞、李国利、张小刚、扈庆华、杨华卫
14	2003医-3-003	禽H9N2亚型流感病毒感染人的发现及其意义	中国疾病预防控制中心病毒病预防控制所 广东省疾病预防控制中心 广州市儿童医院 广东省深圳市疾病预防控制中心	郭元吉、谢健屏、程小雯、彭国文、王　敏、温乐英
15	2003医-3-004	基层细菌室耐药监测方法学研究	卫生部北京医院	张秀珍、胡云建、陈东科、宣天芝、陶凤蓉、许宏涛

(续表)

序号	获奖编号	项目名称	完成单位	主要完成人
16	2003医-3-005	临床基因扩增检验实验室质量保证体系的建立	卫生部临床检验中心 卫生部北京医院	申子瑜、李金明、王露楠、郑怀竞、邓 巍、马 嵘
17	2003医-3-006	重症肌无力(MG)患者糖皮质激素受体(GR)检测的临床意义和免疫学研究	卫生部北京医院	许贤豪、张 华、国 红、殷 剑、彭丹涛、乔立艳
18	2003医-3-007	准分子激光角膜屈光性手术治疗近视的相关性研究	首都医科大学附属北京同仁医院	周跃华、李志辉、齐 颖、孙葆忱、乔治邱、安伟丽
19	2003医-3-008	眶壁骨折的临床研究	首都医科大学附属北京同仁医院	宋维贤、周 军、庞秀琴、李冬梅、寿涵荣、王昆明
20	2003医-3-009	麻醉监控镇静术应用基础与临床研究	首都医科大学附属北京同仁医院	张炳熙、李天佐、丁 斌、年阿兴、范雪梅、李 梅
21	2003医-3-010	珊瑚人工骨在颈椎前路融合术中的应用研究	北京积水潭医院 北京市创伤骨科研究所	田 伟、刘 波、李 勤、胡 临、李志宇、袁 强
22	2003医-3-011	桡骨远端不稳定骨折的临床研究和前臂牵引台的研制	北京积水潭医院 北京创伤骨科研究所	贡小英、荣国威、安贵生、于文泉
23	2003医-3-012	儿童颅咽管瘤的临床和实验研究	首都医科大学附属北京天坛医院	张玉琪、王忠诚、马振宇、罗世祺、刘庆良、谢 坚
24	2003医-3-013	维A酸、β-胡萝卜素、牛磺酸对大鼠实验性阻塞性肺气肿的预防作用及机制探讨	首都医科大学附属北京朝阳医院	庞宝森、王 辰、张洪玉、安 立、翁心植、牛淑洁
25	2003医-3-014	胆管阻塞性肝纤维化模型的建立及其形成机制研究	首都医科大学附属北京友谊医院	阴澌宏、尹珊珊、王宝恩、王泰龄、贾继东、马雪梅
26	2003医-3-015	霍奇金和非霍奇金淋巴瘤与爱波斯坦-巴尔病毒的相关性及该病毒致瘤基因的研究	首都医科大学附属北京友谊医院	周小鸽
27	2003医-3-016	B组链球菌临床分离株表型和分子流行病学方法的研究	首都医科大学附属北京儿童医院	申阿东、杨永弘、黄醒华、张桂荣、胡翼云、王咏红

（续表）

序号	获奖编号	项目名称	完成单位	主要完成人
28	2003 医-3-017	新生儿及婴儿复杂危重先心病的早期外科矫治	首都医科大学附属北京儿童医院	李仲智、郭志和、高　玲、李晓峰、陆　进、高国庆
29	2003 医-3-018	北京地区减少中枢神经系统缺陷综合干预模式研究	北京市计划生育技术研究指导所 北京市卫生局妇幼处	苏穗青、蓝　果、肖　珣、李雅珍、王爱玲、王玉英
30	2003 医-3-019	中国重型肝炎人工肝临床治疗适应证及规范研究	北京佑安医院	段钟平、赵春惠、黄　春、韩大康、陈　煜、郭会敏
31	2003 医-3-020	异源双链泳动分析技术的建立及其在 HIV-1 基因变异和临床中的应用研究	北京地坛医院 中国疾病预防和控制中心	姚　均、邵一鸣、肖　瑶、张福杰、赵红心、邢　辉
32	2003 医-3-021	新型免疫抑制剂治疗角膜移植免疫排斥反应的研究	北京市眼科研究所 北京同仁医院	张文华、潘志强、吕　岚、翟长斌、武宇影、张士元
33	2003 医-3-022	睡眠呼吸疾病综合评估与相关治疗	北京市耳鼻咽喉科研究所 首都医科大学附属北京同仁医院	韩德民、林忠辉、叶京英、王　军、陈学军、杨庆文
34	2003 医-3-023	CO_2 激光治疗声门型喉癌及癌前病的临床及相关基础研究	北京市耳鼻咽喉科研究所 首都医科大学附属北京同仁医院	黄志刚、韩德民、王　军、于振坤、倪　鑫、马丽晶
35	2003 医-3-024	岩尖区侧方手术入路的巨显微解剖学研究及临床应用	北京市神经外科研究所 首都医科大学附属北京天坛医院	于春江、贾　旺、关树森、张新中、曹文军、王凤梅
36	2003 医-3-025	微侵袭神经内镜应用技术的研究	北京市神经外科研究所 首都医科大学附属北京天坛医院	张亚卓、王忠诚、刘丕楠、高鲜红、蒙　和、肖　庆
37	2003 医-3-026	血液辐照研究及其临床应用	北京市红十字血液中心 北京大学人民医院	任芙蓉、吕秋霜、李　慧、张耀臣、赵海燕、刘长利
38	2003 医-3-027	原发性恶性骨肿瘤的病因学研究	北京大学人民医院	郭　卫、冯传汉、徐万鹏、杨荣利、汤小东、杨　毅
39	2003 医-3-028	血管内皮损伤机制及其保护的实验研究	北京大学第一医院	张钧华、唐朝枢、陈　宇、徐雅琴、张宝娓、霍　勇
40	2003 医-3-029	解脲脲原体在人类泌尿生殖道致病性的研究	北京大学第一医院	朱学骏、孔繁荣、任　翊、马燕燕、周向昭、王玮蓁
41	2003 医-3-030	气体分子在感染性休克血流动力学和血管外肺水改变中的作用	北京大学第一医院	吴新民、张生锁、张熙哲、刘　钢、刘　源

（续表）

序号	获奖编号	项目名称	完成单位	主要完成人
42	2003医－3－031	游离脂肪酸在代谢综合症的作用及作用机制	北京大学第一医院	高　妍、郭晓蕙、杨建梅、陈　宇、邵建华、童　玉
43	2003医－3－032	氧化苦参碱治疗慢性乙型肝炎的临床疗效及机制研究	北京大学第一医院 上海瑞金医院 上海华山医院 江苏省人民医院 中国人民解放军第302医院 中国医科大学附属二院 天津市传染病医院 北京市地坛医院 重庆医科大学肝病研究所	斯崇文、于岩岩、王勤环、曾　争、董宇红、周霞秋
44	2003医－3－033	p53改变与人类肺癌关系的系列研究	北京大学	郑　杰、吴秉铨、张　骏、方伟岗、柳剑英、马怡红
45	2003医－3－034	人类未成熟卵母细胞的体外发育及其应用前景	北京大学第三医院	张丽珠、吴　际、魏志新、刘　平、高容莲、张　菊
46	2003医－3－035	胆碱能M受体及气道旁/自分泌因子在慢性阻塞性肺疾病发病中的作用研究	北京大学第三医院	赵鸣武、姚婉贞、陈亚红、王国扬、沈　宁、王建丽、
47	2003医－3－036	前交叉韧带损伤的基础与临床研究	北京大学第三医院	敖英芳、于长隆、田得祥、曲绵域、王健全、余家阔
48	2003医－3－037	后肢运动的中枢下行控制的研究	首都医科大学	高秀来、徐群渊、陈亚亮、马育平
49	2003医－3－038	人乳头瘤病毒感染的临床和实验研究	中国医学科学院北京协和医院	王家璧、刘跃华、晋红中、洪少林、左亚刚、王宏伟
50	2003医－3－039	院内感染病原学的变迁及抗生素的临床合理就应用	中国医学科学院北京协和医院	王爱霞、刘正印、邓国华、范洪伟、秦树林、盛瑞媛
51	2003医－3－040	北京市地方标准《养老服务机构院内感染控制规范》即养老院院内感染控制研究	北京市社会福利管理处	钟秀玲、李新京、李建平、彭嘉琳、曹苏娟、张　颖
52	2003医－3－041	线粒体DNA控制区多态性在法医学中应用的研究	北京市刑事科学技术研究所	刘雅诚、唐　晖、马万山、严江伟、王　静
53	2003中－3－001	脑血疏口服液(新药)治疗出血性中风的研究	中国中医研究院西苑医院(暨第一临床医药研究所) 吉林敖东珠海药业有限公司	谢道珍、项宝玉、王岚芬、孙　怡、闫小平、刘建勋

（续表）

序号	获奖编号	项目名称	完成单位	主要完成人
54	2003 中－3－002	安宫牛黄丸中朱砂和雄黄的药理作用特点与安全性评价	中国中医研究院中药研究所 中国科学院研究生院应用化学研究所 中国北京同仁堂(集团)有限责任公司	叶祖光、王跃生、王智民、王金华、梁国刚 、杜贵友
55	2003 中－3－003	地黄叶中治疗肾小球肾炎的活性成分研究	中国中医研究院中药研究所 北京大学药学院 四川美大康药业股份公司	边宝林、王宏洁、何 伟、沈 欣、杨 健、宗桂珍
56	2003 中－3－004	中药通降颗粒治疗胃食管反流病的实验研究	中国中医研究院广安门医院 北京市药品检验所 首都师范大学生物医药研究中心	唐旭东、吴红梅、王志斌、王英锋、刘绍能、邵 燕
57	2003 中－3－005	五味子醇甲等 10 种中药标准物质的研究	中国药品生物制品检定所	林瑞超、鲁 静、王 峰、于健东、粟晓黎、张聿梅
58	2003 中－3－006	中医药治疗颅脑手术后发热的临床和实验研究	首都医科大学附属北京天坛医院	樊永平、李 艳、胡以明、赵继宗、吴 斌、王志斌
59	2003 中－3－007	松果菊应用基础研究	北京大学药学院 北京市怀柔区药用植物研究所	艾铁民、刘文芝、陈世忠、喻宝金、张英涛、王 弘
60	2003 中－3－008	筋脉通治疗糖尿病周围神经病变的临床和实验研究	中国医学科学院北京协和医院	梁晓春、郭赛珊、崔丽英、张克俭、郝伟欣、徐惠媛
61	2003 药－3－001	胰岛素泵	北京鼎涛医疗器械技术开发有限公司 中国人民解放军第 306 医院	王 勤、吕肖锋、梁泽民、刘彦君、冯忠卫、张敬东
62	2003 药－3－002	BJX－1 型立体定向 X 射线放射肿瘤治疗系统	北京医疗器械研究所	曲桂红、周 敏、刘 迎、闫 锋、马继林
63	2003 药－3－003	一种新的人红细胞源性降压因子的研究	中国医学科学院基础医学研究所	文允镒、张晓春、吴光玉、庞 焕、王玉堂、陈孟勤
64	2003 药－3－004	抗艾滋病药——司他夫定的研制	北京双鹭药业股份有限公司	张保格、陈 遥、徐明波、刘海全、李学海、郭丽红
65	2003 药－3－005	人类免疫缺陷病毒(HIV)抗体快速诊断试剂	北京万泰生物药业有限公司 厦门大学	彭 耿、李少伟、童勋章、王颖彬、林长青、陈毅歆
66	2003 药－3－006	冻干精制流行性乙型脑炎灭活疫苗(Vero 细胞)	北京生物制品研究所	丁志芬、石慧颖、庞成华、陈海平、常振彦、赵 敏
67	2003 电－3－001	20 万门 CMOS 门阵列技术	中国科学院微电子中心 信息产业部电子第三十八所	黄令仪、朱亚江、洪 一、陈晓东、仇玉林、叶 青
68	2003 电－3－002	国电公司本部综合业务管理系统项目	国电信息中心	唐义良、袁本林、臧志斌、范海虹王海峰、李传毅

（续表）

序号	获奖编号	项目名称	完成单位	主要完成人
69	2003电－3－003	PDZ智能型综合信号电源系统	北京铁通康达铁路通信信号设备有限公司	何友旗、王常泉、郑小东、周国强、孔祥庆、贺密军
70	2003电－3－004	新型模拟量式可复位线型感温探测器	首安工业消防股份有限公司	丁国锋、马经文、熊东红、易卫斌、唐红霞、叶海水
71	2003电－3－005	WFX－200/210型原子吸收分光光度计	北京瑞利分析仪器公司	左向东、何嘉耀、陈之桓、颜　橙、李建军、彭望琨
72	2003电－3－006	铁路货车在线辐射检测系统	清华大学	吴志芳、安继刚、谈春明、刘锡明、张玉爱、王立强
73	2003电－3－007	GSM移动通信用高温超导滤波器研究	清华大学	曹必松、朱美红、吉朋松、张晓平、赵永刚、韩征和
74	2003电－3－008	WCDMA基带处理单元的研制开发	北京邮电大学 大唐电信科技股份有限公司 华为技术有限公司	全庆一、张　平、张铁凡、姜　军、徐国鑫、杨家军
75	2003电－3－009	直升机巡线的研究与实施	中国华北电力集团公司 华北电力科学研究院有限责任公司 华北电力集团公司超高压检修公司 北京供电公司 首都通用航空公司	邵允临、袁亦超、王国春、尚大伟、覃有幸、邓　春
76	2003电－3－010	京津唐电网雷电定位监测信息网络系统的研究与实施	华北电力调度局 国家电网公司武汉高压技术研究所 天津电力调度通信中心 北京供电公司调度所 唐山供电公司调度所 张家口供电公司调度所 廊坊供电公司调度所 秦皇岛电力公司调度所 承德供电公司调度所 保定超高压工区 大同超高压供电公司	焦培泽、韩福坤、袁　平、韩　锴、陈家宏、张　勤
77	2003电－3－011	京津唐通信网同步时钟系统的研究与应用	华北电力调度局 大唐电信科技股份有限公司 唐山供电公司 张家口供电公司 廊坊供电公司 秦皇岛电力公司 北京供电公司 承德供电公司	王东升、鲍　捷、王　萍、刘善田、孙　焱、张玉洛

（续表）

序号	获奖编号	项目名称	完成单位	主要完成人
78	2003 电－3－012	干除渣技术及其应用	北京京能热电股份有限公司 国电电力建设研究所	段恒友、陶耀武、王紫华、冯晓红、王玉玮、张　晶
79	2003 电－3－013	CSL103 数字式线路纵联电流差动保护装置	北京四方继保自动化有限公司 黑龙江省电力有限公司 华北电力大学	张　涛、伍叶凯、屠　强、周迎秋、白　铮、司　喆
80	2003 计－3－001	智能网计费结算系统	北京华泰贝通网络科技有限公司	苏　成、邢　罡、屈　钢、黄志松、王会师、殷　彤
81	2003 计－3－002	首钢集团千兆主干网络系统	北京首钢计量自动化系统工程有限责任公司	强　伟、王成明、毕思逊、郭雨春、柳阔田、佘国平
82	2003 计－3－003	任意限定带权优化 Delaunay 三角网格生成技术	北京航空航天大学	杨　钦、陈其明、葛本修、徐永安、吴壮志、李海生
83	2003 计－3－004	枪弹痕迹计算机自动识别系统的研究	北京市刑事科学技术研究所	陈建华、冯才刚、朱　翔、唐晓波、潘欣良、刘英杰
84	2003 计－3－005	开放式列车确报及应用信息系统	北京铁路局电子所 北京铁路局	毕庆红、范英书、张海泉、崔增仁、赵静远、邢智明
85	2003 计－3－006	青牛 USE 网络中间件	北京青牛软件技术有限责任公司	孔卫东、洪海波、夏　苇、胡云飞、孙鸿翔、张　军
86	2003 计－3－007	基于横向安全服务模式的应用安全平台 WebST	北京清华得实科技股份有限公司	闵京华、沈仲军、王晓东、朱卫国、邵忠岿、陈　前
87	2003 计－3－008	北京市法院计算机信息网络系统	北京市高级人民法院 北京清华紫光软件股份有限公司	袁　远、陈　峰、胡葵铭、余贵清、袁岩松、邵　学
88	2003 计－3－009	现场总线控制系统	北京和利时系统工程股份有限公司	王常力、朱毅明、史洪源、施　波、施用昉、丁　军
89	2003 计－3－010	宽带网络数字监控系统	商网通电子商务有限公司	卢　明、甘　强、刘英鹏、郭　智、胡飞阳、赵忠举
90	2003 计－3－011	X＋i 企业管理系统	北京清华英泰信息技术中心 清华大学	顾　明、孙家广、郭　陟、王素萍、何云涛、帅国莹
91	2003 计－3－012	中软综合行政办公系统	中软网络技术股份有限公司	史殿林、陈　亮、吴誉槐、谢　欣、高尽辉、葛　昂
92	2003 计－3－013	北京科教信息网络平台建设及应用	北京软件产业促进中心 北京邮电大学 清华大学	胡青华、韩艺农、毛　健、杨旭东、蒋东兴、杨小勤
93	2003 工－3－001	LTD－NGV2000 型 CNG 客车供气系统	北京兰天达汽车清洁燃料技术有限公司	徐焕恩、周国通、孟昭君、任　翼、魏晓初、翁建忠

（续表）

序号	获奖编号	项目名称	完成单位	主要完成人
94	2003工-3-002	雪峰山中段金锑矿构造控矿分析与资源预测	中国地质科学院地质力学研究所 湖南省地质矿产勘查开发局四〇七队	孟宪刚、朱大岗、骆学全、魏道芳、赵建光、刘湘勤
95	2003工-3-003	快堆设备制造及安装监督程序编制	机械科学研究院	张树军、刘振领、杜爱玲、孟　蕾、李治国、张征权
96	2003工-3-004	中压（6kV）、低压（660V）TSC动态无功补偿及谐波滤波装置	冶金自动化研究设计院 安阳钢铁股份有限公司	赵济秀、杨建宁、付培众、张华志、王洪福、马跃东
97	2003工-3-005	ML型粉状乳化炸药连续化自控生产线	北京矿冶研究总院 浙江利民化工有限公司	汪旭光、赖志成、康廷璋、李　峰、张晓智、李子强
98	2003工-3-006	石油压裂液高效快速混配车	北京矿冶研究总院	潘英民、卢亚平、刘　艳、敦维平、刘翔宇、王世山
99	2003工-3-007	测井数据处理、解释应用软件集成	中国石油勘探开发研究院 石油大学（北京）	李　宁、陶　果、杨韦华、毛志强、万里春、乔德新
100	2003工-3-008	原油成本分析及提高效益途径研究	中国石油勘探开发研究院	潘志坚、张广杰、唐　玮、武若霞、刘圣志、杨菊兰
101	2003工-3-009	BYJ型14辊轧机	北京冶金工程技术联合开发研究中心	苗德纯、李　株、高云明、李庆华、刘尚意、田绍耀
102	2003工-3-010	首钢连铸结晶器电磁搅拌技术的开发与应用	首钢技术研究院 北京首钢高新技术责任有限公司 首钢机电公司电机厂 北京首钢新钢责任有限公司第三炼钢厂	许晓东、李本海、金　茹、王铁山、田文斌、赫金海
103	2003工-3-011	硬质合金组合式轧辊	烟台首钢东星（集团）公司 北京首钢新钢有限责任公司型材轧钢厂	杜宝栋、刘　华、林喜峰、陈　军、刘晶志、高志平
104	2003工-3-012	福田牌轻卡达欧Ⅱ系列车型	北汽福田汽车股份有限公司	庞国安、常宏伟、王可峰、杜秀敏、艾　俊、陈维雄
105	2003工-3-013	液体深层培养毛霉菌种技术研究	北京市王致和食品集团有限公司王致和食品厂	王家槐、穆　亮、王丽英、陶国琴、周　浩、席卫国
106	2003工-3-014	柴达木盆地地层及沉积储层研究	石油大学（北京）	朱筱敏、谢庆宾、季汉成、孙镇城、管守锐、康　安
107	2003工-3-015	10W/40 SJ神龙汽车发动机专用油的开发与应用	中国石油化工股份有限公司长城润滑油分公司	张春辉、刘　红、邵　敏、李万英、张　君、孙海成
108	2003工-3-016	北京市顺义区国土资源与地质环境综合调查	北京市地质研究所 北京市顺义区发展计划委员会	张长敏、赵忠海、阎广新、王山亮、廖海军　杨鸿连

（续表）

序号	获奖编号	项目名称	完成单位	主要完成人
109	2003城－3－001	混凝土裂缝的检测、诊断与修补技术的研究	中国建筑材料科学研究院 中国水利水电科学研究院 苏州混凝土水泥制品研究院	王武祥、张震夏、买淑芳、邓建良、吴怀国、李　平
110	2003城－3－002	加泥式土压平衡盾构法隧道综合施工技术	中铁十六局集团有限责任公司	陈广亮、吴煊鹏、王大海、黄昌富、赵守宪、唐检军
111	2003城－3－003	建筑粉体新产品与应用技术研究	北京市建筑材料科学研究院	高淑贞、彭　荣、张增寿、张文才、李建平、王连明
112	2003城－3－004	钢结构钢梁体外预应力及配套技术在北京国际新闻文化中心工程研究与应用	北京北国建筑工程有限责任公司 中建一局建设发展公司	李之会、冯世伟、贺鸿利、关跃建、陈　红、侯本才
113	2003城－3－005	深圳市民中心异形曲面大屋盖钢结构设计、安装、整体提升技术	北京市机械施工公司 中国人民解放军海军工程设计研究院 中建二局深圳分公司	乔聚甫、耿笑冰、邵宝奎、卞永明、孟书斌、李书增
114	2003城－3－006	北京城市铁路轨道结构新技术开发与应用	北京城建设计研究总院有限责任公司 北京城市铁路股份有限公司	任　静、吴建忠、姜坚白、魏　怡、梁柏成、王　进
115	2003城－3－007	C100高性能混凝土研究与应用	北京城建集团有限责任公司混凝土分公司	路来军、马雪英、陈大鹏、朱效荣、陈正清、李　珂
116	2003城－3－008	植物展览温室建筑的综合研究	北京市建筑设计研究院 北京市园林局 北京市植物园 珠海晶艺玻璃工程有限公司	张　宇、徐聪艺、盛　平、张　杰、汪　猛、洪峰凯
117	2003城－3－009	雷击浪涌过电压的防护措施	北京市建筑设计研究院	方　磊、罗　洁
118	2003城－3－010	新疆体育馆设计研究	北京市建筑设计研究院	覃　阳、甘　明、周思红、张　胜
119	2003城－3－011	Φ2150加泥式土压平衡顶管机	北京市市政工程研究院 北京市政中燕工程机械制造有限公司 北京市市政六建设工程有限公司 北京市政建设集团有限责任公司	王世高、关　龙、戴燕超、祁从刚、宗大武
120	2003城－3－012	再生沥青混合料应用技术研究	北京路新沥青混凝土有限公司 北京市市政建设集团有限责任公司 北京路新公司直属公司 北京市建设委员会	林　秋、刘小军、胡达平、刘彦林、周天复、韩建民
121	2003城－3－013	高效低污染燃气热水炉的研究	北京建筑工程学院	傅忠诚、艾效逸、潘树源、郭　全、王随林、王　义

（续表）

序号	获奖编号	项目名称	完成单位	主要完成人
122	2003 城－3－014	基于压缩技术的影像地图浏览系统的开发与应用研究	北京市测绘设计研究院	冯学兵、顾学明、杨伯钢、范文革、王旭辉、王　磊
123	2003 城－3－015	北京市城区热田地热资源综合评价	北京市地质工程勘察院	刘久荣、潘小平、杨亚军、柳志国、王小玲、张立和
124	2003 环－3－001	SBR 反应器设备化技术研究	北京市环境保护科学研究院 中国环境科学研究院	宋乾武、贾立敏、王凯军、张本兰、宋英豪、曹从荣
125	2003 环－3－002	内循环三相生物流化床及其设备化技术	清华大学 北京市环境保护科学研究院	施汉昌、贾立敏、钱　易、王凯军、陈吕军、柯建明
126	2003 环－3－003	NT 系列脱硫除尘一体设备	清华大学 北京利德衡环保工程有限公司	王连泽、卢来印、韩　标、任立中、张向荣、赵晓辉
127	2003 环－3－004	"EEJL－1"绿色环保型扬尘覆盖剂	北京工业大学 北京市西城区环境保护局	金毓崟、李　坚、郑伟英、王春林、梁文俊、胡　军
128	2003 环－3－005	492 发动机汽车尾气催化转化器开发及产业化	北京工业大学 北内集团总公司第四分厂	李佩珩、陈希军、贾文治、阎　红、刘　静、张明恂
129	2003 环－3－006	麦草浆黑液蒸煮同步除硅、降粘工艺	北京工商大学	汪　苹、张　珂、廖永红、冯旭东、刘　军、潘　登
130	2003 环－3－007	10 千瓦太阳能光伏并网发电系统研制	北京市太阳能研究所 北京索英电气技术有限公司	于　元、刘　波、曹耀辉、张宇翔、张志文、赵玉文
131	2003 环－3－008	纤维球高效过滤成套技术与设备	清华同方股份有限公司	戴日成、王占生、张发鹏、罗　敏、王同生、董兆力
132	2003 市－3－001	北京地铁引进无线通信系统车载设备的国产化研制和技术改进	北京地铁运营有限责任公司通信信号公司 北京首科中系希电信息技术有限公司	李小群、张　强、雷岳莉、方　薇、钟　斌、张洪斌
133	2003 市－3－002	北京地铁电动客车行车信息管理系统	北京地铁运营有限责任公司车辆二公司 北京交通大学	马连川、贾学让、赵丞皓、张建明、张声浩、郜春海
134	2003 市－3－003	《地铁客运服务标志》国家标准	北京地铁运营有限责任公司	周　克、刘　鸣、冯俊萍
135	2003 市－3－004	北京城市物流系统规划	北京工业大学 北京市交通局	刘小明、荣　建、邢　怡、程世东、全永燊、于　疲
136	2003 市－3－005	安徽省以芜湖为中心的现代物流规划研究	北方交通大学	张文杰、鞠颂东、李伊松、汝宜红、王冬梅、王元丰

（续表）

序号	获奖编号	项目名称	完成单位	主要完成人
137	2003市－3－006	提速线桥梁板式橡胶支座防横移措施及新型支座研制 北京铁路局工务处	铁道科学研究院铁道建筑研究所	杨震霖、赵廷久、臧晓秋、叶震、王树芝、李元军
138	2003材－3－001	低松比水雾化铜粉生产工艺的研究及中试生产线建设	北京恒源粉末合金厂 北京有色金属研究总院	汪礼敏、万新梁、班安平、李占荣、李　辉、白　洁
139	2003材－3－002	珊瑚羟基磷灰石(CHA)植入材料产业化工艺开发	北京市意华健科贸有限责任公司	宋正治、高志忠
140	2003基－3－001	驾驭混沌的若干创新方法与发展高新技术的前景	中国原子能科学研究院	方锦清、罗晓曙
141	2003基－3－002	眼角膜生物力学及临床应用	北京工业大学 北京同仁医院 北京友谊医院	曾衍钧、李志辉、李秀云、王家权、齐　莉、杨　坚
142	2003软－3－001	中国安全生产监管体制研究	国家安全生产监督管理局安全科学技术研究中心	刘铁民、耿　凤、刘功智、张兴凯、张华俊、王宇航
143	2003软－3－002	北京市利用高新技术改造传统农业的研究	中国农科院农业经济研究所 北京农学院	蒋和平、王有年、孙炜琳、谢新南、朱立志、李　华
144	2003软－3－003	跨国公司在华(在京)研究与开发投资研究	北京市朝阳区长城企业战略研究所	武文生、陈文丰、邵　翔、刘志光、邓洪波、王　丹
145	2003软－3－004	WTO与北京科技计划体系研究	清华大学 北京理工大学	吴贵生、汪　涛、徐建国、王　毅、刘　晖、高　强
146	2003软－3－005	可视化系统在北京科技管理中的应用	北京科学学研究中心 中国测绘科学研究院	黄　刚、陈　棉、郭　毅
147	2003软－3－006	《北京市技术市场管理条例》实施效果评价及修订对策研究	北京市科学技术情报研究所	程金香、王　军、王苏舰、郑璇玉、王洪强
148	2003软－3－007	国家对铁路产业支持政策及效益型运输组织新机制的研究	铁道部经济规划研究院 北京交通大学 中国社会科学院数量经济技术经济研究所	李学伟、杨　瑛、韩宝明、李富强、陈学东、文　力
149	2003软－3－008	北京市地方标准《养老服务机构服务质量标准》	北京市社会福利管理处	彭嘉琳、李新京、李建平、郭幼生、李　放
150	2003软－3－009	北京市生物工程与新医药产业链研究	北京生物技术和新医药产业促进中心	张泽工、李　琼、雷　霆、罗　康、董文政、赵宏伟

1985～2003年北京地区专利申请汇总表

单位:项

项目 日期	发明	实用新型	外观设计	合计
1985年	754	720	66	1540
1986年	535	1091	66	1692
1987年	523	1796	106	2425
1988年	702	2494	146	3342
1989年	742	2408	194	3344
1990年	830	3214	240	4284
1991年	1023	3324	277	4624
1992年	1340	4493	483	6316
1993年	1483	4931	558	6972
1994年	1506	4666	680	6852
1995年	1252	4372	738	6362
1996年	1441	4255	899	6595
1997年	1677	3668	968	6313
1998年	1754	3444	1123	6321
1999年	2055	4045	1616	7716
2000年	3409	4984	1951	10344
2001年	4984	5114	2076	12174
2002年	5785	5920	2137	13842
2003年	7833	6665	2505	17003

1985～2003年北京地区专利授权汇总表

单位:项

项目 日期	发明	实用新型	外观设计	合计
1985－1986	43	408	40	491
1987年	102	630	44	776
1988年	169	1147	60	1376
1989年	207	1497	85	1789
1990年	216	1932	120	2268
1991年	263	1917	189	2369

（续表）

日期＼项目	发　明	实用新型	外观设计	合　计
1992 年	312	2724	229	3265
1993 年	530	4780	496	5806
1994 年	368	3245	301	3914
1995 年	328	3169	528	4025
1996 年	246	2563	486	3295
1997 年	281	2340	706	3327
1998 年	309	2522	969	3800
1999 年	573	3948	1308	5829
2000 年	1074	3463	1368	5905
2001 年	946	3600	1700	6246
2002 年	1061	3721	1563	6345
2003 年	2261	4244	1743	8248

2003 年北京技术市场交易汇总表

项　目	2002 年	2003 年	比上年增长(%)
合同数(项)	27038	32173	18.99
流向本市	13028	15976	22.63
流向外省市	13804	15837	14.73
技术出口	206	360	74.76
成交总额(亿元)	221.07	265.36	20.03
流向本市	90.13	120.00	33.14
流向外省市	100.43	132.40	31.83
技术出口	30.51	12.96	-57.52
其中技术交易额(亿元)	180.96	226.62	25.23
实现合同数(项*次)	19011	20202	6.26
实现成交总额(亿元)	101.96	120.00	17.69
其中实现技术交易额(亿元)	97.20	114.03	17.31
技术卖方机构(个)	4359	4578	5.02
技术买方机构(个)	19026	21774	14.44

附　录

建设中关村科技园区领导小组及其办公室

建设中关村科技园区领导小组的主要职责是研究和决定园区建设发展、制度创新的重大事项。领导小组办公室主要负责贯彻落实市委、市政府和建设中关村科技园区领导小组决定的重大事项;听取和讨论企业家咨询委员会的意见、建议和报告;组织、协调推进园区有关制度创新、空间规划和产业规划、重大产业化项目等工作。

组　长:	王岐山	北京市市长
	徐冠华	科技部部长
	周　济	教育部部长
成　员:	马颂德	科技部副部长
	赵沁平	教育部副部长
	(待定)	国家发改委
	张少春	财政部部长助理
	仇保兴	建设部副部长
	陈　健	商务部部长助理
	张　勤	国家知识产权局副局长
	沈仁干	国家版权局副局长
	屠光绍	中国证监会副主席
	杨柏龄	中国科学院副院长
	邬贺铨	中国工程院副院长
	陈佳洱	国家自然科学基金委员会主任
	范伯元	北京市副市长
	陆　昊	北京市副市长
	许智宏	北京大学校长
	顾秉林	清华大学校长
	柳传志	企业家咨询委员会主任委员
	邓中翰	企业家咨询委员会执行副主任委员

领导小组下设办公室,办公室主任由范伯元兼任

北京市科学技术委员会

北京市科学技术委员会是北京市政府管理全市科技工作的综合部门,主要职责是:

(一)贯彻落实国家有关科技工作的法律、法规以及战略、方针、政策;组织制订本市科技发展和科技促进经济与社会发展的战略、政策;研究起草有关科技方面的地方性法规、规章草案并组织实施。

(二)组织编制本市科技发展中长期规划、年度计划;研究确定本市科技发展的布局和优先发展领域;推动本市科技创新体系和科技服务体系的建设。

(三)组织制订全市应用基础性研究、高新技术发展以及重大科技成果应用研究的政策措施;负责组织制订重大应用基础性研究计划、高新技术研究发展计划、科技攻关计划、科技创新工程及社会发展科技计划,并指导实施。

(四)负责高新技术产业化发展工作;推动科技成果转化和应用技术的开发与推广;制订本市高新技术产业、科技企业发展的相关政策,推动高新技术产业、科技企业的发展;负责重大专项科技和重大科技产业工程的组织实施;推动农村科技工作,指导农业重大科技产业的示范工程。

(五)负责研究多渠道增加科技投入的措施;优化科技资源的配置;负责归口管理科学事业费、科技"三项费"和科技专项经费等有关经费的预算、决算及监督管理。

(六)研究制订本市科技体制改革的政策和措施;推动建立适应社会主义市场经济和科技自身发展规律的科技创新体制和科技创新机制;研究制订建立新型研究开发机构的政策;负责科研机构的资质管理;负责指导科研院所转制工作。

(七)负责本市技术市场及科技奖励、科技保密工作;配合有关部门负责与科技相关的知识产权的保护工作;制定科学技术普及规划和重点科普活动年度计划,推动全市科普工作;促进科技咨询、招标、评估等社会中介组织的发展。

(八)负责组织申报本市可持续发展实验区的工作,支持和指导可持续发展实验区的建设和发展。

(九)根据国家的方针、政策,研究制订本市科技合作与交流的政策;负责本市科技外事工作;负责与香港特别行政区、澳门特别行政区、台湾地区的科技合作与交流;会同有关部门组织技术出口和技术引进工作。

(十)研究科技人才资源的合理配置,提出充分发挥科技人员积极性、创造科技人才成长良好环境的相关政策;负责本市推荐两院院士的工作。

(十一)负责本市科技信息、科技统计和科技期刊管理工作。

(十二)指导协调本市各区、县和各部门的科技管理工作。

(十三)承办市政府交办的其他事项。

主　　任:马　林

副 主 任:刘振刚　俞慈声　杨伟光　朱宝风　曹凤国(兼)　田小平(兼)

纪检组长:许焕岗

委　　员:王丽水　郑吉春　李石柱

地　　址:北京市西直门南大街16号

邮　　编:100035

电　　话:010－66153389

网　　址:www.bjkw.gov.cn

内部机构设置

办公室:负责本机关政务工作;负责公文处理、信息、议案、建议、提案和信访、档案、保密工作,以及重要会议的组织工作;负责重要文件和会议决定事项的督察工作;负责组织起草有关重要文稿;负责机关的财务、资产管理、安全保卫工作;负责全市科技保密工作;承办科教方面的有关工作。

电话:010－66153395

政策法规与体制改革处:组织起草有关科技方面的地方性法规、规章草案;研究制订科技体制改革的总体规划和政策措施;配合有关部门研究提出加强有关科技知识产权保护的政策;负责本市科研院所的转制工作;负责审核科研机构的组建和调整;对本部门制定的规范性文件进行合法性审核;负责行政执法监督工作;调查研究有关法律、法规、规章和政策的执行情况;承办本机关的行政复议、行政赔偿案件和行政诉讼的应诉代理工作;组织行政处罚听证工作。

电话:010－66153406

发展计划处:研究提出本市科技发展的布局和优先发展领域,推动本市高新技术产业发展和科技创新体系、科技服务体系的建设;组织制订本市科技发展中长期规划,编制年度计划;提出科技计划的协调、综合平衡和经费配置的建议;协调重大新技术攻关项目的实施;研究提出本市国家工程研究中心、重点实验室、高新技术实验室的建设规划;组织编制、修订科技项目管理办法;研究制订本市关于科技成果的政策和办法;负责科技统计、科技信息工作;配合有关部门组织技术出口和技术引进工作。

电话:010－66153416

条件财务处:负责市级科学事业费、科技"三项费"、科技专项经费和科技发展基金预算、决算及监督管理;负责筹措调度科技资金;推动科技经费的财务改革和财务会计制度的实施工作;研究科研条件保障方面的工作;负责指导管理单位的财务审计工作;负责制订直属单位基本建设计划并组织实施;负责直属单位国有资产的监管工作;负责试验动物的管理工作。

电话:010－66153407

新技术产业化处:负责本市高新技术企业的认证工作;制订高新技术和产业化发展的规划、措施并组织实施;研究制订本市高新技术产业发展的相关政策;负责技术创新服务体系的建设;指导火炬计划项目实施。

电话:010－66153439

信息技术处:研究制订并组织实施促进本市信息技术、软件设计和光机电一体化领域发展的科技、政策及有关计划;负责相关领域科研项目的选题、论证、定题以及重大科技攻关项目的组织实施与协调工作;制订传统产业科技发展战略、规划和措施,并组织实施,推动传统产业的科技体制改革;负责相关领域的重点实验室、高技术实验室、工程研究中心、科研中试基地的建设、发展工作;组织有关部门研究制定北京制造业技术领域的科技规划,负责先进技术及产业化的研究工作。

电话:010－66153437

生物医药与新材料处:研究制订促进本市生物技术、医疗医药技术、新材料领域发展的科技计划、政策,并组织实施;负责相关领域科研工作和重大科技项目的选题、论证、定题以及重大攻关项目的实施;推动相关领域的产业化建设;负责相关领域的重点实验室、高新技术实验室、工程研究中心、科研中试基地的建设和发展工作;承办生物工程和新医药产业方面的有关工作。

电话:010－66153451

农村科技发展处:指导协调农业方面的科技工作;组织实施农业科研、科技成果开发、推广应用和重大科技项目的选题、论证、定题工作;组织实施农村重大科技成果推广应用示范工程;指导农业科技领域的创新示范工作;推动乡镇企业科技进步;指导本市星火计划和科技扶贫、科技兴区(县)工作;负责相关领域的重点实验室、高技术实验室、工程研究中心、科研中试基地的建设和发展工作。

电话:010－66153402

社会发展处:研究制订促进社会发展的科技政策及有关计划并组织实施;负责全市科普和城市发展、环保方面科研及重大科技项目的选题论证和定题工作;配合有关部门编制社会发展规划和年度计划;促进环保科技产业化的发展工作;负责相关性领域的重点实验室、高技术实验室、工程研究中心、科研中试基地的建设、发展工作;承办可持续发展实验区方面的有关工作。

电话:010－66153392

软科学处:负责本市软科学研究工作;负责本市科技信息、科技咨询和科技期刊的管理工作;负责组织协调本市各情报所及华北地区情报网络工作;负责市政府专家顾问团的选聘和日常工作;组织市政府专家顾问团对首都经济建设、城市建设、城市管理等方面的重大科技项目和课题进行咨询论证。

电话:010－66153431

国际科技合作处:负责管理本市科技外事工作;起草有关科技外事工作的地方性法规、规章草案;组织实施与外国政府、地区间的科技合作与交流;负责在京举办双边国际性科技学术会议、出国举办科技展览会以及因公派遣临时出国科技人员考察和邀请国外人员来华进行科技活动的有关工作;负责对香港特别行政区、澳门特别行政区、台湾地区科技合作与交流工作。

电话:010－66153430

人事教育处:负责本机关及直属事业单位干部队伍建设规划及部署的落实;负责本机关的人事管理工作;指导直属单位的人事管理工作;负责本市自然科学研究系列专业技术职务任职资格评定工作;负责本市科研单位培养研究生的管理和科技新星计划的实施工作。

电话:010－66153409

机关党委:负责本机关及直属单位的党群工作。

电话:010－66153410

纪检、监察机构,按有关规定派驻。

中关村科技园区管理委员会

中关村科技园区管理委员会的主要职责是:

(一) 贯彻落实国家有关法律法规和政策,研究提出园区的发展战略和规划,组织研究园区相关改革方案,促进可持续发展。

(二) 研究拟定园区发展和管理的相关政策,参与起草相关地方性法规、规章草案。参与组织编制园区有关空间规划和产业规划。

(三) 协调整合各类创新资源,开展高新技术研发及其成果产业化、投融资、人才资源、中介组织、知识产权保护、数字园区建设等方面的促进和服务工作。

(四) 配合协调有关机构为园区企业提供世界贸易组织事务方面的服务,促进园区企业开展国际贸易。

(五) 承担园区外事、宣传、联络和留学人员创业服务等工作。

(六) 负责管理市财政拨付的园区发展专项资金,并协助有关部门监督专项资金的使用。

(七) 指导各园的工作,承担建设中关村科技园区领导小组及其办公室的日常工作,负责园区企业家咨询委员会及园区内各类协会组织的联系工作。

(八) 承办市政府交办的其他事项。

主　　任:范伯元(北京市副市长兼)

副 主 任:戴卫(常务)　任冉齐　夏颖奇　郭　洪

委　　员:赵慕兰

地　　址:北京市海淀区苏州街 36 号

邮　　编:100080

电　　话:010－82690511

传　　真:010－82690506

网　　址:www.zgc.gov.cn

内部机构设置

办公室:负责本机关的政务工作;负责公文处理、信息、议案、建议、提案和信访、档案、保密工作,以及重要会议、活动的组织工作;负责重要文件和会议决定事项的督察工作;负责机关联络接待、服务保障、安全保卫等工作。

电话:010－82690500

产业发展促进处:参与研究和制订园区产业规划和政策,督促落实发展高新技术企业的各项政策;参与重大高新技术成果产业化项目的认定;协调园区技术研发,重大高新技术企业项目的引进和扶持工作;受国家有关部门委托,负责组织园区企业科研项目和专项资金的申报工作;负责协调园区对外经贸工作。

电话:010－82690520

规划建设协调处:研究制订园区发展规划并协调组织实施;参与组织编制园区的空间规划、土地利用规划和生态规划等工作;负责园区重大建设项目信息的收集和分析。

电话:010－82690677

投融资促进处:负责研究提出园区投融资体系建设方案;研究分析园区投融资发展状况,

并提出政策建议，搭建园区投融资政策平台；推动园区企业的股权交易和上市融资工作；组织协调投融资机构为园区产业发展提供支持，发展适合园区企业的多种融资方式，促进科技与金融的结合。

电话：010－82690614

人才资源处（人事处）：研究提出园区人才资源发展战略规划和人才市场体系建设的建议；研究拟定园区吸引人才的有关政策，并协调组织实施；负责园区有关留学人员创业的服务工作；负责本机关及所属单位的干部、人事及机构编制管理工作。

电话：010－82690613

中介服务体系建设处：研究提出园区行业协会、中介组织的发展规划，组织制定有关政策；促进园区中介组织发展、信用体系建设等工作。

电话：010－82690608

信息化工作处：组织研究提出园区信息化建设规划并协调推进实施；负责园区信息统计数据的综合分析利用；负责协调建立统一的园区信息管理与服务体系、预测预导系统、经济运行和企业评测系统；负责管理园区的网站建设，推进园区电子政务和数字园区建设工作。

电话：010－82691721

国际交流合作处：负责园区的国际交流与合作工作；负责园区派遣人员因公临时出国（境）和邀请外国经贸科技人员来华事项的审批工作；负责园区驻海外联络处的建设、联络和管理工作。

电话：010－82690609

研究室（世界贸易组织事务与知识产权工作处）：负责园区体制和机制创新及其配套改革措施的研究工作；组织研究园区发展建设中的重要问题，并提出相关对策、建议；负责协调园区知识产权促进和保护工作；配合协调有关机构为园区企业提供有关世界贸易组织事务方面的服务；组织起草贯彻落实《中关村科技园区条例》的有关配套政策，并监督实施。

电话：010－82690514

宣传处：负责园区宣传工作，制定园区宣传方案并组织实施；组织园区新闻发布会；组织园区重要活动、重要工作的新闻报道工作。

电话：010－82690510

财务处：负责园区发展专项资金预算编制和管理工作；协助有关部门监督专项资金的管理使用；负责园区的建设与发展专项资金的内部审计工作；负责本机关的财务工作。

电话：010－82690616

机关党委：负责本机关及所属单位的党群工作

纪检、监察机构，按有关规定派驻

北京市科学技术协会

北京市科学技术协会（简称北京市科协）是北京地区科学技术工作者的群众组织，由全市性学会、协会、研究会、区县科协、企事业单位科协和高校科协组成，是中国科学技术协会的地方组织。北京市科协成立于 1963 年 7 月,现拥有市级学会、协会、研究会 142 个,区县科协 18 个,企业科协 172 个,高校科协 8 个,共有以科学家、工程师为主体的会员 30 多万人。北京市科协在中国共产党的领导下,团结和组织科学技术工作者,广泛开展"学术交流、科学普及、咨询服务"、"科学技术季谈会"、"金桥工程"、"科技周"等多种活动。北京市科协为促进科学技术的繁荣和发展,促进科学技术的普及和推广,促进科技与经济的结合,促进科学技术人才的成长和提高,做出了贡献。

主　　席:陈佳洱

常务副主席:田小平

副 主 席:(按姓氏笔画为序)

马国馨　方智远　王力军　王阳元　刘培温　许达哲

张开逊　张丽英　辛俊兴　荣国威　贺慧玲　倪维斗

陶铁男　高佐之　曹凤国

秘 书 长:罗忠仁

地　　址:朝阳区育慧里 4 号

邮　　编:100101

电　　话:010-84635008

传　　真:010-84655007

网　　址:www.bast.net.cn

内部机构设置:

机关党委:负责本机关及所属事业单位的党群工作。

联系电话:010-84634972

电子邮件:bastjgdw@bjkp.gov.cn

调研宣传部:负责组织市科协系统重大问题的调查研究;承办上级有关部门交办的调研课题;负责有关重要文件、报告和讲话的起草;会同有关部门提出和拟定北京市科协发展战略,拟定有关规章制度;参与北京市有关法规的拟定工作;指导、协调本机关的法律事务;负责《北京科协》的编辑;负责市科协重大活动的宣传和新闻报道工作;负责有关学会期刊的业务指导。

联系电话:010-84644973

电子邮件:bastxcbu@bjkp.gov.cn

计划财务部:负责编制机关行政事业费及有关专项经费的预、决算;负责机关财务及固定资产管理;负责对直属事业单位的财务工作进行指导、监督、审计;负责本系统综合统计工作。

联系电话:010-84634998

电子邮件:bastjcch@bjkp.gov.cn

科普部:贯彻落实国家有关科普工作的方针、政策,制定市科协系统科普工作规划;组织开展全市性的科普工作,推广科普工作经验;负责联系、指导区县科协、企业科协、高校科协的工作;指导基层科协在社区、企业、农村、学校开展科普活动;指导基层科普场馆及设施的规划、建设与管理工作;协同市政府有关部门做好表彰奖励科普工作先进集体和优秀个人的工作。

联系电话:010-84634995

电子邮件:bastkpbu@bjkp.gov.cn

办公室:负责公文处理、信息、档案、机要、保密、来信来访、安全保卫工作,以及重大活动和重要会议的组织协调工作;负责重大决定事项的督察工作;负责征集并上报科技工作者建议。

联系电话:010－84655007

电子信箱:bastbgsh@bjkp.gov.cn

学会部:负责对市科协所主管的学会、科技类社会团体进行监督管理;指导北京市科协系统的学术活动;组织协调北京市科协系统综合性、多学科、多领域的重点学术研讨活动;负责与所属市级学会的联系及业务指导;指导市级学会开展继续教育工作。

联系电话:010－84644977

电子邮件:bastxhbu@bjkp.gov.cn

人事部:负责本机关干部队伍建设工作;负责本机关的人事管理工作;指导直属单位人事管理工作;负责离(退)休人员的管理和服务工作。

联系电话:010－84644971

电子邮件:bastrsch@bjkp.gov.cn

北京市知识产权局

北京市知识产权是主管全市专利工作和统筹协调涉外知识产权事宜的市政府直属机构。主要职能:

1. 承担北京市知识产权办公会议办公室的职能,统筹协调全市涉外知识产权事宜,协调建立全市知识产权保护和创新体系,联络和协调知识产权主管部门的相关工作;

2. 组织开展知识产权调研工作,对市政府制定全市知识产权发展战略提供决策依据;

3. 组织制定全市专利工作发展规划,研究起草全市专业管理的地方性法规、规章、政策措施,并组织实施;

4. 建立并完善全市专利工作体系,指导和协调全市各区、各部门的专利管理工作;

5. 组织开展《中华人民共和国专利法》及相关法规的宣传普及工作;制定本市有关知识产权的宣传教育与培训工作规划;

6. 负责全市专利行政执法工作,依法处理专利纠纷和查处冒充专利行为;

7. 组织和推动全市专利技术的产业化,规范并管理专利技术市场;

8. 承办市政府交办的其他任务。

局　长:刘东威

副局长:周　砚　李鸿杰

地　址:北京市西城区德胜门东大街8号东联大厦二层

邮　编:100009

电　话:84080089

网　址:www.bjipo.gov.cn

内部机构设置

办公室:负责本单位政务工作;负责公文处理、档案、保密、议案、建议、提案工作;负责重要文件和会议决定事项的督察工作;负责人事、财务、审计、纪检监察、安全保卫、外事接待和党群等工作;统筹协调本市涉外知识产权事宜;参与知识产权方面的涉外谈判;负责本市专利工作对外联络、国际合作与交流活动。

电话:010－84080089

条法处:组织研究本市有关知识产权的地方性法规和规章草案;起草本市有关专利的地方性法规、规章草案;对本部门制定的规范性文件进行合法性审核;组织实施专利纠纷案例、涉外案例的报告制度;承办本单位行政赔偿案件和行政诉讼的应诉代理工作;组织行政处罚听证工作;负责专利法执法监督工作;负责培训本市专利执法人员;负责专利防伪标志的审查、监制工作。

电话:010－84080090

知识产权协调处(北京市知识产权办公会议办公室):负责组织拟订本市知识产权发展规划与战略;协调建立知识产权保护和创新体系;协调有关部门查处侵犯知识产权的重大案件;指导本市知识产权方面社会团体的有关工作。

电话:010－84080092

专利管理处:负责研究制订本市专利工作的发展规划和年度计划,并组织实施;组织建立和健全专利工作体系;指导并协调本市各部门专利管理工作;管理和监督专利申请资金;负责专利方面的宣传、教育及培训工作;负责北京地区专利代理机构的审核、报批及年检工作;负责专利服务人员的资格认定工作;指导本市专利方面社会团体的有关工作。

电话:010－84080096

专利执法处:负责制订本市专利执法的规划、计划;依法处理专利纠纷;打击和查处冒充专利行为;为涉及专利权案件的有关部门或当事人提供咨询、鉴定意见或技术判定;负责进出口贸易中专利认定工作及涉嫌侵权的专利技术或产品的调查和处理。

电话:010－84080098

专利实施处:负责制订本市促进专利技术开发与实施发展规划和措施办法,并组织实施;负责重大专利技术的实施工作,管理和监督专利实施资金;负责管理本市专利技术市场;负责专利技术合同的认定、登记、备案工作;负责有关经济活动中涉及专利管理等工作;配合相关部门,对以专利权为主要内容的无形资产进行评估。

电话:010－84080080

18区县科学技术委员会一览表

单位名称	负责人	电话	地址	邮编	网　址
东城区科学技术委员会	彭　湘	84039292 64077113	东城区交道口菊儿胡同33号B座103、104室	100009	www.dchst.com
西城区科学技术委员会	边群英	88064346	西城区二龙路27号	100032	www.bjxch.gov.cn
崇文区科学技术委员会	暴　剑	67110088	崇文区幸福大街32号	100061	www.cwkw.gov.cn

（续表）

单位名称	负责人	电话	地址	邮编	网　址
宣武区科学技术委员会	王国建	83976130	宣武区广安门南街 68 号 716 室	100054	www.bjxw.gov.cn
朝阳区科学技术委员会	吉广平	67310709	朝阳区松榆里 43 号楼	100021	zwgk.bjchy.gov.cn
海淀区科学技术委员会	王鲁豫	62318517 62318518	北京市海淀区北四环中路 281 号	100083	www.hdkw.gov.cn
丰台区科学技术委员会	陈　鹏	83656411	丰台区文体路 2 号 3 号楼 304 房间	100071	www.ftti.gov.cn
石景山区科学技术委员会	李　艳	68863654	石景山区八角中里科技馆	100043	www.hingespace.com
顺义区科学技术委员会	李国震	69460334	顺义区光明南街	101300	www.bjshykw.com.cn
昌平区科学技术委员会	于　泓	69742863	昌平区府学路科技中心大楼	102200	www.bjchp.gov.cn
门头沟区科学技术委员会	张　永	69843260	北京市门头沟区新桥大街 40 号	102300	www.bjmtg.gov.cn
通州区科学技术委员会	季志会	69546592	北京市通州区玉带河大街 30 号	101100	www.bjtzh.gov.cn
房山区科学技术委员会	张海鹏	89350219	房山区良乡政通路 1 号	102488	org.bjfsh.gov.cn
大兴区科学技术委员会	王自学	69267060	大兴区兴政街 31 号	102600	www.dxkw.gov.cn
延庆县科学技术委员会	王小川	69142014	延庆县城延庆镇高塔街 23 号	102100	kewei.bjyq.gov.cn
怀柔区科学技术委员会	周怀明	69624893	怀柔城区湖光小区 24 号	101400	www.bjhr.gov.cn
平谷区科学技术委员会	陈占国	69963273	平谷区府前西街	101200	pgkw.bjpg.gov.cn
密云县科学技术委员会	吴志强	69042877	密云县西滨河路东	101500	www.bjmy.gov.cn

北京科技服务机构

北京市高新技术成果转化服务中心

北京市高新技术成果转化服务中心是北京市政府成立的为北京市高新技术企业和北京市高新技术成果转化项目提供“一站式”服务的机构，为全额拨款事业单位。其主要职责是负责协调和落实北京市支持高新技术产业发展的有关优惠政策,促进高新技术成果在北京地区产业化。

中心主要业务是受认定小组委托,承担北京市高新技术成果转化项目的受理、组织评审和对外公布工作;并负责高新技术成果转化项目和重大高新技术成果转化项目、科技中介机构、孵化基地、风险投资机构享受财政专项资金的受理、汇总和资金转拨工作。

地　　址:北京市朝阳区安翔北里甲11号创业大厦1号楼
邮　　编:100101
电　　话:010－64874216
传　　真:010－64878783

北京高技术创业服务中心

北京高技术创业服务中心是北京市科学技术委员会直属的具有独立法人资格的事业单位,成立于1989年,是北京市最早成立的科技企业孵化器。该中心地处中关村科技园区,紧邻京昌高速公路与北四环路,交通便利,环境优越。中心现有孵化场地8300平方米,面向国内外各类中小型科技企业,可提供办公科研用房、项目评估、年度审计、政策咨询、投融资咨询、法律咨询、成果鉴定、国内外人才培训、火炬计划项目申报、科技型中小企业创新基金项目推荐受理、国家科技重大项目及国家重点新产品评估监理等服务。

地　　址:北京市朝阳区安翔北里11号1号楼
邮　　编:100101
电　　话:010－64853169
传　　真:010－64873536
E－mail:chyzhx@mail.bsti.ac.cn

北京工业设计促进中心

北京工业设计促进中心成立于1995年5月,是隶属于北京市科委的事业单位,也是国内最早成立、最具专业能力的知识型服务机构。2002年始在北京生产力促进中心首都经济创新服务体系中从事工业设计。其主要职责是利用工业设计的方法协助企业提高产品附加值和生产力。

地　　址:北京市海淀区北三环中路31号生产力大楼B座912室
邮　　编:100029
电　　话:010－82002055
传　　真:010－82004066
网　　址:http://www.bjidesign.com/
E－mail:bidc@bjidesign.com

北京技术市场管理办公室

北京技术市场管理办公室(以下简称管理办公室)于1990年5月经北京市政府批准成立。管理办公室在市科学技术行政部门的领导下,具体负责技术市场的管理、监督工作。主要职责是:

(一)负责宣传贯彻和组织实施有关技术市场的法律、法规和政策,组织调查研究并制定相应规章制度;

(二)负责对技术市场发展与技术交易活动实行规划管理与协调指导,负责技术市场表彰奖励工作;

(三)负责管理技术合同认定登记工作,管理技术合同登记机构并办理设立、撤销事宜,审核认定重大技术合同;

(四)负责审核技术交易中介服务机构和技术经纪人的资格,培训、考核技术市场经营管理人员;

(五)负责管理技术市场发展资金;

(六)负责技术市场统计和分析,发布技术市场信息;

(七)会同有关部门检查技术交易活动,依法处罚违法行为,调解技术合同纠纷,参与技术合同纠纷的仲裁;

(八)会同市财税部门落实技术市场财税优惠政策;

(九)会同有关部门开展国内外技术转移和技术市场的研究与交流;

(十)负责联系北京技术市场协会。

地　　址:北京市西城区西直门南大街16号

邮　　编:100035

电　　话:010-66161862

传　　真:010-66161862

网　　址:http://www.cbtm.net.cn/

北京市科学技术奖励工作办公室

北京市科学技术奖励工作办公室是由北京市机构编制委员会正式批准成立的、北京市科委直属事业法人单位。其业务范围包括:承办北京地区科技奖励工作及授奖活动的有关技术性、服务和辅助性的工作;负责科技奖励的统计、数据分析工作;开展北京地区获奖成果的国际交流工作;负责北京地区社会力量设奖的审批和管理工作;北京市科委交办的科技成果的管理工作及承办政府部门交办的其他工作。

地　　址:西直门大街16号(市科委院内北楼104、105房间)

电　　话:010-66186832

邮　　编:100035

http://www.bjjlb.org.cn/

北京技术交易促进中心

北京技术交易促进中心是直属于北京市科学技术委员会的事业单位。通过组织实施“提升技术交易参与者的交易能力、通畅技术交易的渠道与环节、建立健全技术交易服务体系”等各类促进业务活动,以有效带动北京地区技术交易的规模扩大和质量提高,从而促进科技成果产业化和科技与金融的高效结合。

北京技术交易促进中心“依托政府、面向社会、立足科技、促进交易”,通过集成与整合技术交易资源,构建权威的技术交易信息网络平台和规范运作的技术交易创新服务联盟,以“创新、敬业、诚信、协作”的精神竭诚为海内外技术交易客户的技术转移、技术融投资提供全面专业的服务。

地　　址:北京海淀区苏州街甲49号
邮　　编:100080
电　　话:8610-62578706
传　　真:8610-62571175

北京市可持续发展中心

北京市可持续发展科技促进中心(SDPST)是北京市科学技术委员会直属的具有独立法人资格的事业单位。其宗旨是:为社会经济的可持续发展提供科技引导、技术服务。

一、可持续发展实验区申报、推荐、管理。

二、可持续发展实验区项目预选、推荐、示范、辐射及推广。

三、可持续发展工作研究、可持续发展科普宣传。

四、配合社会发展处进行社会发展领域(生态环境、能源、减灾防灾、资源利用、社区、社会安全、城乡建设、公用事业、文教体育、城市管理)科技项目(重大项目以外)的评估、项目监督等。

五、社会发展领域相关调查、工作研究。

六、科普工作联席会议办公室日常工作、联席会议通过计划、项目的具体落实。

七、科普工作研究。

八、组织各种类型的科普活动、联络区县科普工作联席会议办公室共同开展工作。

九、组织国内外可持续发展实验区考察活动、科普考察活动。

十、配合社发处开展其他相关工作(会议、展览、培训、科技周等)。

地　　址:西直门南大街16号北楼3层
邮　　编:100035
电　　话:010-66122492
传　　真:010-66122448
E-mail:sdpst@163.com

北京市科委农村发展中心

北京市科委农村发展中心主要开展农村科技项目申报、论证评审，农村科技信息成果、郊区资源以及科技政策的发布、宣传，农村科技发展课题研究，农村科技培训以及农村科技人才的引进等工作。

地　　址:北京市宣武区陶然亭路 55 号
电　　话:010－63521511
传　　真:010－83522832
网　　址:http://www.nczx.cn/
E－mail:nczx@nczx.com.cn

北京市科委人才交流中心

北京市科委人才交流中心是北京市科委直属的全民事业单位，成立于 1995 年，是专门从事人才交流、人才培训、人事代理、人才推荐等人力资源开发的综合性社会服务机构。

地　　址:北京市海淀区北三环中路 31 号生产力大楼 9 层
邮　　编:100088
电　　话:010－82002238
传　　真:010－82002310
网　　址:http://www.bjkjrc.com.cn/
E－mail:office@bjkjrc.com.cn

北京软件产业促进中心

北京软件产业促进中心(BITPC)隶属北京市科委，是市政府为推动“首都二四八重大创新工程”，推进北京软件产业发展创建的一个创新服务平台。该中心作为北京软件产业基地建设协调会议的日常办事机构，承担北京 IT 产业的战略规划研究、重大问题协调、支撑体系建设、重点项目策划、种子资金管理、动态信息发布、开展国际交流、管理软件企业认定和软件产品登记等工作。

地　　址:北京海淀区北四环中路 238 号柏彦大厦 12 层
邮　　编:100083
电　　话:010－82331717
传　　真:010－82332323
网　　址:http://www.bsw.gov.cn/
E－mail:zhangp@bsw.gov.cn

北京生产力促进中心

北京生产力促进中心是由北京市科委组建并支持的不以赢利为目的的社会化科技服务机构。它致力于发展传播先进生产力，提升中小企业竞争能力，促进传统产业升级，集成首都生产力促进资源，推进北京生产力促进服务体系建设。

北京生产力促进中心面向政府和企业两个主体提供服务。

1．面向政府的主要服务内容是：

研究生产力发展的理论、模式及趋势，为宏观决策提供咨询服务；

组织实施政府指导性的科技开发计划；

对区县生产力促进中心进行资质认证，对地方政府提供区域和产业发展研究；

承担政府委托交办的其他事宜。

2．面向中小企业提供以下服务：

信息化服务：充分利用现代信息技术，帮助中小企业进行信息化建设，提升企业生产经营管理水平，提高市场竞争力。

技术支持服务：利用现代技术，帮助企业提高研发及技术创新能力，引入关键共性技术和先进适用技术，改造传统产业。

投融资服务：开拓中小企业融资渠道，为中小企业进行中介服务。

管理咨询服务：为中小企业提供企业辅导、生产管理、人力资源管理、财务管理、市场营销、质量管理等咨询服务，帮助企业提高现代管理水平。

科技资源服务：利用首都大型仪器设备协作网、工程技术中心、重点实验室，为中小企业提供在仪器设备资源、工程技术资源、实验条件资源等方面的共享服务，仪器改造和升级服务，使首都资源利用效率最大化。

国际合作服务：为中小企业开拓国际合作渠道，组织企业出国考察、培训和展览展销，引进海外先进技术和管理人才。

地　　址：北京海淀区北三环中路31号(马甸桥西北)生产力大楼B座8层

邮　　编：100088

电　　话：010－82003608

传　　真：010－82003613

网　　址：http://www.bjpc.org.cn/

E－mail：bjpc@bjpc.org.cn

北京生物技术和新医药产业促进中心

北京生物技术和新医药产业促进中心成立于1996年6月24日，主要任务是面向北京生物工程和新医药产业提供专业化服务，促进产业健康持续发展。中心成立后，始终以发展北京生物工程和新医药产业为己任，密切与政府有关部门、科研机构、知名学府、制药企业及相关组织和学术团体的关系，充分发挥首都科技优势，大力促进产业进行广泛国际交流。

该中心下设项目培育与投资管理部、战略研究部、行政与信息环境部、财务部。

地　　址:北京市海淀区学院路38号北京大学医学部会议中心一层南侧
邮　　编:100083
电　　话:010-82802488
传　　真:010-82802515
网　　址:http://www.newlifebp.org.cn/
E-mail:bbio@mail.newlifebp.org.cn

北京新材料发展中心

北京新材料发展中心隶属北京市科委,主要任务负责北京新材料领域规划、政策等制定、发展战略研究;负责北京市新材料科技项目组织评估、论证和管理;组织北京新材料领域重大活动,参与北京新材料基地各园区的建设、新材料领域专业孵化器建设等,举办领域内研讨、展览、会议等交流活动。主办面向全国发行的《新材料产业》月刊和新材料产业信息网站。

地　　址:北京市海淀区学院路30号方兴大厦5层
电　　话:010-62341509
传　　真:010-62333998
网　　址:http://www.materials.net.cn/
E-mail:infor@materials.net.cn

北京市实验动物管理办公室

北京市实验动物管理办公室是经市人民政府批准成立、隶属于北京市科学技术委员会的独立法人单位,其前身为北京市实验动物管理委员会办公室,负责本市行政区域内实验动物管理的协调工作。其主要职责是:

1. 受市科委委托,根据《实验动物管理条例》和《北京市实验动物管理条例》及其配套规章的规定,进行行政执法;

2. 负责北京地区实验动物许可证管理工作;

3. 负责北京地区实验动物及其相关产品的质量管理和从业人员的考核及岗位证书发放工作;

4. 受市科委委托,负责北京地区实验动物质量监督员队伍、实验动物质量检测机构、实验动物从业人员培训机构和实验动物屏障设施培训基地的管理工作;

5. 受科技部委托,负责全国实验动物许可证的备案管理工作,承担全国实验动物科学研究项目管理和全国实验动物信息网北京镜像站的管理工作;

6. 负责北京市实验动物管理委员会及其专家委员会的日常工作;

7. 根据实验动物科学发展要求,向市科委和科技部提出工作建议,并承担部分研究课题;

8. 织并完成上级领导交给的其他任务。

地　　址:北京市海淀区西三环北路27号
邮　　编:100089
电　　话:010-68722982

传　　真:010－68722983
网　　址:http://www.baola.org/
E－mail:68722982@sohu.com

北京科学仪器装备协作中心

北京科学仪器装备协作中心成立于1996年10月,主管部门是北京市科学技术委员会。其主要职能是:

1.协助政府和主管部门制定和实施北京地区仪器装备的购置计划,并进行相关决策咨询;

2.北京地区仪器装备协作共用的组织、协调和管理;

3.仪器装备的开发、改造、更新、维修和技术服务,促进北京地区科研条件的发展升级;

4.构建北京地区科研条件体系,构建数字化、网络化、专业化的服务平台;

5.开展与仪器装备相关的国际合作,推动仪器装备领域的国际交流。

中心开展的主要业务如下:

科学仪器装备资源共享、协作共用,科学仪器装备信息咨询与服务;(010－68476388)

科学仪器的维修与功能改造,科学仪器的技术与市场开发,科学仪器的零部件供应,二手科学仪器设备调剂与租赁,国外仪器售后服务;(010－68456513)

科学仪器装备网络建设与管理,科学仪器装备电子商务与实验室解决方案,协作共用宣传和数据记录、统计平台,仪器、设备销售平台;(010－88412122)

进口仪器设备服务,仪器、实验动物、试剂销售与服务,科研条件网上市场,展览展示,人才交流与培训,专家沙龙;(010－68471699)

技术项目咨询、项目的市场调研、技术合同登记,荣获第七界北京技术市场金桥奖二等奖、2003年特色技术经济机构优秀奖;(010－68456513)

为用户签订外贸合同,协助用户办理进口机电审查申报手续,协助用户办理进口减免税手续;(010－88412122)

地　　址:北京市海淀区西三环北路27号北科大厦
邮　　编:100089

北京市自然科学基金委员会

北京市自然科学基金委员会的宗旨是根据北京市科技、经济和社会发展的需要,加强和发展相应的基础性研究,发现和培养人才,以促进北京市科学技术进步,持续不断地支持首都经济和社会发展。

北京市自然科学基金委员会的主要任务是根据国家科学技术发展方针、政策,结合首都经济和科技发展的需要,编制、发布项目指南;有效地运用自然科学基金资助手段,指导协调北京市基础性研究工作;组织推动重大和重点研究项目;促进研究成果向实用转化;支持有条件的青年科技人员承担项目,促进科技队伍的成长;组织和推动相应的国际合作和学术交流。北京市自然科学基金委员会实行科学基金制。主要机制是自由申请与定向引导相结合,同行评议,公平竞争,择优支持,辅以"指南"引导,严格选题,突出重点,追踪成效。

地　址:北京西直门南大街16号

邮　编:100035

电　话:010-66161522

网　址:http://210.76.125.39/zrjjh/zrjj/

E-mail:nkyxxs@public.bta.net.cn

北京软件产品质量检测检验中心

北京软件产品质量检测检验中心是经北京市编办批准,于2002年7月成立的拥有国际先进技术及设备的大型软件质量检测检验中心。中心坐落于中关村软件园孵化器大楼内,是北京科委和北京市质量技术监督局联合建立的非营利性的专业软件测试机构,是北京市为规范软件产品市场秩序,帮助企业提高软件开发能力和质量保证能力,加速我国软件产品进入国际软件市场的重要技术支柱。北京软件产品质量检测检验中心为企业提供软件测试、咨询与培训服务,包括对软件产品的评测认证和对企业的测试外包服务。还开展软件测试技术研究,测试工具开发、软件测试规范、标准制定等业务。同时,北京软件产品质量检测检验中心还是北京软件产业基地公共技术支撑体系的管理运营实体,具体负责"三库四平台"的技术服务。

地　址:北京市中关村软件园孵化器一号楼A座

邮　编:100094

电　话:010-82825511

中关村知识产权促进局

中关村知识产权局是北京市知识产权局的派出机构,面向中关村国家知识产权示范园区开展全方位的知识产权服务。主要提供国内外知识产权信息服务、专利技术转移服务和知识产权法律服务。

地　址:北京市海淀区知春路23号量子银座3层309室

邮　编:100083

电　话:82356351(传真)

网　址:www.zippo.org.cn

国家知识产权局北京专利代办处

国家知识产权局北京专利代办处是国家知识产权局设在中关村科技园区的派出机构,由北京市知识产权局代管。其主要职责是:受国家知识产权局委托,做好专利申请文件的受理和收费工作以及相关的咨询服务机构。

地　址:北京市海淀区知春路23号量子银座3层309室

邮　编:100083

电　话:010-82356391

传　　真:010－82356357

北京市知识产权服务中心

北京市知识产权服务中心是经市政府批准成立的具有独立法人资格的事业单位,其主管机关是北京市知识产权局。主要职责是开展专利信息服务,专利技术的分析评估,知识产权诉讼代理和法律咨询服务等。

地　　址:北京市西直门南大街 16 号 1102 室
邮　　编:100035
电　　话:010－66187220
传　　真:010－66160108
网　　址:www.bjipo.org.cn

北京市专利技术开发服务中心

北京市专利技术开发服务中心是经市政府批准成立的具有独立法人资格的事业单位,其主管机关是北京市知识产权局。主要职责是提供专利开发服务,促进专利技术应用,建立专利专题数据库检索平台,专利权质押等。

地　　址:北京市西直门南大街 16 号 1107 室
邮　　编:100035
电　　话:010－66127117
传　　真:010－66125223

北京国际科技协作中心

北京国际科技协作中心是由市政府批准建立的,是市科协直接领导下开展对外科技交流的全民性事业机构,是市科协对外交流的惟一窗口。主要任务是举办国际科技会议和科技展览会;接待来华进行科技交流的团体和个人;派遣科技人员出国进修、考察和参加国际会议;邀请国外专家和学者来华进行专业性科技交流和讲座、培训等活动;对外进行科技咨询和信息交流,为国内厂家从事技术转让、技术开发、投资合资活动提供服务;组织国际科技协作项目;组织国内外技术经济合作业务;派遣农业考察团及农业研修生出国考察学习国外农业科学技术;长期举办日语学习。

地　　址:朝阳区育慧里 4 号
邮　　编:100101
电　　话:010－84644978
传　　真:010－84630170
E－mail:bastgjbu@bjkp.gov.cn

北京青少年科技活动中心

北京青少年科技活动中心主要是协调指导市级学会、区县科协青少年科技工作，组织和管理市科协所属青少年团体工作，组织北京青少年科技教育、科技竞赛和科学普及等活动，丰富青少年科技知识，开展青少年国际科技交流活动，发现和培养有科技特殊专长的青少年人才，对科技辅导员进行培训，不断提高科技教育和科技活动的水平。

地　　址：朝阳区育慧里 4 号
邮　　编：100101
电　　话：010－84634991
传　　真：010－84634991
E－mail：bastqsnbu@bjkp.gov.cn

北京科技活动中心、北京市科协服务管理部

北京科技活动中心 1998 年 4 月成立并投入使用，主要为北京科技界开展学术交流、科技展览、技术咨询、技术协作、科技培训、科技工作者联谊及会议等服务。

服务管理部主要负责市科协机关及部分直属事业单位后勤保障工作，为职工生活提供服务，如通讯、办公文具用品、机关办公设备、职工住房、职工餐饮、职工医疗保健、职工福利用品等。

地　　址：朝阳区育慧里 4 号
邮　　编：100101
电　　话：010－84635012
传　　真：010－84635012
E－mail：basthdzx@bjkp.gov.cn

北京科技咨询中心

北京科技咨询中心 1991 年 7 月成立，是市科协直属事业单位，具有独立的法人地位。该中心主要承接政府和有关部门的咨询业务，承接技术改造、技术引进项目和工程建设项目的可行性研究与评估，提供技术转让、技术开发、技术咨询、技术服务，组织协作攻关与产品开发，组织国内外科技展览与技术交流，开展专业技术与科技管理培训，创办高新技术实体，并进行经营与管理。

地　　址：崇文区永外西革新里 98 号
邮　　编：100077
电　　话：010－67235945
传　　真：010－67235953
E－mail：bstcc@bstcc.com.cn

北京科普发展中心

北京科普发展中心是经市政府批准,市科协领导的全民所有制事业单位,2002 年 11 月正式成立。该中心主要为社会和公众提供科普服务,负责开展科普宣传、科普文化交流和科普培训;举办科普展览和各类科普文化活动;对科普展进行研发、制作和推广;承接国际、国内大型会议及文化交流,研讨活动的策划、组织、实施;展板、展具开发制作;引进、开发、制作科普互动性展示器材,展品及各种教具;科普人才培训;科普图书、科普资料的制作等。同时整合社会科普资源,消化、吸收国外先进的科普展示手段,开发研制适合国情,具有领先地位的互动式科普展品、教具,立足北京,面向全国,做好现代科普产品、设施的认定和推广应用。

地　　址:朝阳区育慧里 4 号

邮　　编:100101

电　　话:010－84644969

传　　真:010－84644969

E－mail:bjkpzx@bjkp.gov.cn

北京市科学技术进修学院(首都联合职工大学分校)

北京市科学技术进修学院于 1981 年经市政府批准成立,是一所全民所有制高等学院,主要培养中、高级科技管理人才,开展文秘、对外贸易、英语、财务会计、法律、计算机软件、计算机应用、信息管理、电子商务等大专、本科学历教育,相关继续教育,同时开展相关培训,科技开发,中介服务等。

地　　址:大兴圣和巷 7 号

邮　　编:102600

电　　话:010－69249686

传　　真:010－69249686

E－mail:bastjxxy@bjkp.gov.cn

北京农村致富技术学校

北京农村致富技术学校于 1993 年 9 月经市政府批准成立,是由市协主办的一所面向北京郊区农村传授科学技术,培养农村专业技术人才的学校。主要培养农村乡土科技人才,开展种植、养殖、加工、企业管理等市场经济知识及相关专业的技术培训、推广、服务。

地　　址:大兴圣和巷 7 号

邮　　编:102600

电　　话:010－69249686

传　　真:010－69249686

E－mail:bastjxxy@bjkp.gov.cn

北京市科协学会联合办公室

北京市科协学会联合办公室是经市政府批准成立的,是隶属市科协的事业单位。主要负责管理市属12个学会(协会、研究会)的财务、统计报表、年审等各项日常工作,以沟通信息,推动各学会广泛开展活动。

地　　址:崇文区永外西革新里98号
邮　　编:100077
电　　话:010-67235026
传　　真:010-67235026
E-mail:bastxjlb@bjkp.gov.cn

北京电脑天地计算机学校

北京电脑天地计算机学校于1985年经市政府批准成立,是全国计算机等级考试的定点培训单位和考核站;是北京市人事局、劳动局指定的计算机文字录入处理员等级考试的定点培训单位和第一考核站;是市财政局指定的会计电算化培训单位。主要开展人才培训、等级考核、技术咨询、软件开发、维修服务,对外交流等业务。

地　　址:崇文区永外西革新里98号
邮　　编:100077
电　　话:010-67235031
传　　真:010-67235031
E-mail:bastdnxx@bjkp.gov.cn

高新技术企业协会组织

北京中关村外商投资企业协会

北京中关村外商投资企业协会成立于1990年,现有1000多家外商企业会员。十多年来,协会以服务企业为宗旨,在维护会员企业的合法权益、宣传贯彻我国外商投资企业的各项政策法规、增进会员之间的相互了解与合作、及时向政府部门反映会员企业的意见和要求并积极协助解决企业困难等方面,做了大量有益的工作,深得广大会员企业的欢迎和政府部门的认可。

通信地址:北京市海淀区中关村南大街3号海淀科技大厦1305室
邮　　编:100081
电　　话:010-68915795
传　　真:010-68915726

网　　址:www.zgcfia.com.cn
E-mail:zgcfia@zgc.com.cn、Zgcszxh@vip.sina.com

北京中关村IT专业人士协会

北京中关村IT专业人士协会成立于2000年,是由北京地区IT专业人士构成的群众性社会团体,属于非营利独立法人单位。协会成立的宗旨是团结信息技术领域的专业人士和企业,促进IT专业人士之间、IT专业人士及企业与政府之间以及与其他专业组织之间的交流与合作,维护IT专业人士的合法权益,促进中关村科技园区乃至整个北京地区IT产业的发展。

通信地址:北京2704信箱
邮　　编:100080
电　　话:010-62527486、010-82649408
传　　真:010-62527485
网　　址:www.zitpa.org
E-mail:Zitpa@ict.ac.cn

北京中关村生物工程和新医药企业协会

北京中关村生物工程和新医药企业协会成立于2000年10月21日,是由北京北大未名生物工程集团、北京生物技术和新医药产业促进中心等14家企业、机构共同发起成立的非营利性社会团体法人,是包括中关村科技园区内外生物工程和新医药企业的行业协会性组织,现共有会员企业50家。

通信地址:北京海淀区学院路38号北京大学医学部会议中心南一层
邮　　编:100083
电　　话:010-82802488-822
传　　真:010-82802515
网　　址:www.zhongguancun.org.cn
E-mail:sunying@newlife.org.cn

北京创业孵育协会

北京创业孵育协会成立于2000年6月,是一所由社会各界自愿联合发起成立的非营利性社会团体法人。协会以科技企业孵化机构为主,还吸纳了风险投资、科技中介服务、咨询机构等单位,总会员数为98家,其中注册为正式会员的67家。协会宗旨是加强各孵化器同科研机构、中介机构、风险投资机构等的联系,协调各方面的工作、举办各种培训、提供信息服务等,推动首都高新技术产业的发展。

通信地址:北京市朝阳区安翔北里甲11号创业大厦104室
邮　　编:100101
电　　话:010-64843991

传　　真:010－64843992
网　　址:www.bjventure.net.cn
E－mail:bbia@bbia.org.cn

北京创业投资协会

北京创业投资协会是1999年11月25日由北京科技成果推广服务中心与北京控股有限责任公司联合成立的,北京市科学技术委员会进行业务指导,是经北京市社会团体管理机关核准注册登记的非营利性社会团体法人,是以创业投资机构和创业投资家为基本会员的行业自律、行业服务组织。该协会以“服务创业、引领投资”为基本宗旨,最大限度地团结相关专业机构、创业投资家、创新成果发明家、金融专家与相关中介服务组织,为北京的经济发展服务,为中国的创业投资事业做贡献。

通信地址:北京市北三环中路31号凯奇大厦1108室
邮　　编:100088
电　　话:010－82001791/92
传　　真:010－82003603
网　　址:www.vcab.org
E－mail:Public@vcab.org

北京软件行业协会

北京软件行业协会成立于1986年10月21日,是经主管部门批准注册、有着历史影响和广泛会员基础的软件产业社团组织。协会本着为会员服务,促产业发展的宗旨,为行业提供市场调研、信息交流、行业自律、维护权益等服务。协会在为北京软件产业发展作出贡献的同时,也致力于建设一个国际化的产业协会。

通信地址:北京市海淀区知春路23号13号楼1305室
邮　　编:100083
电　　话:010－82358631
传　　真:010－82358691
网　　址:www.bsia.org
E－mail:Baihx@bsia.org、shengzx@bsia.org

北京科技咨询业协会

北京科技咨询业协会成立于1994年,是由北京地区专业咨询机构和高等院校联合发起,具有社团法人资格社会团体,主管单位为北京市科学技术委员会。协会已拥有会员单位300余家,业务范围涉及决策咨询、工程咨询、技术咨询、管理咨询、信息咨询、投资咨询、市场调查等多个领域,具有广泛的代表性和较高的服务水准。协会的宗旨是:遵照建立社会主义市场经济体制的规律,充分发挥首都的科技智力和信息优势,积极探索咨询业的发展途径,培育和规范咨询业市场，实行行业自我管理，维护咨询业的合法权益，向政府反映会员的意愿和建议，为促进北京地区咨询产业发展做贡献。

通信地址：北京市北三环中路 31 号生产力大楼 11 层 1112 室
邮　　编：100088
电　　话：010－82006045/46/47
传　　真：010－82006043
网　　址：www.bjca.org
E－mail：bjca@bjpc.org.cn

北京技术市场协会

北京技术市场协会成立于 1992 年，是北京地区科研院所、高等院校、民营科技机构、各类企业、技术中介机构、技术经纪组织、社会团体等单位和个人的自愿联合组织，以推动北京技术市场的繁荣发展为己任、不以营利为目的的具有法人资格的行业性社会团体，现有单位会员 300 多家、个人会员 100 多人。

通信地址：北京海淀区苏州街丙 78 号
邮　　编：100080
电　　话：010－82621687
传　　真：010－82621902
网　　址：www.cbtm.net.cn
E－mail：Wangqi@cbtm.net.cn

北京中关村人力资源经理协会

北京中关村人力资源经理协会成立于 2002 年，是一支来自科技园区高新技术企业人力资源总监、经理组成的优秀专业人才队伍，是推动园区企业人力资源管理专业化、科学化的职业发展团队，是园区内外企业人力资源工作者进行经验、信息、商务交流的良好平台，是快速提升专业素质和业务水平的学习型组织。

通信地址：北京市西城区展览路 44 号
邮　　编：100037
电　　话：010－88377178、68364488－305/304
传　　真：010－68364488－303
网　　址：www.zgchr.com.cn
E－mail：mym@zgchr.org

北京中关村写字楼商会

中关村写字楼商会成立于 2002 年，是由相关房地产开发机构、投资机构、物业管理机构、销售机构、中介及其他服务机构及与本行业相关的单位或组织自愿联合发起成立，是经北京市社会团体管理办公室依法核准登记的非营利性社会团体法人。本团体的宗旨:遵守国家有关法律法规,加强行业自律,提升行业整体形象,推动行业及区域经济发展。

通信地址:海淀区海淀南路 21 号海开大厦一层 1207
邮　　编:100080
电　　话:010-62555235
传　　真:010-62555065
网　　址:http://office.Zgc.com.cn
E-mail:zgcxzlsh@hotmail.com

北京中关村科技园区昌平园高新技术企业协会

北京中关村科技园区昌平园高新技术企业协会成立于 2002 年,由中关村科技园区昌平园内的高新技术企业、相关单位、机构、人士自愿联合发起成立,是经北京市昌平区社会团体管理办公室依法核准登记的非营利性社会团体法人。高企协以为会员服务和维护会员合法权益为宗旨,以促进昌平园高新技术产业和会员单位大发展为目标,通过加强协会自身建设,开展丰富多彩的活动,承担更多的服务性、技术性培训职能,发挥桥梁纽带作用。

通信地址:北京市昌平区科技园超前路 9 号
邮　　编:102200
电　　话:010-89701437、010-69746874
传　　真:010-89701436
网　　址:www.zgc-cp.gov.cn
E-mail:Cpyqy@263.net

北京经济技术开发区企业协会

北京经济技术开发区企业协会成立于 1994 年 1 月,是经北京市社会团体管理办公室核准、登记的社会团体法人,由开发区企业、企业家共同发起,自愿联合成立的民间社会团体,实行会员制。北京经济技术开发区国际商会、北京经济技术开发区贸促支会,是中国国际商会、中国国际贸易促进委员会北京分会的基层组织,目前实行三会合署办公,常设机构为企业协会秘书处。

通信地址:北京经济技术开发区万源街 4 号
邮　　编:100176
电　　话:010-67881126、010-67881236
传　　真:010-67881435
网　　址:www.bda.gov.cn
E-mail:0qs_0018@sina.com、oqs_001@163.com

北京中关村企业信用促进会

北京中关村企业信用促进会于 2003 年 7 月由中关村园区各高新技术企业、有关中介机构、社团组织等单位自愿发起成立，旨在规范企业的信用行为，为会员融资、担保、投资和商业交易提供更加便捷的服务，打造“信用中关村”品牌，推进园区信用体系的建设。

通信地址：北京海淀区北四环西路67号大地科技大厦903室
邮　　编：100080
电　　话：010－82888208、010－82888681
传　　真：010－82886657
网　　址：http://xinyong.zgc.gov.cn
E－mail：Zgcxch@yahoo.com.cn

北京中关村电子产品贸易商会

北京中关村电子产品贸易商会成立于2003年，由海龙、硅谷、中发、中关成及华旗资讯等单位联络了包括汉王、八亿时空、金山、沐泽、连邦、太平洋等35家企业共同发起，海龙集团董事长鲁瑞清为商会会长。该商会将与中国IT产业共同茁壮成长，为中关村电子产品流通企业创造更好的发展环境，争取更多权益与福利。

通信地址：北京海淀区中关村大街1号海龙大厦18层
邮　　编：100080
电　　话：010－82664597
传　　真：010－82663999
网　　址：http://218.107.135.222/shanghui
E－mail：Guoxu@hilon.com.cn

中关村科技园区(一区七园)一览表

单位名称	电　话	传　真	地址、邮编
中关村科技园区管委会	82690500	82690506	海淀区苏州街36号(邮编：100080)
海淀园管委会	68915118	68915214	海淀区中关村南大街3号　(邮编：100081)
丰台园管委会	63713737	63715608	丰台科学城海鹰路2号　(邮编：100070)
昌平园管委会	69744527	69745549	昌平区超前路9号　(邮编：102200)
电子城管委会	64319268	64319258	朝阳区酒仙桥路甲12号　(邮编：100016)
亦庄园管委会	67881380	67881207	北京经济技术开发区万源街4号 (邮编：100176)
德胜园管委会	88064187	88064026	西城区二龙路27号　(邮编：100032)

（续表）

单位名称	电　话	传　真	地　址
健翔园管委会	65978626	67310708	朝阳区松榆里43号　（邮编:100021）
北京科技园建设股份有限公司	82883602	82883699	海淀区北四环中路229号海泰大厦18层（邮编:100083）
北京科技园拍卖招标有限公司	82883223	82883015	海淀区北四环中路229号海泰大厦5层（邮编:100083）
北京中关村信息工程股份有限公司	82883122	82883800	海淀区北四环中路229号海泰大厦5层（邮编:100083）
北京中关村软件园发展有限责任公司	82825690－94	82825695	海淀区中关村软件园5118信箱（邮编:100094）
北京中关村科技发展(控股)股份有限公司	62140032	62140033	中关村南大街32号中关村科技发展大厦A座606室　（邮编:100081）
北京中关村科技担保有限公司	62140826－37	62140844	中关村南大街32号中关村科技发展大厦C座10层　（邮编:100081）
海淀科技园建设股份有限公司	82671566	62616742	海淀区海淀南路21号海开大厦（邮编:100080）
北京中关村生命科学园发展有限责任公司	80722886	80722880	昌平区生命园西路55号　（邮编:102206）
北京中关村国际孵化器有限公司	82895162	62974804	上地信息中路北京上地国际创业园2号院D座（邮编:100085）
北京科技园文化教育有限公司	82110601	82110601	北京9629信箱青云国际研发中心（邮编:100086）
中关村科学城有限公司	82353388	82353399	海淀区知春路27号11号楼15层（邮编:100083）
中关村国际商城	82883667	82883653	海淀区北四环中路229号泰大厦18层（邮编:100083）
实创总公司	62981810－09	62987268	海淀区上地信息路22号　（邮编:100085）
永丰产业基地发展公司	62470589	82499948	海淀区永丰北清路99号　（邮编:100094）
农林科技园	88377605	68313388	三里河路1号西苑饭店3号楼三层（邮编:100044）
北大科技园建设公司	82667188	82667840	海淀路52号太平洋科技大厦17层（邮编:100080）
清华科技园建设股份有限公司	62971588	62786666	清华科技园学研大厦B座4层（邮编:100084）
北京产权交易所	82358800		海淀区知春路23号863软件园二层（邮编:100083）

（续表）

单位名称	电　话	传　真	地　址
科技园置业公司	82872288	82625544	北京 8798 信箱海淀镇南街 1 号
中关村益华软件培训中心	62486688	62407327	北京市温泉邮局 95－010 信箱　(邮编:100095)
中关村国际环保产业促进中心	62559850	62559830	海淀区苏州街丙 78 号　(邮编:100080)
中关村兴业投资公司	82887826	82887827	海淀区北四环西路 67 号大地科技大厦 5 层 506 室　(邮编:100080)
北京科技风险投资有限公司	68943780－39	68943779	中关村创业大厦 (邮编:100081)

北京高新技术产业孵化基地一览表

机构名称	邮　编	地　址	联系电话	传　真
北京高技术创业服务中心	100101	北京市朝阳区安翔北里 11 号	010－64873538	010－64873536
中关村科技园区丰台园科技创业服务中心	100070	北京市丰台区科兴路 9 号	010－63739256	010－63739269
中关村科技海淀园创业服务中心	100085	北京市海淀区上地信息路 26 号	010－82898099	010－62984933
北京生物医药高技术孵化器	100083	北京市海淀区学院路 38 号	010－62063479	010－62050175
北京北航天汇科技孵化器有限公司	100083	北京市海淀区北四环中路 238 号　柏彦大厦	010－82316118	010－82316117
北京八六三软件孵化器有限责任公司	100043	北京市石景山区石景山路 40 号	010－68812133	010－68812468
北京望京科技创业园创业服务中心	100102	北京市朝阳区望京新兴产业区利泽中国 106 号楼	010－64392018	010－64392019
北京理工创新高科技孵化器有限公司	100081	北京市海淀区中关村南大街 9 号	010－68910009	010－68910009
北京清华科技园孵化器有限公司	100084	清华大学创新大厦 A 座 15 层	010－62780882	010－62780883
北京北内制造业高新技术孵化基地有限公司	100022	北京市朝阳区广渠路 31 号	010－67718814	010－67718814
北京诺飞科技孵化器有限公司	100078	北京市丰台区永定门外双庙 125 号	010－67688990	010－67688242

（续表）

机构名称	邮　编	地　址	联系电话	传　真
北京科大方兴科技孵化器有限责任公司	100083	北京市海淀区学院路30号方兴大厦	010－62318682	010－62332975
北京中关村国际孵化器有限公司	100085	北京市海淀区上地信息路2号创业园D座	010－82895166	010－62974804
北京科方创业科技企业孵化器有限公司	100084	北京市2653信箱	010－62654985	010－62654985
北京北新建材孵化器有限公司	100096	北京海淀区西三旗东建材城西路16号	010－82917247	010－82926299
北京京海科技企业孵化器有限公司	100081	北京市海淀区紫竹院路广源大厦409室	010－68415893	010－68726798
北京首特科技孵化器有限责任公司	100043	北京石景山区杨庄大街69号特殊钢办公楼700室	010－88919877	010－88982103
北京硅普芯片企业孵化器有限公司※	100088	北京市海淀区北三环中路31号	010－82001752	010－82001751
北京崇熙科技孵化器有限公司	100022	北京朝阳区广渠路15号	010－81501343	010－81501343
北京赛欧科园科技孵化中心	100071	北京丰台区西四环南路88号	010－63819172	010－63819180
北京海银科医药技术孵化器	100856	北京市复兴路83号东9楼	010－66808451	010－68214721
北京中关村软件园孵化服务有限公司	100094	北京市海淀区中关村软件园3号楼C座	010－82825187	010－82825186
北京奥宇科技企业孵化器有限责任公司	102600	北京大兴工业开发区金苑路2号	010－60213415	010－60213342
北京天竺空港科技企业孵化器有限公司	101312	北京天竺空港工业区B区生产基地10号楼	010－80489519	010－80489572
北京硅普京南科技企业孵化器有限公司	100076	北京9243信箱	010－68757488	010－68754791
北京利玛自动化技术公司	100011	北京市西城区德胜门外教场口1号	010－82023789	010－62048934
北京康华伟业科技孵化器有限公司	100088	北京市西城区德外大街11号	010－62021044	010－62021044
北京北方车辆新技术孵化器有限公司	100072	北京市969信箱61号	010－83803119	010－83808128
北京市留学人员大兴创业园	102600	北京市大兴工业开发区科苑路18号	010－61271941	010－61271943
中关村兴业高科技孵化器股份有限公司	102200	北京市昌平区科技园创新路9号	010－89717676	010－89717999
汇龙森国际企业孵化（北京）有限公司	100176	经济技术开发区中和街14号	010－51029858	010－67878798

北京市产业基地、大学科技园一览表

单　位	地址、邮编	电　话	传　真	网　址
中关村永丰高新技术产业基地	100094 海淀区永丰北路99号	58711188	58711177	www.yfcy.com.cn
中关村软件产业基地	100094 海淀区中关村软件园5118信箱	82826645	82825695	
清华大学科技园	100084 清华科技园学研大厦B座4层	62791588 -539/553	62786666	www.thsp.com.cn
北京大学科技园	100080 海淀路52号	82667188 82668047	82667840	www.pkusp.com.cn
中关村生命科学园	100083 昌平区生命西路55号	80722881	80722880	
中关村农林科技园		68313388 -5352	68313388 -5354	
北京航空航天大学科技园	100083 海淀区北四环中路238号	82332860 82316139	82316117	www.buaa.com.cn
北京理工大学科技园	100876 中关村南大街9号理工科技大厦			www.bitsp.com.cn
北京邮电大学科技园	100876 海淀区西土城路10号178信箱	62283542	62258866	www.info-valley.com.cn
北京交通大学科技园	100044 北京交通大学东校区科技处	62217584	62217584	www.jdsp.com.cn
中国农业大学科技园	100083 海淀区清华东路17号133信箱	62336902	62336902	
中国人民大学文化科技园	100872 海淀区中关村大街59号	62514333	62514321	
首都师范大学科技园	100037 海淀区四三环北路105号	68902938	68981337	
北京科技大学科技园	100083 海淀区学院路30号方兴大厦605	62332975	62332975	www.ustbsp.com

北京地区国家重点实验室一览表

序号	名　称	依托单位	主管部门	组建时间
1	视觉与听觉信息处理国家重点实验室	北京大学	教育部	1984
2	人工微结构和介观物理国家重点实验室	北京大学	教育部	1985
3	天然药物及仿生药物国家重点实验室	北京大学	教育部	1985
4	摩擦学国家重点实验室	清华大学	教育部	1986
5	蛋白质工程及植物基因工程国家重点实验室	北京大学	教育部	1987
6	农业生物技术国家重点实验室	中国农业大学	教育部	1987
7	智能技术与系统国家重点实验室	清华大学	教育部	1987
8	化学工程国家重点联合实验室	清华大学、天津大学、华东理工大学、浙江大学	教育部	1987
9	集成光电子学联合国家重点实验室	清华大学、吉林大学、中国科学院半导体研究所	教育部	1987
10	电力系统及发电设备控制和仿真国家重点实验室	清华大学	教育部	1991
11	新金属材料国家重点实验室	北京科技大学	教育部	1991
12	程控交换技术与通信网国家重点实验室	北京邮电大学	教育部	1991
13	煤的清洁燃烧技术国家重点实验室	清华大学	教育部	1991
14	微波与数字通信技术国家重点实验室	清华大学	教育部	1991
15	稀土材料化学及应用国家重点实验室	北京大学	教育部	1991
16	新型陶瓷与精细工艺国家重点实验室	清华大学	教育部	1991
17	汽车安全与节能国家重点实验室	清华大学	教育部	1991
18	文字信息处理国家重点实验室	北京大学	教育部	1991
19	环境模拟与污染控制国家重点联合实验室	清华大学、中国科学院生态环境研究中心、北京大学、北京师范大学	教育部	1991
20	湍流与复杂系统研究国家重点实验室	北京大学	教育部	1991
21	重质油加工国家重点实验室	石油大学	教育部	1991
22	植物生理学与生物化学国家重点实验室	中国农业大学、浙江大学	教育部	2001
23	模式识别国家重点实验室	中国科学院自动化研究所	中国科学院	1984
24	表面物理国家重点实验室	中国科学院物理研究所、中国科学院半导体所	中国科学院	1984
25	资源与环境信息系统国家重点实验室	中国科学院地理研究所	中国科学院	1985
26	声场声信息国家重点实验室	中国科学院声学研究所	中国科学院	1987
27	分子动态与稳态结构国家重点实验室	中国科学院化学研究所、北京大学	中国科学院	1988

（续表）

序号	名　　　称	依托单位	主管部门	组建时间
28	生物膜与膜生物工程国家重点实验室	中国科学院动物所、清华大学、北京大学	中国科学院	1988
29	超导国家重点实验室	中国科学院物理所	中国科学院	1988
30	半导体超晶格国家重点实验室	中国科学院半导体研究所	中国科学院	1988
31	生物大分子国家重点实验室	中国科学院生物物理研究所	中国科学院	1988
32	信息安全国家重点实验室	中国科技大学研究生院	中国科学院	1989
33	工程塑料国家重点实验室	中国科学院化学所	中国科学院	1991
34	磁学和磁性材料国家重点实验室	中国科学院物理所	中国科学院	1991
35	科学与工程计算国家重点实验室	中国科学院计算数学与工程计算所	中国科学院	1991
36	植物细胞与染色体工程国家重点实验室	中国科学院遗传所	中国科学院	1991
37	农业虫害鼠害综合治理研究国家重点实验室	中国科学院动物所	中国科学院	1991
38	微生物资源国家重点实验室	中国科学院微生物所	中国科学院	1991
39	生化工程国家重点实验室	中国科学院化冶所	中国科学院	1991
40	大气边界层物理和大气化学国家重点实验室	中国科学院大气所	中国科学院	1991
41	非线性力学国家重点实验室	中国科学院力学所	中国科学院	1999
42	分子肿瘤学国家重点实验室	中国医学科学院肿瘤所	卫生部	1986
43	病毒基因工程国家重点实验室	预防医科院病毒所	卫生部	1987
44	医学分子生物学国家重点实验室	中国科学院基础所	卫生部	1991
45	软件开发环境国家重点实验室	北京航空航天大学	国防科工委	1991
46	爆炸灾害预防控制国家重点实验室	北京理工大学	国防科工委	1991
47	计划生育生殖生物学国家重点实验室	中国科学院动物所	国家计生委	1991
48	植物病虫害生物学国家重点实验室	中国农科院植保所	农业部	1989

北京地区国家重大科学工程、野外观测台站一览表

重大科学工程

序号	名　　　称	依托单位	主管部门	建成时间
1	遥感卫星地面站	遥感卫星地面站	中国科学院	1986
2	H1－13串列式静电加速器	中国原子能科学研究院	中国科学院	1987
3	太阳磁场望远镜	中国科学院北京天文台	中国科学院	1987
4	北京正负电子对撞机	中国科学院高能物理研究所	中国科学院	1988
5	2.16米光学望远镜	中国科学院北京天文台	中国科学院	1989
6	5兆瓦核供热实验堆	清华大学核能研究院	教育部	1989

（续表）

重大科学工程				
序号	名　　称	依托单位	主管部门	建成时间
7	大天区面积多目标光纤光谱天文望远镜（LAMOST）	中国科学院国家天文台	中国科学院	正在建设
8	国家农作物基因资源工程	农业部、中国农科院	农业部	正在建设
9	高性能计算机工程			正在建设

野外科学观测台站				
序号	名　　称	依托单位	主管部门	建成时间
1	北京国家地球观象台	中国地震局地球物理研究所	中国地震局	正在建设
2	房山人卫激光站	中国测绘科学研究院	国家测绘局	正在建设

北京地区国家工程技术研究中心一览表

中心名称	依托单位	组建时间	通讯地址	电　话
国家高性能计算机工程技术研究中心	中科院计算所、曙光天演信息发展有限公司	1996 年	北京市 2704 信箱	62657255
国家并行计算机工程技术研究中心	中科院计算所、江南计算技术研究所	1992 年	海淀区科学院南路 6 号北楼 501	62570431
国家数据通信工程技术研究中心	信息产业部数据通信科学技术研究所	1991 年	海淀区学院路 40 号	62302207
国家遥感应用工程技术研究中心	中科院遥感应用研究所	1996 年	朝阳区安外大屯路天地科学园区	64889552
国家专用集成电路设计工程技术研究中心	中科院自动化研究所	1992 年	中关村南一条一号	62554297
国家计算机集成制造系统工程技术研究中心	清华大学	1987 年	海淀成府街	62789635
国家新药开发工程技术研究中心	中国医学科学院药物研究所	1996 年	宣武区先农坛街一号	63151017
国家医用加速器工程技术研究中心	北京医疗器械研究所	1994 年	北三环中路二号	62013851
国家同位素工程技术研究中心	中国原子能科学研究院	1993 年	北京市 275(12)信箱	69357743
国家生物防护装备工程技术研究中心	解放军军事医学科学院	2003 年	北京市太平路 27 号	
国家非晶微晶合金工程技术研究中心	钢铁研究总院	1996 年	海淀区学院南路 76 号	62183317

（续表）

中心名称	依托单位	组建时间	通讯地址	电　话
国家玻璃深加工工程技术研究开发中心	中国建筑材料科学研究院	1999 年	朝阳区管庄东里 1 号	65761331－2576
国家磁性材料工程技术研究中心	北矿磁材科技股份有限公司	1992 年	丰台区右安门外草桥 28 号	63551113－5501
国家通用工程塑料工程技术研究中心	北京市化学工业研究院	1992 年	海淀区成府路街北京 2653 信箱	62563332
国家纤维增强模塑料工程技术研究中心	北京玻璃钢研究设计院	1992 年	北京 261 信箱	61162145
国家碳纤维工程技术研究中心	北京化工大学	1992 年	北京化工大学 34 信箱	64435913
国家有色金属复合材料工程技术研究中心	北京有色金属研究总院	1992 年	新街口外大街 2 号 206 室	62043401
国家 CAD 支撑软件工程技术研究中心	清华大学、华中科技大学	1997 年	清华大学毕业大厦三区四层	62782025
国家服装设计与加工工程技术研究中心	中国服装集团	1995 年	朝阳区建国路 99 号中服大厦 27 层	65813501
国家工业控制机及系统工程技术研究中心	中国航天科技集团公司五院 502 研究所	1993 年	北京 2729 信箱	68745076
国家合成纤维工程技术研究中心	中国纺织科学研究院	1992 年	朝阳区延静里中街 3 号	65927110
国家计算机集成制造系统工程技术研究中心	清华大学	1995 年	清华大学自动化系转 CIMS 工程中心	62789636－1032
国家固体激光工程技术研究中心	信息产业部电子十一所	1992 年	北京 8511 信箱	64362761－295
国家特种泵阀工程技术研究中心	中国航天科技集团公司第十一研究所	1995 年	丰台区南大红门路 1 号（北京 9200 信箱 11 分箱）	68382216
国家冶金自动化工程技术研究中心	冶金自动化研究设计院	1992 年	西四环南路 72 号	63812255－3539
国家淡水渔业工程技术研究中心北京中心	北京市水产科学研究所	1999 年	丰台区角门路 18 号	67586095
国家昌平综合农业工程技术研究中心	中国农业科学院	1991 年	海淀区中关村南大街 12 号	68975179

（续表）

中心名称	依托单位	组建时间	通讯地址	电　话
国家节水灌溉(北京)工程技术研究中心	中国水利水电科学研究院、中国灌溉排水发展中心	1998 年	海淀区车公庄西路 20 号	68711077
国家农业机械工程技术研究中心	中国农业机械化科学研究院	1999 年	德胜门外北沙滩一号	64882238
国家肉类加工工程技术研究中心	中国肉类食品综合研究中心	1997 年	丰台区永定门外洋桥 70 号	67215033
国家蔬菜工程技术研究中心	北京市农林科学院蔬菜研究中心	1995 年	海淀西郊板井村(北京 2443 信箱)	88434433
国家饲料工程技术研究中心	中国农业大学、中国农业科学院饲料研究所	2000 年	海淀区圆明园西路 2 号	62891456
国家农业信息化工程技术研究中心	北京市农林科学院	2002 年	海淀西郊板井村	51503308
国家智能交通系统工程技术研究中心	交通部公路科学研究所	1990 年	海淀区土城路 8 号	62079526
国家城市环境污染控制工程技术研究中心	北京市环境保护科学研究院	1994 年	阜成门外北二巷北京市环科院	88362334
国家工业建筑诊断与改造工程技术研究中心	冶金工业部建筑研究总院	1993 年	海淀区土城路 33 号	62270074
国家建筑工程技术研究中心	中国建筑设计研究院	1996 年	北三环东路 30 号	84278434
国家金属矿产资源综合利用工程技术研究中心(北京)	北京矿冶研究总院	1995 年	西直门外文兴街 1 号	88380195
国家水煤浆工程技术研究中心	华煤水煤浆技术联合中心	1992 年	朝阳区青年沟路 5 号	84261743
国家新能源工程技术研究中心	北京市太阳能研究所	1992 年	海淀区花园路 3 号	62001016
国家住宅与居住环境工程技术研究中心	中国建筑设计研究院	1999 年	车公庄大街 19 号	68312967
国家铁路智能运输工程技术研究中心	铁道科学研究院	2000 年	海淀区大柳树路 2 号	51874419
国家生化工程技术研究中心(北京)	中国科学院化冶所		海淀区中关村北二条 1 号	62554241

北京市专利代理机构

机构名称	邮　编	地　址	联系电话	传　真
北京国林贸专利代理有限公司	100022	北京建国门外大街24号华侨村1-2-3	010-(010)65150103、65150133	
北京路浩知识产权代理有限公司(涉外)	100088	北京海淀区知春路6号锦秋知春花园3座2402室	010-(010)82357887、82357889	010-(010)82357882
北京中创阳光知识产权代理有限责任公司	100088	北京市海淀区花园路13号道隆商务会馆112号	010-(010)62063602	
北京中建联合专利事务所	100044	北京市西城区车公庄大街19号	010-(010)68393504	
北京律诚同业知识产权代理有限公司(涉外)	100083	北京市海淀区知春路23号量子银座306室	010-(010)82358359	010-(010)82358369
核工业专利中心(国防)	100037	北京市海淀区阜成路43号	010-(010)68410206	010-(010)68416002
中国航空专利中心(国防)	100029	北京市安外小头东里14号	010-(010)64918183	
中国航天科技专利中心(国防)	100013	北京市东城区和平里滨河路1号	010-(010)68373447	010-(010)68768174
信息产业部电子专利中心(国防)	100040	北京石景山区鲁谷路35号电科大厦	010-(010)68632928	
中国兵器工业集团公司专利中心(国防)	100089	北京市海淀区车道沟10号	010-(010)68961701	010-(010)68963147
北京邦信阳专利商标代理有限公司(涉外)	100027	北京市朝阳区霄云路36号国航大厦9层	010-(010)84475588	010-(010)84512790
北京市中实友知识产权代理有限责任公司(涉外)	100011	北京市德外大街安德路112号楼0119室	010-(010)62366429	010-(010)62361293
北京金富邦专利事务所有限责任公司	100029	北京市朝阳区小关街53号	010-(010)64249828	
北京英特普罗知识产权代理有限公司(涉外)	100832	北京市西城区金融街23号平安大厦702室	010-(010)66215588、66210771	010-(010)66210771
北京中交科专利代理有限责任公司	100088	北京市海淀区西土城路8号东楼205	010-(010)64912277-2425	
北京德琦知识产权代理有限公司(涉外)	100083	北京市海淀区花园东路10号高德大厦816	010-(010)82037788	010-(010)82038811

（续表）

机构名称	邮　编	地　址	联系电话	传　真
北京中原华和知识产权代理有限责任公司(涉外)	100101	北京市朝阳区北辰东路8号汇宾大厦A座909室	010－(010)64993855、64893158	
中科专利商标代理有限责任公司(涉外)	100083	北京市海淀区王庄路1号清华同方科技大厦B座15层	010－(010)62613753	010－(010)62613754
中国航天科工集团公司专利中心(国防)	100854	北京市海淀区永定路50号	010－(010)68386595	
北京振安创业专利代理有限责任公司	100083	北京市海淀区花园东路30号花园商务会馆6402室	010－(010)82029709、82029708	
中国船舶专利中心(国防)	100081	北京市海淀区学院南路70号	010－(010)62180545	010－(010)62182158
中国有色金属工业专利中心(国防)	100035	北京市西直门内西章胡同9号	010－(010)62229257	010－(010)62252363
中国人民解放军空军专利服务中心(国防)	100076	北京市9236信箱	010－(010)66712322	010－(010)67985138
中国人民解放军总后勤部专利服务中心(国防)	100071	北京市丰台体育中心南路2号	010－(010)66888795	
中国国际贸易促进委员会专利商标事务所(涉外)	100037	北京市阜成门外大街2号万通新世界广场8层	010－(010)68516688	010－(010)66415678
北京知本村专利事务所	100053	北京市宣武区牛街东里一区8号楼1603室	010－(010)83519726	
中国人民解放军第二炮兵专利服务中心(国防)	100085	北京市海淀区清河镇清河大楼丁三	010－(010)62841531	010－(010)66336535
北京贝腾特专利事务所	100036	北京市复兴路63号9楼2门四层243室	010－(010)88015283	
国防专利服务中心(国防)	100036	北京市海淀区阜成路26号	010－(010)66357069	010－(010)68459625
中国人民解放军海军专利服务中心(国防)	100073	北京市丰台区六里桥北里4号	010－(010)66952536	010－(010)66967353
中国人民解放军防化研究院专利服务中心(国防)	100083	北京市海淀区花园北路35号西楼	010－(010)66748499	010－(010)62033705
北京北新智诚知识产权代理有限公司(涉外)	100035	北京市西城区西直门南大街16号	010－(010)66160610	
北京市柳沈律师事务所(涉外)	100101	北京市朝阳区北辰东路8号汇宾大厦A0601	010－(010)64993490	010－(010)64993491

（续表）

机构名称	邮　编	地　址	联系电话	传　真
北京太兆天元知识产权代理有限责任公司	100053	北京市宣武区南线阁街10号基业大厦8层	010－（010）63516994、83531371	
北京万慧达知识产权代理有限公司(涉外)	100873	北京市海淀区中关村南大街1号友谊宾馆颐园写字楼226号	010－(010)68948018	010－(010)68948030
北京天昊联合专利代理有限责任公司(涉外)	100031	北京市西长安街88号首都时代广场718	010－(010)83913598	010－(010)83915178
北京恒信悦达知识产权代理有限公司(涉外)	100088	北京市海淀区西土城路31号1号楼配楼301室	010－(010)82228535	010－(010)82228536
北京晓泉专利事务所	102500	北京市房山区燕山岗南路1号	010－(010)69342614	
首钢总公司专利中心(国防)	100041	北京石景山首钢技术研究院	010－(010)88292092	010－(010)88293015
北京理工大学专利中心(国防)	100081	北京市海淀区中关村南大街5号	010－(010)68912328	010－(010)68412886
北京永创新实专利事务所	100083	北京市海淀区学院路37号	010－(010)82338110	
北京三友知识产权代理有限公司(涉外)	100088	北京市北三环中路40号	010－（010）62360216、66216633	
北京海虹嘉诚知识产权代理有限公司(涉外)	100083	北京市海淀区北四环中路281号	010－(010)82384870	010－(010)62314340
北京华科联合专利事务所	100044	北京市西直门外南路5号华审宾馆2303室	010－(010)68314404	
小松专利事务所	100051	北京市前门西大街8号楼1002室	010－(010)63172986	
北京金隅智林专利事务所	100041	北京市石景山区西福村1号(建材科研院内)	010－(010)68871856	010－(010)68871858
北京同汇友专利事务所	102600	北京市大兴区黄村镇兴丰北大街五号	010－(010)69242225	
北京金之桥知识产权代理有限公司(涉外)	100080	北京市海淀区知春路49号希格玛公寓A座108号	010－(010)88096308	
北京三高永信知识产权代理有限责任公司(涉外)	100088	北京市海淀区学院路蓟门东里12楼1单元201号	010－(010)62042352	010－(010)82077099
北京科龙寰宇知识产权代理有限责任公司(涉外)	100088	北京市海淀区蓟门里和景园1－3－303室	010－（010）82021063、82026445	

（续表）

机构名称	邮　编	地　址	联系电话	传　真
北京君尚知识产权代理事务所(涉外)	100871	北京市海淀区北京大学逸夫二楼3147室	010－(010)62751284、62753884	010－(010)82529029
北京清亦华专利事务所	100084	北京市海淀区清华园清华大学照澜院商业楼301室	010－(010)62792171	010－(010)62788679
北京思海天达知识产权代理有限公司	100022	北京市朝阳区平乐园100号	010－(010)67392381	
北京英赛嘉华知识产权代理有限责任公司(涉外)	100081	北京市海淀区中关村南大街甲27号中扬大厦501室	010－(010)68936622	
北京同立钧成知识产权代理有限公司(涉外)	100083	北京市海淀区花园路13号道隆商务会馆	010－(010)62063648	
北京科大华谊专利代理事务所	100083	北京市海淀区学院路30号	010－(010)62332206	
北京纽乐康知识产权代理事务所	100037	北京市西城区万明园13号楼507室	010－(010)68031348	
北京轻创专利事务所	100009	北京市东城区菊儿胡同7号	010－(010)64010612、65134863	
北京申翔知识产权代理有限公司(涉外)	100035	北京市西城区西直门南小街国英1号大厦0429号	010－(010)58561176	010－(010)58561055
中国和平利用军工技术协会专利中心(国防)	100036	北京市海淀区阜成路26号30分箱	010－(010)66705034	010－(010)66705035
北京三幸商标专利事务所(涉外)	100101	北京市亚运村汇园国际公寓G座0708号	010－(010)84974350、84982700	010－(010)84972706、64991772
北京思创毕升专利事务所	100013	北京市朝阳区北三环东路14号(北京1442信箱专利办)	010－(010)64201667	
中原信达知识产权代理有限责任公司(涉外)	100020	北京市西城区金融街19号富凯大厦B座11层	010－(010)66576688	010－(010)66578088
北京邦大专利事务所	100045	北京市西城区月坛南街18号2楼	010－(010)68589998	
北京元中知识产权代理有限责任公司(涉外)	100029	北京市西城区北三环中路甲29号2号楼尊邸1103室	010－(010)82023296	
北京华进专利事务所	100600	北京市朝阳区东直门外大街23号6层602D	010－(010)85321919	
北京金信联合知识产权代理有限公司(涉外)	100045	北京市西城区三里河东路5号中商大厦502室	010－(010)68052891、68052892	

（续表）

机构名称	邮 编	地 址	联系电话	传 真
北京法苑专利事务所	100088	北京市海淀区西土城路3号北楼112室	010－(010)82026098	
北京集佳知识产权代理有限公司(涉外)	100004	北京市朝阳区建外大街22号赛特广场7层	010－(010)85115888	
北京市汇泽知识产权代理有限公司(涉外)	100088	北京市海淀区蓟门桥蓟门里小区和景园1号楼11层	010－(010)82026215	010－(010)82026210
北京亚沛专利事务所	100085	北京市海淀区上地信息中路19号玉景公寓1010室	010－(010)62973513	
北京万科园知识产权代理有限责任公司(涉外)	100088	北京市海淀区北三环中路77号(北京电影制片厂院内)	010－(010)82076997	
北京慧泉知识产权代理有限公司(涉外)	100088	北京市海淀区蓟门里和景园A座一单元302室	010－(010)82023315	010－(010)62020750
北京科兴园专利事务所	100016	北京市朝阳区酒仙桥路13号	010－(010)64355266	
中国商标专利事务所有限公司(涉外)	100045	北京市西城区月坛南街14号月新大厦	010－(010)68570096	
北京市广友专利事务所	100088	北京市海淀区北三环西路11号高德写字楼206室	010－(010)82090980	
北京博圣通专利事务所	100083	北京市海淀区北四环中路229号海泰大厦1706号	010－(010)82884000、82883148	
北京天平专利商标代理有限公司(涉外)	100020	北京市朝阳区朝外大街22号泛利大厦611室	010－(010)65883010	
北京康信知识产权代理有限责任公司(涉外)	100032	北京市西城区二龙路甲33号新龙大厦2516室	010－(010)66057140	
北京双收专利事务所	100088	北京市海淀区北太平庄黄亭子小区2号楼1门503室	010－(010)82045614、82041081、82049528	
北京诺孚尔知识产权代理有限责任公司	100089	北京市海淀区北洼西里颐安嘉园14栋	010－(010)68430973/75/76	
北京银龙知识产权代理有限公司(涉外)	100029	北京市朝阳区裕民路12号中国国际科技会展中心A1210号	010－(010)82252547	010－(010)82250563
北京市合德专利事务所	100088	北京市海淀区北三环中路77号－90号信箱	010－(010)82047900、62367879	

（续表）

机构名称	邮　编	地　址	联系电话	传　真
北京纪凯知识产权代理有限公司（涉外）	100031	北京市西城区宣武门西大街甲129号金隅大厦602室	010－（010）66411409	
北京众合诚成知识产权代理有限公司（涉外）	100044	北京市西城区车公庄大街甲4号物华大厦A座1707室	010－（010）68003961	010－（010）68001069
北京市中咨律师事务所（涉外）	100037	北京市海淀区三里河路甲11号中国建材大厦C座五层	010－（010）88082288	010－（010）88082298
北京中安信知识产权代理事务所（涉外）	100083	北京海淀区花园北路44号贯通大厦B314	010－（010）62351159	010－（010）82755686
北京中恒高博专利代理有限公司	100083	北京市海淀区花园东路30号花园饭店5号楼5403室	010－（010）82076158	
北京三聚阳光专利事务所	100088	北京市西城区新街口外大街2号正业写字楼305室	010－（010）62382785	
北京科迪生专利代理有限责任公司	100080	北京市海淀区中关村816楼1202室	010－（010）62629214	
北京维澳专利代理有限公司（涉外）	100004	北京市朝阳区建国门外大街22号赛特广场M层30112	010－（010）65598871	010－（010）65598870
北京中北商标专利事务所有限公司（涉外）	100045	北京市西城区月坛北街2号月坛大厦16层1号	010－（010）68081365	010－（010）68081370
北京连城创新专利代理有限公司	100086	北京市海淀区北三环西路48号1号楼B座6B	010－（010）62146667	010－（010）62161999
北京市商泰律师事务所（涉外）	100020	北京市朝阳区朝外大街10号昆泰大厦1219室	010－（010）65995719、65995720、65995721、65995722	010－（010）67793831
北京市金杜律师事务所（涉外）	100020	北京市朝阳区光华路1号嘉里中心北楼30层	010－（010）65612299	010－（010）65610830
北京正理专利代理有限公司（涉外）	100044	北京市西城区车公庄大街甲4号物华大厦A座1505室	010－（010）62031386、68001882	010－（010）62036151
北京东方亿思专利代理有限责任公司（涉外）	100738	北京市东城区东长安街1号东方广场东方经贸城东2座1602室	010－（010）85189318	010－（010）85299898

（续表）

机构名称	邮　编	地　址	联系电话	传　真
北京金硕果知识产权代理事务所	100088	北京市海淀区西土城路13号蓟门文体招待所	010－(010)82624886	
北京凯特来知识产权代理有限公司	100081	北京市海淀区四道口路11号银辰大厦902室	010－(010)62197221	010－(010)62193727
北京市尚公律师事务所	100006	北京市东长安街10号长安大厦3层	010－(010)65288888	010－(010)65226989
北京安信方达知识产权代理有限公司(涉外)	100083	北京市海淀区学清路16号学知轩1015室	010－(010)82755508、82755509	010－(010)82755686
北京高默克知识产权代理有限公司(涉外)	100045	北京市西城区月坛北街2号月坛大厦303室	010－(010)68083081	010－(010)68083083
北京奥博通达专利事务所	100044	北京市西城区西直门外南路19号	010－(010)68364546	
北京挺立专利事务所	100045	北京市西城区月坛北街26号恒华国际商务中心第3座4层403号	010－(010)58565088	
北京尔海知识产权代理有限责任公司	100088	北京市海淀区西土城路8号院内写字楼3层315室	010－(010)62358991	
北京元源专利代理有限责任公司	100045	北京市西城区月坛南街32号银岛商务楼508室	010－(010)68521919	010－(010)68518021
北京嘉和天工知识产权代理事务所	100022	北京市朝阳区广渠门外大街8号优士阁B座811室	010－(010)58612598	010－(010)58612597
北京派特恩知识产权代理事务所	100101	北京市朝阳区安翔里1号院48号楼4单元302室	010－(010)64841293	
北京安博达专利代理有限公司(涉外)	100088	北京市海淀区蓟门里小区和景园A座3单元102室	010－(010)62379723	010－(010)62374897－203
北京富天民宏济专利事务所	100036	北京市海淀区阜成路甲75号院北平房	010－(010)68467420	010－(010)66357266
北京捷胜志诚专利代理事务所(停业)	100088	北京市海淀区蓟门里和景园1号楼2单元203室	010－(010)62386511	
北京中博世达知识产权代理事务所	100088	北京市海淀区蓟门里小区东10号楼1门0102室	010－(010)62366545	010－(010)62026876
北京同恒源知识产权代理有限公司(涉外)	100029	北京市朝阳区惠新西街15号210室	010－(010)64920852	010－(010)64974780

（续表）

机构名称	邮　编	地　址	联系电话	传　真
北京市浩天知识产权代理事务所	100004	北京市朝阳区光华路7号汉威大厦11B3	010－(010)65612460	010－(010)65610548
北京林达刘知识产权代理事务所(涉外)	100084	北京市海淀区清华大学学研大厦B座903号	010－(010)62790522、62795023、62790520	010－(010)62790521
北京环球华进知识产权代理有限责任公司(涉外)	100101	北京市朝阳区北辰东路8号北京国际会议中心写字楼7021室	010－(010)84972316	010－(010)84979873
北京中誉威圣知识产权代理有限公司(涉外)	100005	北京市东城区建国门内大街7号光华长安大厦1座616室	010－(010)65171299	010－(010)65171296
北京泛华伟业知识产权代理有限公司	100080	北京市海淀区中关村北二条13号5号楼305室	010－(010)62522482	010－(010)82614905
北京明和龙知识产权代理有限公司(涉外)	100081	北京市海淀区魏公村街1号韦伯豪家园6号楼1单元604号	010－(010)88570772	010－(010)88570771
北京中海智圣专利事务所	100088	北京市海淀区西土城路3号北楼507号	010－(010)62057858	010－(010)62057792
北京润平知识产权代理有限公司(涉外)	100083	北京市海淀区志新东路5号万泉庄园酒店6－32	010－(010)62056204	010－(010)82395061
北京雷鸣知识产权代理有限公司	100009	北京市东城区沙滩南巷47号201室	010－(010)86690422、65251564	010－(010)62951898
北京北翔知识产权代理有限公司(涉外)	100083	北京市海淀区学院路35号世宁大厦908室	010－(010)82311199	010－(010)82311780
北京铭硕知识产权代理有限公司(涉外)	100085	北京市海淀区上地信息路2号创业园D栋401室	010－(010)82893246	010－(010)82893149
北京律盟知识产权代理有限公司(涉外)	100738	北京市东长安街一号东方经贸城西一办公楼九层八单元	010－(010)85187141/40	010－(010)85187145/46
北京信慧永光知识产权代理有限责任公司(涉外)	100083	北京市海淀区知春路9号坤讯大厦1106室	010－(010)82335586	010－(010)82335792
北京瑞成兴业知识产权代理事务所	100088	北京市海淀区北三环中路57号远望楼北楼235室	010－(010)82025963	

在京中国科学院院士一览表

一、数学物理学部(84人)

序号	姓 名	工作单位	序号	姓 名	工作单位
1	艾国祥	中国科学院国家天文台	19	郭尚平	中国石油勘探开发研究院
2	白以龙	中国科学院力学研究所	20	郝柏林	中国科学院理论物理研究所;复旦大学理论生命科学研究中心
3	陈佳洱	国家自然科学基金委员会;北京大学物理学院	21	何泽慧	中国科学院高能物理研究所
4	陈建生	中国科学院国家天文台	22	何祚庥	中国科学院理论物理研究所
5	陈木法	北京师范大学数学系	23	贺贤土	北京应用物理与计算数学研究所
6	陈难先	清华大学凝聚态物理中心	24	洪朝生	中国科学院理化技术研究所
7	陈式刚	北京应用物理与计算数学研究所	25	黄　昆	中国科学院半导体研究所
8	陈希孺	中国科学院研究生院数学系	26	黄胜年	中国原子能科学研究所
9	程开甲	中国人民解放军总装备部科学技术委员会	27	黄祖洽	北京师范大学低能核物理研究所
10	崔尔杰	北京空气动力研究所	28	姜伯驹	北京大学数学科学学院
11	戴元本	中国科学院理论物理研究所	29	解思深	中国科学院物理研究所
12	丁伟岳	北京大学数学科学学院;中国科学院数学与系统科学研究院	30	邝宇平	清华大学物理系
13	丁夏畦	中国科学院数学与系统科学研究院	31	李邦河	中国科学院数学与系统科学研究院
14	段学复	北京大学数学科学学院	32	李方华	中国科学院物理研究所
15	范海福	中国科学院物理研究所	33	李家春	中国科学院力学研究所
16	方守贤	中国科学院高能物理研究所	34	李家明	清华大学原子分子纳米科学研究中心;中国科学院物理研究所
17	甘子钊	北京大学物理学院	35	李惕碚	中国科学院高能物理研究所;清华大学物理系
18	郭柏灵	北京应用物理与计算数学研究所	36	李荫远	中国科学院物理研究所

注:表内人名按姓氏汉语拼音排序,下同

（续表）

序号	姓　名	工作单位	序号	姓　名	工作单位
37	林　群	中国科学院数学与系统科学研究院	61	徐叙瑢	北京交通大学光电子技术研究所
38	陆启铿	中国科学院数学与系统科学研究院	62	严加安	中国科学院数学与系统科学研究院
39	吕　敏	中国人民解放军总装备部	63	杨国桢	中国科学院物理研究所北京物质科学研究基地
40	马大猷	中国科学院声学研究所	64	杨　乐	中国科学院数学与系统科学研究院
41	马志明	中国科学院数学与系统科学研究院	65	杨应昌	北京大学物理学院
42	欧阳钟灿	中国科学院理论物理研究所	66	应崇福	中国科学院声学研究所
43	彭桓武	中国科学院理论物理研究所	67	于　渌	中国科学院理论物理研究所
44	钱学森	中国人民解放军总装备部科学技术委员会	68	于　敏	中国工程物理研究院
45	石钟慈	中国科学院数学与系统科学研究院	69	张殿琳	中国科学院物理研究所
46	苏肇冰	中国科学院理论物理研究所	70	张恭庆	北京大学数学科学学院
47	谈镐生	中国科学院力学研究所	71	张涵信	北京航空航天大学 CFD 实验室；中国空气动力研究与发展中心
48	田　刚	北京大学数学科学学院；美国麻省理工学院	72	张焕乔	中国原子能科学研究院
49	童秉纲	中国科学院研究生院	73	张　杰	中国科学院物理研究所；中国科学院基础科学局
50	万哲先	中国科学院数学与系统科学研究院	74	张仁和	中国科学院声学研究所
51	汪承灏	中国科学院声学研究所	75	张宗烨	中国科学院高能物理研究所
52	王乃彦	中国原子能科学研究院；北京师范大学低能核物理研究所	76	章　综	中国科学院物理研究所
53	王绶琯	中国科学院国家天文台	77	赵光达	北京大学物理学院
54	王　元	中国科学院数学与系统科学研究院	78	赵忠贤	中国科学院物理研究所
55	王梓坤	北京师范大学数学系	79	郑厚植	中国科学院半导体研究所
56	文　兰	北京大学数学科学学院	80	周光召	中国科学技术协会
57	吴文俊	中国科学院数学与系统科学研究院	81	周毓麟	北京应用物理与计算数学研究所
58	席泽宗	中国科学院自然科学史研究所	82	朱邦芬	清华大学物理系
59	冼鼎昌	中国科学院高能物理研究所	83	朱光亚	中国人民解放军总装备部科学技术委员会
60	谢家麟	中国科学院高能物理研究所	84	庄逢甘	中国航天科技集团公司

二、化学部(43人)

序号	姓　名	工 作 单 位	序号	姓　名	工 作 单 位
1	白春礼	中国科学院	23	闵恩泽	石油化工科学研究院
2	陈冠荣	国有资产管理委员会	24	唐敖庆	国家自然科学基金委员会
3	陈家镛	中国科学院过程工程研究所	25	唐有祺	北京大学化学与分子工程学院
4	程津培	科学技术部;南开大学	26	佟振合	中国科学院理化技术研究所
5	费维扬	清华大学化学工程系	27	汪德熙	中国原子能科学研究院
6	冯新德	北京大学化学与分子工程学院	28	汪家鼎	清华大学化工系
7	郭慕孙	中国科学院过程工程研究所	29	王方定	中国原子能科学研究院
8	何鸣元	石油化工科学研究院;华东师范大学化学系	30	王佛松	中国科学院
9	侯祥麟	中国石油天然气集团公司	31	王　夔	北京大学医学部
10	黄春辉	北京大学化学与分子工程学院	32	吴征铠	中国核工业集团公司
11	黄　量	中国医学科学院药物研究所	33	徐光宪	北京大学化学与分子工程学院
12	黄志镗	中国科学院化学研究所	34	徐晓白	中国科学院生态环境研究中心
13	江　龙	中国科学院化学研究所	35	张存浩	国家自然科学基金委员会
14	蒋丽金	中国科学院化学研究所	36	张礼和	北京大学药学院
15	黎乐民	北京大学化学与分子工程学院	37	张　滂	北京大学化学与分子工程学院
16	李静海	中国科学院;中国科学院过程工程研究所	38	张青莲	北京大学化学与分子工程学院
17	梁敬魁	中国科学院物理研究所	39	赵玉芬	清华大学化学系;厦门大学化学化工学院
18	梁树权	中国科学院化学研究所	40	周其凤	国务院学位委员会办公室;北京大学化学与分子工程学院
19	梁晓天	中国医学科学院药物研究所	41	周同惠	中国医学科学院药物研究所
20	刘若庄	北京师范大学化学系	42	朱道本	国家自然科学基金委员会;中国科学院化学研究所
21	刘元方	北京大学化学与分子工程学院	43	朱起鹤	中国科学院化学研究所
22	陆婉珍	石油化工科学研究院			

三、生命科学和医学学部(55人)

序号	姓　名	工作单位	序号	姓　名	工作单位
1	贝时璋	中国科学院生物物理研究所	23	强伯勤	中国医学科学院基础医学研究所
2	陈可冀	中国中医研究院西苑医院	24	钦俊德	中国科学院动物研究所
3	陈　霖	中国科学院研究生院;中国科学院生物物理研究所	25	邱式邦	中国农业科学院农业环境与持续发展研究所
4	陈慰峰	北京大学医学部免疫学系	26	饶子和	中国科学院生物物理研究所;清华大学
5	陈文新	中国农业大学生物学院	27	沈　岩	中国医学科学院基础医学研究所
6	陈宜瑜	国家自然科学基金委员会	28	石元春	中国农业大学资环学院
7	陈　竺	中国科学院	29	孙曼霁	军事医学科学院毒物药物研究所
8	方荣祥	中国科学院微生物研究所	30	孙儒泳	华南师范大学生命科学学院;北京师范大学生命科学学院
9	韩济生	北京大学神经科学研究所	31	唐守正	中国林业科学研究院资源信息研究所
10	韩启德	全国人大常务委员会;北京大学	32	田　波	中国科学院微生物研究所
11	贺福初	军事医学科学院	33	王世真	北京协和医院
12	洪德元	中国科学院植物研究所系统与进化植物学开放研究实验室	34	王文采	中国科学院植物研究所
13	蒋有绪	中国林业科学研究院森林生态环境与保护研究所	35	王志新	中国科学院生物物理研究所
14	匡廷云	中国科学院植物研究所	36	王志珍	中国科学院生物物理研究所
15	李季伦	中国农业大学生物学院	37	魏江春	中国科学院微生物研究所
16	李家洋	中国科学院;中国科学院遗传与发育生物学研究所	38	吴常信	中国农业大学动物科技学院
17	李振声	中国科学院遗传与发育生物学研究所	39	吴阶平	中国医学科学院
18	梁栋材	中国科学院生物物理研究所	40	吴　旻	中国医学科学院肿瘤研究所
19	梁植权	中国医学科学院基础医学研究所	41	吴祖泽	军事医学科学院
20	刘以训	中国科学院动物研究所	42	许智宏	北京大学
21	娄成后	中国农业大学生物学院	43	薛社普	中国医学科学院基础医学研究所
22	陆士新	中国医学科学院肿瘤研究所	44	阳含熙	中国科学院人与生物圈国家委员会

（续表）

序号	姓　名	工作单位	序号	姓　名	工作单位
45	杨福愉	中国科学院生物物理研究所	51	郑光美	北京师范大学生命科学学院
46	曾　毅	中国疾病预防控制中心疾病预防控制所	52	郑儒永	中国科学院微生物研究所
47	翟中和	北京大学生命科学学院	53	朱作言	中国科学院水生生物研究所；北京大学生命科学学院
48	张广学	中国科学院动物研究所	54	庄巧生	中国农业科学院作物育种栽培研究所
49	张树政	中国科学院微生物研究所	55	邹承鲁	中国科学院生物物理研究所
50	张新时	中国科学院植物研究所			

四、地学部(71人)

序号	姓　名	工作单位	序号	姓　名	工作单位
1	巢纪平	国家海洋环境预报中心	16	黄荣辉	中国科学院大气物理研究所
2	陈俊勇	国家测绘局	17	贾承造	中国石油天然气股份有限公司
3	陈梦熊	国土资源部咨询研究中心	18	贾福海	国土资源部咨询研究中心
4	陈庆宣	中国地质科学院地质力学研究所	19	李崇银	中国科学院大气物理研究所
5	陈述彭	中国科学院地理科学与资源研究所；中国科学院遥感应用研究所	20	李德生	中国石油勘探开发研究院
6	陈　颙	中国地震局	21	李廷栋	中国地质科学院；国土资源部咨询研究中心
7	陈永龄	国家测绘局科学技术委员会	22	李小文	中国科学院遥感应用研究所；北京师范大学地理学与遥感科学学院
8	陈运泰	中国地震局地球物理研究所	23	刘昌明	中国科学院地理科学与资源研究所；北京师范大学资源环境学院
9	丑纪范	中国气象局培训中心	24	刘东生	中国科学院地质与地球物理研究所
10	戴金星	中国石油勘探开发研究院	25	刘光鼎	中国科学院地质与地球物理研究所
11	邓起东	中国地震局地质研究所	26	刘嘉麒	中国科学院地质与地球物理研究所
12	丁国瑜	中国地震局科学技术委员会	27	刘振兴	中国科学院空间科学与应用研究中心
13	董申保	北京大学地球与空间科学学院	28	陆大道	中国科学院地理科学与资源研究所
14	符淙斌	中国科学院大气物理研究所	29	马　瑾	中国地震局地质研究所
15	侯仁之	北京大学环境学院	30	马宗晋	中国地震局地质研究所

（续表）

序号	姓　名	工作单位	序号	姓　名	工作单位
31	欧阳自远	中国科学院国家天文台；中国科学院地球化学研究所	52	谢学锦	中国地质科学院地球物理地球化学勘查研究所
32	秦大河	中国气象局	53	徐冠华	科学技术部
33	任纪舜	中国地质科学院地质研究所	54	许志琴	中国地质科学院地质研究所
34	沈其韩	中国地质科学院地质研究所	55	杨　起	中国地质大学(北京)能源与环境教研室
35	石耀霖	中国科学院研究生院	56	杨遵仪	中国地质大学(北京)
36	宋叔和	中国地质科学院矿产资源研究所	57	姚振兴	中国科学院地质与地球物理研究所
37	孙殿卿	中国地质科学院地质力学研究所	58	叶大年	中国科学院地质与地球物理研究所
38	孙鸿烈	中国科学院地理科学与资源研究所	59	叶笃正	中国科学院大气物理研究所
39	孙　枢	中国科学院地质与地球物理研究所	60	叶连俊	中国科学院地质与地球物理研究所
40	陶诗言	中国科学院大气物理研究所	61	於崇文	中国地质大学(北京)地球化学研究所
41	滕吉文	中国科学院地质与地球物理研究所	62	曾庆存	中国科学院大气物理研究所
42	田在艺	中国石油勘探开发研究院	63	曾融生	中国地震局地球物理研究所
43	童庆禧	中国科学院遥感应用研究所	64	翟裕生	中国地质大学(北京)地学院
44	涂传诒	北京大学地球与空间科学学院	65	张本仁	中国地质大学(北京)地球化学室
45	汪集旸	中国科学院地质与地球物理研究所	66	张弥曼	中国科学院古脊椎动物与古人类研究所
46	王鸿祯	中国地质大学(北京)	67	赵柏林	北京大学物理学院大气科学系
47	吴传钧	中国科学院地理科学与资源研究所	68	郑　度	中国科学院地理科学与资源研究所
48	吴国雄	中国科学院大气物理研究所	69	钟大赉	中国科学院地质与地球物理研究所
49	吴汝康	中国科学院古脊椎动物与古人类研究所	70	周秀骥	中国气象科学研究院
50	吴新智	中国科学院古脊椎动物与古人类研究所	71	朱日祥	中国科学院地质与地球物理研究所
51	肖序常	中国地质科学院地质研究所			

五、信息技术科学部(43人)

序号	姓 名	工作单位	序号	姓 名	工作单位
1	陈翰馥	中国科学院数学与系统科学研究院	23	王大珩	中国科学院
2	陈俊亮	北京邮电大学程控交换技术与通信网国家实验室	24	王启明	中国科学院半导体研究所
3	戴汝为	中国科学院自动化研究所	25	王守觉	中国科学院半导体研究所
4	董韫美	中国科学院软件研究所	26	王守武	中国科学院半导体研究所;中国科学院微电子中心
5	高庆狮	北京科技大学智能、语言与计算机科学研究所	27	王 圩	中国科学院半导体研究所
6	郭 雷	中国科学院数学与系统科学研究院	28	王 选	北京大学计算机科学技术研究所
7	侯朝焕	中国科学院声学研究所	29	王阳元	北京大学微电子学研究所
8	黄 琳	北京大学力学与工程科学系	30	王 越	北京理工大学
9	黄纬禄	中国航天科工集团公司	31	王占国	中国科学院半导体研究所
10	简水生	北京交通大学光波技术研究所	32	吴德馨	中国科学院微电子研究所
11	李启虎	中国科学院声学研究所	33	吴宏鑫	中国空间技术研究院
12	李 未	北京航空航天大学	34	吴全德	北京大学信息科学技术学院
13	李衍达	清华大学信息科学技术学院	35	夏建白	中国科学院半导体研究所
14	李志坚	清华大学微电子学研究所	36	夏培肃	中国科学院计算技术研究所
15	梁思礼	中国航天科技集团公司科学技术委员会	37	杨芙清	北京大学信息科学技术学院
16	林惠民	中国科学院软件研究所	38	杨嘉墀	中国空间技术研究院
17	陆汝钤	中国科学院数学与系统科学研究院	39	叶培大	北京邮电大学
18	陆元九	中国航天科技集团公司科学技术委员会	40	张 钹	清华大学计算机系
19	罗沛霖	信息产业部	41	张效祥	中国人民解放军总参谋部第58研究所
20	秦国刚	北京大学物理学院	42	周炳琨	清华大学电子工程系
21	宋 健	中国工程院	43	周巢尘	中国科学院软件研究所
22	唐稚松	中国科学院软件研究所			

六、科学技术部(76 人)

序号	姓　名	工作单位	序号	姓　名	工作单位
1	蔡其巩	钢铁研究总院	23	梁守槃	中国航天科技集团公司
2	蔡睿贤	中国科学院工程热物理研究所	24	林秉南	中国水利水电科学研究院
3	曹春晓	中国航空工业第一集团公司北京航空材料研究院	25	刘宝镛	中国运载火箭技术研究院
4	陈创天	中国科学院理化技术研究所	26	柳百新	清华大学材料系
5	陈能宽	中国工程物理研究院	27	卢　强	清华大学电机工程系
6	丁舜年	国有资产监督管理委员会机械离退休干部局	28	卢肇钧	铁道科学研究院
7	范守善	清华大学物理系	29	路甬祥	中国科学院
8	高玉臣	北京交通大学工程力学研究所	30	闵桂荣	中国空间技术研究院
9	高镇同	北京航空航天大学固体力学研究所	31	欧阳予	中国核工业集团公司科学技术委员;江苏核电有限公司
10	葛昌纯	北京科技大学材料科学与工程学院特陶中心	32	潘际銮	清华大学机械系
11	顾秉林	清华大学	33	潘家铮	国家电网公司
12	顾诵芬	中国航空工业第一集团公司科学技术委员会	34	任新民	中国航天科技集团公司
13	郭可信	中国科学院物理研究所电镜重点实验室	35	邵象华	钢铁研究总院
14	过增元	清华大学工程力学系	36	沈珠江	清华大学水利水电工程系
15	胡海昌	中国空间技术研究院总体设计部	37	师昌绪	国家自然科学基金委员会;中国科学院
16	胡文瑞	中国科学院力学研究所	38	宋家树	中国工程物理研究院北京工作部
17	胡聿贤	中国地震局地球物理研究所	39	孙家栋	中国航天科技集团公司
18	黄克智	清华大学工程力学系	40	屠守锷	中国航天科技集团公司
19	柯　俊	北京科技大学	41	汪闻韶	中国水利水电科学研究院岩土工程研究所
20	雷天觉	机械科学研究院	42	王补宣	清华大学热能工程与热物理研究所
21	李济生	中国人民解放军总装备部科学技术委员会	43	王崇愚	清华大学物理系;钢铁研究总院
22	李敏华	中国科学院力学研究所	44	王大中	清华大学

（续表）

序号	姓　名	工作单位	序号	姓　名	工作单位
45	王淀佐	北京有色金属研究总院;中国工程院	61	俞鸿儒	中国科学院力学研究所
46	王希季	中国空间技术研究院	62	张楚汉	清华大学水利水电工程系
47	魏寿昆	中国科技大学	63	张光斗	清华大学
48	温诗铸	清华大学精密仪器与机械学系	64	张沛霖	中国核工业集团公司
49	吴承康	中国科学院力学研究所	65	张兴钤	北京应用物理与计算数学研究所
50	吴良镛	清华大学建筑与城市研究所	66	张　泽	北京工业大学;中国科学院物理研究所
51	肖纪美	北京科技大学材料物理系	67	赵仁恺	中国核工业集团公司科学技术委员会
52	谢光选	中国运载火箭技术研究院	68	郑哲敏	中国科学院力学研究所
53	徐采栋	九三学社中央委员会;贵州科学院	69	周干峙	中华人民共和国建设部
54	徐建中	中国科学院工程热物理研究所	70	周国治	北京科技大学冶金物化教研室
55	徐性初	国家机械工业联合会专家委	71	周锡元	北京工业大学工程抗震与结构诊治北京市重点实验室;中国建筑科学研究院工程抗震研究所
56	严陆光	中国科学院电工研究所	72	周孝信	中国电力科学研究院
57	颜鸣皋	中国航空工业第一集团公司北京航空材料研究院	73	周　远	中国科学院理化技术研究所
58	杨　卫	清华大学工程力学系	74	朱　静	清华大学材料科学与工程研究院
59	叶培建	中国空间技术研究院	75	朱森元	中国运载火箭技术研究院
60	余梦伦	中国运载火箭技术研究院	76	庄逢辰	装备指挥技术学院试验工程系

在京中国工程院院士一览表

一、机械与运载工程学部(36人)

序号	姓　名	工作单位	序号	姓　名	工作单位
1	丁衡高	解放军总装备部	2	于本水	中国航天科工集团第二研究院

注:表内人名按姓氏笔画排序,下同

（续表）

序号	姓　名	工作单位	序号	姓　名	工作单位
3	王永志	解放军装备总部	20	周　济	教育部
4	王哲荣	中国北方车辆研究所	21	胡正寰	北京科技大学
5	龙乐豪	中国运载火箭技术研究院	22	柳百成	清华大学
6	冯培德	中国航空工业第一集团公司	23	钟群鹏	北京航空航天大学
7	朵英贤	北京理工大学	24	姚福生	北京航空航天大学机械工程及自动化学院
8	刘大响	中国航空工业第一集团公司	25	顾国彪	中国科学院电工研究所
9	刘兴洲	中国航天科工集团公司第三研究院第三十一研究所	26	顾诵芬	中国航空工业第一集团公司
10	关　桥	北京航空制造工程研究所	27	钱学森	解放军总装备部
11	杜庆华	清华大学	28	徐滨士	解放军装甲兵工程学院
12	李椿萱	北京航空航天大学	29	高金吉	北京化工大学机电工程学院
13	闵桂荣	中国空间技术研究院	30	黄瑞松	中国航天科工集团第三研究院
14	汪顺亭	中国船舶重工集团七零七所、北京理工大学	31	戚发轫	中国航天科技集团公司第五研究院
15	张彦仲	中国航空工业第二集团公司	32	崔国良	中国航天科技集团公司
16	张福泽	北京航空工程技术研究中心	33	屠善澄	中国空间技术研究院
17	陆元九	中国航天科技集团公司	34	曾广商	中国运载火箭技术研究院第十八研究所
18	陈先霖	北京科技大学	35	路甬祥	中国科学院
19	陈懋章	北京航空航天大学	36	管　德	中国民用航空总局

二、信息与电子工程学部(52人)

序号	姓　名	工作单位	序号	姓　名	工作单位
1	王　选	北京大学计算机科学技术研究所	5	韦　钰	教育部
2	王　越	北京理工大学	6	毛二可	北京理工大学
3	王大珩	中国科学院高技术研究与发展局	7	叶铭汉	中国科学院高能物理研究所
4	王小谟	电子科学研究院	8	朱高峰	信息产业部

（续表）

序号	姓　名	工作单位	序号	姓　名	工作单位
9	邬贺铨	电信科学技术研究院	31	林永年	总参谋部第五十一研究所
10	刘先林	中国测绘科学研究院	32	罗沛霖	信息产业部电子科学技术委员会
11	许祖彦	中国科学院物理研究所	33	金国藩	清华大学
12	孙家广	清华大学	34	金怡濂	中国人民解放军总参谋部第五十八研究所
13	李三立	清华大学	35	周立伟	北京理工大学
14	李伯虎	中国航天科工集团公司第二研究院科学技术委员会	36	周仲义	解放军总参谋部
15	李国杰	中国科学院计算技术研究所	37	周寿桓	中国电子科技集团公司第11研究所
16	李德毅	总参谋部第六十一研究所	38	周　炯	北京邮电大学
17	吴　澄	清华大学	39	赵伊君	中国国防科技信息中心
18	吴佑寿	清华大学	40	胡光镇	总参谋部第五十八研究所
19	何新贵	北京大学信息科学技术学院	41	胡启恒	中国科学院
20	何德全	信息产业部电子科技委中国电子学会	42	钟　山	中国航天科工集团第二研究院
21	汪成为	总装备部科技委	43	俞大光	中国工程物理研究院
22	沈昌祥	海军计算技术研究所	44	姜景山	中国科学院空间科学与应用研究中心
23	宋　健	政协全国委员会	45	姚骏恩	北京航空航天大学理学院
24	张钟华	中国计量科学研究院	46	倪光南	中国科学院计算技术研究所
25	张履谦	中国航天科技集团公司科学技术委员会	47	郭桂蓉	解放军总装备部
26	陆建勋	中国船舶重工集团第七研究院	48	梁骏吾	中国科学院半导体研究所
27	陈良惠	中国科学院半导体研究所	49	童　铠	中国空间技术研究院
28	陈俊亮	北京邮电大学	50	童志鹏	信息产业部电子科学研究院
29	陈敬熊	中国航天科工集团第二研究院二十三所	51	蔡吉人	北京电子技术研究所
30	陈德仁	中国航天科工集团第二研究院	52	魏正耀	总参谋部第五十八研究所

三、化工、冶金与材料工程学部(40人)

序号	姓　名	工作单位	序号	姓　名	工作单位
1	干　勇	钢铁研究总院	21	汪旭光	北京矿冶研究总院
2	才鸿年	中国兵器装备集团公司	22	汪燮卿	中国石油化工集团公司石油化工科学研究院
3	王淀佐	中国工程院、北京有色金属研究总院	23	沈德忠	中材集团人工晶体研究院
4	王震西	北京中科三环高技术股份有限公司	24	张国成	北京有色金属研究总院
5	毛炳权	中国石油化工集团公司北京化工研究院	25	陈立泉	中国科学院物理研究所
6	左铁镛	北京工业大学	26	陈国良	北京科技大学
7	师昌绪	国家自然科学基金委员会	27	陈蕴博	北京机电研究所
8	朱　永	清华大学	28	邵象华	钢铁研究总院
9	刘伯里	北京师范大学	29	金　涌	清华大学
10	孙传尧	北京矿冶研究总院	30	侯芙生	中国石油化工集团公司
11	李大东	中国石油化工股份有限公司石油化工科学研究院	31	侯祥麟	中国石油天然气集团公司
12	李正邦	钢铁研究总院	32	袁晴棠	中国石油化工集团公司
13	李龙土	清华大学	33	顾真安	中国建筑材料科学研究院
14	李东英	原国家有色金属工业局	34	徐匡迪	全国政协、中国工程院
15	李恒德	清华大学	35	徐更光	北京理工大学
16	杨启业	中国石化工程建设公司	36	徐承恩	中国石化工程建设公司
17	吴慰祖	总参谋部第五十五研究所	37	徐端夫	中国科学院化学研究所
18	时铭显	石油大学	38	殷瑞钰	钢铁研究总院
19	邱定蕃	北京矿冶研究总院	39	曹湘洪	中国石油化工股份公司
20	闵恩泽	中国石油化工集团公司石油化工科学研究院	40	舒兴田	中国石油化工集团公司石油化工科学研究院

四、能源与矿业工程学部(42人)

序号	姓　名	工作单位	序号	姓　名	工作单位
1	于润沧	中国有色工程设计研究总院	22	郑绵平	中国地质科学院矿产资源研究所
2	王　浚	北京航空航天大学	23	赵仁恺	中国核工业集团公司科技委
3	王思敬	中国科学院地质与地球物理研究所	24	赵文津	中国地质科学院
4	毛用泽	总装备部防化研究院	25	胡见义	石油勘探开发科学研究院
5	朱光亚	解放军总装备部科技委	26	胡思得	中国工程物理研究院
6	朱建士	北京应用物理与计算数学研究所	27	洪伯潜	煤炭科学研究总院
7	刘广志	国土资源部咨询研究中心	28	钱绍钧	总装备部科技委
8	汤德全	煤炭科学研究总院	29	钱皋韵	中国核工业集团公司科技委
9	许绍燮	中国地震局地球物理研究所	30	倪维斗	清华大学
10	苏义脑	中国石油勘探开发研究院	31	徐旭常	清华大学
11	杜祥琬	中国工程院、中国工程物理研究院	32	唐西生	第二炮兵装备研究院
12	杨奇逊	华北电力大学	33	彭士禄	中国核工业集团公司
13	杨裕生	总装备部防化研究院	34	蒋洪德	中国科学院工程热物理研究所
14	邱中建	中国石油天然气集团公司	35	韩大匡	中国石油勘探开发研究院
15	沈忠厚	石油大学	36	韩英铎	清华大学
16	张光斗	清华大学	37	韩德馨	中国矿业大学
17	陈森玉	中国科学院高能物理研究所	38	曾恒一	中国海洋石油总公司
18	陈毓川	中国地质科学院	39	谢和平	中国矿业大学
19	范维唐	中国煤炭工业协会	40	裴荣富	中国地质科学研究院矿产资源研究所
20	阮可强	中国原子能科学研究院	41	翟光明	中国石油天然气集团公司
21	周永茂	中国中原对外工程公司	42	潘自强	中国核工业集团公司科技委

五、土木、水利与建筑工程学部(34 人)

序号	姓　名	工 作 单 位	序号	姓　名	工 作 单 位
1	马国馨	北京市建筑设计研究院	18	陈志恺	水利部中国水利水电科学研究院
2	王梦恕	北方交通大学土木工程学院	19	陈厚群	中国水利水电科学研究院
3	王瑞珠	中国城市规划设计研究院	20	陈肇元	清华大学
4	龙驭球	清华大学	21	周　镜	铁道科学研究院
5	卢耀如	中国地质科学院	22	周干峙	建设部
6	冯叔瑜	铁道部科学研究院	23	郑哲敏	中国科学院力学研究所
7	朱伯芳	中国水利水电科学研究院	24	孟兆祯	北京林业大学园林学院
8	刘济舟	交通部	25	施仲衡	中国地铁工程咨询公司
9	关肇邺	清华大学	26	钱七虎	总参军事科学技术委员会
10	江　亿	清华大学	27	钱正英	全国政协
11	李　玶	中国地震局地质研究所	28	徐乾清	水利部
12	李道增	清华大学	29	黄熙龄	中国建筑科学研究院
13	杨秀敏	总参谋部工程兵第四设计研究院	30	崔俊芝	中国科学院数学与系统研究院
14	吴良镛	清华大学	31	梁应辰	交通部三峡办公室
15	邹德慈	中国城市规划设计研究院	32	韩其为	中国水利水电科学研究院
16	沙庆林	交通部公路科学研究所	33	傅熹年	中国建筑设计研究院
17	张在明	北京市勘察设计研究院	34	潘家铮	国家电网公司

六、农业、轻纺与环境工程学部(38 人)

序号	姓　名	工 作 单 位	序号	姓　名	工 作 单 位
1	王　涛	中国林业科学研究院	4	石元春	中国农业大学
2	王文兴	中国环境科学研究院	5	石玉林	中国科学院地理科学与资源研究所
3	方智远	中国农业科学院蔬菜花卉研究所	6	卢良恕	中国农业科学院

（续表）

序号	姓　名	工 作 单 位	序号	姓　名	工 作 单 位
7	冯宗炜	中国科学院生态环境研究中心	23	陈联寿	中国气象科学研究院
8	朱之悌	北京林业大学	24	范云六	中国农业科学院生物技术研究所
9	任阵海	中国环境科学研究院	25	季国标	国务院国有资产监督管理委员会
10	刘更另	中国农业科学院	26	金鉴明	国家环境保护总局
11	刘鸿亮	中国环境科学研究院	27	周国泰	总后勤部军需装备研究所
12	关君蔚	北京林业大学	28	段镇基	中国皮革和制鞋工业研究所
13	汤鸿霄	中国科学院生态环境研究中心	29	顾夏声	清华大学
14	许健民	中国气象局国家卫星气象中心	30	钱　易	清华大学
15	孙九林	中国科学院地理科学与资源研究所	31	郭予元	中国农业科学院植物保护研究所
16	李文华	中国科学院地理科学与资源研究所	32	唐孝炎	北京大学
17	李泽椿	中国气象局国家气象中心	33	梅自强	中国纺织科学研究院
18	汪懋华	中国农业大学	34	董玉琛	中国农业科学院作物品种资源研究所
19	沈国舫	北京林业大学	35	曾士迈	中国农业大学
20	张　懿	中国科学院过程工程研究所	36	曾德超	中国农业大学
21	张子仪	中国农业科学院畜牧研究所	37	戴景瑞	中国农业大学农学与生物技术学院
22	陈俊愉	北京林业大学	38	魏复盛	中国环境监测总站

七、医药卫生工程学部(46人)

序号	姓　名	工 作 单 位	序号	姓　名	工 作 单 位
1	于德泉	中国医学科学院药物研究所	6	王澍寰	北京积水潭医院
2	王士雯	解放军总医院老年心血管病研究所	7	巴德年	中国医学科学院
3	王永炎	中国中医研究院	8	卢世璧	解放军总医院骨科研究所
4	王忠诚	北京天坛医院北京市神经外科研究所	9	史轶蘩	中国医科院中国协和医科大学北京协和医院
5	王琳芳	中国医学科学院基础医学研究所	10	朱晓东	中国医学科学院心血管病研究所阜外心血管病医院

（续表）

序号	姓　名	工作单位	序号	姓　名	工作单位
11	庄　辉	北京大学医学部基础医学院微生物学系	29	赵　铠	北京生物制品研究所
12	刘　耀	公安部物证鉴定中心	30	胡亚美	北京儿童医院
13	刘玉清	中国医学科学院心血管病研究所阜外心血管病医院	31	侯云德	中国医学科学院病毒学研究所
14	刘彤华	中国医科院中国协和医科大学北京协和医院	32	俞永新	中国药品生物制品检定所
15	刘耕陶	中国医学科学院药物研究所	33	俞梦孙	空军航空医学研究所
16	刘德培	中国协和医科大学基础医学院	34	洪　涛	中国疾病预防控制中心病毒病预防控制所
17	孙　燕	中国医学科学院协和医科大学肿瘤医院	35	秦伯益	军事医学科学院毒物药物研究所
18	李连达	中国中医研究院西苑医院	36	翁心植	首医大附属北京朝阳医院北京市呼吸病研究所
19	肖培根	中国医学科学院药用植物研究所	37	高守一	中国疾病预防控制中心传染病预防控制所
20	肖碧莲	国家计划生育委员会科学技术研究所	38	高润霖	中国医学科学院心血管病研究所阜外心血管病医院
21	吴阶平	中国医学科学院	39	郭应禄	北京大学泌尿外科研究所
22	吴德昌	军事医学科学院放射医学研究所	40	桑国卫	中国药品生物制品检定所
23	何凤生	中国疾病预防控制中心职业卫生与中毒控制所	41	黄志强	解放军总医院
24	沈倍奋	军事医学科学院基础医学研究所	42	黄翠芬	军事医学科学院生物工程研究所
25	沈　渔	北京大学精神卫生研究所	43	盛志勇	解放军第304医院
26	张金哲	北京儿童医院	44	程书钧	中国医学科学院协和医科大学肿瘤研究所（医院）
27	陆道培	北京大学人民医院－北京大学血液病研究所	45	程莘农	中国中医研究院针灸研究所
28	陈冀胜	中国人民解放军防化研究院	46	甄永苏	中国医学科学院医药生物技术研究所

八、工程管理学部（5人）

序号	姓　名	工作单位	序号	姓　名	工作单位
1	王礼恒	中国航天科技集团公司	4	徐寿波	北京交通大学
2	刘源张	中国科学院数学与系统科学研究院	5	傅志寰	中华人民共和国铁道部
3	李京文	北京工业大学经济与管理学院			

第八届北京市政府专家顾问团一览表

姓名	性别	所在单位	职称或职务	专业领域
白　颐	女	化工部规划院	教授级高工	石化、化工规划研究
白玉良	男	中国工程院学部工作部	教授	科技管理
曹春生	男	中央美术学院雕塑系	教授	雕塑
曹　坚	男	北京协和医院泌尿外科	教授	泌尿男科
曹永康	男	中国建筑材料科学研究院	教授级高工	房造材料与水泥制品
陈宝鎏	女	中国人民外交学会	正司级	外交
陈宝英	女	北京妇产医院	主任医师	妇产科
陈　冲	男	信息产业部电子信息产品管理司	高工	计算机
陈德泉	男	中科院政策与管理科学研究所	教授	信息安全
陈殿奎	男	北京市农林科学院蔬菜研究中心	研究员	设施园艺
陈　淮	男	国务院发展研究中心市场经济研究所	研究员	政策研究
陈　静	男	中国人民银行支付与科技司	教授级高工	金融电子化
陈可冀	男	中国中医研究院西苑医院	研究员,院士	心血管病及老年医学临床
陈　林	男	国家经贸委投资与规划司	高工	汽车行业规划
陈全世	男	清华大学汽车研究所	教授	汽车
陈　文	男	北京中伦金通律师事务所	高级律师	经济法
陈晓丽	女	建设部	高级规划师	城市规划
陈晓宁	男	中国广电信息网络中心	高工	网络
陈绪和	男	国际竹藤组织	研究员	木材利用
陈学飞	男	北京大学教育学院	教授	比较教育
程允贤	男	中国人民革命军事博物馆	一级美术师	雕塑
储祥银	男	北京市贸促会	教授	对外经济贸易
崔凤霞	女	北京市城市规划委员会	高级工程师	城市交通规划、设计
崔玖江	男	第二炮兵西山指挥部总工程师	教授级高工	隧道
崔　恺	男	中国建筑设计研究院	教授级高级建筑师	建筑设计
戴根有	男	中国人民银行	高师	金融、经济分析

（续表）

姓名	性别	所在单位	职称或职务	专业领域
戴建平	男	北京天坛医院	主任医师	神经放射
邓洪波	男	北京市国际经济贸易研究所	副研究员	产业经济
邓寿鹏	男	国务院发展研究中心	研究员	电子
董大为	男	700 厂	教授高工	电子专用设备
董光器	男	北京市城市规划设计研究院	教授级高级规划师	城市规划
董克用	男	中国人民大学劳动人事学院人力资源研究中心	教授	劳动人事
董志伟	男	中国医学科学院肿瘤研究所，肿瘤医院	教授	肿瘤学
窦以德	男	中国建筑学会	教授级高级建筑师	建筑设计、历史理论
段巧甫	女	水利部水土保持司	教授级高工	水土保持与农田水利
范剑平	男	国家信息中心经济预测部	研究员	市场流通
范励修	男	北京市市政工程设计研究总院	教授级高工	道路交通设计
范晓峰	男	全国人大教科文卫委员会科技室	高级工程师	科技管理、法律
方建华	男	中国科学院工程热物理研究所	副研究员	热能工程废弃物焚烧
方　新	女	中科院政策与管理研究所	研究员	科技政策
冯　雷	男	中国社会科学院财贸经济研究所	研究员	国际贸易
冯一谦	男	北京市自来水集团公司	高工	给排水
冯玉林	男	中国科学院软件研究所	研究员	计算机软件
冯钟平	男	清华大学建筑学院	教授	建筑设计城市设计
付崇兰	男	中国社科院城市发展与环境研究中心	研究员	城市发展与环境
傅忠诚	男	北京建筑工程学院	教授	燃气应用，节能
高光斗	男	北京市公安局科技处	教授级高工	物证勘察检验
高陇桥	男	北京信息产业部电子第十二所	教授	硅酸盐
高起祥	男	北京市社会科学院	研究员	文化
高　文	男	中国科学院研究生院	教授	计算机应用
葛　霆	男	中国科学技术协会信息中心	研究员	空气动力、科普理论
龚正行	男	北京八中	高级教师特级称号	教育
古斯塔夫 Jan - Ake Gustafsson	男	瑞典卡洛林斯卡医学院营养学系	教授	生物化学

（续表）

姓名	性别	所在单位	职称或职务	专业领域
顾宝昌	男	中国计划生育协会	研究员	社会人口学
顾方舟	男	中国医学科学院	研究员	病毒学
郭炳江	男	香港新鸿基地产集团	总裁	房地产
郭励宏	男	国务院发展研究中心技术经济部	研究员	技术经济
郭志刚	男	北京大学社会学系	教授	人口学
韩伯棠	男	北京理工大学管理与经济学院	教授	管理专业
韩德民	男	北京同仁医院、北京耳鼻咽喉科研究所	教授、主任医师	耳鼻喉
韩建国	男	中国农业大学草地研究所	教授	草地科学
韩启德	男	北京大学	教授、院士	病理生理
韩振海	男	中国农业大学园艺学院	教授	果树
韩作檪	男	中国家用电器研究所	研究员	电子技术、家用电器
郝吉明	男	清华大学	教授	环境工程
何家弘	男	中国人民大学法学院	教授	法学(调查学、证据学)
何建安	男	中国建筑业协会	教授级高工	建筑工程技术与质量
何建坤	男	清华大学	教授	管理科学与工程
何　岩	男	中国科学院	研究员	水环境研究
贺福初	男	军事医学科学院放射医学研究所	研究员	生物技术
贺伟程	男	中国水利水电科学研究院水资源所	教授级高工	水资源
侯景岩	男	北京地勘局总工	教授级高工	水文工程地质
胡小松	男	中国农业大学食品学院	教授	农产品储藏加工
胡亚美	女	首都医科大学附属北京儿童医院	儿科教授	儿科、血液
胡跃高	男	中国农业大学农学系	副教授	牧草产业化、农业政策
华黎明	男	原外交部驻荷兰大使馆	大使	外交外事
怀进鹏	男	北京航空航天大学	教授	计算机
黄圣明	男	中国食品工业协会	高工	食品
黄　序	女	北京市社会科学院城市问题研究所	副研究员	城市经济
贾志海	男	中国农业大学动物科技学院	教授	养羊
江　雷	男	中科院化学所	研究员、博士生导师	纳米界面材料

（续表）

姓名	性别	所在单位	职称或职务	专业领域
江小珂	女	原市环保局，现全国人大环资委(委员)	高级工程师	环境管理
江　亿	男	清华大学建筑学院建筑科学系	教授	建筑节能供热
江泽慧	女	中国林科院	研究员	林业生态林业工程
姜　伟	男	最高人民检察院上诉厅	教授	刑事法学
金国钧	男	凯奇公司北京视听网络高技术实验室	教授	宽带网络技术
金　炬	男	国家科技部国际合作司	高工	国际信息
金　磊	男	北京市建筑设计研究院研究所	高工	建筑工程设计、系统工程及软科学
金日光	男	北京化工大学	教授	材料科学
剧锦文	男	中国社会科学院经济研究所	副研究员	资本市场
康荣平	男	中国社会科学院世界经济与政治研究所世界华商研究中心	副研究员	企业战略、城市发展战略
匡镜明	男	北京理工大学	教授	通信工程
赖　明	男	建设部科学技术司	教授博导	结构工程，地震工程
兰　进	女	中国医学科学院药用植物研究所	副研	药用植物
郎志正	男	北京理工大学管理与经济学院	教授	经济管理
劳凯声	男	北京师范大学教育政策与法律研究所	教授	教育政策分析、教育法研究
雷加富	男	国家林业局植树造林司	高级经济师	林业、林业经济、治沙
雷　军	男	金山软件有限公司	总裁	计算机、管理
雷　庆	男	北京航空航天大学高等教育研究所	研究员	高等教育
李宝城	男	国际商会中国委员会、全国工商联	正司级	外事、外经
李泊溪	女	国务院发展研究中心	教授、研究员	发展战略、技术经济
李德标	男	外交部	客座教授	懂政策、善交友
李国平	男	北京大学城市与环境学系	副教授	区域经济与区域规划
李国学	男	中国农业大学资环学院生态和环境科学系	教授	环境工程
李鸿祥	男	北京市农林科学院作物所	副研	栽培
李惠芬	女	中国机电产品进出口商会	高级工程师	电子
李立明	男	中国疾病预防控制中心	教授	预防医学公共卫生

（续表）

姓名	性别	所在单位	职称或职务	专业领域
李　明	男	国务院发展研究中心情报中心	副研究员	信息网络
李明树	男	中国科学院软件研究所	研究员	计算机软件
李明远	男	北京市农林科学院植保环保所	研究员	植物病理
李　琦	女	北京大学遥感与GIS所	教授	空间信息
李　强	男	清华大学人文社会科学院	教授	社会问题研究
李胜利	男	中国农业大学动科院	副教授	动物营养
李　武	男	北京市农林科学院蔬菜研究中心	研究员	蔬菜采后
李象益	男	中国科学技术馆	教授	科普
李晓江	男	中国城市规划设计研究院	教授级高级规划师	城市规划、城市交通规划
李新男	男	中国科技促进发展研究中心	研究员	科技政策与管理
李　扬	男	中国社会科学院金融研究所	研究员	金融
李永芳	男	北京市林业局	高级经济师	林果
李志民	男	中国农业大学经济管理学院	教授	规划乡企
李致洁	男	中国科技促进投资公司	研究员	微电子、电力电子
廉　洁	男	中国印刷公司	高工	印刷技术、管理
廖正品	男	中国塑料加工工业协会	高工	塑料
林瑞超	男	中国药品生物制品检定所	教授	中药、天然药物
林　寿	男	北京市城乡建设委员会	教授级高工	施工技术管理
林毅夫	男	北京大学中国经济研究中心	教授	经济
林增成	男	北京市商业委员会	高级经济师	商业研究
林　真	男	外交部	原大使	国际关系
刘长虹	男	国家经济贸易委员会办公厅	副研究员	工业经济
刘福垣	男	国家计委宏观经济研究院	研究员、教授	发展战略
刘鸿亮	男	中国环境科学院	院士、教授	环境工程
刘锦云	男	北京人民艺术剧院	一级编剧	戏剧创作
刘　力	男	北京市建筑设计研究院	教授级高级建筑师	建筑设计
刘曼红	女	中国人民大学财政金融学院	教授	风险投资
刘　谦	男	国家科委中国生物工程开发中心	副研	生物医学

（续表）

姓名	性别	所在单位	职称或职务	专业领域
刘世锦	男	国务院发展研究中心产业部	研究员	经济研究
刘铁锋	男	国家外国专家局信息中心	副研	管理
刘文华	男	中国人民大学法学院	教授	经济法
刘小明	男	北京工业大学	教授	交通工程
刘欣荣	女	北京电力科学研究院	教授级高工	工业过程热控检测与节能
刘　迅	男	北京国际艺苑皇冠饭店	教授	油画
刘宜生	男	中国农科院蔬菜花卉研究所	研究员	蔬菜
刘　勇	男	北京林业大学资源与环境学院	教授	种苗生产森林培育
刘玉满	男	中国社会科学院农村发展研究所	研究员	畜牧业经济
六振达	男	北京市水利局	教授级高工	水利
陆化普	男	清华大学交通研究所	副教授	交通规划
陆首群	男	首都信息发展股份公司	教授	信息技术、网络技术
吕　薇	女	国务院发展研究中心	研究员	技术经济
罗　挺	男	华北电力集团公司	教授级高工	火力发电
罗云波	男	中国农业大学食品学院	教授	农产品贮藏加工
鲁志强	男	国务院发展研究中心	研究员	技术经济
马国馨	男	北京市建筑设计研究院	教授级高级建筑师	建筑规划与设计
马庆泉	男	中国证券业协会	教授	金融
马玉田	男	北京市文联	研究员	文艺理论
孟福增	男	农行北京市分行	主任	农村金融
孟兆祯	男	中国林业大学园林学院	院士、教授	风景园林规划设计
倪光南	男	中科院计算所	研究员	计算机
潘　峰	男	清华大学材料科学与工程研究院	教授	材料科学与工程
潘功胜	男	中国工商银行人事部	副研究员	金融
彭明晨	男	首都医科大学宣武医院	教授级高工	医疗设备
彭一苇	男	北京理工大学计算机系	教授	计算机
祁国明	男	卫生部科技教育司	研究员	流行病学
齐　让	男	科技部发展计划司	高工	管理科学、材料科学

（续表）

姓名	性别	所在单位	职称或职务	专业领域
钱传范	女	中国农业大学应用化学系农业残留组	教授	农药残留
钱　易	女	清华大学	院士、教授	环境工程
钱宗珏	男	北京邮电大学	教授、博导	通信
秦　富	男	中国农业大学经济管理学院	教授	农业经济管理、农业政策
秦　璞	男	中央美术学院雕塑艺术创作研究所	副研究员	环境艺术、雕塑
秦其明	男	中国社会科学院	研究员	农村经济
曲成义	男	航天总公司710所	研究员	信息、网络
曲久辉	男	中国科学院生态环境研究中心	研究员	水处理
全永燊	男	北京市城市规划设计研究院	正高工	交通规划
饶成刚	男	北京自然博物馆	副研究员	古生物
桑国卫	男	中国药品生物制品检定所、国家药品监督管理局	研究员	临床药理
佘远斌	男	北京工业大学环境与能源工程学院	教授、博导	应用化学、环境化工
申金升	男	北方交通大学系统工程研究所	教授	交通系统工程
沈海祥	男	中国印刷科学技术研究所	高级工程师	计算机
沈士团	男	北京航空航天大学	教授	无线电遥控遥测
沈志工	男	公安部科技局	研究员	固体物理、科技管理
盛建明	男	对外经济贸易大学法学院	副教授	国际经济法
施仲衡	男	北京城建设计研究院	高工	地铁建设
石力开	男	北京有色金属研究院	工程师	有色加工
史际春	男	中国人民大学	教授	经济法、民商法
史培军	男	北京师范大学	教授	自然地理
宋大川	男	北京市文物研究所	副研	文博
宋逢明	男	清华大学经济管理学院	教授	金融学
宋　健	男	北京市清华大学清华汽车工程研究院	教授、博导	汽车设计与制造
宋序彤	男	中国建筑设计研究集团城市建设研究院	教授级高级工程师	给水排水、城市建设
隋建国	男	中央美术学院雕塑系	副教授	雕塑
孙保平	男	北京林业大学水土保持学	教授	水土保持
孙逢春	男	北京理工大学	教授	车辆工程

（续表）

姓名	性别	所在单位	职称或职务	专业领域
孙家广	男	清华大学计算机科学与技术系	教授、院士	计算机软件应用
孙久文	男	中国人民大学区域经济研究所	教授	区域经济
孙玉芳	男	中国科学院软件研究所	研究员、博导	计算机
谭向勇	男	中国农业大学	教授	农业市场与政策
汤　健	男	北京大学医学院心血管基础研究所	教授	心血管分子生物学
唐五湘	男	北京机械工业学院	教授	技术经济及管理
唐孝炎	女	北京大学环境科学中心	中国工程院院士	环境化学
唐　忠	男	中国人民大学农业经济系	教授	农业制度分析
田中玉	男	北京市农业局	高级农艺师	作物栽培
王爱国	男	中国农业大学动物科技学院	教授、博士生导师	养猪
王安耕	男	中国国际信托投资公司	教授级高工	信息系统网络
王昂生	男	中国科学院大气物理研究所	研究员	防灾减灾、大气科学
王传丽	女	中国政法大学国际经济法系	教授	国际经济法
王德禄	男	长城企业战略研究所	研究员、注册咨询师	高技术产业、发展战略
王贵禧	男	中国林业科学研究院林业研究所	研究员	经济林
王　晖	女	北京华特建筑设计顾问公司	建筑师	建筑设计
王济民	男	中国农科院农业经济研究所	副研究员	畜牧、粮食经济
王建章	男	信息产业部综合规划司	高工	电子技术
王凯军	男	北京市环境保护科学研究院	研究员	环卫
王克庆	男	中央美术学院全国城市雕塑委员会	教授	雕塑
王礼先	男	北京林业大学	教授	水土保持
王立华	男	北京市天元律师事务所	副教授	知识产权、公司法
王利明	男	中国人民大学法学院	教授	民商法
王梦恕	男	铁道部隧道局北京指挥部	院士、高工	桥梁隧道
王　琪	男	中国环境科学研究院固废污控研究所	高工	固体废物处理处置
王琪延	男	中国人民大学成人高等教育学院	教授	经济学、社会学
王　庆	男	中国服装设计师协会（中国服装协会）	建筑师	服装经济、服装史论
王庆余	男	原中国外交部驻荷兰大使馆	原大使	外交政策

（续表）

姓名	性别	所在单位	职称或职务	专业领域
王汝宽	男	中国医学科学院中国协和医科大学信息研究所	研究员教授	情报研究
王汝谦	男	中国农业科学院	研究员	果树
王　珊	女	中国人民大学信息学院	教授	计算机软件
王善迈	男	北京师范大学经济学院、 北师大教育经济研究中心	教授、博导	经济学、教育经济
王思斌	男	北京大学社会学系	教授	社会学
王通讯	男	中国人事科学研究院人事与人才研究所	研究员	人事学、人力资源
王　伟	男	清华大学环境科学与工程系	教授	固废处理
王伟中	男	中国21世纪议程管理中心	研究员	水资源、环境
王希麟	男	清华大学工程力学系	教授	工程热物理
王详星	男	北京市燃气协会	高工	燃气、热力规划、设计
王延义	男	原外交部驻奥地利大使馆	大使	外事外交
王贻良	男	清华大学电子工程系	教授	数字信号处理、电视
王永炎	男	中国中医研究院	教授	中医内科神经内科
王有年	男	北京农学院	教授	果林
王有为	男	中国建筑科学研究院	研究员	建筑科研，建筑结构
王玉珍	女	北京京剧院	文艺一级	京剧艺术
王　煜	男	北京市社会科学院	副研究员	社会科学研究
王云龙	男	中国煤气协会	高工	燃料
王　元	男	中国科技促进发展研究中心	研究员	经济学
王占国	男	中国科学院半导体研究所	研究员、中科院院士	半导体材料及物理
王振清	男	北京市高级人民法院	高级法官	行政法
王震西	男	中科三环高技术股份有限公司	研究员、工程院院士	新材料
王志新	男	中科院生物物理研究所	院士、研究员	生物化学、分子生物学
王智民	男	公安部第四研究所	副研究员	公安理论
王　中	男	中央美术学院	副教授	雕塑
王忠诚	男	北京市神经外科研究所	主任医师、教授	神经外科
王子镐	男	北京化工大学	教授	化工
王子先	男	外经贸部政策研究室	副司长	国际贸易研究

（续表）

姓名	性别	所在单位	职称或职务	专业领域
魏后凯	男	中国社会科学院工业经济研究所	研究员	工业经济、区域经济
温洪璋	男	北京市房地产协会	高级经济师	房地产
文　魁	男	首都经济贸易大学	教授	经济学
吴常信	男	中国农业大学动物科技学院	教授	遗传
吴　锋	男	北京理工大学国家高技术绿色材料发展中心	教授、博导	功能材料与应用化学
吴贵生	男	清华大学经济管理学院	教授	技术经济
吴慧莉	女	中国纺织科学研究院	教授级高工	化纤、印染
吴季松	男	水利部水资源司	教授	水资源与环境、知识经济及管理
吴敬琏	男	国务院发展研究中心	研究员、教授	经济
吴良镛	男	北京清华大学建筑学院	教授	建筑、城市规划
吴晓求	男	中国人民大学财政金融学院、金融证券研究所	教授	金融、证券资本市场
吴贻康	男	中国国际科技合作协会	教授级高工	建筑城市规划、国防科技合作
吴元炜	男	中国建筑科学研究院	研究员	供热空调
吴正华	男	北京市气象科学研究所副所长	正研高工	灾害天气预报气象环境
吴志攀	男	北京大学法学院	教授	金融法
奚廷斐	男	中国药品生物制品检定所	研究员	生物材料
席小平	男	中国人口报社	主任编辑	文学、艺术、新闻采编
萧灼基	男	北京大学经济学院	教授	经济金融
谢建新	男	北京科技大学材料科学与工程学院	教授	材料制备与加工
徐国政	男	清华大学电机工程与应用电子系	教授	电器
徐文龙	男	建设部城市建设研究院、环境卫生技术研究中心	高工	城市垃圾处理
徐贻聪	男	原外交部驻阿根廷大使馆	大使	外交外事
徐永模	男	中国建筑材料科学研究院	研究员	建筑材料
许惠渊	男	中国农业大学管理工程学院乡镇企业研究所	教授	农村经济、产权经济
许越先	男	中国农业科学院	研究员	区域农业、水资源
宣　湘	男	国家质量技术监督局监督管理司	工程师	管理
宣祥鎏	男	北京市规划委员会	高级城市规划师	城市规划设计

（续表）

姓名	性别	所在单位	职称或职务	专业领域
薛明德	女	清华大学工程力学系	教授	压力容器
薛荣久	男	对外经贸大学	教授、博导	国际贸易、WTO
阎立钦	男	中央教育科学院研究所	教授	教育理论
杨芙清	女	北京大学计算机科技系	教授、院士	计算机软件
杨纪朝	男	国家纺织工业局规划司中国纺织信息中心	高级工程师	纺织
杨开忠	男	北京大学城市与环境学系	教授	区域经济
杨　宁	男	中国农业大学动物科技学院	教授	家禽
杨汝均	男	中国国际工程咨询公司社会事业项目部	副研究员	给排水
杨瑞龙	男	中国人民大学经济学院	教授	宏观经济
杨嗣信	男	北京市建工集团总公司(现在双园咨询公司)	教授级高工	建筑施工
杨学桐	男	国家机械局(中国机械工业联合会)	高工	机制(机床工业)
杨雅彬	女	中国社会科学院社会学研究所	研究员	社会学
杨元庆	男	联想集团电脑公司	高工	计算机
杨忠歧	男	中国林科院森林保护研究所	教授	森林保护、生物防治、昆虫分类
姚力鸣	男	国家内贸局商业经济研究中心	副研究员	商业经济
姚世全	男	国家质量技术监督局	教授级高工	标准信息
殷志鹤	男	北京电子控股公司	教授级高工	软件
尹　鸿	男	清华大学传播系	教授	文学艺术、影视传媒
尹伟伦	男	北京林业大学	教授博导	造林学、树木生理
尹　稚	男	清华大学建筑学院	教授、博导	城市规划与设计
应松年	男	国家行法学院法学部	教授	行事法
袁士畴	男	北京市农林科学院	研究员	生物、农业
岳明德	女	清华大学工程力学系	教授	压力容器
恽耀南	男	北京气象学会、北京减灾协会	高级工程师	天气预报、气象业务管理
曾享麟	男	北京市市政管理委员会	高工	供热和燃气供应
张富珍	男	北京市地方税务局	教授	税收财政会计
张光斗	男	清华大学	院士、教授	水利水电
张海门	男	电子工业部科技与质量监督司	高工	电子科技与质量

（续表）

姓名	性别	所在单位	职称或职务	专业领域
张建云	男	水利部水文局	教授级高工	水资源
张军扩	男	国务院发展研究中心市场经济研究所	研究员	宏观经济分析
张礼和	男	北京大学药学院	教授	药化
张　力	男	教育部国家教育发展研究中心	正研究员	教育政策分析
张路雄	男	中国经济体制改革研究会副秘书长	副研究员	农村经济
张启翔	男	北京林业大学园林学院	教授	园林
张庆维	男	北京建材集团有限责任公司	教授级高工	硅酸盐建筑材料
张瑞武	男	清华大学热工系	教授	自动控制、智能建筑
张庭延	男	外交部老干局	大使	外交
张同录	男	北京科技大学校产处	副研究员	高教管理
张小济	男	国务院发展研究中心外经研究部	研究员	经济政策研究
张晓山	男	中国社会科学院农村发展研究所	研究员	农业经济
张旭明	男	北京市人大常委会内务司法委员会	一级警监	地方立法
张耀宗	男	北京市人民政府法制办公室	局级	政府法制
张　沅	男	中国农业大学	教授	育种
张正华	男	首都医科大学宣武医院	研究员	管理
张治明	男	中科院植物研究所植物园	研究员	园林植物
张仲秋	男	中国兽医药品监察所	研究员	兽医兽药
赵白鸽	女	国家计划生育委员会国际合作司	研究员	计划生育
赵达生	男	军事医学科学院	研究员	科研管理
赵德明	男	中国农业大学动物医学院	教授	兽医学
赵　弘	男	北京市社会科学院	研究员	经济学
赵金九	男	北京市文联	秘书长	文字编辑、文学创作
赵瑾璐	女	北京理工大学	教授	经济学
赵久然	男	北京市农林科学院玉米研究中心	研究员	作物
赵　萌	男	清华大学美术学院雕塑系	副教授	雕塑、艺术理论
赵师愈	男	北京市城市雕塑管理办公室	高级建筑师	城市规划
郑大玮	男	中国农业大学资源与环境学院	教授	农业气象、生态

（续表）

姓名	性别	所在单位	职称或职务	专业领域
郑敏政	男	信息产业部电子信息产品管理司	高工	微电子
郑师渠	男	北京师范大学	教授	中国近现代思想文化史
周昌熙	男	北京市市政管理委员会	高级工程师	供热供燃气
周　寰	男	电信科学技术研究院	教授级高工	科技管理
周明陶	男	北京希望电脑公司	高级工程师	计算机软件与电子技术
周溥雄	男	北京市广播电视局	高级编辑	影视、新闻
周世俭	男	中国五矿化工进出口商会	研究员	国际贸易、WTO、反倾销、中美经贸关系、中日经贸关系等
周锡元	男	中国建筑科学研究院、北京工业大学	研究员	地震工程
周一星	男	北京大学城市与环境学系	教授	城市研究
周韫玉	女	北京教育学院	教授	教育
周兆英	男	清华大学	教授	精密仪器、微米纳密技术
朱传柏	男	国家科委政策法规与体制改革司	高工	科技管理
朱嘉广	男	北京城市规划设计研究院	教授级高工	城市规划、城市设计、建筑学
朱明凯	男	中国仪器仪表行业协会	高工	仪器仪表
朱苏力	男	北京大学法学院	教授	法律
庄梓新	男	北京网络多媒体研究室	研究员	计算机测控技术
卓　立	男	北京市东城区史家胡同小学	中学特级教师	学校管理
左铁镛	男	北京工业大学	院士、教授	材料科学与工程
左文莉	女	北京大学医学部	主任医师、教授	计划生育
Nahed K. Ahmed	女	Aventis Pharmaceuticals	副总裁	生物医药
马启元	男	哈佛大学	副教授	微电子
Bob O. Evans	男	IBM		电子通讯
虞华年	男	IBM	欧亚科学院院士	集成电路
杨雄哲	男	香港大学	教授	微电子
谢正刚	男	生物芯片公司	教授	电机工程
Henry Tang	男	Baker 专利事务所	资深律师	半导体

入选2003年科技新星计划人员一览表

A类

序号	姓名	工作单位	序号	姓名	工作单位
1	杜 昕	北京安贞医院	22	王 红	北京同仁医院
2	张世琨	北京北大青鸟软件工程有限公司	23	杨庆松	北京同仁医院
3	谢 冰	北京大学	24	谭先杰	北京协和医院
4	朱律玮	北京东方通科技发展有限责任公司	25	赵咏梅	北京宣武医院
5	徐 喆	北京工业大学	26	伍 剑	北京邮电大学
6	曾 薇	北京工业大学	27	李学明	北京邮电大学
7	白正仙	北京工业大学	28	段美丽	北京友谊医院
8	周东红	北京和利时系统工程股份有限公司	29	宋 明	北京友谊医院
9	邵 磊	北京化工大学	30	樊建中	北京有色金属研究总院
10	田艳红	北京化工大学	31	毛昌辉	北京有色金属研究总院
11	刘 力	北京化工大学	32	郭 宏	北京有色金属研究总院
12	苏海佳	北京化工大学	33	张永安	北京有色金属研究总院
13	陈广超	北京科技大学	34	范文红	军事医学研究院基础医学研究所
14	林 涛	北京科技大学	35	冯健男	军事医学研究院基础医学研究所
15	赵惠恩	北京林业大学	36	于继云	军事医学研究院基础医学研究所
16	安 健	北京农学院	37	汪长安	清华大学
17	吴华瑞	北京农业信息技术研究中心	38	吴 健	清华大学
18	梁 宏	北京市辐射中心	39	刘大成	清华大学
19	张晓文	北京市农业机械研究所	40	付 林	清华大学
20	韩利江	北京天坛医院	41	李 清	清华大学
21	傅 涛	北京同仁医院	42	张 丽	清华同方威视技术股份有限公司

（续表）

序号	姓 名	工作单位	序号	姓 名	工作单位
43	冀 星	石油大学	54	马永喜	中国农业大学
44	酒全森	首都师范大学	55	李洪文	中国农业大学
45	余和芬	首都医科大学	56	黄元仿	中国农业大学
46	刘 俊	首都医科大学北京口腔医院	57	吕 滨	中国医学科学院阜外心血管病医院
47	雷 梅	中国科学院地理科学与资源研究所	58	裴卫东	中国医学科学院阜外心血管病医院
48	梁 涛	中国科学院地理科学与资源研究所	59	黄 粤	中国医学科学院基础医学研究所
49	朱廷钰	中国科学院过程工程研究所	60	宋经元	中国医学科学院药用植物研究所
50	周树云	中国科学院理化技术研究所	61	洪 斌	中国医学科学院医药生物技术研究所
51	王东升	中国科学院生态环境研究中心	62	桑志成	中国中医研究院骨伤科研究所
52	王蕴红	中国科学院自动化研究所	63	贾红伟	中国中医研究院基础理论研究所
53	周国民	中国农科院科技文献信息中心			

B类

序号	姓 名	工作单位	序号	姓 名	工作单位
64	韩 芳	北京大学人民医院	74	周一新	北京积水潭医院
65	谢向辉	北京儿童医院	75	曹文斌	北京科技大学
66	岳 明	北京工业大学	76	张克中	北京农学院
67	张绪平	北京工业大学	77	郭新宇	北京农业信息技术研究中心
68	罗云敬	北京工业大学	78	张 罗	北京市耳鼻咽喉科学研究所
69	邓 元	北京航空航天大学	79	秦 杰	北京市建筑工程研究院
70	丑武胜	北京航空航天大学	80	宁 静	北京市科学技术研究院
71	赵建辉	北京航空航天大学	81	潘青华	北京市农林科学院林业果树研究所
72	陈晓红	北京化工大学	82	孙浩元	北京市农林科学院林业果树研究所
73	李 峰	北京化工大学	83	郭建鑫	北京市农林科学院农业科技信息研究所

（续表）

序号	姓　名	工作单位	序号	姓　名	工作单位
84	赵　泓	北京市农林科学院蔬菜研究中心	92	姜利斌	北京同仁医院
85	苗得园	北京市农林科学院畜牧兽医研究所	93	王　建	北京西普建业科技发展有限责任公司
86	王凤格	北京市农林科学院玉米研究中心	94	赵金平	北新建材(集团)有限公司
87	黄宁兴	北京市农林科学院植保环保所	95	杨志刚	清华大学
88	贾　旺	北京市神经外科研究所	96	王朝晖	石油大学
89	刘　静	北京市心血管疾病研究所	97	于　荣	首都师范大学
90	翟长斌	北京市眼科研究所	98	胡永生	北京宣武医院
91	张　霁	北京市肿瘤防治研究所	99	吉训明	北京宣武医院